— 中国特色哲学社会科学话语体系建设 —

浦东论坛·哲学
2022

浦东论坛组委会 ◎ 编

中国社会科学出版社

图书在版编目(CIP)数据

浦东论坛. 2022：哲学／浦东论坛组委会编. -- 北京：中国社会科学出版社，2025.4. -- ISBN 978-7-5227-3863-5

Ⅰ. C53;B-53

中国国家版本馆 CIP 数据核字第 2024FX2409 号

出 版 人	季为民
责任编辑	郝玉明
责任校对	谢 静
责任印制	李寡寡

出　　版	中国社会科学出版社
社　　址	北京鼓楼西大街甲 158 号
邮　　编	100720
网　　址	http://www.csspw.cn
发 行 部	010-84083685
门 市 部	010-84029450
经　　销	新华书店及其他书店
印　　刷	北京明恒达印务有限公司
装　　订	廊坊市广阳区广增装订厂
版　　次	2025 年 4 月第 1 版
印　　次	2025 年 4 月第 1 次印刷
开　　本	710×1000　1/16
印　　张	34.25
字　　数	481 千字
定　　价	178.00 元

凡购买中国社会科学出版社图书，如有质量问题请与本社营销中心联系调换

电话：010-84083683

版权所有　侵权必究

指导单位：
全国哲学社会科学话语体系建设协调会议办公室
中共上海市委宣传部

主办单位：
中国浦东干部学院
中国社会科学院-上海市人民政府上海研究院
上海市社会科学界联合会
中国社会科学院哲学研究所

协办单位：
中国辩证唯物主义研究会
中国历史唯物主义学会
中国马克思主义哲学史学会
中国自然辩证法研究会
中国人学学会
中国哲学史学会
中华全国外国哲学史学会
中国现代外国哲学学会
中国逻辑学会
中国伦理学会
中华美学学会
国际易学联合会
中国社会科学出版社

论坛组委会：
王伟光　李培林　崔建民　徐　炯　曹文泽　王为松
王立胜　张志强　刘靖北　李友梅　赵克斌　冯颜利

本册主编：

　　王伟光　中国社会科学院原院长、党组书记，中国辩证唯物主义研究会会长，南开大学终身教授

本册副主编：

　　冯颜利　中国社会科学院哲学研究所原纪委书记、副所长，中国辩证唯物主义研究会执行副会长兼秘书长，重庆大学马克思主义学院院长

目 录

加快构建学科、学术、话语"三位一体"的中国
  特色哲学创新体系 …………………………… 王伟光（1）
构建中国特色哲学社会科学的时代任务 ………… 吴晓明（25）
中西哲学比较研究与中国现代哲学的建构 ……… 方松华（43）
中国共产党对马克思主义公平正义观的践行与发展 … 冯颜利（57）
完整、准确地理解《资本论》的"资本观" ………… 聂锦芳（84）
通过"中国化"创新"马克思哲学"研究的"中国
  马克思主义哲学"范式 ……………… 曹典顺 范 云（92）
对构建中国特色哲学学科话语体系首要任务、理论前提
  及其体系的思考 …………………………… 李云峰（111）
论中国特色哲学学科话语体系建设的方法论
  要旨 ………………………………… 王 岩 高惠珠（142）
基于战略哲学的公共领导者战略领导力思考 ………… 吴 涛（157）
技术哲学中国化与中国特色技术哲学学派的研究
  纲领 ………………………………… 陈 凡 陈 佳（166）
人工智能术语 agent 的精准译解及其哲学意义 ……… 寿 步（174）
面向新时代的人学研究 ……………………………… 丰子义（199）

真理作为光
　　——现象学视角下的真理概念 …………… 陈　勇（217）
伽达默尔的翻译解释学论纲 ……………… 黄小洲（235）
哲学实验的认知价值 ………………………… 刘小涛（255）
逻辑学科的开拓与创新
　　——谈谈逻辑学科三大体系建设的体会 ………… 杜国平（271）
论中国古代论证学体系的构建问题 …………… 熊明辉（285）
中国特色伦理学话语体系的构建问题 ………… 曾建平（307）
论美与意象的关系 …………………………… 朱志荣（324）
审美灵境论
　　——关于"审美对象"的一种回答 …………… 刘旭光（338）
《周易古筮考》对易学逻辑两种"法式"的研究
　　贡献 ……………………………………… 吴克峰（365）
论孔子对"六经"的创造性转化与创新性发展
　　——从经史关系的角度 ……………………… 任蜜林（385）
从哲学史到哲学
　　——中国哲学知识体系的回顾、反思与重构 …… 陈　霞（403）
南宋易学家方实孙生平著述考略 ……………… 胡士颖（415）
心理合一与格物致知
　　——论朱子学的工夫论及其误解 ……………… 王绪琴（428）
《周易明意》意本论与哲学话语体系建设 ……… 温海明（444）
论道教身体观的二重性 ………………………… 尹志华（453）
张岱年论张载神化思想与相关争鸣评析 ……… 翟奎凤（475）
从王弼易学解释学看汉魏学术更迭 …………… 刘　震（496）
清华简《五纪》的"中"观念研究 ……………… 曹　峰（521）

加快构建学科、学术、话语"三位一体"的中国特色哲学创新体系*

王伟光（中国社会科学院大学教授、南开大学终身教授、21世纪马克思主义研究院院长）

习近平总书记在2016年5月17日哲学社会科学工作座谈会上的重要讲话，深刻回答了事关我国哲学社会科学长远发展的一系列根本问题，提出了加快构建中国特色哲学社会科学的战略任务，是指导我国哲学社会科学创新发展的纲领性文献。毛泽东同志指出："哲学则是关于自然知识和社会知识的概括和总结。"① 马克思主义哲学是人类哲学思维的最高峰，为自然科学和社会科学的创新发展提供了立场、观点和方法，为人类认识自然和社会规律，改造自然，改造社会提供了最锐利的思想武器。加快构建中国特色哲学社会科学创新体系，首要而必要的是加快构建中国特色哲学创新体系。中国特色哲学的创新发展是中国特色哲学社会科学创新发展的先声和前导。中国特色哲学社会科学的创新发展，离不开中国特色哲学的创新发展；中国特色哲学的创新发展，也离不开中国特色哲学社会科学的创新发展。中国特色哲学既源于自然科学和社会科学，又指导自然科学和社会科

---

* 本文发表于《马克思主义哲学》2022年第4期。
① 《毛泽东选集》第3卷，人民出版社1991年版，第815—816页。

学，是中国特色哲学社会科学不可或缺的重要组成部分。中国特色哲学的创新发展是新时代中国特色社会主义伟大实践不断深化的必然要求，是推动社会发展、历史进步，中国特色社会主义取得更大胜利的强大精神力量。中国特色哲学的创新发展反映了中华民族思维能力和理论水平的提升，体现了中国的综合国力、国际竞争力和文化软实力的增强。生活在中国特色社会主义新时代的哲学工作者，肩负着创新发展中国特色哲学的历史重任。加快构建中国特色哲学创新体系是一项重大战略工程。

一 构建中国特色哲学创新体系的必要性和紧迫性

中国特色哲学是具有特定语义和科学内涵的。何为中国特色哲学？中国特色哲学是以马克思主义哲学为指导、为灵魂、为引领，继承中国优秀传统哲学思想，吸收国外优秀哲学思想，立足中国大地，与中国实际相结合，运用中国话语表达，展现中国气派、中国风格的当代中国哲学创新体系。中国化马克思主义哲学是中国特色哲学体系中率先创新发展的组成部分，中国特色哲学是包括中外哲学、哲学史、逻辑学、伦理学、宗教学等二、三级学科和一系列研究方向，由学科体系、学术体系、话语体系有机构成的完备的哲学体系。中国特色哲学具有鲜明的意识形态性与学术性、政治性与学理性相结合的特点，它公开宣称是无产阶级政党——中国共产党的理论基础。实践证明，中国特色哲学是时代精神的精华，是中国优秀传统哲学的继承和发扬，是中国社会变革的先导，是中国人民最锐利的思想武器。

中国特色哲学有一个酝酿、形成、成熟、发展的过程。中国特色哲学形成于中华民族面临生死存亡的最严峻关头，也正是中国人民上下探索、苦苦寻求救亡图存，再创中华民族复兴伟业的最管用的思想武器的时代。从19世纪中叶至20世纪初叶，中国在西方帝国主义列强胁迫下被迫洞开国门，受到西方帝国主义列强的侵略和欺辱，沦为半殖民地半封建国家。中国传统的封建主义哲学思想和政治理论，已经不能解决中华民族面临的救亡图存，复兴中华伟业这样重大而紧迫的时代课题。而西方资产阶级哲学思想和政治理论随着西方列强的全面入侵，试图从思想层面影响并改变中华民族长久以来的哲学信仰和价值观念。中国近代先进知识分子开始思考并寻找适合中国实际的，能够解决中国现实问题，引领中国社会长远发展的哲学思想和政治理论，最终在"中、西、马"三种哲学思想和政治理论的比较中选择了马克思主义哲学思想和科学社会主义理论，中国共产党的早期创造者和缔造者们运用马克思主义哲学和科学社会主义，与中国实际相结合，创造了中国化马克思主义哲学和马克思主义，指导中国取得了革命、建设和改革开放的伟大胜利，书写了中国特色社会主义新时代的历史新篇章。在这一进程中，马克思主义哲学中国化、时代化和大众化酝酿、生成、成熟，不断创新发展，成功运用于指导中国人民百年的伟大奋斗实践，取得了举世瞩目的中国成就。在马克思主义哲学指导下，中国共产党人团结中国先进知识分子运用马克思主义立场、观点和方法，创造了中国特色哲学。

中国特色哲学最伟大的成就就是吸收中国传统哲学与西方哲学的优秀成果，在中国革命、建设、改革开放和中国特色社会主义新时代的实践、认识、再实践、再认识的伟大进程中，实现了马克思主义哲学与中国实际的伟大结合，产生了中国化马克思主义哲学的伟大飞跃，创造了马克思主义哲学中国化的伟大创新成果。第一次伟大结合是把马克思主义哲学与中国革命实际相结合，第一次飞跃形成了毛泽东哲学思想——中国化马克思主义哲学第一个创新成果；第二次伟大结合是把马克思主义哲学与中国特色社会主义建设实际相结合，第二次飞跃形成了中国特色社会主义理论体系哲学思想，譬如邓小平哲学思想——中国化马克思主义哲学第二个创新成果；党的十八大以来,习近平总书记实现了马克思主义哲学与中国特色社会主义新时代新的伟大结合,形成了习近平新时代中国特色社会主义思想的哲学思想——中国化马克思主义哲学新的伟大飞跃,也是马克思主义哲学中国化第三个创新成果。马克思主义哲学与中国实际的不断结合、持续飞跃、不断创新的伟大成果体现了马克思主义哲学中国化的伟大创新进程,真实反映了中国人民在各个不同历史发展阶段的哲学创新智慧。马克思主义哲学中国化的创新成果是中国特色哲学创新发展的主导和领先部分,带动和引领了中国特色哲学的创新发展。

中华人民共和国成立以来,特别是改革开放和中国特色社会主义进入新时代以来,以马克思主义哲学为统领和指导,具有中国特色、中国风格、中国气派的中国特色哲学的创新发展一直受到党和国家的高度重视,并取得了一系列成绩。"中国特色哲学"用语尽管是在1982年9月,邓小平同志提出"有中国特色的社会主义"之后在学术界才开始出现的,但是实际从中国共产党建党初期就开始形成了。2016年5月17日,习近平总书记在哲学社会科学座谈会上提出,"加快构建中国特色哲学社会科学"之后,学术界明确提出了"中国特色哲学",提出加快构建中国特色哲学的历史任务。

中华人民共和国成立,中国哲学工作者迎来了中国当代哲学发展的第一个春天。在中国共产党领导下,在马克思主义哲学中国化的创新理论形态——毛泽东哲学思想的指引下,中国哲学工作者努力学习、研究、宣传马克思主义哲学,宣传唯物论和辩证法,批判唯心论和形而上学,在"马、中、西"哲学思想的比较鉴别中,在同唯心主义和形而上学等哲学糟粕的斗争中,形成"以马为魂,中学为体"的当代中国哲学发展新路径,为创造性地发展当代中国哲学创新体系,为马克思主义哲学中国化,为社会主义意识形态和文化建设作出了应有的哲学贡献。

改革开放以来,中国哲学工作者又迎来了当代中国哲学发展的第二个春天。在批判唯心主义、形而上学错误哲学思潮的基础上，开展真理标准大讨论，恢复马克思主义实事求是思想路线。中国哲学工作者在马克思主义哲学中国化新的理论形态——中国特色社会主义理论体系哲学思想指引下，"以马为魂，中学为体"，广泛吸收借鉴中外优秀哲学思想，针对改革开放和中国特色社会主义的实际，大力推动了当代中国哲学的繁荣发展。1983年，全国哲学社会科学规划领导小组成立，国家社科基金设立，中国哲学研究工作者拥有了更高、更广、更专业的舞台，开辟了中国特色哲学创新体系建设新局面，为解放思想、改革开放，为中国特色社会主义贡献了哲学心智。进入21世纪，国际形势发生了新的变化，中国国际地位不断提高和国际竞争力不断增强，中国特色社会主义的新发展迫切需要建设具有中国特色，彰显中国气派的中国特色哲学创新体系。

党的十八大以来，中国特色社会主义进入新时代，中国哲学工作者又迎来了当代中国哲学发展新的春天。特别是2016年5月17日，习近平总书记在哲学社会科学座谈会上发表了重要讲话，党和国家大力推进哲学社会科学繁荣发展，推动和加快构建中国特色哲学社会科学创新体系，其中包括推动中国特色哲学创新体系的建设。习近平总书记多次召开以马克思主义哲学为主题的中央政治局集体学习，2022年4月印发《国家"十四五"时期哲学社会科学发展规划》，将中国特色哲学社会科学建设，乃至中国特色哲学建设上升到国家中长期规划的战略高度。中国哲学工作者，在马克思主义中国化的最新理论成果——习近平新时代中国特色社会主义思想指引下，不断推进中国特色哲学创新体系建设，加强了对错误哲学思潮的坚决及时批判、抵制和纠正。中国特色哲学创新体系建设进入了繁荣发展期，中国特色哲学创新体系建设得到了全面加强。各研究单位和学术机构进一步加强优势重点项目研究和薄弱环节建设，不断推动中国特色哲学原创性研究，运用中国话语与中国叙事体系的哲学自信和哲学自觉不断提升。

虽然中国特色哲学创新体系建设取得了一定成绩,但是正像习近平总书记批评哲学社会科学存在"我国哲学社会科学还处于有数量缺质量、有专家缺大师的状况,作用没有充分发挥出来"[①] 的问题,我国哲学研究领域也存在着类似亟待解决的问题。中国特色哲学创新体系建设水平与我国的综合国力并不相符,中国特色哲学的创新程度与我国经济社会发展进度并不相称,中国特色哲学创新发展仍面临着严峻的挑战。一是中国特色哲学创新发展的任务繁重,距离党和国家提出关于解决当前我国现实问题的哲学方案的要求差距很大。当前,我国国内面临复杂多变的局势,国际面临瞬息万变的军事压力和政治较量,给我国社会主义建设带来了严峻挑战。各种社会思潮搭乘大数据列车迅速闯进人民群众心中,各种错误思潮和价值取向纷纷出台,侵扰党的意识形态阵地。如何发挥中国特色哲学的引领作用,使之更好地指导我国经济社会建设,更加适应多变的国内外局势;如何使中国特色哲学在各种思潮交锋中坚定政治方向和学术导向,坚持守住社会主义意识形态阵地;如何动员中国哲学工作者建言献策,为解决影响我国经济社会发展的一系列理论和现实问题提供解答……这些问题是中国特色哲学发展所必须解决的迫在眉睫的问题,也是中国特色哲学创新发展所应回答的重大课题。二是中国特色哲学创新发展的总体水平还不高,凝练出具有中国特色,能够代表中国风格,体现中国气派、运用中国话语的中国特色哲学创新体系尚存很大差距。创新发展中国特色哲学的理论自觉尚未形成,创新举措尚未完全落地;中国特色哲学创新发展所形成的成果数量较多,但高质量高水平的成果不多;从事中国特色哲学创新发展的研究队伍数量多,专业人才多,但大师级的高精尖人才少;中国特色哲学的培养教育体系、管理体

[①] 习近平:《在哲学社会科学工作座谈会上的讲话》,人民出版社2016年版,第7页。

制、评价体制尚需进一步改革完善。三是在哲学领域背离马克思主义哲学、背离党的四项基本原则的噪音杂音时有出现，背离社会主义核心价值观的哲学思潮时有出现，影响干扰党和国家的工作大局，中国哲学工作者利用中国特色哲学理论武器展开斗争，在斗争中创新发展中国特色哲学的哲学自觉尚需进一步提升。

中国特色社会主义进入新时代，踏入全面建设社会主义现代化国家的历史新征程，中华民族复兴伟业已进入不可逆转的伟大进程，时代课题呼唤并需要能够预见和解决前进道路上难题的哲学引领，呼唤并需要能够指明中国特色社会主义前进方向的哲学解答，急需能够凝聚全体人民万众一心实现中华民族伟大复兴中国梦的哲学力量，加快构建中国特色哲学创新体系任重道远。

第一，创新发展中国特色哲学，是坚持马克思主义指导地位的必然要求。马克思主义是中国共产党立党、立军、立国，强党、强军、强国的旗帜，灵魂和指导思想，是中国特色社会主义事业的理论根基和指导思想。在马克思主义三大组成部分中，马克思主义哲学是世界观和方法论基础，中国化的马克思主义哲学在中国特色哲学创新体系中，具有居于核心和引领的地位和作用。创新发展中国特色哲学首先就需要创新发展中国化马克思主义哲学，不断推进马克思主义哲学中国化、时代化和大众化的创新发展是中国特色哲学全面创新发展的关键。创建以马克思主义哲学和中国化马克思主义哲学为引领的中国特色哲学创新体系，对于巩固马克思主义的指导地位具有极其重要的作用。坚持马克思主义哲学的指导地位，这是中国特色哲学与其他哲学的根本区别。中国特色哲学是以马克思主义哲学为指导的哲学，马克思主义的哲学立场、观点、方法贯穿于中国特色哲学创新发展全过程，使中国特色哲学具有鲜明的意识形态属性、政治属性、无产阶级的阶级属性和中国共产党党性属性。中国特色哲学创新发展能够提升全党马克思主义理论自觉和理论自信，发挥马克思主义作为时代精神精华的思想引导作用，使马克思主义在中国特色社会主义建设中发挥更大的理论指导作用。总之，中国特色哲学创新发展对于巩固马克思主义的指导地位具有极其重要的哲学支撑作用。

第二，创新发展中国特色哲学，是总结提炼中国特色社会主义道路哲学表达的必然要求。中国特色社会主义道路既体现与世界各民族、各国发展所相一致的普遍必然规律，服从于人类社会发展一般规律，同时又具有符合中华民族自身发展特点，适应中国发展实际的独特性，是普遍性与独特性的统一。根据马克思主义创始人关于人类社会形态发展演变一般规律理论，人类社会发展一般要经过原始社会、奴隶社会、封建社会、资本主义社会，再经过社会主义社会过渡而发展到共产主义社会"五种社会形态"。"五形态说"是马克思主义创始人所揭示的关于人类社会发展总的历史趋势和一般的发展规律的科学概括，这是就世界上各个民族、国家发展的必然性来讲的，但这并不意味着世界上每个国家、每个民族都一律完全按照"五形态"的演进过程发展，每个国家、每个民族的具体发展道路的时代条件和所具备的理论自觉都具有差异性，因而有其特殊性，并不是千篇一律、完全一样的。关于各个民族、国家发展的特殊道路问题，早在100多年前，马克思便以俄国为"窗口"，考察并审视了东方民族和国家发展的特殊道路，引用古罗马史中的"卡夫丁峡谷"这一典故，认为俄国可以不通过资本主义制度的"卡夫丁峡谷"，不经过资本主义的痛苦过程，而走上社会主义的发展道路。

从中国发展的历史进程来看，中国并没有经历过资本主义社会的发展阶段，而直接从半殖民地半封建社会，经由新民主主义革命和社会主义革命进入社会主义初级阶段的社会。中华民族在"三座大山"的压迫下，奋斗求生，选择了中国特殊的革命道路和建设道路，在几十年的时间里走过了西方资本主义国家用几百年才走完的道路，取得了令人瞩目的成绩，彰显了中国道路的独特性和中国特色社会主义的优越性。中国特色道路的选择符合唯物史观关于社会发展一般规律的基本原理，具有坚实的哲学依据。中国道路的成功呼唤并需要创新发展中国特色哲学，需要哲学的说明与提升。

创新发展中国特色哲学，能够及时概括总结中国特色社会主义的成功经验，通过哲学的理性提升，形成具有中国特色的哲学概括。关于中国特色社会主义建设的历史必然性的科学凝练，不能仅仅停留于经验的反思，应该深入历史事实的本质，触及问题的实质，把握最根本的矛盾和症结，从哲学层面将中国道路予以及时准确的理性总结和科学抽象，概括成当代中国精神的哲学精华，形成具有中国特色的哲学表达，以不断增强中国特色社会主义道路、理论、制度和文化自信。

创新发展中国特色哲学，能够为中国特色社会主义的建设发展提供理论支撑，为破解新形势下中国的具体难题提供哲学答案。当前中国正处于中华民族伟大复兴战略全局和世界百年未有之大变局相互促进、彼此影响的历史方位，中国正在经历广泛而深刻的社会变革，各种具有新时代特点的矛盾冲突反复积累叠加，中国道路发展进程中不断出现一系列新情况新问题，迫切要求从理论层面作出有针对性的、科学的和可行的哲学解答，从而为中国发展的现实之问提供具有操作性的化解思路乃至解决路径，为中国特色社会主义的发展提供哲学方案。

创新发展中国特色哲学，能够从中国道路的特殊性中抽取出人类社会发展文明新形态的普遍意义，为世界各民族各国提供重要的哲学启示。中国是世界上最大的社会主义国家，也是最大的发展中国家，对众多发展中国家和民族都会产生重要的影响，为发展中国家和民族的发展振兴提供可资借鉴的哲学参考。

第三，创新发展中国特色哲学，是彰显社会主义核心价值观在意识形态领域主导地位的必然要求。真正的哲学是时代精神的精华，是社会变革的先导，中国特色哲学创新体系是社会主义核心价值观的哲学依据，中国特色哲学是凝聚社会主义意识形态的精神支撑，体现了人类的最远大的理想，最坚定的信念和最崇高的信仰，是凝聚人心的强大的精神力量，中国特色哲学创新体系能够起到凝聚人心、坚定信仰、塑造道德、树立理想、鼓舞士气、激发力量的思想引领作用。

第四，创新发展中国特色哲学，是增强国家文化软实力、国际竞争力和经济政治实力的必然要求。纵观当前国际环境，中国道路的选择与发展是世界舞台上的奇迹。然而面对大发展、大变革、大调整的世界时势，中国要持续激活社会主义市场的内生动力，展示社会主义制度优越性和影响力，不仅需要加强经济水平、军事力量和物质力量等硬实力的建设，而且需要不断地推进社会主义文化的繁荣发展，加强哲学社会科学软实力的建设。中国特色哲学创新水平直接反映了中华民族的思维能力和学术修养，中国特色哲学能够反映中国现状，破解中国难题，能够根据中国实践的发展，以前瞻性的眼光超越现实的局限性，提出长远规划，以反思性目光透过现实的表面看清事物的本质，能够透过复杂的社会现象看清历史的必然规律，是引领社会思想发展前进的灯塔，中国特色哲学灯塔的光芒展示了强劲的中华民族文化实力。

马克思指出："一个民族要想站在科学的最高峰，就一刻也不能没有理论思维。"① 创新发展中国特色哲学，用中国特色哲学武装全民族，提升全民族的理论思维能力，是提升国家软实力的根本性举措。中国特色哲学创新发展能够正确阐释和积极宣传中国特色社会主义制度的优越性，科学回应国际上对中国发展道路及制度体系的质疑和抹黑，在国际交往与互动中推动实践创新与理论创新的结合，打破西方长久以来的哲学垄断，深化马克思主义在意识形态领域的指导地

---

① 《马克思恩格斯选集》第3卷，人民出版社2012年版，第875页。

位。积极用中国特色哲学创新体系连接、汲取世界各种先进哲学思想，可以大大提升中国在国际社会中的意识形态影响力，占领舆论宣传高地，弘扬当代中国精神，为世界贡献新时代的中国智慧。建立与中国国际地位和国际影响力相匹配的中国特色哲学体系，能够增强民族自信、文化自信和理论自信。

二　构建中国特色哲学创新体系的主要内涵和基本要求

从建筑学的视角来说，建设一栋大厦，首先需要的是良好的设计理念和设计方案，也就是说，要盖一座什么样的大厦，大厦的式样、风格和特色是什么，需要哪些建筑构成部分，包括哪些建筑要素，对这些基本的建筑要素和要求都要搞清楚。中国特色哲学大厦，应当是以中国化马克思主义哲学为灵魂、为旗帜、为指导的创新体系；应当是以理论创新为核心，包括学科体系、学术体系和话语体系相统一的创新体系；应当是中国特色、中国风格、中国气派、中国话语为一体的创新体系。

习近平总书记在"5·17"重要讲话中阐述了构建中国特色哲学社会科学的总思路：要立足中国大地、借鉴国外、挖掘历史、把握当代、关怀人类，面向未来。这就要求创新发展中国特色哲学必须以中国化的马克思主义哲学为统领、为指导、为灵魂，立足中国大地，从中国实际出发，联系中国现实，依据中国文明，凝练中国智慧，创新中国思想，回答中国问题，服务中国发展；必须在指导思想、学科体系、学术体系、话语体系运用中国话语表达，充分体现中国特色、中国风格、中国气派，必须与中国优秀传统哲学思想相结合，积极吸取国外先进文明，走在时代潮流前沿，充分体现人类未来发展需求和发展趋势。

第一,必须坚持马克思主义哲学的指导地位和领先作用,构建以中国化马克思主义哲学为统领的中国特色哲学创新体系。

习近平总书记指出:"坚持以马克思主义为指导,是当代中国哲学社会科学区别于其他哲学社会科学的根本标志,必须旗帜鲜明加以坚持。"[①] 习近平总书记讲的是中国特色哲学社会科学必须以马克思主义为指导的道理,这个道理同样适用于中国特色哲学。毛泽东同志指出:"一定的文化(当作观念形态的文化)是一定社会的政治和经济的反映,又给予伟大影响和作用于一定社会的政治和经济。"[②] 哲学作为意识形态的上层建筑,作为观念形态的文化,是一定经济基础的反映,是一定社会经济政治的反映。当代中国哲学是社会主义经济基础的反映,是社会主义意识形态的上层建筑的最高层面,是社会主义方向和性质的理论体系,是无产阶级的、社会主义的系统化、理论化的世界观,是观念形态的文化,必然具有强烈的意识形态属性、政治属性和无产阶级的阶级属性,以马克思主义为指导思想是中国特色哲学的本质体现和必然要求。在我国社会主义条件下,如果不坚持马克思主义指导,哲学研究就会迷失方向、失去灵魂,起不到为中国人民、为中国特色社会主义、为人类光明未来服务的作用。马克思主义哲学就是马克思主义的世界观、方法论基础,是观察问题、分析问题、解决问题的立场、观点和方法,是马克思主义经典作家赋予工人阶级和人类的最锐利的思想武器。坚持马克思主义在哲学社会科学领域的指导地位,必须首先坚持马克思主义哲学在社会科学领域的指导地位。构建中国特色哲学,坚持以马克思主义为指导,首先就要坚持以马克思主义哲学为指导,必须把马克思主义哲学作为当代中国哲学的旗帜、灵魂和指导思想。只有坚持马克思主义哲学在构建中国特色

---

① 《习近平关于社会主义文化建设论述摘编》,中央文献出版社2017年版,第73页。
② 《毛泽东选集》第2卷,人民出版社1991年版,第663—664页。

哲学进程中的指导地位，才能确保中国特色哲学创新体系建设的正确的政治方向和学术导向。

第二，必须立足中国大地，与中国实际相结合，构建运用中国话语表达，具有中国特色、中国风格、中国气派的中国特色哲学创新体系。

鲁迅先生曾说："有地方色彩的，倒容易成为世界的，即为别国所注意。打出世界上去，即于中国之活动有利。"[①] 当代中国哲学是民族的、中国的，又是世界的；是中国化的，又是世界性的，它既包括了中国的特殊性，又内含了世界的普遍性。哲学虽然是远离现实的高度抽象的理论思维产物，但它又是现实世界的反映，或是对现实世界的真实的、正确的理论抽象，如唯物论、辩证法；或是对现实世界的歪曲的、虚假的反映，如唯心论、形而上学。正是在这个意义上，真正的哲学是时代精神的精华。马克思主义哲学是无产阶级现实斗争的理论产物，是当今时代精神的精华。以马克思主义哲学为指导的当代社会主义中国的哲学，只有紧跟时代潮流，立足中国大地，与中国实际相结合，才具有生命力和创造力，也只有与中国实际相结合的哲学才能构成具有中国特色的哲学，才能具有中国风格、中国气派和中国话语表达。与中国实际相结合必须做到"两个结合"：一是与中国的历史实际、国情实际和实践实际相结合；二是与中华优秀传统文化实际相结合。实践不断发展，在实践中不断与中国实际相结合的中国特色哲学也不断创新发展。

第三，必须以哲学理论创新为核心，构建学科创新体系、学术创新体系和话语创新体系的"三位一体"的中国特色哲学创新体系。

中国特色哲学是一个统一的、有机的、系统的、完备的哲学理论体系。哲学是系统化的、理论化的世界观，也就是说，哲学是关于世

---

① 《鲁迅全集》第13卷，人民文学出版社2005年版，第81页。

界观的系统的学问，是通过学理、学术来阐述世界观的。中国特色哲学创新体系应当是以理论创新为核心，包括术语、概念、范畴、观点、原则、原理、学说等理论要素的原创性的创造性体系。

中国特色哲学创新体系是学科、学术和话语"三位一体"的创新体系。首先，学科体系。哲学作为一门科学，它是自然科学和社会科学的结晶、概括和总结，是历史悠久的、具有深厚文化传统的、理论完备的一门学问，即学科。什么是学科？就是按学术的性质作用、研究对象、研究任务、研究目的和研究方法而划分的关于学问的科目类别。学科体系是有着明确的定义、定位、属性和内在逻辑，包含由一级、二级、三级学科以及一系列研究方向构成的完整的学问门类。哲学学科创新体系是中国特色哲学创新体系中的关于学问的科目门类部分，即中国特色哲学学问的门类分工、中介链接和构架结构部分。其次，学术体系。学术体系是系统的、专门的学问体系，包括特有的术语、概念、范畴、观点、原则、原理、学说等理论要素，学术体系是由这些要素构成的完备的理论体系。哲学学术创新体系是中国特色哲学创新体系中决定性主体，是主要部分。最后，话语体系。话语体系是用什么样的语言文字、用什么样的形式来表达理论学术内容和学科性质任务的表述体系。话语创新体系是中国特色哲学创新体系中的表达形式部分。可以说，哲学学术体系、学科体系共同构成了哲学创新体系的实质性内容，而哲学话语体系是哲学学术、学科创新体系的表述形式，二者是内容与形式的统一体。

中国特色哲学创新体系是当代中国的、社会主义的、无产阶级意识形态的、以马克思主义为指导的理论创新体系，它是以马克思主义哲学学说为灵魂、为主线、为主导，尽可能地汲取中外哲学思想精华，又以中国实践为源泉和材料，以原创性的哲学原理和学说为主要内容的理论创新体系。一是以马克思主义哲学为统领，包括中国哲学、外国哲学、中外哲学史、伦理学、逻辑学等一、二、三级学科和一系列研究方向的，具有专门的研究对象、任务和目标，有明确的学科定义和定位的哲学学科创新体系；二是以中国化马克思主义哲学的创新发展为领跑，从研究方法、研究手段到术语、概念、范畴、观点、原则、原理和学说的全面学理创新的哲学学术创新体系；三是用中国特点的、民族的、大众的、通俗的，也是原创的、具有中国哲理的、吸取古今中外哲学话语精华的语言文字来表述的哲学话语创新体系。

中国特色就是赋予中国哲学学科体系、学术体系和话语体系以中国风格、中国特点，用中国话语来表达。没有中国话语的形象上的、形式上的创造性表达，也就没有中国特色哲学的学科创新体系和学术创新体系，就没有中国特色哲学创新体系。中国特色哲学创新体系是"一马当先、万马奔腾"这样一个形象的理论体系。所谓"一马当先"，就是以马克思主义为指导，以马克思主义哲学为引领，大力推进马克思主义哲学中国化。所谓"万马奔腾"，就是在这个前提下和基础上，推动哲学一、二、三级学科和一系列研究方向共同创新发展。比如，毛泽东哲学思想中"矛盾""一分为二""实践论"等都是中国风格、中国气派的马克思主义哲学中国化的当代中国特色的哲学表述，体现了中国气派、中国风格，运用了中国话语。加快构建中国特色哲学创新体系，必须加快推进中国特色学科体系、学术体系、话语体系统一协调地创新发展。

三 构建中国特色哲学创新体系必须构建中国特色话语创新体系

就任何一门科学（无论是自然科学、社会科学，还是哲学）来说，都是由学科体系、学术体系和话语体系构成。学术体系是科学体系的实质部分，它是由术语、概念、范畴、原则、原理等学理、学说构成的学问体系；学科体系是关于学术体系的学问门类，是学术体系的组成架构，是研究者和学术问题两者之间的中介、协调、分工和管理。学术体系、学科体系构成科学体系的内容。可以说，学术体系是一个理论大厦，而学科体系是该大厦的框架、分层、门类及中介联系，二者紧密联系在一起，不可分割，共同构成科学体系的内容。而话语体系则是学术体系、学科体系的语言文字表达形式。具体到哲学体系也是如此。譬如中国哲学，是当代中国哲学的二级学科，中国哲学的理论学术则是该学科的学问内容，中国哲学的学科体系、学术体系必须借助于一定的话语体系，即语言文字表达才能表现出来。可以说，学科体系、学术体系与话语体系是两个有机的组成部分：一是内容部分，一是形式部分，二者的关系则是形式与内容的辩证统一关系。哲学的学科和学术两个体系构成了哲学体系的内容，话语体系构成了哲学学科、学术体系内容的表现形式。一定的内容决定并需要一定的形式，一定的内容必定要借助于一定的形式才能表现出来，形式离不开内容，离开内容的形式就什么也不是。当然内容也离不开形式，没有一定的表达方式，内容也表现不出来。形式是为内容服务的，内容要求形式与其相适应。学科体系、学术体系必须借助一定的话语形式才能表现出来，一定的话语形式是为一定的学科和学术内容服务的。表达形式如果不准确、不鲜明、不科学，内容就无法展示出来，也无法使人们学习、接受和使用。

中国特色哲学创新体系是由学科创新体系、学术创新体系和话语创新体系构成的"三位一体"的相互影响、相互制约、相互促进的完整统一的理论体系。哲学学科体系、学术体系是内容，哲学话语体系是形式，二者是辩证统一的整体。中国特色哲学学科创新体系、学术创新体系，需要通过用中华民族所特有的话语体系，即一定的语言文字表达方式才能表现出来，才具有鲜明的中国特色。因此，构建中国特色哲学学科创新体系、学术创新体系，离不开构建中国特色的话语创新体系，中国特色话语创新体系的构建，是中国特色哲学学科创新体系和学术创新体系必要而不可或缺的条件。譬如，毛泽东哲学思想是最具中国特色的哲学创新体系，"毛泽东哲学思想研究"已经成为中国特色哲学最重要的二级学科，毛泽东哲学思想又是最具中国特色的学术创新内容，而毛泽东哲学思想研究学科和毛泽东哲学思想理论内容的学术、学科特色是由毛泽东同志运用中华民族最有特色，最有魅力，最具中华民族哲理的语言文字表现出来的。如实事求是是毛泽东哲学思想的精髓，是毛泽东同志运用"实事求是"的中国话语表达；毛泽东同志运用"矛盾论"这一中国式的哲学术语，即语言和文字表达形式，充分阐述了马克思主义哲学对立统一规律的道理；用实践与认识的辩证关系的中国式话语表达，发展了辩证唯物主义的反映论和认识论……正是因为中国特色话语的使用使得毛泽东哲学思想打上了鲜明的中国特色哲学的烙印。

中国特色哲学话语体系是中国特色哲学深入人心、武装群众、指导实践、改造世界的重要载体和媒介，为构建中国特色哲学创新体系提供了中国特色的话语表达。加强中国特色哲学话语创新体系建设，掌握话语体系建设的主导权和主动权，对加快构建中国特色哲学话语创新体系建设，推进中国特色哲学学科创新体系和学术创新体系建设，从而推进中国特色哲学创新体系建设是必要而重要的。

怎样构建中国特色话语创新体系呢？

第一，坚持马克思主义哲学的指导地位，确保中国特色哲学话语体系的主导权。

党中央对坚持和加强马克思主义的指导地位予以高度重视。2022年4月，中共中央办公厅印发《国家"十四五"哲学社会科学发展规划》，从顶层设计角度对坚持和巩固马克思主义在哲学社会科学领域的指导地位提出具体举措，确保马克思主义对哲学社会科学的指导地位。坚持马克思主义在哲学社会科学指导地位的基本要求，同样适用于中国特色哲学话语体系建设。中国特色哲学话语体系建设必须坚持马克思主义哲学的指导地位，确保马克思主义在话语体系建设中的主导性，确保话语体系建设始终坚持正确的政治方向和学术导向。

坚持马克思主义哲学在话语体系建设中的指导地位。第一，必须运用马克思主义立场、观点和方法指导话语体系建设。中国特色哲学话语体系作为中国特色哲学学科体系、学术体系的语言文字表达形式，展现的是中国共产党的意识形态、价值取向和哲学党性主张，保证中国特色哲学话语创新体系科学、纯洁、正确的方向，必须把马克思主义立场、观点、方法贯穿话语体系建设的全过程。第二，必须站在马克思主义正确的政治立场上，鉴别、抵制、批判错误言论和不当言论，弘扬主旋律，突出主基调。面对抨击马克思主义理论、我国社会主义制度及中国特色社会主义的日益复杂化和隐蔽化的各种误读、曲解、攻击的话语，必须以坚决、肯定、明确的话语予以有力回击，要塑造科学正确的，具有中国特点，反映中国现实的新概念、新范畴、新表达，有理有据地对错误话语进行回应和抵制。如果丧失了马克思主义在话语体系建设方面的立场，中国特色哲学话语体系建设就失去了方向，就会陷入错误的话语迷茫之中，甚至滑入历史虚无主义、普世价值论等错误思潮表达的泥淖之中。

第二，坚持以人民为中心的根本原则，站在人民的立场上为人民立言发声。

习近平总书记指出："坚持以马克思主义为指导，核心要解决好为什么人的问题。"[①] 中国特色哲学话语体系建设坚持以马克思主义为指导，首先坚持的是马克思主义的无产阶级和人民的立场，解决好为谁做学问，为谁发声立言的问题。是站在人民的立场上，为人民的利益发声，还是站在人民的对立面，为人民的敌人的利益发声，这是中国特色

---

① 习近平：《在哲学社会科学工作座谈会上的讲话》，第12页。

哲学话语体系与其他哲学话语体系的一个重要区别。中国特色哲学是中国共产党领导的以马克思主义为指导的，是反映自然、社会和人类思维一般规律的真理，是哲学形态的无产阶级的世界观和方法论，中国特色哲学的党性决定了其话语体系为无产阶级和人民的利益，为社会主义服务，是站在人民的立场上为人民立言发声，为中国社会主义立言发声。为人民、为社会主义、为党和祖国鼓与呼，是中国特色哲学的政治任务，也是中国特色哲学创新话语体系建设的根本目的。

中国特色哲学话语创新体系建设是要解决中国特色哲学的发声立言的问题，解决中国特色哲学创新体系建设的表达问题，首先遇到的是为谁发声、为谁立言的问题。有的个别学者不是站在党的立场上、人民的立场上，而是站在党与人民对立面的立场上，为党与人民的对立面发声立言，甚至发表反人民、反社会主义、反唯物论、反辩证法的哲学言论，或者是为个人的一己之利而发错误之声。辩证唯物主义和历史唯物主义是中国特色哲学的核心内容，它首先是人民的哲学，是为人民发声立言的哲学，有的个别学者不宣传唯物论、辩证法、唯物史观，而是宣传唯心论、形而上学、历史虚无主义；有的个别学者甚至不赞成中国特色社会主义事业，不表现火热的人民生产生活现实，而是盲目崇拜洋人、古人，以洋教条、古教条为根本话语标准，只讲洋人的话、只讲古人的话，就是不讲今天人民的话、党的话。当然我们并不反对洋人的、古人好的话语，但是当代中国人民创造的现实话语一句不讲甚至全盘否定，乃至更有甚者，专拣反马克思主义、诽谤马克思主义的唯心主义、形而上学的话语发声，这就站错了立场。我们并不一概反对和否认古人、洋人的哲学话语，也不一概反对和否认一切有个性的个人爱好和追求的哲学话语，但是构建中国特色哲学话语创新体系，如果不解决好为什么人的问题，不解决好为谁而发声、发什么声的问题，话语创新体系建设就会走偏路，就会做他人的吹鼓手、为他人做嫁衣裳。必须站在人民的立场上，用人民的话语，同时也善于运用洋人、古人的话语为今天构建中国特色哲学话语创新体系的现实服务。

构建中国特色哲学话语创新体系，有一个对人民负责和对党负责，即对下和对上负责的一致性问题。对人民负责和对党负责，对下与对上负责是一致的。这就决定了我们既对党、对上负责，又对人民、对下负责，紧密地团结在以习近平同志为核心的党中央周围，从党和国家的需要出发，从人民的需要出发，从实际工作亟待回答和解决重大理论和现实问题出发，紧紧围绕经济社会发展中的全局性、前瞻性、战略性问题，围绕干部群众普遍关注的热点、焦点、难点问题，为说清楚这些问题而进言发声。

第三，以坚持人民能够接受为标准，运用人民喜闻乐见的话语。

中国特色哲学是为人民的哲学，是人民的哲学，是让中国人民听得懂、理解得了、用得上的哲学武器。如果让中国人民能够听得懂，真正能够接受，用得上，就需要用中国人民喜闻乐见的，具有中国哲理的语言文字作为话语表达体系。毛泽东同志讲："让哲学从哲学家的课堂上和书本里解放出来。"[①] 这里也有一个把哲学从人民所听不懂的、僵化的、晦涩的、错误的哲学话语体系中解放出来，真正让人民听得进去，入脑入心，用得上、能管用，这就需要推进中国特色哲学的大众化，而大众化的前提则是通俗化。马克思主义哲学讲的是最普通的、最能让人民明白的、最让人民受用的道理，讲的是人民关心的道理，是人民实践中的真理，不是人民听不懂，接受不了的玄学奥理。中国特色哲学要真正成为中国人民的哲学，就应该走大众化、通俗化的道路。通俗化首先是语言文字的通俗化，真正实现中国特色哲学的通俗化，就必须用中国人民喜闻乐见的、具有中国哲理特色的话语体系表达中国特色的哲学道理，这比照抄照搬古人、洋人的话语体

---

① 《毛泽东文集》第8卷，人民出版社1999年版，第323页。

系，讲洋话、讲古话实际上要难得多，用人民听得懂的、喜闻乐见的语言文字把哲学讲明白讲透彻，需要下很大一番功夫。在这方面，毛泽东同志、邓小平同志、习近平总书记为我们树立了中国特色哲学通俗化、大众化的典范，他们运用了大量的中国人民喜闻乐见的语言、文字，讲中国故事、中国道理、中国哲学，武装了中国人民。毛泽东同志在革命战争年代所写的《反对本本主义》《矛盾论》《实践论》，体现了中国话语特色，通俗易懂，许多工农干部一听就明白，武装了一代中国军民。可是我们有的人写的哲学文章不仅别人看不懂，连自己也看不懂，自诩只有看不懂的哲学才是真正的哲学，这是完全错误的说法。我们要以毛泽东同志、邓小平同志、习近平总书记为榜样，真正构建具有中国语言特色的、中国哲理气派的、中国哲人风格的中国特色哲学话语创新体系。

第四，坚持继承性与民族性，原创性与时代性、系统性与专业性相统一的要求，提倡科学性、严谨性、原创性和专业性。

提倡以通俗易懂的话语来构建中国特色哲学话语体系，并不是不要中国特色哲学话语体系的科学性、准确性、严谨性、原创性和专业性，而是将民族化、本土化、通俗化、大众化与科学性、准确性、严谨性、原创性和专业性有机地结合起来，只要通俗化、大众化，不要科学化、专业化，那就是大空话，不是哲学了。习近平总书记指出，中国特色哲学社会科学要突出三个特点：一要体现继承性、民族性；二要体现原创性、时代性；三要体现系统性、专业性。习近平总书记关于构建中国特色哲学社会科学的六点要求，同样适用于中国特色哲学话语创新体系建设。

一要坚持民族性与开放性的统一。习近平总书记在概括中国特色哲学社会科学特点时指出，"我们要善于融通古今中外各种资源"①，

---

① 《习近平谈治国理政》第二卷，外文出版社2017年版，第338页。

建设具有中国特点、中国风格、中国气派的哲学话语创新体系，必然形成一系列新的话语表达形式，新的话语表达形式既要有中国话语的特色，讲中国话，讲中国老百姓的话，体现民族性、本土性；又要有通识性、世界性，吸收外国的优秀话语表述，与世界接轨。要让中国哲学话语体系与世界哲学话语体系接轨，让世界了解中国哲学，也让中国哲学了解世界。通过中国哲学话语让中国特色哲学为世界所了解、所熟知、所理解、所接受，同时也要有鉴别、有取舍地接受世界上已有的和新的话语表述。实现中国话语体系的独特性与世界话语体系的通识性有机统一。

中国特色话语体系建设实现独特性与通识性、民族性与世界性的结合，就必须将"向内深耕"与"对外开放"相结合。把古今中外话语优良资源作为中国特色哲学话语体系建设的生动原材料，在民族性的继承方面与世界性的开放方面的互动结合中，既保持中国特有的哲学话语表达方式，又吸收世界哲学优秀话语表述方式。在民族继承性方面，中国特色哲学话语体系中的"中国特色"，源于中国人民的中国实践，源于中华民族5000年文明史的中华优秀传统文化。中国古代曾有过举世闻名的中国哲学话语体系，为当代中国特色哲学话语体系建设留下大量的宝贵养料，批判地继承中国优秀传统哲学中具有生命力的话语表述，从中国优秀传统哲学沉淀下来的优秀基因中挖掘提炼能够为当代中国话语体系建设所吸收的有益成分，从而达到古为今用。在世界开放性方面，中国特色哲学话语建设，要吸收世界先进的哲学话语表达方式，同时又让中国话语体系成功地走向世界，与世界话语相接，汲取世界话语中的精华，服务于当前中国特色哲学话语创新体系建设，做到洋为中用。在世界哲学长河中提升中国特色哲学的影响力和话语权，为世界哲学思想发展贡献中国智慧。

民族的就是世界的，世界的就是民族的。中国特色哲学话语体系建设应当加强中外之间的开放性互动，以开放包容的心态汲取外国先进哲学思想表述方式中能为我用的精华，以便在融通中创新，在创新中发展。但在借鉴西方话语表达过程中，不能盲目照抄照搬西方话语表达，不能肆意追赶西方话语潮流，不能任意剪裁西方话语体系，胡乱拼凑嵌入中国特色哲学话语。必须坚持中国特色哲学话语创新体系建设的主体性，坚持民族性与世界性、继承性与开放性的统一。在建设中国特色哲学话语体系中，既要重视民族性的话语表达，以继承的心态面对中国传统哲学的话语表达，增强我们自己的理论自信和文化自信，使我们更有信心和能力走进并领跑世界哲学，又要以开放的心态面对外国先进哲学的话语表达。但要时刻注意，在话语体系中要时刻保持独立性，严谨防止掉入"去意识形态化""复古化""西方化"的泥坑。

二要坚持时代性与原创性的统一。中国特色哲学话语体系与时代发展密不可分，要随着时代的发展而不断充实新的时代内涵，不断焕发新的话语生机。马克思指出："任何真正的哲学都是自己时代的精神上的精华。"① 哲学的话语表达和哲学的理论内容一样，也是不断地随着时代的发展而发展的。从中国特色哲学发展历史可以看出，每一次哲学理论的大繁荣大发展，都会伴随着时代的进步和社会实践进程的大变化，不断增添新的时代内涵。中国革命、建设和改革发展的百年历史与中国特色哲学的百年发展是相一致的，在中国共产党领导中国革命、建设和改革的每个历史阶段，哲学都回答了每个阶段的历史之问、时代之问。中国特色哲学话语体系作为内容载体和表达形式，都如实地记录了中国百年革命、改革、建设的历史实践，深深地打上了每个历史阶段的时代烙印。中国特色哲学话语创新体系必须具有鲜明的时代性，说明当下中国发展的时空方位，表述中国社会发展历史纵轴与中国发展现状横轴之间的时代交汇，展示中国特色哲学关于中国

---

① 《马克思恩格斯全集》第1卷，人民出版社1995年版，第220页。

道路的规律性与必然性的科学概括。

没有创新就没有进步，体现时代性的中国特色哲学的话语表达应当充分展现原创性。在每个特定的历史阶段，中国特色哲学话语体系建设都应显示原创性的话语表达。突出新的历史条件下话语体系建设的原创性，要立足中国，面向世界，既直面中国特色社会主义发展的鲜活事实，又面对中华民族文明历史成就，以中国问题为中心，从深层次述说中国发展的内在症结，中国道路的成功经验，形成具有中国特色，反映中国实践，彰显中国元素，创造中国哲理的新的语境，打造中国特色哲学话语创新表述方式。

三要坚持系统性和专业性的统一。中国特色哲学话语体系建设必须体现系统性，涵盖历史、经济、政治、文化、社会、生态、军事、党建等各个领域的话语表述，囊括传统学科、新兴学科、前沿学科、交叉学科、冷门学科等诸多学问的话语形式，努力构建一个全方位的、全领域的、全要素的中国特色哲学话语创新体系。中国特色话语体系建设还必须体现专业性，要把人民实践中所体现的哲学道理进行专业化、理论化、学理化、学术化的概括和总结，提炼出专业性的哲学术语来，创造出经典的、标志性的哲学表达格言。中国特色哲学话语创新体系建设，必须实现系统性和专业性的统一，为话语创新体系建设提供强大、厚重、系统的学术专业支撑。

构建中国特色哲学社会科学的时代任务*

吴晓明（复旦大学当代国外马克思主义
研究中心暨哲学学院）

对于当今中国的学术界而言，构建中国特色哲学社会科学乃是时代托付的一项重大任务。这项任务之所以重大，是因为我们的时代正在经历极其深刻的改变，以至于只有当这样的改变能够在学术理论上被课题化并得到积极的探索时，我们才能深入地理解和把握这个时代。自黑格尔和马克思以来，学术理论的本质性已经被决定性地引导到特定时代的现实状况中去了：就像黑格尔把哲学称为"把握在思想中的时代"一样，马克思把历史科学或社会科学理解为特定时代的"理论表现"。在这样的意义上，一方面，正是伴随着时代的转折才产生学术理论上的重大需要，而这种需要对于我们今天来说，就是构建中国特色哲学社会科学；另一方面，只有中国特色哲学社会科学才能将深入特定的社会现实作为自身的第一要务，从而为我们把握这个时代开辟出学术理论上的广阔道路和光明前景。本文试图在这样的立脚点上，对构建中国特色哲学社会科学的时代任务做出性质上的分析与阐明。

---

* 本文发表于《社会科学》2022 年第 5 期。

一

如果说，学术的本质性总是植根于特定的时代状况，学术上的改弦更张总是因应于历史性实践的重大转折，那么，我们就有理由问：近代以来我国哲学社会科学的一般态势是怎样的？当今的时代状况正在发生何种尺度的转变？而相应于这样的转变，我们的学术又面临着怎样的时代课题与时代任务？

现代性在特定阶段上的绝对权力开辟出"世界历史"，而进入世界历史的进程之中成为各民族不可避免的历史性命运，所以，近代以来的中国便以其自身的方式开启了它的现代化探索。这样一种具有世界历史意义的现代化进程（海德格尔称之为"地球和人类的欧洲化"）所具有的必然性，诚如马克思所说：资产阶级把一切民族都卷入文明中来了，"正像它使农村从属于城市一样，它使未开化和半开化的国家从属于文明的国家，使农民的民族从属于资产阶级的民族，使东方从属于西方"①。在这样一种必然性的展开过程中，就像中国的历史性实践在现实层面中所发生的情形一样，中国的学术在思想理论上也开始了它的现代化步伐，并因而从总体上进入对于外部学术的"学徒状态"之中。在世界历史的基本处境中，这样一种学徒状态不仅是必然的、必要的，而且是影响深远的和成果丰硕的。正是这样的学徒状态开启了中国有史以来最广泛也最深刻的对外学习进程；没有这样一种大规模的对外学习，就像中国自近代以来的历史性实践是不可思议的一样，中国学术的现代化以及由之而来的全部收获也是完全不可能的。就此而言，中国学术从总体上进入对于外部学术的学徒状态之中，不仅是积极的，而且是意义深远的；对于这样的积极意义，

---

① 《马克思恩格斯选集》第1卷，人民出版社1995年版，第277页。

无论怎样评价都不会过高。

然而，一种学术的真正成熟，总意味着它在特定的阶段上能够摆脱其学徒状态，并开始获得它的"自我主张"。从不可避免的学徒状态进展到摆脱依傍的自我主张，可以说是达到成熟的确切标志——对于一个人来说是如此，对于一种学术来说也是如此。纵观学术史和思想史，我们可以发现，经过学徒状态的酝酿发育而后在特定阶段上取得其自我主张，乃是学术发展和思想理论发展的基本规律。举例来说，中世纪的哲学就曾长期处在"哲理神学"的学徒状态之中（哲学作为"神学的婢女"），而在这种学徒状态中得到滋生成长的理性观点，逐渐为近代哲学做好了思想准备，并在笛卡尔"我思故我在"这一首要命题中宣告了它的自我主张。所以笛卡尔被称为近代哲学之父。"从笛卡尔起，我们踏进了一种独立的哲学。这种哲学明白：它自己是独立地从理性而来的，自我意识是真理的主要环节。（哲学在它自己的土地上与哲理神学分了家，按照它自己的原则，把神学撇到完全另外的一边。）"① 同样，西方近代以来的历史科学也曾长期处在自然科学的学徒状态之中，因而它在基本的理论方面总是模仿它的"长姊"——自然科学的方法。历史科学摆脱其学徒状态而获得自我主张的转折，是通过"历史批判"来实现的。柯林武德把这一决定性转折称为"史学理论中的哥白尼革命"，它意味着："……历史学家远不是依赖自身以外的权威，使他的思想必须符合权威的陈述，而是历史学家就是他自身的权威；并且他的思想是自律的、自我—授权的，享有一种他所谓权威们必须与之相符的并且据之而受到批判的标准。"② 正是经过所谓"历史批判"，历史科学才开始摆脱它对于自然

---

① ［德］黑格尔：《哲学史讲演录》第 4 卷，贺麟、王太庆译，商务印书馆 1978 年版，第 59 页。

② ［英］柯林武德：《历史的观念》，何兆武、张文杰译，中国社会科学出版社 1986 年版，第 268 页。

科学的学徒状态，从而成为"自律的""自我—授权的"（亦即具有"自我主张的"）学术。

不同的民族之间也有这样的情形发生。例如，古希腊人一方面有自己的传统，另一方面又受到当时更为高超也更占优势的东方文化的强烈影响；这样的影响是如此深刻，以至于彼时的希腊人很长时间被看作东方的"学徒"。按照尼采的描述，希腊人看来曾一度要被外来的文化压垮了，他们的宗教几乎就是东方诸神的一场混战，而他们的文化乃是一大堆外来形式和观念的混杂（包括闪族的、巴比伦的、吕底亚的、埃及的，等等）。但希腊人的文化终究没有成为装饰性的文化或机械性的文化，因为他们牢记着特尔斐神庙"认识你自己"这个箴言。"由此他们逐渐学会了整理好这堆混杂物，这样，他们又重新把握了自己，而没有长时间地背负着自己的遗产做整个东方的追随者。"① 正是由于在文化整体上所达成的自我主张，希腊人——按黑格尔的话说——才获得了应有的活力，并开创出他们"胜利和繁荣的时代"。

在中国文化的发展进程中也有类似的情形发生，佛教（或佛学）的中国化就是显著的一例。当佛教刚刚从外部传入时，中国的教徒和学者们无疑是进入了对于印度佛教（以及其他先行者）的学徒状态之中；而当佛教的中国化能够真正开展出来之时，便意味着我们在这个领域中突出地取得了自我主张。因为如果没有这样的自我主张，佛教的大规模"中国化"就根本是不可能的。所以梁启超先生说，在中国影响最为深远的佛教诸宗中，天台宗、华严宗，尤其是禅宗，可以说少有印度的渊源，几乎全是中国人的创造；而唯识一宗，虽说有甚深的印度源头，但却得以在中国学者手中造其极诣并大放异彩（例如玄

---

① ［德］弗里德里希·尼采：《历史的用途与滥用》，陈涛、周辉荣译，上海世纪出版集团、上海人民出版社2005年版，第98页。

奘)。在这样的意义上,中国化的佛教乃取得了文化上之自我主张的佛教,并因此成为中国文化传统的有机组成部分;而当佛教在13世纪的印度几乎完全熄灭之际,中国化的佛教正方兴未艾,并长久地成为世界性传播的伟大中心之一。

由此可见,从"学徒状态"进展到"自我主张"而趋于成熟,不仅是学术、思想、理论等发展的基本规律,而且是一般所谓教育、教化、精神性文化发育的基本法则。在这样的过程中,自我主张的获得无疑是达到成熟的真正标志,但这样的成熟绝不意味着要否定或取消学徒状态的意义。恰恰相反,正是成熟了的自我主张才是对学徒状态最积极的肯定:它使学徒状态的潜在意义突出地彰显出来,而始终滞留于学徒状态之中却只能使这样的意义泯灭殆尽。因此,如果说近代以来的中国学术是从总体上进入了对于外部学术的学徒状态之中,并且通过大规模的对外学习取得了巨大的收获,那么,中国学术要达到真正的成熟,就势必要求它在特定的转折点上能够摆脱其长期以来的学徒状态并开始获得自我主张。

"中国特色哲学社会科学"是何种性质、何种意义上的学术呢?它是摆脱了学徒状态并具有自我主张的学术。很显然,这样一种性质的学术对于我们来说还是一项任务,是一项有待积极建设从而去完成的任务。正如习近平总书记在哲学社会科学工作座谈会上的讲话所指出的那样:构建中国特色哲学社会科学,要在指导思想、学科体系、学术体系、话语体系等方面充分体现中国特色、中国风格和中国气派。"我们的哲学社会科学有没有中国特色,归根到底要看有没有主体性、原创性。跟在别人后面亦步亦趋,不仅难以形成中国特色哲学社会科学,而且解决不了我国的实际问题。"[①] 照此看来,我们的哲学社会科学要具

---

① 习近平:《在哲学社会科学工作座谈会上的讲话》(2016年5月17日),《人民日报》2016年5月19日。

有中国特色、中国风格和中国气派，绝不是就学术的某种形式或外表来说的，而是就其性质或立脚点来说的。我们的学术必须摆脱其学徒状态并获得自我主张，否则的话，它就不可能具有"主体性""原创性"，就只能"跟在别人后面亦步亦趋"，因此也就"难以形成中国特色哲学社会科学"。如果我们把中国特色哲学社会科学仅仅理解为带有点中国色彩、加入点中国元素或涉及点中国题材的学术，那就在性质上完全误解了中国特色哲学社会科学。只有当我们的学术能够在大规模对外学习的基础之上赢得它的自我主张，也就是说，能够真正立足于自身之上时，才谈得上所谓中国特色、中国风格和中国气派。在这样的意义上，构建中国特色哲学社会科学就是我们面临的一项长期而艰巨的任务。只有在学术本身发展到一定阶段，并且只有当历史性实践在特定转折点上为之提供现实的基地时，哲学社会科学才开始获得实现其巨大转向的广阔空间和积极动力。"哲学社会科学的特色、风格、气派，是发展到一定阶段的产物，是成熟的标志，是实力的象征，也是自信的体现。"[①] 如果说，我们在学术理论方面和历史性实践方面，都已推进到了一定阶段，并为进一步的转折性发展做好了准备，那么，就像这种准备会在实践领域中继续为自己开辟道路一样，它也会在学术理论领域中把构建中国特色哲学社会科学的任务明确地揭示出来，并将之托付给能够承担这一使命的哲学社会科学工作者。

二

从学术理论方面来讲，构建中国特色哲学社会科学的任务首先就意味着：我们的学术要能够从长期以来的学徒状态中摆脱出来并获得

---

① 习近平：《在哲学社会科学工作座谈会上的讲话》（2016年5月17日），《人民日报》2016年5月19日。

它的自我主张。虽说学徒状态对于中国学术的现代发展来说绝对必要而且意义深远，但它也有自身的局限和固有的弱点——它是依赖的和因循的，并因而在思维方式上往往局限于所谓"外在反思"之中。按黑格尔的说法，"外在反思"（区别于思辨的反思），乃是一种忽此忽彼的推理能力，它从不深入事物自身的实体性内容；但它知道一般原则，而且知道把一般原则抽象地运用到任何内容之上。这听起来有点晦涩，但实际上也就是我们通常称为教条主义（哲学上更多地称为形式主义）的东西。因为教条主义就是不顾事物自身的实际内容，而仅仅把作为抽象原则的教条施加到任何事物、任何内容之上。照此看来，外在反思的本质特征就突出地表现为：（1）把作为抽象普遍性的原则或教条当作"绝对"；（2）将这样的原则或教条先验地强加到任何对象、任何内容之上。处于学徒状态中的学术之所以易于并且惯于采用这样的思维方式，是因为它从师傅那里现成地学来了原则或原理，然后就不假思索地将之当作永远正确的公式强加到任何对象上去了。我们很熟悉的一个例证是：在中国革命时期就有一部分被称为"教条主义的马克思主义者"，他们大多从苏联留学回来，操着一口流利的俄语，对马恩的经典倒背如流，对俄国的经验佩服到五体投地，于是就有了"中心城市武装起义"的革命纲领。由之而来的结果同样是我们很熟悉的：中国革命因此遭遇到了严重的挫折，付出了惨痛的代价。这里的问题究竟在哪里？是马克思主义的原理错了，还是俄国的经验错了？看来都不是，是教条主义错了。如果说，当时中国的一部分马克思主义者还完全处在学徒状态之中因而习惯于外在反思，那么，这里的问题恰恰就在于：被教条主义者用抽象的原则排除掉并取消掉的东西，正是当时中国的社会现实，是这一现实本身所具有的实体性内容。只有当中国共产党人终于意识到中国革命的道路不是这样的，中国革命的道路不是"中心城市武装起义"而是"农村包围城市"时，他们才在武装革命的主题上从外在反思中解放出来，才开始将马克思主义的原理与中国革命的实际相结合，也就是说，他们才逐渐摆脱其学徒状态而开始获得了自我主张，并由此开启了马克思主义中国化的宏伟历程。

如果以为这里所说的只是遥远的故事而与我们今天的学术并无关系，那么可以用贺拉斯的名言来给出回应："这里说的正是阁下的事情！"对于当今中国的哲学社会科学来说，外在反思的思维方式依然在很大程度上占据着统治地位，甚至在有些场合比教条主义的马克思主义有过之而无不及；只不过彼时的教条主要来自苏联，而今天的抽象原则大多来自西方罢了。然而，无论这样的教条来自何方，也无论这样的抽象普遍性看起来多么清楚明白而且理所当然，只要它们仅仅适合于外在反思的运用，那么它们在性质上就既是主观主义的（就其无法通达"事物自身"而言），又是形式主义的（就其无关乎"实体性内容"而言）。我们知道，黑格尔思辨哲学最具特色之处就是对外在反思的持续批判。在《历史哲学》和《法哲学原理》中，黑格尔甚至多次对他特别崇仰的拿破仑提出批评说：这位伟大的军事天才和政治天才想要把法国的自由制度先验地强加给西班牙人，结果他把事情弄得一塌糊涂并且最终不可避免地失败了。① 很显然，在黑格尔看来，当时法国自由制度所代表的新原则确实是"真的"，并且是"合乎理性的"，但拿破仑的失败意味着这一原则的外在使用恰恰撇开了西班牙社会本身的实体性内容。所以《精神现象学》这样写道："一个所谓哲学原理或原则，即使是真的，只要它仅仅是个原理或原则，它就已经也是假的了；要反驳它因此也就很容易。"② 在这样的意义

---

① 参见［德］黑格尔《法哲学原理》，范扬、张企泰译，商务印书馆1961年版，第291页；黑格尔《历史哲学》，王造时译，上海世纪出版集团、上海书店出版社2006年版，第423页。

② ［德］黑格尔：《精神现象学》上卷，贺麟、王玖兴译，商务印书馆1979年版，第14页。

上，黑格尔很正确地把外在反思称为"诡辩论的现代形式"，把仅仅知道外在反思的人叫作"门外汉"。

如果说学徒状态的基本缺陷乃是外在反思，而外在反思的实质乃是主观主义和形式主义，那么，从学徒状态中摆脱出来，就首先要求批判地脱离外在反思，亦即批判地脱离学术上的主观主义和形式主义。只有在这样的前提下，具有自我主张的中国特色哲学社会科学才开始成为可能。在这样一种意义深远的学术"转向"过程中，学习的任务固然无可置疑地保持着，但思想的任务会变得尤为突出，尤为重要。孔子说："学而不思则罔，思而不学则殆。"意思是说，"学"与"思"要互相支撑拱卫，彼此不可相失。局限于外在反思中的学术往往不是失之于学，而是失之于思；失之于思的学术便是"罔"，也就是犯糊涂、受蒙蔽。当年那些教条主义的马克思主义者不可谓知识不丰学问不大，但他们的缺点却突出地表现为"无头脑"。难道饱学之士居然会无头脑吗？确实如此——将抽象的普遍性先验地强加给任何对象就是"不思"，而且无须乎思。因此，如果说中国特色哲学社会科学乃是具备了自我主张的学术，那么，这样的学术就势必要成为能思的、批判的学术，一句话，要成为有自己头脑的学术。在这样的意义上，中国特色哲学社会科学就将不仅继续致力于"学"，而且尤其致力于"思"，它的自我主张就在于"能思"。所以，习近平总书记在"5·17"讲话中就引用了毛泽东的名言："我们中国人必须用自己的头脑进行思考，并决定什么东西能在我们自己的土壤里生长起来。"并且还通过"为学之道，必本于思"的警句，来揭示并强调中国特色哲学社会科学所必须承担起来的思想任务。[①]

局限于外在反思的学术突出地表现为形式主义的学术，而形式主

---

① 习近平：《在哲学社会科学工作座谈会上的讲话》（2016年5月17日），《人民日报》2016年5月19日。

义的学术乃是不思的学术，因为它仅仅局限于抽象的普遍性之中并将之无条件地派送给任何对象、任何内容。用恩格斯的话说，这样的做法实际上"就会比解一个最简单的一次方程式更容易了"①。而深谙黑格尔哲学的赫尔岑在《科学中华而不实的作风》中这样写道："华而不实作风和形式主义是浮在抽象普遍性之中的，因此它们并不具有真实的知识，所具有的只是影子。"② 如果说具有自我主张的学术乃是能思的学术，那么，这样的思想任务将从何处开始呢？它从超出抽象普遍性并因而能够深入具体的现实开始，换句话说，它从超出外在反思并因而能够深入事物本身的实体性内容开始。正是黑格尔和马克思的学说最为清晰也最为深刻地阐明了这一点。在黑格尔看来，外在反思的根本缺陷就在于它从不触动现实因而完全不能把捉事物的实体性内容，而哲学的任务——作为思想的任务——就在于持续不断地摆脱抽象，就在于坚持不懈地深入现实，因而哲学乃是同知性反思（外在反思）的"持久战"。这意味着：除非我们能够真正超出外在反思，否则的话，深入现实的思想任务就根本不可能完成。在这里，"现实"（Wirklichkeit）这个概念尤为重要：它并不像我们通常想象的那样轻而易举，相反，它意味着很高的理论要求。"现实"是指"实存"中的本质（一般所谓"事实"只是单纯的实存，亦即通过知觉可以直接给予我们的东西），是指展开过程中的必然性。因而在黑格尔的《逻辑学》中，现实概念不属于"有论"，而属于"本质论"。如果说，"现实"不仅是实存而且是本质，不仅是展开过程而且是必然性，那么，通达"现实"并且把握"现实"，难道不是我们面临的一项具有原则高度的思想理论任务吗？

当黑格尔将"现实"的本质性最终归结为"绝对精神"时，马

---

① 《马克思恩格斯选集》第4卷，人民出版社1995年版，第696页。
② [俄]赫尔岑：《科学中华而不实的作风》，李原译，吉洪校，商务印书馆1962年版，第65页。

克思则将这种本质性导回到"人们的现实生活过程"之中。尽管马克思在本体论上彻底颠覆了黑格尔的绝对观念论,但他们两人在反对抽象的普遍性,并以"现实"的名义要求决定性地超出外在反思的主观主义和形式主义方面,却是非常一致的。这种一致性可以名为辩证法,而现代辩证法首先就意味着超出抽象的普遍性,超出外在反思,并通过这种超出而通达社会—历史之现实。我们可以用一句耳熟能详的短语——"从抽象到具体"——来表示这种方法的要义:真正的普遍性绝不停留于单纯的抽象之中,绝不分离隔绝于事物的实体性内容,它只有通过社会—历史之全面的具体化才能展示自身,从而在这种具体化的立脚点上开启出进一步的思想理论任务。正是在这样的意义上,恩格斯说,黑格尔划时代的历史观乃是新唯物主义观点的"直接的理论前提";也是在这样的意义上,恩格斯批评那些手握抽象原理而不能深入现实的"马克思主义者"说:"唯物史观现在也有许多朋友,而这些朋友是把它当做不研究历史的借口的。正像马克思就70年代末的法国'马克思主义者'所曾经说过的:'我只知道我自己不是马克思主义者。'"①

自从黑格尔和马克思对立足于抽象观念的主观主义和形式主义开展出决定性的批判以来,继续拘执于外在反思的学术理论就已经是时代错误了。因为在这种批判中本质重要地出现的,乃是进一步的思想任务,即深入社会—历史的现实之中。虽说黑格尔最终将思辨的普遍性(完全不同于抽象的普遍性)神秘化了,但他却史无前例地将社会—历史之现实的观点深刻地置入哲学之中,置入真正的哲学思考之中。如果说,这样一种划时代观点所形成的积极动力在费尔巴哈手中是令人惋惜地丢失了,那么,正是马克思的本体论变革才批判地拯救

---

① 《马克思恩格斯选集》第4卷,第691页;并参见《马克思恩格斯选集》第2卷,人民出版社1995年版,第42页。

了黑格尔的伟大遗产,从而将局限于抽象普遍性及其外在反思的思维方式牢牢地归入过去的范围,从而为能思的历史科学或社会科学注入了强大的生机与活力。在这样的意义上,海德格尔说,马克思在体会到"异化"的时候是深入"历史的本质性一度"中去了,所以马克思的历史观点比其余的历史学来得优越。① 如果说,异化现象乃是现代世界最常见的实存,那么,深入"历史的本质性一度"就是要求去触动现代世界的现实并且把握住这一现实。"现今的哲学满足于跟在科学后面亦步亦趋,这种哲学误解了这个时代的两重独特现实:经济发展与这种发展所需要的架构。马克思主义懂得这(双重)现实。"②

因此,从理论方面来说,中国特色哲学社会科学的构建就意味着在学术上实现这样一种决定性的转变:摆脱其学徒状态并开始获得自我主张;而这样一种学术姿态上的转变在实质上是要求:从外在反思的思维方式中解放出来,从而能够深入社会—历史的现实之中,尤其是深入当今中国的现实之中。中国特色哲学社会科学在继续其学习任务的同时,必须能够更加有力地承担起它所面临的思想任务:切中现实并且把握现实。

三

学术在思想理论上的重大转变并不是凭空而来的,它是和时代的转变密切地联系着的,是在特定时代的历史性实践抵达其转折点时才决定性地发生的。因此,如果说中国特色哲学社会科学的构建意味着学术理论上的重大转变,那么,这种转变的现实基础和强大动力恰恰

---

① 参见孙周兴选编 [德] 海德格尔《海德格尔选集》上卷,上海三联书店1996年版,第383页。

② [法] F. 费迪耶等辑录,丁耘摘译:《晚期海德格尔的三天讨论班纪要》,《哲学译丛》2001年第3期。

是由我们正在开展的历史性实践本身提供出来的。"当代中国正经历着我国历史上最为广泛而深刻的社会变革，也正在进行着人类历史上最为宏大而独特的实践创新。这种前无古人的伟大实践，必将给理论创造、学术繁荣提供强大动力和广阔空间。这是一个需要理论而且一定能够产生理论的时代，这是一个需要思想而且一定能够产生思想的时代。"①

在通常情况下，就像时代总在变化一样，学术也总在发生某种程度的变迁。但一般所谓变化或变迁，是和意义重大且影响深远的转变非常不同的，后者只有在历史性实践的转折点上才会真正发生，并且通过这一转折来为自己取得意义上的规定。因此，必须去充分了解当今的时代，去深入把握当今的历史性实践正在发生何种尺度的转变。只有这样，我们才能意识到基础领域的改变将在何种程度上要求学术上的改变，亦即意识到我们的历史性实践将把怎样的思想理论任务托付给中国特色哲学社会科学。关于当今时代正在发生的格局转变，有两个基本的描述：一是"世界百年未有之大变局"，一是"中华民族伟大复兴的战略全局"。很明显，这两个大局是异常紧密地交织在一起的；同样很明显，在这两者的紧密交织中，后者对于前者来说乃是最重要的"自变量"。如果说，百年前世界历史的基本标志乃是第一次世界大战和俄国革命，那么，百年未有的世界变局就意味着要根据这样的标志来衡量——巨大尺度的转变；如果说，中华民族的复兴乃是当今世界变局中最重要的自变量，那么，我们对于时代转变的把握，就尤须去理解当今中国的历史性实践正在显露出来的世界历史意义。

当今中国的历史性实践是"中国特色社会主义"，它是承续着新

---

① 习近平：《在哲学社会科学工作座谈会上的讲话》（2016年5月17日），《人民日报》2016年5月19日。

中国的发展脉络，并以40多年前的改革开放为起点而开辟出来的道路。这条道路在今天具有怎样的意义呢？回顾往事，最为深刻的历史性记忆是：当我们刚刚踏上漫漫的改革之路时，世界社会主义却遭遇了前所未有的、灾难性的挫折：苏联解体，许多社会主义国家纷纷改旗易帜。在这样一种时代处境中，一般的意识形态以及知识界的普遍氛围都认定，马克思主义这一次最终被送进了坟墓，《共产党宣言》的结论最终破产了。最能代表这种意识形态氛围的乃是福山的著作《历史的终结与最后的人》。按照这部著作的观点，随着眼前出现的巨大事变，"世界历史"是终结了、完成了，它终结于现代性之中，它完成在现代资本主义的经济、政治、社会和文化的建制之中，也就是说，"世界历史"已不再具有其他可以期待的可能性了。这部轻佻的、伪黑格尔主义的著作之所以风行一时，仅仅是因为它特别迎合了一般意识形态以及知识界的普遍氛围罢了。正是由于被这种氛围的肤浅和无头脑所激怒，后现代主义哲学家德里达以其著名的演讲《马克思的幽灵》猛烈抨击了以福山为代表的流行观点。在他看来，由于马克思主义同现代—资本主义世界具有最本质的联系，所以马克思的名字及其所代表的思想在这个世界中乃是不可避免的命运性的存在。在经历了20世纪末的历史性事变之后，马克思主义也许不再具有"现实的存在""肉体的存在"，但它不能不存在——它是一个"幽灵般的存在"。德里达指证说，1847年的欧洲确实还没有共产主义的"肉体的存在"，但《共产党宣言》已将它揭示为一个"幽灵般的存在"了；而"马克思的幽灵"，就像《哈姆雷特》一剧中的幽灵（哈姆雷特已死父亲的亡魂）一样，是以"告知真相""发出指令""敦促行动"来表明自身的存在和活动，并且以这样的存在和活动来积极地起作用的。

　　毫无疑问，德里达的观点要比福山所代表的流俗意见正确得多也深刻得多，但是，德里达也没能看到（事实上我们也不应苛求他当时就能看到),有一支马克思主义——它是现实的、有肉体的马克思主义——正在逐渐成长起来,正在生机勃勃地发展起来:这就是当代中国的马克思主义,就是中国特色社会主义。在经历了数十年的发展之后,我们现在能对这条道路的历史性实践做出充分的估量了;而我们之所以能做出这样的估量,不仅是因为我们已能获取相当的历史纵深,而且尤其是因为我们已站到了新的"历史方位"之上。当今中国的历史性实践所具有的意义,正须在新的"历史方位"上去加以把握。中国特色社会主义在新的历史方位上展现出三重的意义领域:(1)它对于中华民族来说所具有的历史性意义——近代以来久经磨难的中华民族迎来了从站起来、富起来到强起来的伟大飞跃;(2)它对于世界社会主义来说所具有的历史性意义——科学社会主义在21世纪的中国焕发出强大生机活力;(3)它对于人类整体发展来说所具有的历史性意义——为解决人类问题贡献了中国智慧和中国方案。[①] 这些方面归结起来表明:"中国特色社会主义进入新时代,在中华人民共和国发展史上、中华民族发展史上具有重大意义,在世界社会主义发展史上、人类社会发展史上也具有重大意义。"[②] 因此我们可以说,中国特色社会主义历史性实践的当代发展,已开始呈现出它的"世界历史意义"。所谓"世界历史意义",我们大体上是在黑格尔所规定的那种意义上来说的,它意味着:一个特定的世界历史民族,在特定的历史转折点上承担起"世界历史任务";由于这一任务在世界历史中具有更高的普遍性,所以就具有"世界历史意义"。

因此,构建中国特色哲学社会科学的任务,是一个需要在新的历

[①] 参见习近平《决胜全面建成小康社会 夺取新时代中国特色社会主义伟大胜利——在中国共产党第十九次全国代表大会上的报告》,人民出版社2017年版,第10页。

[②] 习近平:《决胜全面建成小康社会 夺取新时代中国特色社会主义伟大胜利——在中国共产党第十九次全国代表大会上的报告》,第12页。

史方位上去加以认识和领受的任务，是一个需要对当今时代正在呈现出来的世界历史意义去加以理解和把握的任务。如果说，当今中国的历史性实践已经抵达新的历史方位，并通过这样一个决定性的转折点开始展现出它的世界历史意义，那么，以这样一种历史性实践为现实基础的学术就势必或早或晚地发生相应的改变，就势必由于现实本身的历史性改变而产生巨大的思想理论需要，从而将构建中国特色哲学社会科学的任务指派给倾听时代呼声的一代学者。正是在这样的意义上，习近平总书记说："观察当代中国哲学社会科学，需要有一个宽广的视角，需要放到世界和我国发展大历史中去看。人类社会每一次重大跃进，人类文明每一次重大发展，都离不开哲学社会科学的知识变革和思想先导。"[1] 就我们今天立足其上的历史方位来说，只有把构建中国特色哲学社会科学的任务放到时代的重大转折中去看，放到世界和中国发展的"大历史"中去看，这一任务的性质和意义才能够充分地显现出来。

当今中国的历史性实践之所以展示出它的"世界历史意义"，是因为中华民族的伟大复兴不仅在于中国将成为一个现代化强国，而且在于它在完成现代化任务的同时，在积极占有现代文明成果的同时，正在开启一种人类文明的新形态。如果说中华民族的复兴仅仅是成为一个如英、美、德、法等的现代强国，那么这一发展就不具有新的世界历史意义（毋宁说它只是作为某种表征从属于现代—资本主义文明及其被规定的意义范围）；只有当这一复兴进程在消化吸收现代性成果的特定转折点上能够超越现代性本身时，它所具有的世界历史意义才开始积极地展现出来。人类文明的新形态具有两个基本规定。（1）完成现代化任务从而充分占有现代文明的积极成果。按照马克思的观点，

---

[1] 习近平：《在哲学社会科学工作座谈会上的讲话》（2016年5月17日），《人民日报》2016年5月19日。

如果缺失这一规定，那就只会有贫穷的普遍化并使一切陈腐的东西死灰复燃。（2）超越现代性（现代—资本主义文明的本质根据）本身。同样按照马克思的观点，如果没有这一规定，它就不意味着人类文明的新形态，从而不具有新的世界历史意义。当今中国历史性实践的战略目标是：全面建设社会主义现代化国家，而"社会主义现代化国家"无非意味着：第一，它是高度现代化的；第二，它是以社会主义为定向的，也就是说，它是以超越现代性本身为定向的。不仅在目标方面是如此，而且在中国特色社会主义的当代实践中，新文明形态的可能性正在到处涌现出来：例如，"以人民为中心的发展""共同富裕""文明互鉴""新型大国关系""人类命运共同体"等——所有这一切，都不可能在现代性本身的范围内得到充分的理解和实现，而中国特色社会主义的当代发展则不仅使这样一些新的可能性积极地展现出来，而且在自己的历史性实践中使这样的可能性不断地转变为现实性。

构建中国特色哲学社会科学的任务正是在这样一种时代处境和历史方位的基础上被提出来的。我们由此将清楚地意识到，这既是一项艰巨而繁重的任务，又是一个由历史指派的使命。中国特色哲学社会科学必须真正领受这一使命，否则的话，它就承担不了这项任务。因此，根据这项任务本身的性质，我们的学术必须摆脱它的学徒状态并获得自我主张，也就是说，必须超出抽象普遍性的外在反思而深入当今时代的现实之中，从而使思想理论能够在社会—历史的具体化中去把握特定的现实。如果说，抽象普遍性的外在反思早已成为学术进展的一般障碍，那么，它对于处在重大转折时代的学术来说就尤其是致命的障碍。因为几乎所有被看作理所当然的抽象普遍性都从属于现代性的意识形态及其知识样式，而对于正在性质上急剧改变的时代来说，抽象普遍性的外在反思根本就不是使通达现实成为可能，而是使这种通达成为不可能。就此而言，我们尤其需要马克思这位老师，就像马克思在《资本论》的跋中承认黑格尔这位老师一样。对于构建中国特色哲学社会科学来说，唯物史观的引领作用首先就在于给出这样一种思想理论的基本前提：从一切超历史的抽象普遍性中摆脱出来，从而深入我们所处的时代状况和社会现实之中。当这一主旨得以在中国特色哲学社会科学中深深扎根时，我们的学术便能够真正立足于自身之上并开拓出前所未有的研究前景。正如恩格斯所说："必须重新研究全部历史，必须详细研究各种社会形态存在的条件，然后设法从这些条件中找出相应的政治、私法、美学、哲学、宗教等等的观点。在这方面，到现在为止只做了很少的一点工作，因为只有很少的人认真地这样做过。在这方面，我们需要很大的帮助，这个领域无限广阔，谁肯认真地工作，谁就能做出许多成绩，就能超群出众。"①

---

① 《马克思恩格斯选集》第 4 卷，第 692 页。

中西哲学比较研究与中国现代哲学的建构

方松华（上海社会科学院哲学研究所）

一　百年中西哲学比较研究回眸

研究中外文化交流的历史，大约可以追溯到东汉末年的佛教传入，经过近千年的文化融合，最终造就了禅宗这一原创的佛学流派。而中西哲学交流的历史，相比较而言则要晚得多。从利玛窦、伏尔泰、狄德罗到黑格尔，西方哲学家对中国哲学意见纷呈，而中国哲学家对西方哲学的了解与研究，特别是中西哲学的比较研究仅仅有近百年的历程，如何对百年来中西哲学比较这一时代主题作深刻的反思，这既是我们对中西哲学比较研究的总结，也是我们建构原创的现代中国哲学的基石。

纵观中国古代历史，中国与其他文明国家的文化交流、贸易往来等大约可以追溯到公元前4世纪。中外文化真正意义上的沟通与碰撞以佛学的传入为标志，然而若论西方对中国文化的深入了解，可能要到唐宋时期。唐宋时期的学术文化、经济贸易等都处于世界的巅峰，"中土"成为西方人眼里文化和财富的象征，中国的丝绸和茶叶是西方贵族才可以享受的奢侈品，唐朝的都城长安是世界的经济中心和文化中心，盛唐时期的长安随处可见其他国家的学者来中国学习，宋朝时期的海洋贸易税收占到国家财政相当大的份额，泉州是当时中外皆知的贸易港。正如费正清先生写道："唐宋时期以至马可·波罗时代的中国就其幅员和成就而言都比同一时期中世纪的欧洲要文明得多。作为一个标志，可以看出在长期的历史发展过程中有多少主要的成果从中国传入欧洲，而不是从欧洲传入中国。"①

中国文化亦在中世纪欧洲文艺复兴中占据一定位置。欧洲文艺复兴时期的一些著名思想家都对中国的思想文化表现出了一定的兴趣，他们不仅对以儒家伦理道德为中心的治理体系表现出相当的热情，而且喜爱中国的艺术风格，喜爱中国瓷器、家具和装饰的风格，如 china 最初在西方的语义中表示瓷器，因为瓷器逐渐在西方流行，并被贵族视为地位的象征，这一词语后来逐渐指代中国。中国的四大发明传入西方，才有了后来的文艺复兴。可以说 18 世纪之前的世界历史是中学西渐的阶段。这一点，文艺复兴时期的思想家伏尔泰非常认同，他认为中国文化给予了西方文化丰富的养分，并给予了中国文化极高的评价，"中国文化被发现，对西方思想家们来说，是与达·伽马和哥伦布在自然界的新发现，具有同等重要意义的一件大事"②。作为启蒙运动的象征的《百科全书》的作者狄德罗在"中国"条目中也高度赞美中国文化、艺术、智慧、政治、哲学等。德国哲学家莱布尼茨在《中国近况》一书中写道："全人类最伟大的文化和最发达的文明仿佛今天汇集在我们大陆的两端，即汇集在欧洲和位于地球另一端的东方的中国。"并表示，欧洲文化主要集中在思辨科学层面，但中国文化在生活、伦理、政治实践等方面拥有很丰富的经验，非欧洲可比。这无疑较早地切中了中西哲学的特性与异质。但是，作为近代影响最大的哲学家，黑格尔认

---

① ［美］费正清、［美］赖肖尔：《中国：传统与变革》，陈仲丹等译，江苏人民出版社 2012 年版，第 244 页。

② ［法］伏尔泰：《哲学辞典》上册，王燕生译，商务印书馆 1991 年版，第 331 页。

为中国文化处于幼年时期,在中国居于统治地位的儒家文化仅仅是一种道德信条,这在其他文明的典籍中都可以找到,也就是说,相比于西方文化,中国的哲学没有一丝的思辨哲学,儒家文化没有特别出色的特点。① 这引发了后来中西哲学的分野乃至中国究竟有无哲学的讨论。

中西哲学比较研究发端于中西文化之间的碰撞。鸦片战争敲开了中国的国门,随后西方的技术和文化涌入中国,最终中国文化的全面溃败致使中国知识分子对中国文化的现代性问题进行了深刻反思。中国曾在长达2000多年的时间里是世界上最发达的国家,在文化认同里亦自认为"世界之中",其他国家都是蛮夷。这一点在乾隆皇帝给英王乔治三世的信中表现得极为明显,"天朝物产丰盈,无所不有,原不借外夷货物以通有无"。乾隆皇帝认为世界除中国之外,都是蛮夷,处处流露出对中国文化盲目的自信。众所周知,当近代欧洲工业革命如火如荼,社会发展日新月异之际,清代学者却只知在古籍中寻章摘句,考证校勘。这种风气作为一个时代的主流哲学思潮严重阻碍了社会发展以及民族精神的开拓。钱穆就认为,有清以来,因为科举考试学导向和学术界的风气,让整个社会停留于寻章摘句,失去了创新,社会风气也逐渐走向保守。② 这也导致整个社会的开拓精神停滞不前。

由于清代学者"太注重功力而忽略理解"③,清代朴学的特性导致中国的思想界毫无创造力,无论思想理论还是器物技术都无法产生新的东西,与西方相比,中国可以说是止步不前。胡适也由此感叹道:"这三百年之中,几乎只有经师,而无思想家;只有校史者,而

---

① [德]黑格尔:《哲学史讲演录》第一卷,贺麟、王太庆译,商务印书馆1959年版,第97—99页。

② 钱穆:《国学概论》,商务印书馆1997年版,第316页。

③ 钱穆:《国学概论》,第316页。

无史家；只有校注，而无著作。"① 从世界历史的进程来看，中国近代的思想文化已跟不上世界的发展，更不用说能带领中国社会往前走，近代以来的众多思想家都对中国清代止步不前的社会状态作出了类似的评论。冯友兰认为："清朝人的思想只限于对宋明儒学作批评或修正。但他们的修正，都是使其更不近于高明。"② 方东美认为"中国哲学到清初已经死了"，"所有创造性的思想停止了，到今天三百多年，哲学已经死了三个世纪"。③ 由此也可以看到，中国在接受西方文化是先进的同时，也意识到中国近代文化传统的弊端，在救亡和图存的时代使命下，中国文化到了一个必须重塑的阶段。

近代以来，中国文化遭受西方文化极大的挑战，中国知识分子也经历了对西方文化的不屑到大量引进和学习。20世纪中西哲学比较研究当首推严复、王国维、蔡元培、谢无量等学者。虽然，介绍西方哲学并不是从严复开始，但是，严复可以说是"第一位对现代西方思想那样认真，那样严谨以及那样始终热情地进行研究的中国学者"④。蔡元培先生曾经在《中国五十年之哲学》中写道：五十年来，介绍西洋哲学的，要推侯官严复为第一。严复所译西方学术名著，之所以影响了一个时代，乃是因为严复翻译西方著作的目的，绝不在"汽机兵械"和"天算格致"，而是要探索西方文化精神所在。所以，他的眼界已经不限于当时一般的西方自然科学与社会科学译介，而是上升到了探索西方哲学思想的层面，他的学术翻译，除了"信达雅"的标准，还有自己的批注，表达了自己的思考，由此成为百年来经久不衰

---

① 欧阳哲生编：《胡适文集（3）》，北京大学出版社1998年版，第8页。
② 《冯友兰学术论著自选集》，北京师范学院出版社1992年版，第344页。
③ 蒋国保、周亚洲编：《生命理想与文化类型——方东美新儒学论著辑要》，中国广播电视出版社1992年版，第233页。
④ [美]施沃茨：《严复与西方》，滕复等译，职工教育出版社1990年版，第2页。

的经典。在中西哲学比较方面，王国维则比严复更进了一步，王国维是近代中国学术界最有贡献之人，特别是西方哲学的介绍，"继严氏以后只第一人，对于叔本华、尼采之哲学尤有心得"①。其实，王国维研究哲学是从康德入手的，这才有了后来其对非理性主义和理性主义的著名格言"可爱者不可信，可信者不可爱"。只是，他对中西哲学的评论要比对西方哲学的评论更加出彩，他认为："盖吾中国之哲学，皆有实际的倾向，而此性质，于北方之学派中尤著，故生活主义者北方哲学之一大宗旨也——此足以见理论哲学之不适于国人之性质，而吾国人之性质，其彻头彻尾实际的有如是也。"② 这和黑格尔的说法有异曲同工之处。

王国维以后，蔡元培的《中国伦理学史》开始使用诸多中西方哲学概念和范畴，如宇宙观、世界观、有神论、人生观、人性论、理想人格、道德价值、道德利害、道德法则等名词概念，其中既有"以西释中"，也有"中西互释"。回眸百年中西哲学比较的历史，我们不能不提到谢无量先生，其《中国哲学史》一书要比胡适的《中国哲学史大纲（卷上）》早问世三年，虽然学界对谢无量的哲学史著作是近代哲学史还是古代中国传统经学的叙述方法至今仍然具有争议，但是，谢无量的哲学史研究是建立在中西哲学比较研究基础之上，他的视野在当时已经相当开阔，他不仅比较了中西哲学的缘起、概念的分析、哲学诸部分的分类，而且最早提出中国哲学也应该有自己的本体论传统，也有与西方一样的纯粹哲学。他的哲学史研究，一方面致力于用西方哲学的分类方法来整理中国古代的哲学思想，此外，他也强调要结合中国古代学术史的方法论来研究中国哲学史。虽然他与后来的梁漱溟、熊十力先生一样，并没有经历系统的哲学训练，但是都

---

① 郭湛波：《近五十年中国思想史》，山东人民出版社1997年版，第59页。
② 郭湛波：《近五十年中国思想史》，第60页。

在百年中国哲学史上留下了浓重的一笔。

1919年，胡适的《中国哲学史大纲》问世，这一部作品在中国哲学史上具有重要意义。胡适在这部作品里借鉴了西方哲学的研究方法来研究中国哲学史，这开创了中国哲学史的一个新的时代。在《中国哲学史大纲》"导言"中，胡适根据西方的哲学概念结合中国的文化重新阐释了"哲学"的概念，还根据西方的哲学方法介绍了哲学的基本框架，即种类和研究方法等，特别是他是第一个比较系统地比较了中西哲学，进而论述了"中国哲学在世界哲学中的位置"的学者："世界上的哲学大概可以分为东西两支。东支又分印度、中国两系。西支也分希腊、犹太两系。初起的时候，这四系都可算作独立发生。到了汉以后，犹太系加入希腊系，成了欧洲中古的哲学。印度系加入中国系，成了中国中古的哲学。到了近代印度系的势力渐衰，儒家复起，遂产生了中国近世的哲学，历宋元明清直到于今。欧洲的思想，渐渐脱离了犹太系的势力，遂产生欧洲近世哲学，到了今日，这两大支哲学互相接触，互相影响。五十年后，或竟能发生一种世界哲学，也未可知。"[①] 胡适的中国哲学史研究是在中西文化交融的背景下进行的，其中国文化的自我意识和自我主张相当强烈，这也代表着这一时期中国知识分子文化自主性的被动生成。但在当时整个中国知识界反传统向西方学习的背景下，胡适研究中国哲学的形式以及方法明显带有模仿西方哲学研究范式的痕迹。正如金岳霖先生评论道："胡适之先生的《中国哲学史大纲》就是根据于一种哲学的主张而写出来的。我们看那书的时候，难免一种奇怪的印象，有的时候简直觉得那本书的作者是一个研究中国思想的美国人。"这可以算作"以西学解释中学"的时期，也可以算作中国哲学史的一个标志性的转折时

---

① 胡适撰，耿云志等导读：《中国哲学史大纲》，上海古籍出版社1997年版，第4页。

期,即中国传统学术向现代学术的转型。

五四运动以后,中西哲学比较研究进入了新阶段。张东荪、唐君毅等都是这一时期的代表人物,他们深入比较了中西哲学在形而上学、语言、逻辑等方面的差异。如果说五四前的中西哲学比较研究大多只是从中西文化的差异进行的比较研究,那么五四后的中西哲学比较研究则已经深入中西哲学类型和特质方面。如张东荪首先提出中西哲学类型之不同,他从中西语言构造的差异出发,认为语言的差异导致哲学思维之差别,"中国语言上没有词尾变化,以至主语与谓语不能十分分别,这件事在思想上产生了很大的影响"。以中西语言构造的不同而探索中西哲学之异同,进而得出中西文化之不同只是民族性而非时代性的差异。从这些类型上,张东荪认为西方哲学是本体的哲学,而中国哲学则属于"实践哲学""文化哲学"或"生命哲学"。唐君毅从文化的角度论哲学,他试图抓住"天人合一"这一中心观念来比较中西思想的不同,不过唐君毅的目的在于"惟知其大异者,乃能进而求更大之同",主张"世界未来之哲学当为中、西融合之局面",并断言"中国哲学精神当为其中心"。

二 中国现代哲学的创体系时代

中西哲学比较研究在 20 世纪三四十年代迎来了中国现代哲学的创体系时期,主要体现在中国哲学家应对中西文化与哲学的矛盾与冲突,并融汇古今中西的哲学资源建构中国现代的哲学体系。此期,形成了"多元认识论""新理学""新心学""新唯识论"这些具有中国特征的哲学概念。中西哲学比较研究由此步入了一个全新的阶段,即中国哲学家们开始试图融合中西哲学来建构自己新的哲学体系。

如果说,哲学是时代精神的精华,而形而上学则是哲学的灵魂,张东荪堪称中国现代哲学界较早涉及这一中西哲学核心问题并试图建立自己哲学体系的哲学家之一，这从他的哲学新体系所要解决的问题即可以看出：（1）西方哲学究竟是什么？（2）语言与思想的关系是什么？（3）名学与哲学的关系是什么？（4）哲学与社会政治思想的关系是什么等学科前沿问题。张东荪研究上述难题的基本方法是中西哲学比较研究的方法，与前述西方哲学是纯粹思辨的哲学形态不同，张东荪认为中国各派哲学均源于《易经》，但更注重"实践哲学"，如先秦儒道墨三家在政治上都"取法于天"，所以说中国的古代哲学在类型上是一致的。直到清代方开始表现出"思想方法上"的不同，这种状况造成了中国政治上缺乏民主，科学上无以发达，精神上不够自由的后果。

在中西哲学比较的基础上，张东荪在《新哲学论丛·一个雏形的哲学》中构建了"泛架构主义"的宇宙观，并进一步提出了"层创的进化论""多元的认识论"的哲学新体系，甚至断言宇宙论已经走向架构主义。"多元认识论"则是张东荪哲学新体系的主体部分，也称为"认识论的多元论""知识的多元说""知识作用的多重因子说"。在康德先验主义认识论的基础上，张东荪提出外物只是一个"空无自性"的架构，以实质而言，本来就没有外物；以构造方式而言，大部分的方式乃是属于认识作用本身的，换言之，即属于主观的。张东荪认为他的主张既非唯心论又非唯物论，更不是生命派的哲学。张东荪将康德、新实在论的认识论加以改造而铸成的"多元认识论"开启了中国现代哲学的创体系时代。但不容否认的是，其哲学体系大体上依旧是对西方哲学的模仿，这也导致了张东荪后来试图重新建构一个独立的知识论体系。平心而论，尚处于雏形的新哲学体系与其中西哲学诸多研究的深度相比相差较远，但他对比较研究方法的强调以及对纯粹哲学的重视对现代中国哲学的发展都具有相当重要的意义。这些开创性的研究工作，就连他的批评者也非常认同，"如果我们说梁启超和陈独秀是中国近代哲学的启蒙运动者，那么张东荪就是中国近代哲学系统的建立人"①。

与张东荪创体系时代的发端者不同，冯友兰是中国现代哲学的主要建构者。冯友兰自述："我生活在不同的文化矛盾冲突的时代，我所要回答的问题是如何理解这种矛盾冲突的性质；如何适当地处理这种冲突，解决这种矛盾；又如何在这种矛盾冲突中使自己与之相适应。"② 冯友兰立志要致力于从哲学上解答这个问题，于是在20世纪三四十年代，冯友兰连续出版了他的"贞元六书"：《新理学》《新事论》《新世训》《新原人》《新原道》《新知言》，这一套著作奠定了冯友兰在中国哲学史的重要地位。冯友兰一方面改造了宋明理学，另一方面吸取维也纳学派的逻辑实证主义，进行了新哲学体系的建构，并断言"新理学"乃"最哲学底哲学"。

冯友兰的新哲学体系既传承了中国哲学的精华，又吸取了西方哲学的优秀成分而创新出一种全新的哲学形而上学。冯友兰强调，提出和说明上述观点是"真正底形上学底任务"。他特别意识到中国哲学形而上学与西方形而上学有很大的区别，由此提出了"新理学"的使命不在于提高人的知识水平和能力，而在于提高人的境界。冯友兰将形而上学看成"哲学中最重要的一部分，因为它代表了人生底最后觉解"。冯友兰"新理学"之新，还在于其方法，诚如他自述："由其方法，亦可见新理学在现代世界哲学中之地位。承百代之流而会乎当今之变，新理学继开之迹，于兹显矣。"③

在中西哲学比较研究中，冯友兰最重要的贡献在于：一是他将中国哲学的精神介绍到了西方世界，如果说中国人因为有严复而知有西方学术，外国人因为有冯友兰而知有中国哲学（李慎之语）；二是冯友兰的"新理学"可以说是中西哲学比较研究的重大成果，也是现代

---

① 叶青著，二十世纪社编：《张东荪哲学批判》，辛垦书店1934年版。
② 《冯友兰学术论著自选集》，第9页。
③ 冯友兰：《三松堂全集 第5卷》，河南人民出版社2001年版，第141页。

中国创体系时代的代表作之一。但是就"新理学"体系的方法论而言，它是借鉴了西方哲学的思路和方法从而建构起来的，并不符合中国哲学的特点，因此洪谦批评冯友兰的学说"不但不能超过传统的玄学，而且远不如传统的玄学之既伟且大的"①。

在中西哲学比较研究方面，金岳霖先生堪称最为典型的代表，他引领了中国近现代哲学的创体系时代。冯友兰在《中国现代哲学史》中着重评述金岳霖先生的论道体系确实是"中国哲学"而不是"哲学在中国"。② 中国现代哲学对形而上学和纯粹哲学的研究，由张东荪开始、经冯友兰到金岳霖，则更深入了一步。在金岳霖的论道体系中，已经不是简单模仿西方传统哲学的本体论（也译"是"论），而是旨在创立中国哲学的本体论。金岳霖先生的《论道》是其建构自己纯粹哲学体系的代表作，在这部20世纪中国哲学经典作品中，金岳霖先生自述《论道》谈的是"超现实的思想"，"思想又包含了思议与想象"两部分，而"思议底范围比想象宽""思议底范围就是逻辑，思想底限制是矛盾，只有矛盾的才是不可思议的，而可以思议的总是遵守逻辑的"（《论道·绪论》）。

《论道》是纯粹概念与思辨的哲学体系，"它的任务是把基本的概念整理出来，调和起来……使所有的基本概念成为一套形而上的思想体系"③。这一哲学方法和理论特点无疑铸成了金岳霖论道体系的主要特征。在纯粹思想的领域，"我们底范畴都是概念，而我们底概念有两方面的作用：一方面是形容作用，另一方面是范畴作用"，"概念不仅形容所与而且范畴所与"。（《论道·绪论》）"我现在把事体与东西联在一块叫作事物。次序问题虽可以告一段落，而事物底理与逻辑底理底分别仍在，这分别并且非常之大，前者实而后者虚，前者

---

① 洪谦著，陈来主编：《洪谦选集》，吉林人民出版社2005年版，第195页。
② 冯友兰：《中国现代哲学史》，广东人民出版社1999年版。
③ 金岳霖：《论道》，商务印书馆1985年版，第346页。

杂而后者纯，前者虽难免给我们以拖泥带水的感觉，而后者总似乎干干净净的由纯理出发我们底概念是绝对的，从绝对的概念这一方面着想，我们免不了想到绝对的时空。"① 而金岳霖在《论道》里将哲学的基本概念构成一套完整的思想体系是他的重要学术贡献，也极尽其学术风格，"在思考自然界的次序的时候，受维特根斯坦等哲学家的影响，才知道逻辑命题都是穷尽可能的必然命题。这样的命题对于一件一件的事实毫无表示，而对于所有的可能都分别地承认之"②。

金岳霖的哲学体系是由最抽象的概念"道"引发的，在比较了中国、希腊、印度三大文化区以后，金岳霖先生从儒、道、墨等诸子百家中找到了与欧美的中坚思想，即与"希腊精神"类似的中国文化区中最崇高的概念与最基本的原动力——"道"，来作为他的形而上学的基础和枢纽。万事万物之所不得不由、不得不依、不得不归的道才是中国思想中最崇高的概念、最基本的原动力。③ 金岳霖先生这里所说的道，既是人的安身立命之处；又是贯穿天地、宇宙、人生之过程。既是庄子"天地与我并生，而万物与我为一"中整一的道；也是孟子"得志与民由之，不得志独行其道"中分疏的道。

由哲学中最上的概念或最高的境界的"道"出发，金岳霖先生视"道"为"无极而太极"的过程，达到太极便是"至真至善至美至如"。金岳霖的哲学系统可以在西方传统主流哲学（从柏拉图到黑格尔）中有所领略。金岳霖先生的哲学体系是借助于西方传统哲学本体论的思路建构起来的，只是它的术语更多的是中国传统的。

以张东荪等为代表的反思并重建中国哲学体系的思想家，试图以西方哲学的方法论来重新书写中国哲学，这样的努力因中国文本具有强大生命力而注定徒劳。原因有二：第一，此时西方的本体论哲学本

---

① 金岳霖：《论道》，第12页。
② 金岳霖：《论道》，第2页。
③ 金岳霖：《论道》，第16页。

身已处于解体的阶段;第二,中国哲学的特征是非本体论的,用西方的方法论解释中国传统哲学注定要"水土不服"。

此后,因为国内外的战争局势,文化的争论暂告一段时间,直到20世纪80年代重开东西方文化论战时,中西哲学比较研究又风靡一时。但此时的论战从提出的问题、研究的思路和方法来看,都没有超越冯友兰、张东荪这一代学者。此后,新一轮"中西哲学比较研究"热潮的兴起,尤其是"是论"议题讨论热潮的高涨,使我们得以重新反思西方哲学,探索现代西方哲学的问题,从而凸显中国哲学的问题和特质,进而告别"模仿的时代",走进创建中国现代哲学的时代。

三 在中西比较中重构中国现代哲学

20世纪中西哲学比较研究的主流趋势是从王国维、张东荪的中西哲学不同类型论(中国哲学偏向实践生活哲学、西方哲学偏向纯粹理论哲学),到金岳霖、冯友兰转向试图建构中国哲学的形而上学本体论;也许正是对创体系这一"模仿的时代"的不满,到了20世纪80年代,中国又重启了中西文化论战,其要旨在致力于完成新文化运动未完成的大业,其间中西哲学比较研究作为中西文化的核心问题成为显学,稍后中国哲学合法性的讨论,更是将此推向高潮,由此开启了新一轮的中西哲学比较研究,特别是突破了对西方传统哲学形而上学特性的理解,广泛涉猎了中西方哲学的开端乃至进一步追问"什么是哲学"这样的元哲学问题,使得新一轮的中西哲学比较研究得以取得新的研究议题。

新一轮中西哲学比较研究是建立在对中西哲学特别是西方传统哲学的深入研究基础之上的,从20世纪90年代开始,尤其是在千年之交,国内一批学者强力主张将"being"翻译成"是"而不是"存在",由此引发了对西方传统哲学理解的颠覆性的突破,论文集《being 与西方哲学传统》的出版将此研究推向新的高度，这意味着学术界必须重新理解西方传统哲学形而上学的核心与主线。① 作为形而上学的一般性的或理论性的部分，作为关于"是"的一般理论，"是论"常常用以指整个形而上学。② 通过对"是论"的语言学的研究，使得"是论"这种特殊形态哲学概念更加清晰，"它是靠从概念到概念的推演构筑起来的先天的原理系统"。因此，"是论"是在独立的特殊的语言王国里的纯粹思辨的哲学。③ 其实，张东荪早期已经指出中西因为语言构造之不同导致思维之差别，所以对中国哲学来说，"其影响于思想上则必致不但没有本体论，并且还是偏向于现象论"④，后来陈康先生首先将"being"翻译成"是"，千年之交的一些学者在此基础上"一是到底"，并进一步认定中国哲学是非先验的，所以断言中国哲学没有本体论。当然，在新一轮中西哲学比较研究中，也有学者反对将本体论归结为西方哲学所特有的概念，而是主张"凡是有生活的地方就有生活世界及相关的本体论"⑤。李泽厚发表的"情感本体论"虽然并不是在这个意义上建构的，但是，他提出通过中国传统，让哲学"走出语言"的见解，值得我们深思。

尽管当代中国学者在中国哲学究竟是否有本体论这一点上存在着明显的分歧，但是对中国哲学形而上学或者说第一哲学的存在并没有太大的争议，只是认为中西哲学形而上学的形态不一样。"中国哲学被认为逻辑学和认识论不发达，它取的显然不是西方哲学那样的宗

---

① 王路：《"是"，理解西方哲学的有益途径》，《社会科学报》2017年4月13日。
② ［英］布宁、余纪元编著：《西方哲学英汉对照辞典》，人民出版社2001年版。
③ 俞宣孟：《本体论研究》，上海人民出版社1999年版，第72页。
④ 张汝伦编选：《理性与良知——张东荪文选》，上海远东出版社1995年版，第341页。
⑤ 张庆熊：《语言、生活形式与本体论问题》，《世界哲学》2020年第4期。

旨。有人以为中国传统哲学是关于人伦的哲学，那是对照着西方哲学内容的分类得出的看法。中国哲学绝不是没有一种'世界观'……中国哲学的宗旨在于求得生命的自觉。"① 更有学者通过对中国哲学中的"道、太极、阴阳、有无、中庸"等最基本范畴的剖析，证明中国哲学的开端或基点就是对间或间性的关注和研究。正是这种关注和研究，创发了中国哲学属于中国的基本特质：间性哲学，亦即以间性论为基础的哲学。

自此，新一轮中西哲学比较研究业已达到了关键的时刻，就如李泽厚先生在《该中国哲学登场了?》谈话录中所说的：一是这命题能否成立？二是如果成立，如何可能？无疑，新一轮中西哲学比较研究的深入开展使得当代中国哲学开始从"模仿的时代"进入了"原创的时代"，这不仅消解了中国哲学的合法性难题，进而也可以深入探索中西方哲学的开端、形态、要义，乃至进一步追问"什么是哲学"这样的元哲学问题。

---

① 俞宣孟：《关于哲学的开端问题》，《哲学分析》2016 年第 3 期。

中国共产党对马克思主义公平正义观的践行与发展*

冯颜利（中国社会科学院哲学研究所）

西方对正义的思考多限定在观念层面和分配领域，马克思主义公平正义观站得更高，一是突破了西方把正义局限于分配领域的局限，二是主张从未来和发展方面看现实的公平正义问题。马克思主义公平正义观以每一个人的全面而自由的发展为核心价值，在批判资产阶级抽象公正、解构资本主义生产方式的基础上，主张社会主义不仅强调按劳分配，而且强调分配正义和生产正义的有机统一①，因为，马克思主义认为生产决定分配。中国共产党成立百年来，始终将马克思主义公平正义镌刻在自己的旗帜上，不断探索马克思主义公平正义观的丰富内涵和实现公平正义的科学路径，推动社会公平正义事业取得全方位进步和历史性成就，中国特色社会主义在国际社会绽放出更加耀眼的光芒。

---

* 本文发表于《中共中央党校（国家行政学院）学报》2022年第3期，有改动，系国家社会科学基金重点项目"完善全面从严治党制度研究"（20AZD017）阶段性成果。

① 冯颜利：《基于生产方式批判的马克思正义思想》，《中国社会科学》2017年第9期。

一 新民主主义革命的伟大成就为实现公平正义创造了根本政治与社会条件

中国共产党自诞生之日起就把公平正义镌刻于党的旗帜之上,在领导新民主主义革命的全过程中,始终将公平正义的追求同北伐战争、土地革命战争、抗日战争和解放战争不同时期的主要任务相结合,推动公平正义的理论与实践探索取得了重要进步,为中华人民共和国成立后的公平正义事业奠定了坚实的基础。

(一) 建党初期党的纲领和北伐战争体现公平正义的诉求

中国共产党诞生后制定的纲领集中体现了公平正义的核心诉求。中共一大通过的首个党纲的四条具体纲领中,前三条的主题皆为"消灭社会的阶级区分",旗帜鲜明地主张公平正义的诉求。中共三大通过的党纲中包含了"铁路、银行、矿山及大生产事业国有""公私法上男女一律平权"等具体规定[①],这与同期国民党极力保护私有制、"有限"扶助工农的纲领形成鲜明对比[②],中国共产党赢得了千千万万被剥削被压迫工农阶级的拥护和支持,推动无产阶级革命事业蓬勃发展。国民革命时期,中国共产党一方面与国民党展开合作,推进北伐战争,打击了北洋军阀的统治和帝国主义的嚣张气焰,一定程度上促进了社会公平正义的实现。另一方面,中国共产党独立领导工人运动和农民运动,取得了许多前所未有的重大成就,如五卅运动、上海工人武装起义,以及湖南等地的农民运动。这些成就提升了无产阶级的政治、经济地位,改善了农民的生产生活条件,是公平正义事业取得进步的直接体现;党在农民运动中采

---

① 《建党以来重要文献选编(一九二一——一九四九)》第一册,中央文献出版社 2011 年版,第 253 页。
② 孙中山:《孙中山选集》下册,人民出版社 2011 年版,第 620—621 页。

取的"经济上打击地主、推翻县官老爷衙门差役的政权、合作社运动"等彰显公平正义的成功举措，还为党领导土地革命积累了重要经验。①

（二）土地革命战争时期体现的公平正义主要为土地革命和苏维埃运动

八七会议明确将土地革命作为当时革命的中心问题，会后发布的决议主张"没收大地主及中地主的土地，分这些土地给佃农及无地的农民"②。此后经过中央十一月扩大会议、中共六大、中共闽西第一次代表大会、二七会议、南阳会议等会议的专题讨论，以及《井冈山土地法》《兴国县土地法》等法规决议的进一步完善，至1931年2月基本形成了一条适合中国革命实际的土地革命路线，即依靠贫雇农，联合中农，限制富农，保护中小工商业者，消灭地主阶级，变封建半封建的土地所有制为农民的土地所有制。这条路线的典型特征，就是在保障贫雇农和中农这些革命基本依靠对象的前提下，对中小地主、中小工商业者和富农等阶级采取限制而非消灭的策略。这种策略全面统筹了社会各阶级的生活、生存和发展需要，体现了鲜明的公平正义特征。苏维埃运动与土地革命相辅相成，使这一路线得以在广大苏维埃地区全面落实。1931年11月7日，中华苏维埃第一次全国代表大会通过的《中华苏维埃共和国宪法大纲》规定："中国苏维埃政权所建设的是工人和农民的民主专政的国家。苏维埃全政权是属于工人、农民、红军兵士及一切劳苦民众的。"③ 苏维埃政权属于一切劳苦民众，确保劳苦民众当家作主的地位，并施行相应的经济贸易、财政税

---

① 《建党以来重要文献选编（一九二一——一九四九）》第四册，中央文献出版社2011年版，第122、124、134页。
② 《建党以来重要文献选编（一九二一——一九四九）》第四册，第442页。
③ 《建党以来重要文献选编（一九二一——一九四九）》第八册，中央文献出版社2011年版，第649—650页。

收和土地政策来提升他们的政治、经济和文化权益，充分体现了公平正义的核心要义。土地问题的解决和苏维埃运动的扩展，不仅解决了武装割据政权及军队的财政、粮食等物质需要，彻底改善了苏维埃政权和根据地群众的关系，还"大大的改善了广大工农群众的生活"①。这种进步与土地革命之初农民的悲惨地位形成鲜明的对比，当时全国农民"整个的在新旧军阀之下喘吁地活着，十几年新旧军阀战争的负担和帝国主义经济的侵略，最大部分架在穷苦农民身上"②。"大大的改善"直观形象地说明了社会公平正义的进步程度。

（三）抗日战争时期体现的公平正义主要为反法西斯战争和抗日民主政权建设

抗日战争时期，中国共产党坚决维护抗日民族统一战线，一方面坚持对统一战线的领导权，一方面与农民和城市小资产阶级结成稳定同盟，同时与资产阶级进行既联合又斗争的策略，充分尊重和有序调动各阶级的爱国热情，充分体现了公平正义的原则。与此同时，中国共产党为了实现革命阶级的联合专政，巩固抗日民族统一战线，按照新民主主义理论进行了抗日民主政权建设。其在政治、经济等方面的主要举措，充分体现了公平正义的原则。在政治方面，实行以"三三制"为原则的政权形式，即在人员分配上规定，"共产党员占三分之一，非党的左派进步分子占三分之一，不左不右的中间派占三分之一"③，充分保障了无产阶级和贫农、小资产阶级、中等资产阶级和开明绅士等阶级的权益。在经济方面，毛泽东同志更加清醒地认识

---

① 《建党以来重要文献选编（一九二一——一九四九）》第十一册，中央文献出版社 2011 年版，第 167 页。
② 《建党以来重要文献选编（一九二一——一九四九）》第四册，第 357 页。
③ 《建党以来重要文献选编（一九二一——一九四九）》第十七册，中央文献出版社 2011 年版，第 170 页。

到,"农民问题,就成了中国革命的基本问题,农民的力量,是中国革命的主要力量"①。同时考虑到缓和冲突巩固团结的现实需要,实行"地主减租减息,农民交租交息"的土地政策,让农民有土地耕种的同时,给地主阶级生活出路。② 还针对根据地工农产品匮乏、农民负担沉重等现实问题,动员工农兵群众开展大生产运动,促进了生产力的极大发展,工农产品的极大丰富。抗日民主政权实施了相应的文化教育政策,促进了人民生活水平和幸福程度不断提高。

(四)解放战争时期体现的公平正义主要为消灭大资产阶级,彻底解决土地问题

抗日战争在亿万中国人民的浴血奋战中取得胜利,但以蒋介石为代表的国民党,妄图继续实行专制独裁的反动统治,以维护其大地主大资产阶级的利益。中国共产党和中国人民被迫进行了解放战争,逐步消灭了反动的大地主大资产阶级对工农群众的剥削和压迫,打退了横行无忌的帝国主义对中国人民的侵略和压榨,解放区的人民推翻了资产阶级政府、军队和法律机关,构建起人民民主专政的国家政权。民族独立、人民解放和人民当家作主等充满公平正义的理想,激发了亿万工农群众的战斗热情,在广大人民群众的支持下,解放战争在短短三年多时间里就在全国取得胜利。在解放战争消灭大资产阶级的同时,"耕者有其田"土地政策的实施,也沉重打击了地主阶级。解放战争之初发布的《关于土地问题的指示》主张把土地问题的解决作为党在当时"最基本的历史任务"和"一切工作的最基本的环节"③,提出"从地主手中获得土地,实现'耕者有其田'坚决用一切方法吸收中农参加运动"等具

---

① 《毛泽东选集》第2卷,人民出版社1991年版,第692页。
② 《毛泽东选集》第3卷,人民出版社1991年版,第808页。
③ 《建党以来重要文献选编(一九二一——一九四九)》第二十三册,中央文献出版社2011年版,第246页。

体举措①。1947年9月颁布的《中国土地法大纲》继续主张实行耕者有其田的土地制度，提出的具体办法包括"按乡村全部人口，不分男女老幼，统一平均分配，在土地数量上抽多补少，质量上抽肥补瘦，使全乡村人民均获得同等的土地，并归各人所有"②。没收所有地主的土地，平均分配给农民的做法，展现了中国共产党土地政策的革命性和彻底性，这是宏观层面的公平正义；在数量上抽多补少、质量上抽肥补瘦的工作方法，足见土地政策的公平和严谨，这是微观层面的公平正义。

二 社会主义革命和建设的伟大成就为实现公平正义奠定了根本政治前提和制度基础

从1949年10月中华人民共和国成立至1978年12月党的十一届三中全会召开，是社会主义革命和建设时期，党团结带领全国人民自力更生、发愤图强，通过社会主义革命消灭了在中国延续几千年的封建剥削压迫制度，通过社会主义建设"实现了中华民族有史以来最为广泛而深刻的社会变革"③，建立和巩固了社会主义政治、经济、文化等方面的基本制度，为公平正义的实现奠定了一定的政治和制度基础。特别是无产阶级专政国家政权的建立、生产资料公有制和按劳分配制度的实现，为实现公平正义奠定了根本政治前提和制度基础。社会主义新中国从政体、国体的设计，到社会主义改造的全面实施，再到五年计划的成功推进，无不体现着公平正义的本质要求。社会主义建设时期虽然遭受了一些挫折，但总体来看，马克思主义公平正义理论和实践都得到了前

---

① 《建党以来重要文献选编（一九二一——一九四九）》第二十三册，第246页。
② 《建党以来重要文献选编（一九二一——一九四九）》第二十四册，中央文献出版社2011年版，第417页。
③ 《中国共产党第十九届中央委员会第六次全体会议文件汇编》，人民出版社2021年版，第34页。

所未有的发展,系统性地开创了社会主义公平正义事业的新格局。

(一) 中华人民共和国成立建立了全新政权,为实现公平正义提供了根本政治前提

新民主主义革命的胜利,将帝国主义、资本主义和封建主义扫进了历史的垃圾堆,"党领导建立和巩固工人阶级领导的、以工农联盟为基础的人民民主专政的国家政权,为国家迅速发展创造了条件……为我国一切进步和发展奠定了重要基础"①。新政权使人民实现了政治上的解放,公平正义得到了政治上的解决,为生产正义奠定了基础,在经济、文化领域也得到鲜明体现。"换句话说,新中国的成立,开辟了马克思主义公平正义理论和实践重构与发展的广阔空间。社会主义政权的建立为生产上的公平正义创造了条件。"② 马克思主义基本原理认为,在生产与分配关系中,"分配的结构完全决定于生产的结构。分配本身是生产的产物"③,生产环节的公平正义是分配环节公平正义的前提,进而是社会公平正义的基础。然而,"真正的自由和真正的平等只有在公社制度下才可能实现"④,社会主义新政权坚持无产阶级专政、坚持生产资料公有制,从政治、经济等根本制度上为公平正义的实现提供了坚实基础和可靠保障。具体来看,这种经济政治保障又具体体现为三个方面:首先,新政权的建立以除旧布新、推进公平正义为主要原则,以政权重构为主要内容的社会结构重建提供了最大的经济政治前提;其次,中国共产党在马克思主义指导下取得胜利,必然要持续推动马克思主义在思想文化领域的统领地位,这就为马克思主义公平正义理论和实践建

---

① 《中国共产党第十九届中央委员会第六次全体会议文件汇编》,第29—30页。

② 冯颜利:《新中国70年:公平正义的理论与实践》,《北京大学学报》(哲学社会科学版) 2020 年第 2 期。

③ 《马克思恩格斯文集》第 8 卷,人民出版社 2009 年版,第 19 页。

④ 《马克思恩格斯全集》第 3 卷,人民出版社 2002 年版,第 482 页。

构开辟了新道路；最后，中国共产党掌握政权后，必然要对社会主义革命时期公平正义探索方面的成功经验进行总结继承，对其正确做法持续推进。例如，在解放战争中确定"耕者有其田"的土地政策体现了马克思主义公平正义观的明确要求，在中华人民共和国成立后被作为首要任务加以推进。《中国人民政治协商会议共同纲领》规定，"凡尚未实行土地改革的地区，必须发动农民群众，建立农民团体，经过清除土匪恶霸、减租减息和分配土地等项步骤，实现耕者有其田"[①]。中华人民共和国成立之后，农民依然是人口的主体，土地所有权依然是核心权力，通过土地改革实现"耕者有其田"，也就意味着从政治和经济层面实现了农民的公平正义。解决了农民这个主体的公平正义问题，也就为进一步解决全社会的公平正义问题奠定了坚实的基础。

（二）社会主义改造消灭私有制，为实现公平正义提供了制度保障

马克思、恩格斯认为，"一切重要历史事件的终极原因和伟大动力是社会的经济发展，是生产方式和交换方式的改变"[②]，"生产者只有在占有生产资料之后才能获得自由"[③]。社会主义公平正义的实现程度，最终取决于生产力的发展水平，取决于物质生产基础调整和改变的程度。因此，马克思、恩格斯指出，无产阶级建立政权后的首要任务，就是"尽可能快地增加生产力的总量"[④]。列宁也提出了无产阶级专政后应尽快建设社会主义以"填饱肚子"的要求[⑤]。"尽可能

[①] 《建党以来重要文献选编（一九二一——一九四九）》第二十六册，中央文献出版社2011年版，第763页。
[②] 《马克思恩格斯选集》第3卷，人民出版社2012年版，第760页。
[③] 《马克思恩格斯文集》第3卷，人民出版社2009年版，第568页。
[④] 《马克思恩格斯文集》第2卷，人民出版社2009年版，第52页。
[⑤] 《列宁全集》第36卷，人民出版社1985年版，第48页。

快地增加生产力的总量"的目的，就是要把人民的衣、食、住、行等基本经济需要作为头等大事加以推进，而这些基本需要是社会正义乃至整个社会主义制度的基石。但是，如果不从根本上扫清封建主义和资本主义的残留，不仅不能高效地进行经济建设，新生政权还有变质的风险。社会主义改造聚焦工业化，从农业、手工业和资本主义工商业等关键领域着手，基本消灭了生产资料私有制和剥削制度，基本实现了生产资料公有制和按劳分配。这样一来，中国共产党不仅掌握了政治领导权，也掌握了经济领导权。"中国共产党越有效掌握政权和经济基础，越能够体现社会的公平正义走向"[①]，社会主义改造的完成强化了新政权在政治、经济和文化等方面制度机制的重构，为中国共产党全心全意为人民服务的宗旨和为人民谋幸福、为民族谋复兴的初心使命提供了全面实践的广阔天地，"从而确保社会公平正义理论与实践不断融合和发展，实现理论与实践的相互促进，相辅相成，共同彰显社会主义公平正义的价值"[②]。例如，在对资本主义工商业进行改造的过程中，创造性地实施了统购包销、公私合营、和平赎买等稳步前进的政策，既保证了社会经济健康有序发展，也适当顾及资本的生存发展权益。

（三）社会主义全面建设开始后，公平正义的实现在曲折中前进

社会主义改造的顺利完成，以及"三反""五反"等举措的相继实施，基本消灭了地主阶级、资产阶级及其所依托的利益格局，消除了影响和制约公平正义实现的客观条件，社会主要矛盾由阶级矛盾转变为人民日益增长的物质文化需要与相对落后的社会生产之间的矛

[①] 冯颜利：《新中国70年：公平正义的理论与实践》，《北京大学学报》（哲学社会科学版）2020年第2期。

[②] 冯颜利：《新中国70年：公平正义的理论与实践》，《北京大学学报》（哲学社会科学版）2020年第2期。

盾。社会主要矛盾的转变为马克思主义公平正义理论和实践进一步发展创造了新的条件。首先，这一转变必然要求党和国家的工作重心转移到经济建设上来，为人民群众提供日益丰富的物质文化产品，这就从经济这个根本上抓住了解决社会公平正义问题的"牛鼻子"；其次，这一转变要求社会主义新政权必须调整利益格局和分配方式，从而彰显公平正义以获得尽可能多的支持，调整利益格局和分配形式的手段也由原来激烈的阶级斗争转变为说服协商、制度完善等温和方式，公平正义的实现方式更加多样化、人性化；最后，由于底子薄、基础差、起步晚等，仍要通过强有力的顶层设计和制度框架来保护人民利益、调节利益分配、保障公平正义。① 这些认识，是将马克思主义公平正义理论与中国国情相结合而形成的。在马克思主义科学理论的指导下，从1956年社会主义改造完成后，以五年计划为推手，以四个现代化为主体的社会主义建设得以全面展开，社会主义公平正义事业也进一步推进。1956—1966年，通过"一五"计划等项目的实施，着力通过促进生产力发展和以分配制度为主的制度改革等手段，促进社会主义公平正义事业快速前进。"这一时期，在理论和实践上，整个社会的公平正义已经广泛涉及权利公平、规则公平、结果公平等问题。"② 1966—1976年，"文化大革命"使得社会主义事业遭遇重大挫折。在此期间，公平正义的理论和实践陷入停滞甚至倒退，公平正义的体制机制，特别是作为防线的法治被严重破坏，权利配置和利益分配缺乏制度保障，政治、经济、文化、社会等领域的公平正义严重受损。

需要指出的是，尽管"文化大革命"十年内乱包括公平正义在内

---

① 冯颜利：《新中国 70 年：公平正义的理论与实践》，《北京大学学报》（哲学社会科学版）2020 年第 2 期。

② 冯颜利：《新中国 70 年：公平正义的理论与实践》，《北京大学学报》（哲学社会科学版）2020 年第 2 期。

的社会主义理论和实践都遭遇了挫折,但仍在党的领导下"进行社会主义革命,消灭在中国延续几千年的封建剥削压迫制度……实现了一穷二白、人口众多的东方大国大步迈进社会主义社会的伟大飞跃"①。特别是经过持续实施五年计划,"建立起独立的比较完整的工业体系和国民经济体系,农业生产条件显著改变"②,与人民群众生产生活密切相关的教育、科学、文化、卫生、体育事业也取得长足进步,人民群众的物质和文化需要得到极大满足,社会主义公平正义也因此得以彰显。这些重要成就来之不易,"为在新的历史时期开创中国特色社会主义提供了宝贵经验、理论准备、物质基础"③,也为开创社会主义公平正义新境界提供了理论和实践方面的准备。

三 改革开放和社会主义现代化建设的伟大成就为实现公平正义提供了充满活力的体制保证和较好的物质条件

从1978年12月党的十一届三中全会召开至2012年11月党的十八大召开,是改革开放和社会主义现代化建设新时期,党带领人民解放思想、锐意进取,坚定不移推进改革开放,"我国实现了从生产力相对落后的状况到经济总量跃居世界第二的历史性突破,实现了人民生活从温饱不足到总体小康、奔向全面小康的历史性跨越,推进了中华民族从站起来到富起来的伟大飞跃"④。其中,经济体制实现了从高度集中到充满活力、从封闭半封闭到全方位开放的历史性转变,生产力状况实现了从相对落后到经济总量跃居世界第二的历史性突破,

---

① 《习近平谈治国理政》第四卷,外文出版社2022年版,第5页。
② 《中国共产党第十九届中央委员会第六次全体会议文件汇编》,第31页。
③ 《中国共产党第十九届中央委员会第六次全体会议文件汇编》,第34页。
④ 《中国共产党第十九届中央委员会第六次全体会议文件汇编》,第44页。

人民生活水平实现了从温饱不足到总体小康、奔向全面小康的历史性跨越,这些成就进一步夯实了马克思主义公平正义的经济基础,扩展了公平正义的实现路径,还充分体现了社会主义共同富裕的本质。与改革开放和社会主义现代化建设进程相一致,马克思主义公平正义的理论创新和实践推进也进入了全新时期。

(一)党的十一届三中全会到党的十四大,提出社会主义本质理论和重建公平正义制度机制

改革开放之初,面对十年内乱造成的人民生活困难、思想意识混乱等各种问题,邓小平同志清醒地意识到中国正处于并将长期处于社会主义初级阶段的基本国情,认清当前社会的主要矛盾仍是人民日益增长的物质文化需要和落后的社会生产之间的矛盾,因而强调必须坚持党在初级阶段的基本路线。对于如何认识"什么是社会主义,怎样建设社会主义"这个根本问题,邓小平同志指出,"社会主义的本质,是解放生产力,发展生产力,消灭剥削,消除两极分化,最终达到共同富裕"①。只有发达的、生产力发展的、使国家富强的社会主义才是人民向往的社会主义,才能担当人民共同的政治经济社会理想、共同的道德标准,才能体现出社会主义相较资本主义的制度优越性。②为此,应当把是否坚持"三个有利于"而非姓"资"还是姓"社"的争论作为衡量一切工作是非得失的判断标准,应当在若干方面坚持"两手抓,两手都要硬"。过于注重平均分配、过分强调阶级斗争、忽略民主集中制等惨痛教训使邓小平同志意识到,仅仅坚持以经济建设为中心是不够的,必须从政治、组织、法律等方面彻底解决历史遗留问题,同时构建新的完备的体制机制,才能确保公平正义的进一步推

---

① 《邓小平文选》第3卷,人民出版社1993年版,第373页。
② 《邓小平文选》第2卷,人民出版社1994年版,第231页。

进。例如，针对"文化大革命"在干部群众中造成身心创伤和"两个凡是"等错误主张造成的思想混乱，邓小平同志主张，"对建国三十年来历史上的大事，哪些是正确的，哪些是错误的，要进行实事求是的分析，包括一些负责同志的功过是非，要做出公正的评价"①。对过去的问题"有错必纠"、公正评价历史人物等拨乱反正的举措，让公平正义的光辉照亮历史和现实，激发了大批党员干部和知识分子建设社会主义的热情。又如，针对改革开放初期个别高干家属、子弟投机倒把、滥用特权等犯罪问题，邓小平同志要求高级干部必须拿出坚决、明确的态度支持查办，要求查办部门严格按照党纪、国法"抓紧实干，不能手软"②。法律面前人人平等、违法必究一视同仁，这是政治公正、法律公正的鲜明体现。在以邓小平同志为核心的党的第二代中央领导集体的领导下，中国共产党就社会主义初级阶段许多重大政治、经济、法律问题作出了原则性厘清，如社会主义初级阶段基本路线、"三步走"发展战略等，为社会主义公平正义的实现提供制度机制方面的坚实保障。

（二）党的十三届四中全会到党的十六大，提出"三个代表"重要思想和确立社会主义基本经济制度、分配制度

面对"建设什么样的党，怎样建设党"的根本性问题，以江泽民同志为核心的党的第三代中央领导集体从世界社会主义的严重曲折中吸取教训，清醒地认识到社会主义事业的成功和社会公平正义的实现，关键之关键就是要把党建设好。为此党中央一方面从理论上阐明"三个代表"重要思想，明确了社会主义公平正义的根本方向、重大关切和根本保障；另一方面从实践上扭住了"党的建设新的伟大工

---

① 《邓小平文选》第2卷，第292页。
② 《邓小平文选》第3卷，第152页。

程"这个推进社会主义建设,彰显社会公平正义的"牛鼻子",为推进社会主义公平正义理论和实践创新提供了可靠保障。① 江泽民同志认为,社会主义的优越性不仅应体现在生产力水平更高,还应体现在公平正义程度更高,"从根本上说,高效率、社会公正和共同富裕是社会主义制度本质决定的"②。为了充分调动市场主体的积极性,进一步解放和发展生产力,保证共同富裕等公平正义目标的实现,党的十四大明确提出社会主义基本经济制度和基本分配制度,基本经济制度要求,"在所有制结构上,以公有制包括全民所有制和集体所有制经济为主体,个体经济、私营经济、外资经济为补充,多种经济成分长期共同发展";基本分配制度要求,"以按劳分配为主体,其他分配方式为补充,兼顾效率与公平"③。确立这两种基本制度的作用在于,既鼓励先进、促进效率,允许和鼓励少数地区少数人先富起来,又防止两极分化、兼顾公平,向着逐步实现共同富裕的目标前进。江泽民强调指出,共同富裕是社会主义的根本原则和本质特征,这一根本原则需要基本经济制度和基本分配制度加以保证,"在社会主义公有制经济里,广大群众是生产资料的主人,分配的主要原则是按劳分配"④。也就是说,社会主义的政治原则需要公有制的主体地位来保证,公有制的主体地位需要按劳分配的原则来维护,最终落脚于共同富裕这一公平正义的目标,反之亦然。总之,基本经济制度、基本分配制度与社会主义市场经济体制相辅相成,就如何在加快改革开放和现代化建设步伐中彰显公平正义作出了系统解答。

---

① 冯颜利:《新中国 70 年:公平正义的理论与实践》,《北京大学学报》(哲学社会科学版)2020 年第 2 期。
② 中共中央文献研究室:《江泽民论有中国特色社会主义》(专题摘编),中央文献出版社 2002 年版,第 170 页。
③ 《江泽民文选》第一卷,人民出版社 2006 年版,第 227 页。
④ 《江泽民文选》第一卷,第 48 页。

（三）党的十六大到党的十八大，提出科学发展观与构建社会主义和谐社会

21世纪以来，党中央面对日益严峻复杂的世情、国情和党情，紧扣时代脉搏，适应新的时代特点，提出科学发展观的科学理论，回答了中国特色社会主义"实现什么样的发展，怎样发展"的重大问题，不仅"鲜明地体现了发展为了人民，发展依靠人民，发展成果人民共享的鲜明价值取向"①，还明确了全面协调可持续的目标和统筹兼顾的根本措施，将维护和实现社会公平正义提升到社会主义制度本质要求的高度，将公平正义的理念贯彻到经济、政治、文化、社会、生态文明以及党的建设等各方面建设中去。胡锦涛同志指出，"维护和实现社会公平和正义，涉及最广大人民的根本利益，是我们党坚持立党为公、执政为民的必然要求，也是我国社会主义制度的本质要求"②，这进一步凸显了公平正义在社会主义建设中的重要地位。在构建社会主义和谐社会的实践中，明确提出要按照"民主法治、公平正义、诚信友爱、充满活力、安定有序、人与自然和谐相处的总要求"③，要把以解决人民群众最关心、最直接、最现实的利益问题为重点，把坚持以人为本作为根本出发点和落脚点，即着力保障和改善民生，坚持发展为了人民、发展依靠人民、发展成果由人民共享。这六项要求的侧重点各有不同，但核心都是以人为本，例如，坚持公平正义，就要着力促进人人平等地获得发展机会、分享发展成果、维护发展权益，归根结底还是落脚于以人为本。在构建社会主义和谐社会的具体策略

---

① 冯颜利：《新中国70年：公平正义的理论与实践》，《北京大学学报》（哲学社会科学版）2020年第2期。

② 胡锦涛：《在省部级主要领导干部提高构建社会主义和谐社会能力专题研讨班上的讲话》，人民出版社2005年版，第21页。

③ 中共中央文献研究室编：《深入学习实践科学发展观活动领导干部学习文件选编》，中央文献出版社、党建读物出版社2008年版，第228页。

方面，也明确体现着公平正义的内在要求。例如，2006年5月26日，中央政治局召开专题会议，就改革收入分配制度和规范收入分配秩序问题提出意见称，"要积极推进收入分配制度改革，进一步理顺分配关系，完善分配制度，着力提高低收入者收入水平，扩大中等收入者比重，有效调节过高收入，取缔非法收入，努力缓解地区之间和部分社会成员收入分配差距扩大的趋势"①。这种收入分配制度，坚持效率与公平并重，顾及不同收入群体的切身利益，既有利于调动广大劳动者和要素所有者的积极性和创造性，也有利于努力实现居民收入增长和经济发展同步，进而满足人民日益增长的物质文化需要，因此是共同富裕目标和公平正义诉求的充分体现。此后，为了保证公平正义在更大范围、更高程度落实，胡锦涛同志还提出要综合运用多种手段"依法逐步建立以权利公平、机会公平、规则公平、分配公平为主要内容的社会公平保障体系"②，这就突破了仅从分配领域谈公平正义问题的狭隘视野，将维护公平正义放在更重要的地位，也扩展了维护公平正义的更多举措，构建起社会公平正义的立体网络。

四 新时代中国特色社会主义的伟大成就为实现公平正义提供了更为完善的制度保证和更为坚实的物质基础

从2012年党的十八大召开至今，是中国特色社会主义新时代，党团结带领全国人民自信自强、守正创新，统揽"四个伟大"、统筹推进"五位一体"总体布局、协调推进"四个全面"战略布局，"战胜一系列重大风险挑战，解决了许多长期想解决而没有解决的难题，

---

① 《研究改革收入分配制度和规范收入分配秩序问题》，《人民日报》2006年5月27日。
② 《胡锦涛文选》第二卷，人民出版社2016年版，第291页。

办成了许多过去想办而没有办成的大事,推动党和国家事业取得历史性成就、发生历史性变革"①。在为实现"两个一百年"奋斗目标进行战略部署时,始终把马克思主义公平正义的根本要求贯彻在制度设计中、落实在经济建设中、融入在理想信念中,因此成为实现第一个百年奋斗目标的重要保证和典型特征。贯彻了马克思主义公平正义根本要求而取得的新时代伟大成就,也为第二个百年奋斗目标实现全体人民共同富裕取得了更为明显的实质性进展,为进一步实现公平正义提供了更为完善的制度保证和更为坚实的物质基础。党推进新时代马克思主义公平正义理论和实践方面的进步,与统筹推进"四个伟大"和构建新型国际关系的国内外战略相同步,充分融入新时代经济社会发展的全过程和各领域之中。② 这些进步主要体现在如下五个方面。

(一)将公平正义确立为全面建成小康社会的本质要求,把公平正义作为解决社会主要矛盾的题中之义

习近平总书记指出,"全面建成小康社会,一个不能少;共同富裕路上,一个不能掉队"③。全面建成小康社会内含公平正义的本质要求,将发展自我与奉献社会相统一、将平等参与与共享成果相统一,坚持了共同富裕的精神内核,对全国各族人民产生了强大的吸引力和凝聚力,成为中华民族共同的精神信仰,也体现在各项重大战略部署中。自党的十八大以来实施的脱贫攻坚战已经取得了全面胜利,这是中国乃至全人类公平正义事业前所未有的成就。党的十九大报告作出我国社会主要矛盾已经转化为人民日益增长的美好生活需要和不

---

① 《中国共产党第十九届中央委员会第六次全体会议文件汇编》,第49页。
② 冯颜利:《习近平关于公平正义思想重要论述的五个维度》,《当代世界》2018年第10期。
③ 习近平:《新时代要有新气象更要有新作为 中国人民生活一定会一年更比一年好》,《人民日报》2017年10月26日。

平衡不充分的发展之间的矛盾的论断，也是实现公平正义的内在要求。马克思主义公平正义不是纸上谈兵、空中楼阁，而是体现为获得公平发展机会、共享发展成果、实现共同富裕等具体方面，为此党中央始终坚持以经济建设为中心，不断解放和发展生产力，"协同推进人民富裕、国家强盛、中国美丽"①，通过深入实施创新驱动发展、长江经济带发展、精准脱贫等战略，在夯实经济基础的同时不断促进社会公平正义。习近平总书记在庆祝中国共产党成立100周年大会上的讲话中庄严宣告："在中华大地上全面建成了小康社会，历史性地解决了绝对贫困问题，正在意气风发向着全面建成社会主义现代化强国的第二个百年奋斗目标迈进。"② 全面建成小康社会，不仅是经济发展程度的实现，也是马克思主义公平正义价值的实现，再次凸显了公平正义作为社会主义本质特征的重要地位。

新时代，公平正义的理论和实践不仅本身是一套内涵丰富、逻辑清晰的系统工程，也完全融入新时代中国特色社会主义的总体性布局、系统性设计和精细化实施的过程之中，充分彰显了科学社会主义基本原则和社会主义本质理论。党的十八大以来开始实施的脱贫攻坚工程是新时代马克思主义公平正义理论和实践发展成就最突出、特征最明显的重要领域，也是整个新时代公平正义事业的缩影。2012年12月29日，刚当选为总书记的习近平到河北阜平看望慰问困难群众时就指出，"全面建成小康社会，最艰巨最繁重的任务在农村、特别是在贫困地区。没有农村的小康，特别是没有贫困地区的小康，就没有全面建成小康社会"③。由此拉开了新时代脱贫攻坚的序幕。2013年11月3日，习近平总书记在湖南湘西考察扶贫开发时，首次提出"精准扶贫"理念，创新扶

---

① 《中国共产党第十九届中央委员会第六次全体会议文件汇编》，第17页。
② 习近平：《在庆祝中国共产党成立100周年大会上的讲话》，《人民日报》2021年7月2日。
③ 习近平：《习近平著作选读》第一卷，人民出版社2023年版，第73页。

贫工作机制。2015年12月，在扶贫开发工作会议上提出实现脱贫攻坚目标的总体要求和具体对策，脱贫攻坚战进入总攻阶段。2017年10月，党的十九大把"精准脱贫"作为打赢决胜全面小康的三大攻坚战之一，聚力攻克深度贫困堡垒。在迎来中国共产党成立一百周年之际，"我国脱贫攻坚战取得了全面胜利"，"历史性地解决了绝对贫困问题，创造了人类减贫史上的奇迹"①，全面建成小康社会的目标得以实现，社会主义公平正义得到前所未有的彰显。脱贫攻坚集中力量解决贫困群众基本民生需求，实现了农村贫困人口全部脱贫、贫困地区经济社会快速发展等目标，这是马克思主义反贫困理论中国化最新成果，是新时代坚持以人民为中心的发展思想，坚持走共同富裕道路的伟大成果，也是社会主义的本质要求和全心全意为人民服务根本宗旨的重要体现，是社会主义公平正义理论和实践发展的最新成就。②

（二）将公平正义作为全面深化改革的出发点和落脚点，又把全面深化改革作为促进社会公平正义的动力源泉

党的十八大闭幕不久，习近平总书记就在十八届中央政治局常委同中外记者见面时宣告，"人民对美好生活的向往，就是我们的奋斗目标"，强调要"努力解决群众的生产生活困难，坚定不移走共同富裕的道路"。③ 在2014年的新年贺词中强调，"我们推进改革的根本目的，是要让国家变得更加富强、让社会变得更加公平正义、让人民生活得更加美好"④。这就为推进全面深化改革确定了基调、指明了

---

① 《中国共产党第十九届中央委员会第六次全体会议文件汇编》，第74页。
② 习近平：《在全国脱贫攻坚总结表彰大会上的讲话》，《人民日报》2021年2月26日。
③ 中共中央文献研究室编：《十八大以来重要文献选编》上册，中央文献出版社2014年版，第70页。
④ 《国家主席习近平发表二〇一四年新年贺词》，《人民日报》2014年1月1日。

方向。在中国特色社会主义新时代，促进社会公平正义、增进人民福祉的基本原则，始终贯穿于全面深化改革的全过程和各方面。这一方面体现为公平正义是全面深化改革的风向标，"哪里有不符合促进社会公平正义的问题，哪里就需要改革；哪个领域哪个环节问题突出，哪个领域哪个环节就是改革的重点"①。党中央出台的各项改革举措，始终坚持以人民为中心，始终坚持把促进社会公平正义、增进人民福祉作为根本宗旨，把最广大人民群众的根本利益、热切期望和急切需求作为全面深化改革的风向标。脱贫攻坚战的全面胜利是中国特色社会主义新时代公平正义事业最伟大的成就，是改革发展成果更多更公平惠及全体人民的鲜明体现，也是全体人民共同富裕目标不断实现的重要标志。另一方面体现为全面深化改革必须坚持推动经济发展与促进社会公平正义统筹兼顾。习近平总书记要求，我们既要推动经济持续健康发展，进一步把"蛋糕"做大，又要尽力促进社会公平正义，把"蛋糕"分好，"我们要在不断发展的基础上尽量把促进社会公平正义的事情做好"②。全面深化改革既要注重发展的效率和数量，又要强调发展的效益和质量，即在不断发展的基础上尽量把促进社会公平正义的事情做好，让发展的成果更多更公平地惠及全体人民。在中国特色社会主义新时代，党在坚持"打铁必须自身硬"，刀刃向内进行自我革命的同时，推进全面从严全面深化改革从经济领域不断向政治、文化、生态等领域拓展，坚决破除一切有碍发展的思想观念和体制机制弊端，为从根本上实现公平正义提供了源源不断的动力源泉。

（三）将公平正义视为全面推进依法治国的生命线，突出司法公正是社会公正的最后防线

"全面依法治国是国家治理的一场深刻革命，必须坚持厉行法

---

① 《习近平谈治国理政》，外文出版社 2014 年版，第 97 页。
② 《习近平谈治国理政》，第 97 页。

治,推进科学立法、严格执法、公正司法、全民守法。"① 唯有如此,才能为公平正义的实现提供根本性、全局性、稳定性和长期性的制度保证,为人民群众营造既充满活力又安定有序的和谐环境,保障人民群众平等参与发展、公平享受权利等权益。"全面依法治国的根本目的在于确保一切权力属于人民,这不仅是最广泛、最真实、最管用的民主,也是最广泛、最基本、最实在的公平正义。"② 首先,我国是社会主义国家,全面推进依法治国核心在于确保人民当家作主,为社会公平正义提供法律保障。我们的制度安排,尤其是法治建设要"更好体现社会主义公平正义原则,更加有利于实现好、维护好、发展好最广大人民根本利益"③。其次,全面推进依法治国重点在厉行法治,为实现社会公平正义提供全面保护。公平正义是法治的基本要求,社会主义法律的制定和施行,充分体现绝大多数人民的利益和意志,能够切实起到保障人民权利、维护公平正义的作用。在中国特色社会主义新时代,法律体系不断完备体现了公平正义保障范围之宽,司法体制改革等"厉行法治"的举措体现了公平正义保障力度之严,法治国家、法治政府、法治社会一体建设取得前所未有的成就,社会公平正义也因之得到前所未有的彰显。最后,全面推进依法治国突出公正司法的关键作用,突出司法公正是社会公正的最后防线。司法公正与法律的权威、党和政府的信誉、社会道德和秩序密切相关,因而构成社会公正的最后防线。在中国特色社会主义新时代,《关于推进以审判为中心的刑事诉讼制度改革的意见》《关于完善人民法院司法责任制的若干意见》等系列规章制度的出台,推动深化司法体制改革取得显

---

① 习近平:《决胜全面建成小康社会 夺取新时代中国特色社会主义伟大胜利》,人民出版社 2017 年版,第 38 页。

② 冯颜利:《习近平关于公平正义思想重要论述的五个维度》,《当代世界》2018 年第 10 期。

③ 《习近平谈治国理政》,第 97 页。

著成效，特别是近年来扫黑除恶专项斗争、政法队伍教育整顿等举措相继顺利开展，重点解决了损害群众权益的突出问题，使得人民利益得到充分维护，公平正义也得到充分彰显。

（四）公平正义为全面从严治党的内在要求和全体人民共同富裕的长远目标

"中国共产党领导是中国特色社会主义最本质的特征，是中国特色社会主义制度的最大优势"①，这一本质特征和最大优势以公平正义为内核，全国各族人民的利益和命运所系，亦以公平正义为原则。在中国特色社会主义新时代，全面从严治党不断推进，党的先进性、纯洁性和革命性在治国理政的伟大实践中更加坚定，以人民为中心的根本立场和全心全意为人民服务的根本宗旨更加凸显，使党在不断焕发新的强大生机活力的同时，推动社会公平正义事业取得实实在在的进步。一方面，全面从严治党把党建设得更加坚强有力，提升了党促进社会公平正义的能力，"打铁必须自身硬，办好中国的事情，关键在党"②。中国共产党的坚强领导，是实现"两个一百年"奋斗目标，进而实现中华民族伟大复兴的关键。许多悬而未决的重大难题的解决，许多举世瞩目的重大成就的创造，是在党的坚强有力的领导下取得的，是全体中华儿女共建共享的，因而是最大限度的社会公平正义。另一方面，全面从严治党落脚于着力保障和改善民生，把握了促进社会公平正义的重点。在促进科学发展的同时着力保障和改善民生，是最切实的公平正义、最实在的人民福祉。在中国特色社会主义新时代，党中央始终抓住人民最关心最直接最现实的利益问题，多谋民生之利、多解民生之忧，不断促进人的全面发展和全体人民共同富

---

① 习近平：《在庆祝中国共产党成立100周年大会上的讲话》，《人民日报》2021年7月2日。

② 《中国共产党第十九届中央委员会第六次全体会议文件汇编》，第53页。

裕，也赢得了人民群众对党和政府的信任。在实现社会主义现代化的新征程上，必须继续践行以人民为中心的发展思想，更加重视维护社会公平正义，"着力解决发展不平衡不充分问题和人民群众急难愁盼问题，推动人的全面发展、全体人民共同富裕取得更为明显的实质性进展"①。

（五）将公平正义确立为建设新型国际关系的共同价值，为世界和平与发展贡献中国智慧

习近平总书记很早就指出，"和平、发展、公平、正义、民主、自由，是全人类的共同价值，也是联合国的崇高目标"②，在庆祝中国共产党成立100周年大会上的讲话中再次强调，中国共产党将继续"弘扬和平、发展、公平、正义、民主、自由的全人类共同价值"③，推动人类历史向着更光明的未来前进。新时代，中国共产党将公平正义的追求融入和平发展道路之中，不仅将其作为构建人类命运共同体理念的基本要求，也贯彻到推动共建"一带一路"高质量发展的实践当中。当前，立足于中国取得的举世瞩目的伟大成就，由中国积极倡导和着力推进的，充分体现公平正义价值的"构建人类命运共同体"理念和"一带一路"倡议，不仅承载着中国人民对建设美好世界的崇高追求，也反映了世界各国人民对和平公正世界格局的美好愿望，因此已经获得世界认可，正在吸引世界多国参与，为以公平正义为共同价值的世界和平与发展作出了重大贡献。

---

① 习近平：《在庆祝中国共产党成立100周年大会上的讲话》，《人民日报》2021年7月2日。
② 习近平：《携手构建合作共赢新伙伴同心打造人类命运共同体》，《人民日报》2015年9月29日。
③ 习近平：《在庆祝中国共产党成立100周年大会上的讲话》，《人民日报》2021年7月2日。

五　经验与启示

"中国共产党一经诞生，就把为中国人民谋幸福、为中华民族谋复兴确立为自己的初心使命。一百年来，中国共产党团结带领中国人民进行的一切奋斗、一切牺牲、一切创造，归结起来就是一个主题：实现中华民族伟大复兴。"① 在此过程中，中国共产党努力将马克思主义公平正义观，同新民主主义革命、社会主义革命和建设、改革开放和社会主义现代化、新时代中国特色社会主义等伟大实践相结合，团结带领中国人民为实现共同富裕的美好理想而进行了长期艰辛奋斗，取得了脱贫攻坚和全面建成小康社会的伟大胜利，也遭遇了"文化大革命"等挫折。其中的经验和启示归结起来主要表现为如下几个方面。

第一，坚持以马克思主义唯物史观为推进公平正义理论创新和实践进步的根本方法。

"正义问题既是一个思辨的理论问题，更是一个关系利益调节的实践问题，而且从根本上说是历史问题、现实问题和理想问题的有机统一。唯物主义实践观的建立，为我们真正认识和理解正义问题的实质指明了方向，提供了方法论基础。"② 尽管马克思恩格斯没有创立系统的公平正义理论，因为他们深知"'正义'、'人道'、'自由'等等可以一千次地提出这种或那种要求，但是，如果某种事情无法实现，那它实际上就不会发生，因此无论如何它只能是一种'虚无缥缈的幻想'"③。因而只有促进生产力不断发展，达到共产主义社会，才能实现真正的

---

① 习近平：《在庆祝中国共产党成立100周年大会上的讲话》，《人民日报》2021年7月2日。

② 冯颜利：《基于生产方式批判的马克思正义思想》，《中国社会科学》2017年第9期。

③ 《马克思恩格斯全集》第6卷，人民出版社1961年版，第325页。

公平正义。但共产主义不能一蹴而就，公平正义必须分步推进。这就要求我们一方面必须清醒认识到实现公平正义的艰巨性、长期性和复杂性，在历史和世界大视野中看待历史发展和社会公平正义实现的漫长的过程，对公平正义实现整体性把握。在看待我国现阶段存在的公平正义问题时，要用发展的、全局的眼光，通过制度安排、法律规范、政策支持加以逐步解决。另一方面必须立足于新时代的基本国情和社会主要矛盾，在不断促进经济发展的同时，尽力推动社会公平正义的实现，才能不断团结带领人民群众为共产主义理想接续奋斗。"坚持在发展中保障和改善民生。增进民生福祉是发展的根本目的。必须多谋民生之利、多解民生之忧，在发展中补齐民生短板、促进社会公平正义……不断促进人的全面发展、全体人民共同富裕。"①

第二，坚持把以人民为中心作为推进公平正义理论创新和实践进步的根本立场。

马克思主义认为，"平等是正义的表现，是完善的政治制度或社会制度的原则"②。公平正义是社会主义的本质要求，是中国特色社会主义本质的鲜明体现。马克思恩格斯还指出，"历史活动是群众的活动"③，"人们总是通过每一个人追求他自己的、自觉预期的目的来创造他们的历史"④。人民群众才是历史的主人，是推进社会主义公平正义事业的主体。毛泽东指出，共产党员"每时每刻地总是警戒着不要脱离群众，他们不论遇着何事，总是以群众的利益为考虑问题的出发点"⑤。《中共中央关于党的百年奋斗重大成就和历史经验的决

---

① 习近平：《决胜全面建成小康社会 夺取新时代中国特色社会主义伟大胜利》，第23页。
② 《马克思恩格斯全集》第26卷，人民出版社2014年版，第357页。
③ 《马克思恩格斯文集》第1卷，人民出版社2009年版，第793页。
④ 《马克思恩格斯选集》第4卷，第254页。
⑤ 《毛泽东文集》第3卷，人民出版社1996年版，第47页。

议》在总结中国共产党百年奋斗的历史经验时强调:"党的根基在人民、血脉在人民、力量在人民,人民是党执政兴国的最大底气。民心是最大的政治,正义是最强的力量。"① 中国特色社会主义的伟大成就表明,中国共产党只有毫不动摇地坚持社会主义的根本方向,才能始终代表广大人民群众的根本利益,才能领导社会主义事业不断取得成功。也只有始终坚持以人民为中心,坚持把人民幸福作为奋斗目标,才能赢得人民群众的广泛支持,获得无穷的力量,将公平正义事业不断推向前进,彰显社会主义的制度优势。当前,人民的幸福生活都是最真实、最急切的公平正义,全面建成社会主义现代化强国就是最广泛、最宏大的公平正义。为此,"全党必须永远保持同人民群众的血肉联系……维护社会公平正义,着力解决发展不平衡不充分问题和人民群众急难愁盼问题……团结带领全国各族人民不断为美好生活而奋斗"②。

第三,坚持把公平正义的理论创新作为推进公平正义实践进步的先导。

"坚持把马克思主义写在自己的旗帜上,不断推进马克思主义中国化时代化,用博大胸怀吸收人类创造的一切优秀文明成果,用马克思主义中国化的科学理论引领伟大实践。"③ 这是一百年来中国共产党团结带领人民群众取得百年辉煌成就的根本秘诀。立足国情实际的科学理论是开展正确行动的先导,以社会主义本质理论、"共享"发展理念等为代表的公平正义创新理论,为推进社会主义公平正义事业的发展,扫除了思想障碍,凝聚了人心力量,其重要性不言而喻。如社会主义本质理论既强调发展生产力的重要性,又明确共同富裕的目标,清除了姓"资"姓"社"争论造成的思想困扰,成为人民共同

---

① 《中国共产党第十九届中央委员会第六次全体会议文件汇编》,第 95 页。
② 《中国共产党第十九届中央委员会第六次全体会议文件汇编》,第 104 页。
③ 《中国共产党第十九届中央委员会第六次全体会议文件汇编》,第 92 页。

的理想信念,起到了凝聚人心的重要作用。党的十八大以来,社会主义公平正义事业取得重大成就,与公平正义理论创新有着密不可分的关系。"在理论与实践相统一的逻辑进程和总体性进程中推进公平正义理论和实践的守正和创新,既要理论的引领,也要实践的探索,二者相辅相成,相互促进,致力于提高整个社会的公平正义理论光辉、实践价值、历史价值。"① 在全面建成社会主义现代化强国的新征程中,推进马克思主义公平正义理论和实践创新的同时要特别注意两个方面的因素,一是要立足于一定社会发展的生产力水平和客观经济条件,二是要注意区分不同思想认识、不同社会阶层人群的差异性,在此基础上因地制宜地设计方案,不断稳步推进,"我们讲促进社会公平正义,就是要从最广大人民根本利益出发,多从社会发展水平、从社会大局、从全体人民的角度看待和处理这个问题"②。

---

① 冯颜利:《新中国 70 年:公平正义的理论与实践》,《北京大学学报》(哲学社会科学版)2020 年第 2 期。
② 《习近平谈治国理政》,第 96 页。

完整、准确地理解《资本论》的"资本观"*

聂锦芳（北京大学哲学系）

习近平总书记 2022 年 4 月 30 日在主持中央政治局集体学习时指出，"要历史地、发展地、辩证地认识和把握我国社会存在的各类资本及其作用"，强调既要明确"在社会主义市场经济体制下，资本是带动各类生产要素集聚配置的重要纽带，是促进社会生产力发展的重要力量，要发挥资本促进社会生产力发展的积极作用。同时，也必须认识到，资本具有逐利本性，如不加以规范和约束，就会给经济社会发展带来不可估量的危害"。① 习近平总书记的上述论断既是对改革开放以来我国在社会主义现代化实践基础上所获得的对资本及其功能和作用新认识的概括和总结，也是对经典马克思主义完整、系统的资本理论的继承和发展。

—

经典马克思主义的资本理论主要是在《资本论》中阐发和论证

---

* 本文以《完整准确地理解经典马克思主义的资本理论》为题发表于《光明日报》2022 年 7 月 25 日第 15 版，有改动。

① 新华社：《习近平在中共中央政治局第三十八次集体学习时强调，依法规范和引导我国资本健康发展，发挥资本作为重要生产要素的积极作用》，《人民日报》2022 年 5 月 1 日第 1 版。

的。《资本论》是一个复杂的文本群，它是马克思从 19 世纪 40 年代直至他去世 40 余年观察资本主义社会、剖析资本运行的机制和逻辑、探索人类超越资本困境和获得最终解放的途径的记录和结晶。综观这些文献中所呈现的马克思对待资本的态度，首先必须指出，他是资本、资本社会最尖锐、最深刻的批判者。这一视角和维度的思考和论述主要体现在以下三个方面。

其一，资本通过"暴力"和"罪恶"完成了原始积累。马克思对此做了最本质的揭示，指出"资本来到世间，从头到脚，每个毛孔都滴着血和肮脏的东西"①。《资本论》为我们描绘了资本原始积累的残酷性。在欧洲，约从 15 世纪最后 30 多年到 18 世纪末，资产阶级"用最残酷无情的野蛮手段，在最下流、最龌龊、最卑鄙和最可恶的贪欲的驱使下"②，剥夺农民土地、实行殖民扩张，所犯下的累累罪行，真是"罄竹难书"。诚如马克思所说，"标志着资本主义生产时代的曙光"的不过是"美洲金银产地的发现，土著居民的被剿灭、被奴役和被埋葬于矿井，对东印度开始进行的征服和掠夺，非洲变成商业性地猎获黑人的场所"③，等等。

其二，资本借助"雇佣劳动制度"追逐着无限的利润。完成了原始积累的资本家也造成了社会经济结构中"劳动者和劳动条件的分离"，即"在一极使社会的生产资料和生活资料转化为资本，在另一极使人民群众转化为雇佣工人"④。由于失去了任何的生产资料和生活资料，工人为了生存，只能出卖自己的劳动力。这样，资本家就迫使无产者把劳动力作为商品出卖给自己，而付给工人的工资只相当于其劳动力的价值，那么工人创造的、超出劳动力价值的那部分价值即剩余价值部

---

① 《马克思恩格斯文集》第 5 卷，人民出版社 2009 年版，第 871 页。
② 《马克思恩格斯文集》第 5 卷，第 873 页。
③ 《马克思恩格斯文集》第 5 卷，第 860—861 页。
④ 《马克思恩格斯文集》第 5 卷，第 870 页。

分就被资本家无偿占有了。在这一制度下,"工人仅仅为增殖资本而活着,只有在统治阶级的利益需要他活着的时候才能活着"①。工人创造的价值越多,自己的价值就越低;创造的财富越多,自己就相对地越贫穷。可以说,雇佣劳动是资本主义生产方式赖以存在的基础,"没有雇佣劳动,就没有资本,就没有资产阶级,就没有资产阶级社会"②。

其三,资本会引发普遍性的社会性危机。生产的社会化与生产资料私人占有制之间的矛盾在资本主义生产、消费和阶级关系上体现出来,诸如个别企业生产的有组织性与整个社会生产的无政府状态、生产无限扩大的趋势与普通大众购买力相对缩小、资产阶级与无产阶级之间形成尖锐的矛盾。这些矛盾首先导致资本社会发展中周期性的经济混乱,即经济危机,而经济领域的危机最终会扩展至"国家制度、社会结构、政治、意识形态等资本主义关系的各个方面"。苏联将此称为"资本主义总危机"现象,认为这"是整个世界资本主义体系的全面的危机,其特征是战争和革命,是垂死的资本主义和成长的社会主义之间的斗争。……这种危机的基础,一方面是资本主义世界经济体系的瓦解日益加剧,另一方面是已脱离资本主义的各国的经济实力日益增长"③。

以上述"资本观"来看《资本论》,我们关注到的是,它作为"工人阶级的圣经"对国际共产主义运动和革命的指导作用;它将辩证法、认识论、逻辑学融为一体而形成的"《资本论》的逻辑";它对生产力与生产关系、经济基础与上层建筑及其辩证关系的原理的论证;它对矛盾分析方法、阶级分析方法和"逻辑与历史相统一"等辩证方法的运用;等等。

---

① 《马克思恩格斯选集》第1卷,人民出版社2012年版,第415页。
② 《马克思恩格斯文集》第2卷,第88页。
③ 苏联科学院经济研究所编:《政治经济学教科书》,中共中央马克思恩格斯列宁斯大林著作编译局译,人民出版社1955年版,第283页。

二

然而，马克思是一个辩证论者，《资本论》更是辩证法的"杰作"。如果回到《资本论》及其手稿，我们会发现，马克思在揭示资本及其制度罪恶的同时，并没有否认它对人类历史和社会发展的积极作用。相反，他也非常看重"资本的伟大的历史方面"①、"资本的伟大的文明作用"② 和"资本的文明面"③。在他看来，这是资本本质及其功能另一方面的体现。

其一，资本改变了关于"空间—时间"的传统观念，真正带来"世界观"的巨大变化。资本打破国家、民族的界域，"创造了这样一个社会阶段，与这个社会阶段相比，一切以前的社会阶段都只表现为人类的地方性发展和对自然的崇拜"。而资本"克服流传下来的、在一定界限内闭关自守地满足于现有需要和重复旧生活方式的状况，又要克服民族界限和民族偏见"④。这样，"资产阶级，由于开拓了世界市场，使一切国家的生产和消费都成为世界性的了"。"过去那种地方的和民族的自给自足和闭关自守状态，被各民族的各方面的互相往来和各方面的互相依赖所代替了。物质的生产是如此，精神的生产也是如此。各民族的精神产品成了公共的财产。民族的片面性和局限性日益成为不可能，于是由许多种民族的和地方的文学形成了一种世界的文学。"这导致资产阶级"把一切民族甚至最野蛮的民族都卷到文明中来了……摧毁一切万里长城、征服野蛮人最顽强的仇外心理"⑤。

---

① 《马克思恩格斯全集》第 30 卷，人民出版社 1995 年版，第 286 页。
② 《马克思恩格斯全集》第 30 卷，第 390 页。
③ 《马克思恩格斯文集》第 7 卷，人民出版社 2009 年版，第 927 页。
④ 《马克思恩格斯全集》第 30 卷，第 390 页。
⑤ 《马克思恩格斯选集》第 1 卷，第 404 页。

与此相应，人们对"时间"的理解和感受也发生了变迁。"生产的不断变革，一切社会状况不停的动荡，永远的不安定和变动……一切固定的僵化的关系以及与之相适应的素被尊崇的观念和见解都被消除了，一切新形成的关系等不到固定下来就陈旧了。一切等级的和固定的东西都烟消云散了，一切神圣的东西都被亵渎了。"这种情况下"除非对生产工具，从而对生产关系，从而对全部社会关系不断地进行革命，否则就不能生存下去"①。

其二，资本使社会成员实现了对自然界和社会关系的"普遍占有"，创造了无与伦比的生产力。"以资本为基础的生产，一方面创造出普遍的产业劳动，即剩余劳动，创造价值的劳动，那么，另一方面也创造出一个普遍利用自然属性和人的属性的体系，创造出一个普遍有用性的体系，甚至科学也同一切物质的和精神的属性一样，表现为这个普遍有用性体系的体现者，而在这个社会生产和交换的范围之外，再也没有什么东西表现为自在的更高的东西，表现为自为的合理的东西。因此，只有资本才创造出资产阶级社会，并创造出社会成员对自然界和社会联系本身的普遍占有。……资本破坏这一切并使之不断革命化，摧毁一切阻碍发展生产力、扩大需要、使生产多样化、利用和交换自然力量和精神力量的限制。""只有在资本主义制度下自然界才真正是人的对象，真正是有用物；它不再被认为是自为的力量；而对自然界的独立规律的理论认识本身不过表现为狡猾，其目的是使自然界（不管是作为消费品，还是作为生产资料）服从于人的需要。"② 这样，"资产阶级在它的不到一百年的阶级统治中所创造的生产力，比过去一切世代创造的全部生产力还要多，还要大"。马克思不禁感慨地说："过去哪一个世纪料想到在社会劳动里蕴藏有这样的生产力呢？"③

---

① 《马克思恩格斯选集》第1卷，第403页。
② 《马克思恩格斯全集》第30卷，第390页。
③ 《马克思恩格斯选集》第1卷，第405页。

其三,"资产阶级社会本身孕育着的新社会因素"①,为人类走出资本困境,向更高形态的文明社会迈进创造了条件。"资本的伟大的历史方面就是创造这种剩余劳动"②,它"榨取这种剩余劳动的方式和条件,同以前的奴隶制、农奴制等形式相比,都更有利于生产力的发展,有利于社会关系的发展,有利于更高级的新形态的各种要素的创造"③。一方面,从单纯生存的观点来看,剩余劳动成为普遍需要;另一方面,"普遍的勤劳,由于资本的无止境的致富欲望及其唯一能实现这种欲望的条件不断地驱使劳动生产力向前发展,而达到这样的程度,以致一方面整个社会只需用较少的劳动时间就能占有并保持普遍财富,另一方面劳动的社会将科学地对待自己的不断发展的再生产过程,对待自己的越来越丰富的再生产过程,从而,人不再从事那种可以让物来替人从事的劳动","到了那样的时候,资本的历史使命就完成了"④,"它本身已经创造出了新的经济制度的要素,它同时给社会劳动生产力和一切生产者个人的全面发展以极大的推动",而过渡到"在保证社会劳动生产力极高度发展的同时又保证每个生产者个人最全面的发展的这样一种经济形态"⑤,最终完成了对资本的彻底超越。

请原谅这里如此密集地大段征引马克思的原话。这些隐藏在马克思手稿之中、表达得较为凝练甚至有点晦涩的看法及其论证,与《资本论》"通行本"中的表述统合起来,才是马克思对资本问题的完整理解。

以上述"资本观"来观照《资本论》,我们就会"发现"马克思

---

① 《马克思恩格斯选集》第3卷,第103页。
② 《马克思恩格斯全集》第30卷,第286页。
③ 《马克思恩格斯文集》第7卷,第927—928页。
④ 《马克思恩格斯文集》第8卷,人民出版社2009年版,第69页。
⑤ 《马克思恩格斯选集》第3卷,第730页。

曾经论述过但以往被我们"忽略"和"遮蔽"掉的如下内容：资本本性的二重性、劳动与资本关系的调整和变化、"资本的逻辑"的展开及其双重社会效应、对国家与市场关系和"虚拟资本"的新思考、"社会有机体"结构学说和以"人的全面发展"为尺度的"三形态"社会发展理论，等等。

三

全面、完整地理解和把握《资本论》的"资本观"，无论对于当代马克思主义理论研究还是中国特色社会主义实践的发展都具有重要意义。

在过去，受限于特定的时代背景、社会境遇和学术资源，我们对《资本论》及其思想的理解和阐释较为简单，出现过寻章摘句、断章取义的情况，特别是《资本论》第1卷最后两章《所谓原始积累》《现代殖民理论》的结论给人的印象太过深刻了，导致我们对待资本的态度比较单一。此外，在改革开放之前特殊的境遇下，人们只是站在资本之外看待资本，进而谴责资本。受这种观念的影响，人们阅读《资本论》时，只关注它对资本罪恶的揭露，而根本无视资本所具有的"伟大的文明面"，进而认为必须彻底批判和否定资本，推翻资本主义制度，另起炉灶，重新建立一个全新的共产主义社会。这样所把握的《资本论》的思想和意旨一定程度上是片面的、简单化的

经过改革开放40多年的实践，资本以多种方式、多个层面介入社会生活，促进了中国有史以来最巨大的变革和最快速的发展。当然，与此同时，也出现了和面临着数不清的问题、矛盾和困难。只有身处这样的时代，我们才能对资本本身产生新的认识，切实体会到它的作用、功能和效应，也才能深入理解《资本论》思想的复杂性和丰富性，进而在实践中利用资本、节制资本，使其真正有利于社会的进

步和发展。诚如习近平总书记所说:"资本是社会主义市场经济的重要生产要素,在社会主义市场经济条件下规范和引导资本发展,既是一个重大经济问题、也是一个重大政治问题,既是一个重大实践问题、也是一个重大理论问题。"①

---

① 《人民日报》2022年5月1日第1版。

通过"中国化"创新"马克思哲学"研究的"中国马克思主义哲学"范式*

曹典顺　范　云（江苏师范大学哲学范式研究院）

回顾马克思主义中国化的发展历程，尤其是改革开放以来马克思主义哲学中国化的发展历史，可以欣喜地看到，作为马克思主义哲学中国化理论成果的"中国马克思主义哲学"，已经具有了"哲学范式"的意蕴。我认为应该就"中国马克思主义哲学"范式问题进行一次哲学基础理论意义上的追溯。基于这种考量，本文试图反思作为哲学范式的"中国马克思主义哲学"。

一　将"中国马克思主义哲学"理解为实践意蕴上的"中国化"思想创新

"马克思哲学"诞生之后，就一直遇到来自正反两个方面的困扰，反的方面认为"马克思哲学"不具有合理性，正的方面则是将"马克思哲学"视为不可撼动的"教条"。相对于反的方面而言，正的方面的"教条化"理解，危害性更为巨大，也就是说，如果不能突破"马克思

---

* 本文发表于《兰州大学学报》（社会科学版）2022年第4期，系国家社会科学基金重大项目"改革开放以来中国特色社会主义的发展逻辑研究"（17ZDA003）阶段性成果。

哲学"可以"内容创新"的理论束缚,"马克思主义哲学中国化"就只能是一个伪命题,即必须反思性地将"马克思主义哲学中国化"理解为"思想意蕴"上的"马克思哲学"的"中国话语"①。之所以有人将"马克思哲学"理解为不能够进行"内容创新"的"教条",是因为这种观点认为,"马克思哲学"是真理,而真理是不能够创新的。的确,"马克思哲学"是真理,是不能被篡改或不能被异化的,但这并不意味着"马克思哲学"不能够丰富其理论内容。就"马克思哲学"是"真理"而言,"马克思哲学"虽然是"产生于西方'语境'的学问"②,但它不仅强调建构在一定社会现实基础之上的实践,而且揭示了整个人类社会发展的普遍规律,所以,被人们视为"真理"。就人们对"马克思哲学"的"教条化"理解而言,存在两方面的误解。其一,人们混淆了"教义"与"真理"的区别,将"马克思哲学"理解为"教义"。正如恩格斯所言,"马克思的整个世界观不是教义,而是方法"③。"马克思哲学"不同于宗教的"教义",它不是由人所规定的、不可撼动的教条,而是对现实世界及其规律的正确认识,是经得起实践考验,并且能够根据具体条件的变化而发展自身的"真理"。因此,将"马克思哲学"理解为教条的做法,从本质上来说,就是对"马克思哲学"的误解。其二,人们混淆了"绝对真理"与"相对真理",将"马克思哲学"仅理解为"绝对真理"。"马克思哲学"是"绝对真理"与"相对真理"的统一,一方面,"马克思哲学"揭示了自然、社会和人的思维发展的普遍规律,是经得起实践检验的;另一方面,"马克思哲学"是在不断发展变化的"相对真理",即"马克思哲学"基本原理的运用应当随时随地都要以当时的历史条件为转移。仅将"马克思哲学"

---

① 汪信砚:《马克思主义哲学中国化——理论与方法》,人民出版社2021年版,第127页。
② 陶德麟:《陶德麟自选集》,学习出版社2012年版,第423页。
③ 《马克思恩格斯文集》第10卷,人民出版社2009年版,第691页。

理解为是唯一的、确定的、不可改变的，是对"马克思哲学"的误解。因此，"马克思哲学"的研究者们应当澄清这两种误解，从而对"马克思哲学"进行建立在社会实践基础之上的"内容创新"。

"马克思哲学"的研究内容并不能穷尽所有的"社会实践"，也就是说，只要社会实践还在不断丰富和发展，那么，"马克思哲学"就应该和必须实现"内容创新"，因为，只有如此，才能够履行哲学应该反映时代精神精华的使命。当然，"马克思哲学"能否实现"内容创新"的关键在于人们对实践地位的认识，即实践应当被置于"马克思哲学""内容创新"的核心位置。这里所指的实践并不是黑格尔式的纯粹精神性的实践，而是基于人类现实社会的物质性生产实践。因为，马克思强调的并不是认识意蕴上的解释世界，而是实践意蕴上的改造世界，马克思所创设的"马克思哲学"也是一种要求"对现存状态进行变革"①的哲学理论，这种哲学理论内在地要求共产主义者们"实际地反对并改变现存的事物"，"使现存世界革命化"②。事实上，马克思本人十分排斥"意识形态家们"的文字游戏。所谓"意识形态家们"的文字游戏，指的是"意识形态家们"往往将提出的思想和概念说成历史上发展着的"概念的自我规定"③，把一切客观存在的物质性因素剥离出人类社会历史的发展进程。在这种情况下，人类社会历史的发展就成为"意识形态家们"所创造的历史，"任凭自己的思辨之马自由奔驰"。这种将客观存在的物质世界，肆意改造成为抽象的、碎片化的精神世界的做法是十分荒谬的，"真正的理论创新总是源自一定时代社会实践的需要"④。

---

① 林彩燕：《"中国梦思想逻辑"与"人自由全面发展"》，《江苏师范大学学报》（哲学社会科学版）2020年第1期。
② 《马克思恩格斯文集》第1卷，人民出版社2009年版，第527页。
③ 《马克思恩格斯文集》第1卷，第554页。
④ 汪信砚：《马克思主义哲学中国化：传统与创新》，北京师范大学出版社2017年版，第153页。

这种社会实践所需要的"理论创新",实质上就是马克思哲学履行其反映时代精神精华的哲学使命所需要实现的"内容创新"。中国特色社会主义现代化建设的伟大实践为马克思哲学的"内容创新"提供了丰富的思想资源,当代中国的马克思主义哲学研究只有与中国的具体实际相结合,从改革开放的实践经验中挖掘能够促进"马克思哲学""内容创新"的资源,才能真正实现"马克思哲学"在实践意蕴上的"内容创新"。

中国马克思主义哲学研究者在总结改革开放前三十年的中国道路探索经验的基础上提出,"中国马克思主义哲学"应该从社会实践意义上进行"马克思主义哲学中国化"的研究与实践,其目的就是从丰富的中国道路实践中概括和提炼出"马克思哲学"的创新内容。从思想本质上理解,它依然属于"马克思哲学"的成果范畴,也就是说,它既不违背"马克思哲学"的基本思想,又能够以"马克思哲学"的形式进入此前"马克思哲学"没有介入过的思想领地。"中国马克思主义哲学"是在"马克思哲学"的研究基础上实现的理论创新,是"马克思主义哲学与中国具体实践相结合的哲学理论"[①],"伴随中国实践而不断丰富的时代精神的精华"[②]。这种理论创新实质上是基于中国道路建设发展实现的"马克思哲学"研究意蕴上的"内容创新",也是实践意蕴上的"马克思主义哲学中国化"的"思想创新"。通过"中国化"创新"马克思哲学"的"中国马克思主义哲学"既不是对"马克思哲学"的理论改造,也不是对"马克思哲学"进行碎片化使用的主观任意,而是在尊重"马克思哲学"基本思想的基础上,实现的"马克思哲学"的"内容创新",是"马克思哲学"思想的丰富和发展。如果不把"中

[①] 曹典顺:《基于中国道路的中国马克思主义哲学生成逻辑》,《理论探讨》2021年第3期。

[②] 曹典顺:《基于中国道路的中国马克思主义哲学生成逻辑》,《理论探讨》2021年第3期。

国马克思主义哲学"理解为实践意蕴上的"马克思主义哲学中国化"的"思想创新",就很容易产生对"中国马克思主义哲学"与"马克思主义哲学中国化"的种种误解,如错误地认为"'马克思主义哲学中国化'是一个虚假的命题"①,"中国马克思主义哲学是马克思哲学的'异端'","中国马克思主义哲学只是'正统的'马克思主义哲学的'复制品'"②,等等。就"中国马克思主义哲学"实现"内容创新"的实践基础而言,改革开放以来的中国道路建设为"马克思哲学"的"内容创新"提供了丰富的理论创新资源,是中国道路建设不可或缺的中国智慧与中国方案。

二 将"马克思哲学"的理论"植入"当下中国的"现实生活世界"之中

伴随着"马克思主义哲学中国化"实践进程的不断深入,创新出能够科学指导中国道路的哲学理论,就显得越来越重要,也就是说,只有"自觉"地将"马克思哲学"的理论"植入"当下中国社会的"现实生活世界"之中,才有可能创设出反映"马克思主义哲学中国化"实践成果的哲学理论——"中国马克思主义哲学",即才能够"按照中国的特点去应用马克思主义哲学,使马克思主义哲学在中国具体化"③。从"马克思主义哲学中国化"研究的进程来看,自20世纪80年代起的中国马克思主义哲学研究就呈现出范式创新且多样化创新的特点,因为,单一的研究范式无法满足中国社会建设发展的需

---

① 汪信砚:《马克思主义哲学中国化:传统与创新》,第119页。
② 汪信砚:《马克思主义哲学中国化与中国马克思主义哲学的中国特性——对西方学者关于中国马克思主义哲学的两种谬见的回应》,《马克思主义研究》2018年第12期。
③ 汪信砚:《马克思主义哲学中国化——理论与方法》,第17页。

要，也不符合"马克思哲学"与时俱进的理论本性，这就是说，为了适应社会发展的需要，"马克思哲学"的研究就必须进行范式上的创新，否则就会束缚社会发展的前进步伐。如传统教科书范式虽然在中国社会建设早期发挥了重要作用，但其自身存在诸多问题，如误把"现象"作为"现实"、讲坛哲学与论坛哲学分离、神话中国传统哲学、膜拜西方哲学等①，这些问题的存在严重阻碍了中国现代化的发展，所以，必须突破传统教科书范式，进行"马克思哲学"研究的范式创新。随着越来越多的中国马克思主义哲学研究者关注并重视这一问题，"马克思哲学"研究的范式创新开始呈现出"多元范式"②的趋势。这种趋势"使中国马克思主义哲学研究呈现出空前繁荣的局面"③。然而，这种发展趋势也潜藏着危机，即"面临着因失去共同的理论原则而有可能分崩离析或蜕变为一般哲学研究的危险"④。因此，当代中国马克思主义哲学研究既应该进行范式创新，又应该在坚持"马克思哲学"普遍原理的基础上，创设"中国马克思主义哲学"范式，以防范和应对上述危机，保证当代中国马克思主义哲学研究能够完成其所肩负的理论使命。

"中国马克思主义哲学"之所以被认为是在"马克思主义哲学中国化"践行中所实现的范式创新，是因为"中国马克思主义哲学"是在与"马克思哲学""中国传统哲学"，以及与"西方哲学"对话之中创设的马克思哲学研究的新范式，是马克思主义哲学与中国传统文化的结合。"中国马克思主义哲学"不仅应该成为"中国的西方哲

---

① 曹典顺：《语境与逻辑：当代中国马克思主义哲学教科书范式嬗变》，《马克思主义与现实》2012年第2期。
② 曹典顺：《建构当代中国马克思主义哲学研究的"范式"与"学派"》，《哲学研究》2012年第3期。
③ 汪信砚：《马克思主义哲学中国化——理论与方法》，第172页。
④ 汪信砚：《马克思主义哲学中国化——理论与方法》，第172页。

学研究和中国传统哲学研究"的重要领域，还应该成为这两者的研究范式①。也就是说，哲学研究者们需要将马克思主义哲学、西方哲学和中国传统哲学放置在一个统一的视阈内，对"马克思主义哲学中国化"进行研究。一方面，从"中国马克思主义哲学"肩负的使命来看，"中国马克思主义哲学是对中国问题思考而形成的、关于中国问题的具体哲学，肩负着探索'中国向何处去'的使命"②。"中国马克思主义哲学"需要思考如何解决中国道路建设过程中所面临的实际问题，这些实际问题的解决离不开对中国具体实际的考量。所谓中国的具体实际，"既包括中国的现实实际，也包括中国的历史实际，即中国的文化传统"③。这就是说，中国的传统文化是中国的马克思主义哲学研究者们，在"马克思主义哲学中国化"践行过程中需要重视的思想资源。另一方面，从马克思本人的学术追求来看，虽然，马克思批判旧哲学只是用不同的方式解释世界，忽视了哲学更为重要的改变世界的使命。但这并不意味着，马克思本人否定认识世界和解释世界的重要性，马克思并没有全盘否定传统西方哲学。他所创设的"马克思哲学"，吸收了费尔巴哈哲学的"基本内核"与黑格尔哲学的"合理内核"，在批判德国古典哲学的基础上实现了对传统西方哲学的超越。按此逻辑理解，"中国马克思主义哲学"的创新性发展也不应该忽视西方哲学。特别是改革开放加快了中国现代化的前进步伐，随着西方思潮的大量涌入，中国社会呈现出更加开放、更加包容的发展样态。中国的马克思主义哲学研究者们更应当正视西方哲学，在"马克思主义哲学中国化"的践行中汲取西方哲学的思想资源，更好地发展"中国马克思主义哲学"。

---

① 汪信砚：《马克思主义哲学中国化——理论与方法》，第59页。
② 王立胜：《论中国马克思主义哲学的使命》，《马克思主义哲学》2021年第1期。
③ 汪信砚：《马克思主义哲学中国化——理论与方法》，第86页。

通过"中国化"创新"马克思哲学"研究的"中国马克思主义哲学"范式

"中国马克思主义哲学"是"马克思主义哲学中国化"的哲学表达，也可称为哲学范式表达。就哲学范式的意义理解，"中国马克思主义哲学"实现了三个方面的创新。其一，"中国马克思主义哲学"实现了"马克思主义哲学中国化"的思维方式创新。在"马克思主义哲学中国化"研究问题上，存在一种思维方式上的误区，即有学者认为，可以用"马克思主义哲学在中国"的命题取代"马克思主义哲学中国化"的命题。① 这一思维误区始终否认了"马克思哲学"在中国本土化的可能性。"中国马克思主义哲学"所实现的"马克思主义哲学中国化"的思维方式创新，首先是对这一思维误区的纠正。这就是说，"中国马克思主义哲学"范式下所理解的"马克思主义哲学中国化"不仅是指"马克思哲学"在中国的传播，更是"马克思哲学"与中国具体实际的结合。其二，"中国马克思主义哲学"实现了"马克思主义哲学中国化"的研究路径创新。"中国马克思主义哲学"所实现的"马克思主义哲学中国化"的研究路径创新，主要表现为对传统教科书范式与教科书改革范式的研究路径的突破。这就是说，"中国马克思主义哲学"不是以"教科书模式作为最基本的哲学理论框架和解释原则"②，在教科书体系下进行的规范的"马克思哲学"研究，应当突破这一束缚，实现"马克思哲学"研究的创新发展。其三，"中国马克思主义哲学"拓宽了"马克思哲学"的研究问题和研究领域，是对"马克思哲学"理论的"中国解读"。正如黑格尔所言，"一个民族除非用自己的语言来习知那最优秀的东西，那么这东西就不会真正成为它的财富"③。中国的马克思主义者们如果想要更好地运用"马克思哲学"来指导中国建设，就应该将"马克思哲学"

---

① 汪信砚：《"马克思主义哲学中国化"辨误》，《哲学研究》2008年第10期。
② 孙正聿：《崇高的位置——世纪之交的哲学理性》，吉林人民出版社1997年版，第274页。
③ 《黑格尔通信百封》，苗力田译编，中国人民大学出版社2015年版，第199页。

中国化，即拓宽"马克思哲学"的研究问题和研究领域，创新发展"马克思哲学"，使"马克思哲学"成为中国的哲学理论。

"中国马克思主义哲学"是试图通过整合与统一"马克思哲学"研究的不同思路，消弭"马克思哲学"研究中存在的学术分歧，来实现对"马克思哲学"研究范式的创新。① 这一"范式研究"的推进，不仅凝聚了"马克思哲学"研究的学术力量，而且推动了"马克思哲学"研究的发展，也就是说，"中国马克思主义哲学"真正实现了"马克思哲学"研究意义上的"范式创新"。这种"马克思哲学"研究意义上的"范式创新"，可以从中国的"马克思哲学"研究进程中探寻其重要性与必要性。中国马克思主义哲学研究者们在长期的研究过程中，运用不同的研究方法，通过多样化的研究视角和不同的研究思路，创造出丰硕的研究成果。但是，由于缺乏"中国马克思主义哲学"作为"马克思哲学"的研究范式，"马克思哲学"研究中产生的学术分歧往往很难消解，这在一定程度上放缓了"马克思哲学"的研究进程。因此，只有使"中国马克思主义哲学"成为"马克思哲学"研究者们自觉践行的"马克思哲学"的研究范式，才能够有效解决"马克思哲学"研究所存在的这一困境。因为，"中国马克思主义哲学"作为一个学术存在，可以被"概括为多种研究范式，如经济哲学研究范式、政治哲学研究范式、文化哲学研究范式和社会哲学研究范式等"②。即"马克思哲学"的研究仍可以通过多样化的研究思路与研究方法来进行，只是这些研究被纳入"中国马克思主义哲学"这一规定了"研究领域的合理问题和方法"③ 的范式之中。也就是说，中

---

① 汪信砚：《马克思主义哲学中国化——理论与方法》，第 340 页。
② 曹典顺：《基于中国道路的中国马克思主义哲学生成逻辑》，《理论探讨》2021 年第 3 期。
③ ［美］托马斯·库恩：《科学革命的结构》，金吾伦、胡新和译，北京大学出版社 2012 年版，第 8 页。

国的"马克思哲学"研究者将"中国马克思主义哲学"自觉认同为"马克思哲学"研究所实现的范式创新，是对"中国马克思主义哲学"研究的学术资源与学术力量的整合与凝聚。"中国马克思主义哲学"实现了"马克思主义哲学与中国的时代主题和优秀文化的历史性发展"，"把中国问题的历史本质与现实的理论逻辑统一起来，形成中国的马克思主义哲学"①，推进了"马克思哲学"研究的良性发展。

三 用"中国马克思主义哲学"完成了"马克思哲学"的理论创新

从"马克思哲学"世界观的发展历程来看，"马克思哲学"实现了对传统唯心主义世界观的超越，创造性地提出了唯物史观理论，但需要指出的是，唯物史观只是对整个人类社会历史发展进程做出了一般规律意义上的世界观概括，而对于具体意蕴上的中国社会的发展和建设问题，马克思的唯物史观理论并没有论及，这就是说，为了能够科学地、正确地指导现实意蕴上的中国道路建设，"马克思哲学"的研究就应该进行世界观意义上的"理论创新"，即"马克思主义哲学中国化研究的根本目的是要探明马克思主义哲学中国化的规律，以便为马克思主义哲学中国化的未来发展提供理论范导"②。"中国马克思主义哲学"要实现"马克思哲学"在世界观意义上的"理论创新"，并不是要否定"马克思哲学"的世界观理论，而是在肯定"马克思哲学"的世界观理论基础上所实现的创新发展，因此，"中国马克思主义哲学"的世界观理论，从本质上来说，仍属于"马克思哲学"的世界观理论，是具有中

---

① 李俊文：《中国马克思主义哲学的发展进程与思考》，《学习与探索》2020年第11期。

② 汪信砚：《在微观层次上深入开展马克思主义哲学中国化研究》，《武汉大学学报》（人文科学版）2006年第3期。

国特色的"马克思哲学"的世界观理论。从这个意义上理解,"中国马克思主义哲学"所要实现的世界观意义上的"理论创新"既是必要的,也是必然的。"马克思哲学"的世界观理论要想指导中国道路的建设实践,就需要符合具体意蕴上的中国社会建设的发展规律,使得"人民都自觉地运用马克思主义哲学的世界观和方法论观察和分析问题"①。由于"马克思哲学"的创立和发展的原初语境与当代中国社会现实存在很大的差别,所以,"马克思哲学"的世界观理论只有进行"理论创新",才能够实现与中国道路建设实践密切联系,从而真正指导中国道路发展。

"中国马克思主义哲学"既是客观存在的"马克思主义哲学中国化"研究的理论概括,也是中国道路的哲学表达,这就是说,"中国马克思主义哲学"在"马克思哲学"的基础上,回答了中国应该走什么道路和怎样建设中国社会的哲学问题,即它属于创新的"马克思哲学"的世界观问题。之所以认为"中国马克思主义哲学"是创新的"马克思哲学"的世界观问题,是因为"中国马克思主义哲学"通过"运用马克思主义哲学考察和分析中国的当前现实,从中提升出具有时代性和普遍性的哲学问题……指导中国的当前实践"②。这种对中国当前社会实践的指导存在两方面不可忽视的前提。一方面,"中国马克思主义哲学"对中国现实社会的实践指导,应当建立在运用"马克思哲学"的基础上,对中国当前现实进行考察和分析,即运用正确的世界观去考察中国当前现实。上文提及,"中国马克思主义哲学"并不是违背"马克思哲学"思想原则的"另起炉灶",而是在尊重"马克思哲学"的基本原理、基本方法等基础上的创新发展。也就是说,"中国马克思主义哲学"虽然在世界观意义上与马克思所创立的"马

---

① 汪信砚:《马克思主义哲学中国化——理论与方法》,第333页。
② 汪信砚:《马克思主义哲学中国化与当代中国哲学建设》,《马克思主义研究》2009年第8期。

克思哲学"有所不同，但并未违背"马克思哲学"思想原则，是基于"马克思哲学"与时俱进的理论品格所实现的创新发展。另一方面，本文所指的世界观，并不是通常意义上人们运用什么样的眼光去看待和分析事物的世界观，而是指"以哲学社会科学所形成的关于整体世界的思想为对象"①的一种世界观理论指导。这种世界观理论，是在"马克思哲学"对中国当前现实的考察与分析的基础上形成的，肩负着"指导中国的当前实践"的重任，它需要通过对"中国的当前现实"的考察与分析，探索出符合中国实际情况的指导方案。也就是说，"中国马克思主义哲学"对中国社会建设的指导，在一定意义上属于一种基于中国现实和中国实践的世界观理论指导。

"中国马克思主义哲学"对"马克思哲学"在世界观意义上的"理论创新"的实现，主要表现在三个方面。其一，"中国马克思主义哲学"实现了"马克思哲学"在世界观理论上的中国化。"马克思哲学"的发展经历了一个由"民族哲学"到"世界哲学"，再到"民族哲学"的过程。前一个"民族哲学"是指"马克思哲学"诞生之初是以德国哲学的形式而存在的，后一个"民族哲学"以中国的马克思主义哲学、苏联的马克思主义哲学、西方的马克思主义哲学等多种形态出现，是"马克思哲学"民族化的结果。"马克思哲学"的世界观理论同样如此，即"中国马克思主义哲学"所实现的"马克思哲学"在世界观意义上的"理论创新"，是"马克思哲学"的世界观理论中国化的成果，被赋予了中国特性。其二，"中国马克思主义哲学"实现了"马克思哲学"在世界观理论上的时代化。"马克思哲学"与其他哲学的最大区别就在于它的实践性，也正是实践性，使得"马克思哲学"具有了与时俱进的理论品质，能够与时代的发展保持一致。

---

① 曹典顺：《论哲学社会科学研究的世界观前提》，《学习与探索》2010年第1期。

"中国马克思主义哲学"立足于时代发展的前沿，将"马克思哲学"的世界观理论与时代发展、时代特征相结合，不仅以人类先进的文明成果丰富"马克思哲学"的世界观理论，而且不断开拓"马克思哲学"的世界观理论的新境界，赋予了"马克思哲学"的世界观理论以时代特性。其三，"中国马克思主义哲学"实现了"马克思哲学"在世界观理论上的大众化。马克思曾指出，"理论一经掌握群众，也会变成物质力量。理论只要说服人，就能掌握群众"①。"马克思哲学"的世界观理论的大众化，就是要让人民群众更好地认识、理解和自觉践行"马克思哲学"的世界观理论。

"马克思哲学"作为一种相对于中国传统社会的外来世界观理论，并非一开始就能够为中国人民所接受，而其要为中国人民所接受，哲学家们就应该进行世界观意蕴上"马克思哲学"研究，即哲学家们应当自觉将"中国马克思主义哲学"打造成能够符合中国社会发展需要且能够指导中国建设的科学的世界观。就如何打造这一"科学的世界观"而言，哲学家们需要注意两方面内容。一方面，创新"中国马克思主义哲学"为"马克思哲学"研究的"科学的世界观"，离不开对"马克思主义中国化、时代化、大众化"②的大力推进；另一方面，应当明确"中国马克思主义哲学"就是"中国道路的哲学表达"③。就前者而言，马克思主义的中国化、时代化和大众化，能够帮助人们实现对马克思主义错误认知的廓清，认识到马克思主义是符合中国社会的"科学的世界观"，从而进一步确证，作为马克思主义重要组成部分的"中国马克思主义哲学"，不仅是"马克思哲学"改造世界意义上的"理论创

---

① 《马克思恩格斯文集》第 1 卷，第 11 页。
② 汪信砚：《马克思主义中国化、时代化、大众化研究三题》，《山东社会科学》2010 年第 11 期。
③ 汪信砚：《马克思主义哲学中国化与中国道路的哲学表达》，《哲学研究》2018 年第 1 期。

新",还是"马克思哲学"研究的"科学的世界观"。就后者而言,当下时代仍属于"资本逻辑"起作用的时代,但随着时代的发展,"资本逻辑"在形态、内容等方面都发生了改变,传统的工业资本、金融资本等,被知识资本、文化资本等取代。① 作为科学阐释"资本逻辑"的"马克思哲学"也应当随之实现创新,特别是"马克思哲学"在世界观上的创新,因为,哲学家们如果不对"马克思哲学"的世界观进行创新,仍以传统的观念来看待当今时代的"资本逻辑",就很可能无法对发生了巨大变化的"资本逻辑"进行正确且科学的诠释。"中国马克思主义哲学"正是基于对以上问题的考量,实现了"马克思哲学"研究在世界观上的创新。这种创新是"一个与中国道路探索密切相关的动态存在"。"中国马克思主义哲学"作为与"中国道路探索密切相关的动态存在",诠释了"马克思哲学"的科学性与实践性,是"马克思哲学"研究的"科学的世界观"。

四 用"中国马克思主义哲学"实现了"马克思哲学"研究意蕴上的方法创新

从理论本性的角度理解,"马克思哲学"是一个开放发展的理论体系,需要不断地拓展研究领域和研究内容,但"以往人们的研究在方法论上存在着不少局限,它们严重地制约了马克思主义哲学中国化问题研究的广度、深度和创新程度"②,因此,如果不实现研究方法上的创新,就很难保证其对发展了的"马克思哲学"进行全面科学和深入的把握,以至于无法准确理解不断创新发展的"中国

---

① 曹典顺:《当代中国马克思主义哲学研究的问题意识》,《哲学研究》2013年第11期。

② 汪信砚:《视野·论域·方法——马克思主义哲学中国化问题研究的三个方法论问题》,《哲学研究》2003年第12期。

马克思主义哲学",也就是说,要实现"马克思哲学"研究的深入就应该进行方法论上的创新。实验心理学家冯特曾说过,"科学的进展是同研究的方法上的进展密切相关联的"①,"马克思哲学"的研究亦是如此。马克思强调,"全部社会生活在本质上是实践的"②,所以,"马克思哲学"要想在真正意义上发挥改造世界的作用,仅仅依靠"科学的世界观"是远远不够的,还应该按照"正确的方法论",实现由"精神力量"到"物质力量"的转化。因此,作为"马克思主义哲学中国化"的理论成果,以及中国道路的哲学表达,"中国马克思主义哲学"也应该实现研究意蕴上的"方法论创新"。这一方法论上的创新,不仅有利于在方法论意义上解决"马克思主义哲学中国化"何以可能,以及如何可能的问题,还有利于确立"中国马克思主义哲学研究"所应该遵循的基本方法论原则,有效防止"中国马克思主义哲学研究"走歪路、走歧路。"马克思哲学"研究之所以要实现方法论上的创新,是要纠正和突破以往"马克思哲学"研究所存在的方法论局限,并且摆脱由这种局限所带来的"马克思哲学"研究僵化的制约,从而在广度和深度上推动"马克思哲学"研究的发展,进而为"中国马克思主义哲学"研究提供"正确的方法论"指导。

从近百年中国先进文化形成和发展过程中理解"马克思主义哲学中国化"的"中国马克思主义哲学",是从"马克思主义哲学中国化"运动本身来考察"马克思哲学"在中国的发展。"中国马克思主义哲学"拓宽了"马克思哲学"理论的研究论域,推动了"马克思哲学"中国化研究的深入,意即"中国马克思主义哲学"创新了"马克思哲学"的方法论。从"马克思主义哲学中国化"的历史进程

---

① 《西方心理学家文选》,审校者张述祖等,人民教育出版社1983年版,第1页。
② 《马克思恩格斯文集》第1卷,第501页。

考察，李大钊、陈独秀、李达等"开创了马克思主义哲学中国化传统"①。这种传统表现为早期的马克思主义者们自觉运用"马克思哲学"的"方法论揭示中国社会的特殊发展规律"②，并试图运用这些规律来分析中国社会的现实问题，探索出符合中国国情的革命道路。就此意义而言，这种"马克思主义哲学中国化传统"，通过"理论与实际相结合"的研究方法，实现了对"马克思哲学"改造客观世界功能的诠释，展现出具有中国特色的马克思主义哲学。也就是说，在"马克思主义哲学中国化"的早期，中国的马克思主义者们就开始自觉创新"马克思哲学"的方法论。其后的中国马克思主义者们，立足于"马克思哲学"的基本原理，围绕中国的具体实际，创新出诸多的研究方法，如"实践检验真理标准"等，并在此基础上，开创了改革开放的伟大事业，取得了中国现代化建设的新成就。"马克思哲学"传入中国至今，形成了众多"马克思哲学"研究的成果，"中国马克思主义哲学"作为其理论表达，在"马克思主义哲学中国化"进程中，实现对"马克思哲学"在研究论域上的拓宽，即实现了"马克思哲学"从指导中国社会革命到社会改革再到社会建设的发展。

如果说"中国马克思主义哲学"从多维度研究、微观个案研究、内外两方面的比较研究三个方面，实现了"马克思哲学"在方法论意义上的创新③，这种创新属于"中国马克思主义哲学"对"马克思哲学"的第一层次的研究范式创新。那么，在"中国马克思主义哲学"的第一层次研究范式之下，还需要探讨第二层次意义上的具象的"中国马克思主义哲学"。也就是说，第一层次研究视阈意蕴上的"方法

---

① 汪信砚：《马克思主义哲学中国化传统的形成和发展》，《哲学动态》2014年第1期。
② 汪信砚：《马克思主义哲学中国化传统的形成和发展》，《哲学动态》2014年第1期。
③ 汪信砚：《马克思主义哲学中国化——理论与方法》，第384—387页。

创新"不仅表征了"中国马克思主义哲学"实现了"马克思哲学"在方法论上的创新样态，而且为"中国马克思主义哲学"的研究者预留了研究空间。根据唯物史观的演变逻辑进行划分，第二层次意义上的"马克思哲学"研究范式至少可以概括为三大范式，即哲学批判的研究范式、政治经济学批判的研究范式，以及人类学研究的研究范式。① 对这"三大范式"的具象研究，不仅强调了"马克思哲学"演进中的"问题意识"和"内在逻辑"，更要求理论观照现实，即探讨"三大范式"理论对中国道路发展的意义与贡献，深入概括"中国马克思主义哲学"如何实现其对"马克思哲学"的方法论创新。因为，只有对"马克思哲学"发展进程中的三大研究范式进行深度剖析，厘清这三者之间的内在关联，才能够明晰"每种研究范式唯物史观的基本原理都是用理性逻辑的概念思维来把握现实生活世界"②，才能够真正明确"马克思哲学"的方法创新对于改变现实生活世界的重大意义。总之，"中国马克思主义哲学"就是要通过"马克思哲学"研究方法上的创新，推动"马克思哲学"研究范式的多元化发展，进而繁荣"中国马克思主义哲学"。

"中国马克思主义哲学"之所以被认为是认知逻辑上的"正确的方法论"，是因为"中国马克思主义哲学"的上述方法论意义上的范式研究方法，既实现了马克思主义哲学的中国化，也实现了中国传统哲学的现代化，也就是说，"中国马克思主义哲学"的认知逻辑实现了对"马克思主义哲学中国化"的正确和科学把握。从马克思主义哲学在中国的传播历史来看，"一开始就是中国马克思主义者自觉结合中国的具体实际来宣传、阐释和应用马克思主义哲学的过程"③。这

---

① 曹典顺：《唯物史观理论演进的研究范式》，《中国社会科学》2019年第8期。
② 曹典顺：《唯物史观理论演进的研究范式》，《中国社会科学》2019年第8期。
③ 汪信砚：《马克思主义哲学在中国的传播与马克思主义哲学中国化》，《马克思主义研究》2013年第8期。

种对马克思主义哲学的宣传、阐释与应用是建立在对中国实际情况的充分考察之上的，包括对当时中国现实社会发展状态的考察以及隐藏在社会现状背后的传统文化因素的分析。也就是说，如果没有将马克思主义哲学与中国传统文化相结合，实现中国传统哲学的现代化，那么，马克思主义哲学就很难得到中国社会的普遍认可。如果不把马克思主义哲学与中国现实相结合，那么，马克思主义哲学也不可能在中国得到广泛传播。除此之外，"中国马克思主义哲学"被认为是认知逻辑上的"正确的方法论"，还可以从两个"更有利于"中得到证明。其一，"中国马克思主义哲学"的认知逻辑更有利于"马克思哲学"研究的创新发展。从"马克思哲学"研究创新发展的视角理解，"马克思哲学"是一个不可切割的整体，对"马克思哲学"的研究与发展，应该避免苏联教科书体系的模式。在尊重"马克思哲学思想"原则前提下创新的"中国马克思主义哲学"，是对"马克思哲学"完整化、体系化的研究，其认知逻辑是"马克思哲学"研究上的"正确的方法论"。其二，"中国马克思主义哲学"的认知逻辑更有利于指导中国道路的建设。"中国马克思主义哲学"的认知逻辑的整体性，意味着"中国马克思主义哲学"可以从政治、经济、文化、社会、生态等方面，对中国现实社会的建设发展进行全面的指导。

五　结语

通过对作为哲学范式的"中国马克思主义哲学"的理论反思，以及在范式创新意义上对"中国马克思主义哲学"与"马克思主义哲学中国化"内在关联的论证，可以清晰地感受到《马克思主义哲学中国化——理论与方法》一书所展现出的问题意识，即该书认为，作为"马克思主义哲学中国化"理论与实践成果的"中国马克思主义哲学"，不是"马克思哲学"的"化中国"逻辑解释或阐释，而是反思性、自觉性和原创性的"马克思哲学"的中国话语。该书的上述问题意识明确了"中国马克思主义哲学"应该也必须是"马克思主义哲学中国化"践行中所实现的"马克思哲学"的创新性成果。这种创新不仅体现在中国社会发展的实际需要、对中国传统文化考察与融合的需要等之上，还体现在"马克思哲学"研究内容上实现了创新，以及为了回答中国道路问题和指导中国社会建设问题所进行的世界观与方法论上的创新。本文通过对"中国马克思主义哲学"的范式论证，回应了汪信砚教授提出的"马克思主义哲学中国化"理应成为当代中国马克思主义哲学研究范式的逻辑，阐明了如何通过这种研究范式来拓宽"马克思哲学"的研究论域，阐明了中国社会发展的现实需要和中国道路的建设等问题都与"中国马克思主义哲学"存在着内在和不可分割的关联。人们只有深入剖析"中国马克思主义哲学"与"马克思主义哲学中国化"的这种内在关联，才能够更为清晰地认识到"中国马克思主义哲学"在当下中国所取得的巨大成就中作出了怎样的贡献，从而有利于深化"中国马克思主义哲学"所具有的科学性与正确性研究，以及推进"中国马克思主义哲学"研究向纵深方向发展。

对构建中国特色哲学学科话语体系首要任务、理论前提及其体系的思考

李云峰（武汉大学马克思主义学院）

习近平总书记2016年5月在哲学社会科学工作座谈会上提出加快构建中国特色哲学社会科学以来，学界为此做了大量研究工作，取得了一系列可喜的成果。本文是笔者对构建中国特色哲学学科话语体系若干问题的思考，意在抛砖引玉，希望专家学者们能够关注微宏观生产主体与历史唯物主义在构建中国特色哲学学科中的意义。

一 构建中国特色哲学学科话语体系的首要任务、理论前提和必要条件

（一）明确研究对象是构建中国特色哲学学科话语体系的首要任务

构建中国特色哲学学科话语体系的首要任务是什么？从科学学来说，构建一个学科体系首先应该明确研究对象，对一门科学研究对象的理解和界定直接影响其在科学中的分类以及在整个科学体系中的地位。

一般而言，一门科学的研究对象应是其研究的标的，是研究时作为目标的事物。作为研究标的的事物的质是多方面的，从某一方面对对象进行研究，揭示事物的本质和运动的规律，这又涉及研究视角。

例如，宏观物体是宏观物质世界运动的主体，是经典物理学研究和分析的标的或对象，但是，经典物理学是通过或借助于对力的作用的考察，通过对运动的考察，分析宏观物体内在矛盾——作用力和反作用力，揭示宏观物体矛盾运动的规律。研究对象是主体，是研究视角的载体，研究视角是研究对象——主体的部分、方面或属性。作为研究视角的主体的方面、属性或关系，不能脱离研究对象——主体。研究对象——主体是具体的，研究视角可以是具体的，也可以是抽象的。没有研究对象，研究活动是无本之木、无源之水，研究的领域、范围没法界定；没有研究视角，研究活动就如盲人摸象，无从下手。

一门科学的研究对象是什么，有些一开始就明确，如医学、生物学等，有些是随着科学研究的深入才逐渐具体明确。如物理学随着科学的发展才逐渐具体明确宏观物理学研究对象是宏观物体，微观物理学研究对象是微观物体。又如光学，人类先发现光这一现象，若干年之后才发现光子。

哲学是对自然、社会和思维科学的概括与总结，哲学研究对象的确定比一般科学更困难一些。黑格尔说：对于一门科学的研究对象"为了懂得提问题也须要一定的修养为前提，至于哲学的对象，为了取得不同于问题无价值那样的答案，尤其须要一定的修养为前提"[①]。在西方，自然科学早期还没有从哲学中分离出去时哲学的研究对象是宽泛的，包括自然标的和社会标的，随着近代自然科学从哲学中分离出去，哲学社会科学主要是把作为主体的人作为研究对象或研究标的，如康德就明确地说他的哲学是研究人是什么的问题。

在物质世界中，人是最特殊的研究对象。人不仅具有自然属性，也具有社会属性；人不仅是认识和实践的主体，也是哲学社会科学研

---

① ［德］黑格尔：《逻辑学》（上），杨一之译，商务印书馆1966年版，第153页。

究的客体。同是把作为主体的人作为研究对象的哲学，由于研究视角不同，就产生了不同的哲学。如从法律、政治、道德、价值、自然等不同视角研究产生了法律哲学、政治哲学、道德哲学、自然哲学、价值哲学等不同的哲学。

中国特色哲学学科话语体系到底要构建什么体系？研究对象和研究视角是什么？是一个理论体系还是多个理论体系之和？如果是多个理论体系之和，那么不同的体系又是基于什么联系起来？这些是构建中国特色哲学学科话语体系首先要回答的问题。

（二）确立逻辑出发点是构建中国特色哲学学科话语体系的理论前提

逻辑出发点又称逻辑起点，指的是某理论赖以建立的最基本的范畴或命题，该理论的体系就是在该范畴基础上展开的。科学的理论之所以有一个逻辑起点，是因为科学的理论要求有严密的逻辑体系，而在建立这种理论体系时，必须根据客观事物的本来面目，科学地安排各个概念、范畴、命题的排列顺序和联系方式。在这个作为逻辑出发点的范畴或命题基础上，所有的范畴、命题和结论都能按照有序、有层次的系统组合成一个有机的整体，它们的合理性都可以从逻辑上加以推演和证明。概而言之，逻辑出发点是一门科学构建的基础，决定其科学理论各个概念、范畴、命题的有机联系，决定其科学内在的逻辑。

黑格尔在哲学史上第一次较为全面地在其《逻辑学》中论述了哲学的逻辑起点问题。黑格尔认为科学的逻辑起点是客观的，不是主观臆造的，是由研究对象的性质以及研究方法的需要决定的。根据黑格尔的说法，当运用从抽象上升到思维中具体的方法时，科学的逻辑起点或开端必须具备三个主要特征。第一，逻辑起点必须是本原。这种本原是事物的"绝对基础"，是"一种准则"。黑格尔说："本原应当也就是开端，那对于思维是首要的东西，对于思维过程也应当是最初的东西。"① 黑格尔把"绝对观念"看作世界的本原，把世界看作思维的运动过程，所以认为对于思维是首要的东西，对于思维过程也应当是最初的东西。黑格尔的出发点是错误的，但是，对于事物是首要的东西，对于事物过程也应当是最初的东西，这个观点是符合事物的本真的。第二，逻辑起点是"最直接"的东西，又包含"间接"的东西，它必须是整个研究对象中最简单、最基本、最普遍的东西，它本身所包含的内在矛盾是以后整个发展过程中一切矛盾的萌芽。黑格尔认为哲学的开端是哲学自己保持的基础，也是一切后继者的基础，"哲学的开端，在一切后继的发展中，都是当前现在的，自己保持的基础，是完全长留在以后规定的内部的东西"②。开端的东西不仅是基础，同时它也是结果，是根据，"最初的东西又同样是根据，而最后的东西又同样是演绎出来的东西，因为从最初的东西出发，经过正确的推论，而到最后的东西，即根据，所以根据就是结果"③。在黑格尔看来"前进就是回溯到根据，回溯到原始的和真正的东西，并用作开端的东西，就是依靠这种根据，并且实际上将是由根据产生的"。"最后的东西，即根据，也是最初的东西所从而发生的那个东西，它首先作为直接的东西出现。"④ 开端的东西实际上构成了以后一切发展的根据，而以后的一切发展也不过是改变了的根据。所以列宁肯定黑格尔哲学描述认识运动的特征是"从简单的规定性开始，继之而来的规定性就愈益丰富、愈益具体"⑤。第三，逻辑起点必须与研究对象的历史起点相一致。在科学上是最初的东西，应该在历史上也是最

---

① ［德］黑格尔：《逻辑学》（上），杨一之译，第52页。
② ［德］黑格尔：《逻辑学》（上），杨一之译，第56页。
③ ［德］黑格尔：《逻辑学》（上），杨一之译，第55页。
④ ［德］黑格尔：《逻辑学》（上），杨一之译，第55、56页。
⑤ 《列宁全集》第55卷，人民出版社2017年版，第199页。

初的东西。

黑格尔《逻辑学》第一篇第一部分的题目就是"必须用什么作科学的开端",并提出"要找出哲学中的开端,是一桩困难的事"。①黑格尔认为在思想未成熟之前,要找到能够说明以后一切之发展的根据是很困难的。

在历史上,每一个伟大的思想家都重视自己学说体系的出发点。作为伟大的思想家,马克思也非常重视自己学说的出发点。

逻辑出发点对一门学科非常重要,是一门学科建立的理论基础,是一门学科的学理基础。中国特色哲学学科话语体系的逻辑出发点是什么?中国特色哲学学科话语体系以什么为出发点展开理论体系?这是构建中国特色哲学学科话语体系回避不了的问题。

(三)确定基本范畴是构建中国特色哲学学科话语体系的必要条件

范畴是客观事物本质联系的反映,是认识和掌握事物现象的网上纽结。每一门科学都有自己特有的范畴,这些范畴反映着一门科学研究对象——物质世界某方面——某种物质或某种主体的本质联系。

无论是自然科学革命还是哲学社会科学革命,必然伴随着新的范畴或概念的出现,这些范畴与科学研究对象层次、性质、属性或根本特征等方面认识的重大突破或变革相关,在这些新的范畴基础上建立新的理论,实现范式的根本转变。

一门学科的基本范畴反映了其研究对象的本质联系或关系,学科的主体不同所反映的本质关系不同,其范畴及其诠释也就不同。一门学科的理论体系都是从其逻辑出发点,通过其基本范畴展开的,没有基本范畴其理论体系不可能建立起来。中国特色哲学学科话语体系的基本范畴是什么?中国特色哲学学科话语体系通过什么范畴展开其理

---

① [德]黑格尔:《逻辑学》(上),杨一之译,第51页。

论体系？是借用已有的范畴还是创建新的范畴，这是构建中国特色哲学学科话语体系必须考虑的问题。

二 必须坚持以马克思主义为指导构建中国特色哲学话语体系，也应正视现有历史唯物主义话语体系诠释存在的学理问题

习近平总书记在哲学社会科学工作座谈会上指出中国特色哲学社会科学必须坚持以马克思主义为指导，这是当代中国哲学社会科学区别于其他哲学社会科学的根本标志。马克思主义是我党的指导思想，是我国意识形态的主导思想，是我们的理论之基，构建中国特色哲学社会科学必须坚持马克思主义为指导思想。

作为马克思主义哲学的历史唯物主义是在实践基础上对客观世界的正确反映，是科学的真理，历史唯物主义的科学性是毋庸置疑的。从国内理论界以及我们现有教材对历史唯物主义的理解和诠释状况来看，基本理论的诠释无疑是正确的，但是，我们也应正视我们现有教材历史唯物主义话语体系存在以下学理问题。

第一，马克思在《德意志意识形态》中明确指出"我们的出发点是从事实际活动的人"，"这种考察方法不是没有前提的。它从现实的前提出发，它一刻也离不开这种前提。它的前提是人"。① 同是在《德意志意识形态》中，马克思又说："这种历史观就在于：从直接生活的物质生产出发阐述现实的生产过程，把同这种生产方式相联系的、它所产生的交往形式即各个不同阶段上的市民社会理解为整个历史的基础。"② 在《评阿·瓦格纳的"政治经济学教科书"》中，马

---

① 《马克思恩格斯选集》第1卷，人民出版社1995年版，第73页。
② 《马克思恩格斯选集》第1卷，第92页。

克思还说:"我的这种不是从人出发,而是从一定的社会经济时期出发的分析方法。"① 马克思是一位非常严谨的学者,他对自己学说的逻辑出发点的这些不同说法一定是有内在联系或统一的。

从马克思的论述可知,历史唯物主义或马克思主义哲学逻辑出发点的人与物质资料的生产,与划分社会经济时期的依据一定有内在联系或统一,这种联系与统一不是自然人这一范畴可以实现的。从自然人出发,势必造成出发点与马克思学说理论上的矛盾,因为马克思学说理论体系确实与社会物质资料生产有关。如果把社会物质生产作为马克思学说的基础和出发点,又如何解释马克思在自己的著作中多次强调自己学说的出发点是人呢?这是理论界面临的两难选择。我们现有历史唯物主义话语体系逻辑出发点不明确,没有科学地解释马克思对自己学说出发点不同表述的联系或统一。

第二,现有历史唯物主义话语体系,一方面认为社会物质生产是人类社会存在和发展的基础,马克思学说的出发点是现实的人或从事社会物质生产的人;另一方面理论逻辑上从"生产力是生产的物质内容,生产关系是生产的社会形式"开始推导出历史唯物主义基本范畴。学理上说,出发点具有参照点的性质,出发点怎么会是动态的生产呢?动态的物质生产怎么能作为历史唯物主义的逻辑出发点呢?如果把社会物质生产作为历史唯物主义逻辑出发点,就相当于把运动作为宏观物理学的出发点,这显然不科学。

第三,现有历史唯物主义教材说"生产力是生产的物质内容,生产关系是生产的社会形式",而内容和形式一般是相对于主体而言的,这种说法显然不严谨。

第四,中国人民大学陈先达教授十几年前就指出,现有对历史唯物主义的解读比较抽象,侧重于逻辑结论,疏于理论阐述,对社会生

---

① 《马克思恩格斯全集》第 19 卷,人民出版社 1963 年版,第 415 页。

产及在此基础上展开的历史唯物主义体系表述过于简单、抽象。如对于生产关系适应生产力状况的规律，马克思是从复杂的、多重矛盾统一体的社会生产出发，借助于分工这一中介论证的，而我们现有历史唯物主义体系表述过于简单、抽象，展现给人们的往往只有干巴巴的几点结论，不像马克思主义经典作家分析的那样有血有肉。

第五，现有历史唯物主义话语体系，一方面说人的本质是各种社会关系的总和，现有教材用社会的人、具体的人、实践着的人这些关于人的本质和属性的论述去说明马克思学说中的人；另一方面，马克思关于三种发展形态的人与本质是各种社会关系总和的人是什么关系不明确。

第六，现有教材和解读难以解释，"生产力和社会关系——这二者是社会个人的发展的不同方面"①，"机器只是一种生产力。以应用机器为基础的现代工厂才是社会生产关系"②，历史唯物主义是"关于现实的人及其历史发展的科学"③ 等经典作家的一些说法。

这些学理性问题不仅影响马克思主义学说科学性、真理性、整体性的反映，不能完整地反映马克思学说丰富的内涵、厚实的基础和严谨完整的体系，使马克思学说比较抽象，与现实之间联系不直接、不密切，不接地气，而且直接制约实践。

三 还原马克思真实思想，基于社会微宏观生产主体构建中国特色哲学学科话语体系不失为一种选择

上面所说的现有教材中历史唯物主义话语体系存在的学理问题并

---

① 《马克思恩格斯全集》第 31 卷，人民出版社 1998 年版，第 101 页。
② 《马克思恩格斯选集》第 1 卷，第 161 页。
③ 《马克思恩格斯选集》第 4 卷，第 241 页。

不是经典作家——特别是马克思学说本身的问题,只是对其学说中概念诠释不清晰,对其理论中一些问题认识不明确导致的,而如果对作为马克思哲学的历史唯物主义基本概念表述清晰,对马克思哲学中一些问题认识明确,就会还原作为马克思哲学的历史唯物主义的真实面貌,上面所说的历史唯物主义话语体系存在的学理问题就不会存在,基于社会微宏观生产主体构建中国特色哲学学科话语体系不失为一种选择。

第一,明确历史唯物主义研究对象是生产主体,其研究视角是生产关系。

历史唯物主义研究人类社会本质和规律,社会是由人组成的,作为主体的人的存在是人类社会存在的前提,是历史唯物主义研究的前提。马克思在《关于费尔巴哈的提纲》中说:"旧唯物主义的立脚点是市民社会,新唯物主义的立脚点则是人类社会或社会的人类。"[①] 在《德意志意识形态》中说:"全部人类历史的第一个前提无疑是有生命的个人的存在。因此,第一个需要确认的事实就是这些个人的肉体组织以及由此产生的个人对其他自然的关系。""这种考察方法不是没有前提的。它从现实的前提出发,它一刻也不离开这种前提。它的前提是人。"[②] 马克思这些论述说明人是人类历史的前提,人和人类社会是历史唯物主义研究问题的前提和立脚点,正如没有反映对象不可能有反应一样,离开了作为主体的人及其活动,不可能研究人类社会及其历史。历史唯物主义的研究对象是作为主体的人,但不是一般意义的人,而是从事物质资料生产的人,是作为从事物质资料生产主体的人。历史唯物主义研究对象是生产主体,其研究视角是生产主体内在的以及不同层次之间的生产关系。

---

① 《马克思恩格斯选集》第 1 卷,第 57 页。
② 《马克思恩格斯选集》第 1 卷,第 73 页。

第二，明确历史唯物主义真实的逻辑出发点是作为社会经济基本单位的生产主体，这种作为社会经济基本单位的生产主体也是解开"历史之谜"之钥匙。

马克思在自己著作中既说自己学说出发点是从事实际活动的人，又说自己学说从生产出发，从一定的社会经济时期出发。马克思是一个非常严谨的学者，他对自己学说的逻辑出发点的这些不同说法一定是有内在联系或统一的。

实际上，马克思在自己著作中对作为历史唯物主义逻辑出发点的人是有具体说明的。马克思在《德意志意识形态》中说，作为历史唯物主义逻辑出发点的"现实的个人"是什么样的同他们的生产相一致——既和他们生产什么一致，又和他们怎样生产一致，个人是什么样的取决于他们进行生产的物质条件。马克思在《评阿·瓦格纳的"政治经济学教科书"》中说："那末出发点是，应该具有社会人的一定性质，即他所生活的那个社会的一定性质。"[1] 这些论述表明，历史唯物主义逻辑出发点的人是从事物质资料生产的"社会人"。马克思在《德意志意识形态》中还指出，这种"社会人"不是唯心主义设想的"想象"中的人，也不是费尔巴哈设定的"一般人"，不是费尔巴哈那种"仅限于在感情范围内承认'现实的、单个的、肉体的人'"[2]。

根据马克思对历史唯物主义出发点的人的界定，根据历史唯物主义展开问题的出发点，根据历史唯物主义内在逻辑，历史唯物主义逻辑出发点应该是："从事社会物质资料生产及相关活动的主体——社会经济基本单位。不同历史阶段社会经济基本单位的具体表现形式不同。在工业社会，这种社会主体——人就是以企业法人为主导的基本经济组织。"[3]

---

[1] 《马克思恩格斯全集》第19卷，第404页。
[2] 《马克思恩格斯选集》第1卷，第78页。
[3] 李云峰：《马克思学说中人的概念》，人民出版社2007年版，第166页。

这种界定不仅使历史唯物主义逻辑出发点具体明确，能够合理解释历史唯物主义基本范畴和理论体系，能够使马克思对自己学说出发点的不同说法实现内在的统一。作为从事社会物质资料生产及相关活动的主体——社会经济基本单位，在工业社会就是以企业法人为主导的基本经济组织，是人格化的人，也可以说是"社会人"。

马克思找到了自己学说的逻辑出发点，也找到了解开"历史之谜"的钥匙。解开"历史之谜"的钥匙不在历史之外，而在历史本身。马克思在劳动发展史中找到了理解全部社会史的锁钥，但是劳动本身不是马克思解开"历史之谜"之钥匙，在马克思之前已经有学者认识到劳动的作用。作为社会经济基本单位的社会微观生产主体是历史唯物主义逻辑出发点，也是马克思解开"历史之谜"的钥匙。

为什么作为社会经济基本单位的微观生产主体是马克思解开"历史之谜"的钥匙？笔者认为根本原因是作为社会经济基本单位的微观生产主体是社会结构和功能的细胞。正如生物学中细胞是解开生命之谜的关键，社会结构和功能的细胞也是揭示社会关系和历史辩证运动及其规律的关键。

自然人和血缘家庭都不是社会有机系列中的一个环节，不是社会制度的基本单位，不是构成社会基本结构和功能的基本单位或细胞，而作为社会经济基本单位的微观生产主体才是社会结构和功能的细胞。只要逻辑出发点是作为个体的自然人，必然导致作为主体的人的活动是由意识决定的，就摆脱不了历史观上的唯心主义，必然导致英雄史观。如果从个体自然人活动出发看社会历史，社会历史是杂乱无章的过程，就不可能把握历史的规律。社会经济基本单位作为社会结构和功能的细胞也是认识社会现象之网的网上纽结，马克思正是在作为社会经济基本单位的微观生产主体基础上，创建了一套全新的哲学社会科学范畴或概念网络，通过对这些范畴或概念之间关系的分析，通过对社会主体结构和不同社会主体功能的分析，揭示了历史发展规律，创建了历史唯物主义。①

根据历史唯物主义理论的内在逻辑，马克思是从作为社会经济基本单位的生产主体出发，同时把社会经济基本单位作为微观生产主体，把一个民族国家看作宏观生产主体，从而科学地合乎逻辑地推出生产力与生产关系、经济基础与上层建筑等基本范畴。这些基本范畴明确、具体，经典作家关于生产力、生产关系等基本范畴的不同说法也不矛盾。只有把生产力与生产关系、经济基础和上层建筑看作微观和民族国家宏观生产主体的自然关系和社会关系，看作这两层生产主体的物质内容和社会形式，才可以合乎逻辑地推导出社会是在一定生产力基础上建立的生产关系的总和——经济基础、政治上层建筑和思想上层建筑三个层次构成的有机结构，可以合乎逻辑地推导出在生产力与生产关系、经济基础与上层建筑这两对社会基本矛盾推动下社会历史的辩证运动规律。

第三，明确历史唯物主义两对基本范畴的真实含义，明确历史唯物主义理论逻辑，明确人类社会发展趋势。

马克思在自己哲学逻辑出发点基础上创建了生产力和生产关系、经济基础和上层建筑这样一套全新的哲学社会科学范畴或概念网络。生产力概念在马克思之前已有学者提出，生产关系、经济基础和上层建筑概念是马克思提出的，是马克思主义学说中特有的概念。虽然生产力概念在马克思之前已有学者提出，但是，马克思主义学说中生产力概念与之前学者提出的概念是有区别的。

矛盾是对立面的对立统一，对立面是统一物中的对立面，任何矛盾都是具体的，是相对于某一统一物而言的，或者说矛盾是包含有相反的规定于自身的事物的矛盾。在社会历史领域，矛盾都是相对于某

---

① 关于解开"历史之谜"之钥匙详见李云峰《微宏观生产主体与历史唯物主义——真实的马克思系列研究之二》，人民出版社2017年版，第三章"历史唯物主义逻辑出发点与解开'历史之谜'之'锁钥'"。

一社会主体或共同体而言的，是某一社会主体或共同体的矛盾。生产力和生产关系、经济基础和上层建筑是历史唯物主义这两对基本范畴，也是历史唯物主义揭示的人类社会两对基本矛盾，作为社会基本矛盾，这两对基本范畴与特定社会主体或共同体相联系，是特定社会主体或共同体的矛盾。

马克思推导两对社会基本范畴运用的方法是把社会生产的多重关系归纳为两种基本关系——生产中的自然关系与生产中的社会关系，这两对关系涉及生产力、社会关系、上层建筑三个领域。生产力、生产关系（经济基础）、上层建筑三个领域涉及两对基本矛盾，而这三个方面形成的两对矛盾必然涉及两种生产主体。

马克思在《德意志意识形态》中已经提出生产中共同活动方式本身就是生产力，许多个人的共同活动就是社会关系或生产关系。马克思不仅明确指出生产力这种物质形式，把生产力看作物质内容，而且清楚地表示社会关系指许多个人的共同活动，许多个人的共同活动是生产的一种社会形式，"这些不同的形式同时也是劳动组织的形式"，"共同体形式就应当按照生产力来改变"。①

马克思在《哲学的贫困》中对生产力、生产关系的表述比《德意志意识形态》更精确化了，进一步明确了生产关系概念，明确了对于作为生产力与生产关系这对矛盾的统一物或共同体的"社会的个人"或生产劳动的组织。马克思说："机器只是一种生产力。以应用机器为基础的现代工厂才是社会生产关系，才是经济范畴。"② 联系马克思在《资本论》手稿中说"生产力和社会关系——这二者是社会个人的发展的不同方面"③，资本主义中社会生产力和生产关系统一物或共同体的"社会的个人"或生产劳动的组织就是以企业法人为主导的工厂

---

① 《马克思恩格斯选集》第1卷，第115、126页。
② 《马克思恩格斯选集》第1卷，第161页
③ 《马克思恩格斯全集》第31卷，第101页。

或企业，是人格化的人。以企业法人为主导的工厂或企业就是微观生产主体，生产力和生产关系就是微观生产主体这种共同体不可分割的两个方面——自然关系和社会关系——物质内容和社会形式。

经济基础和上层建筑概念的最终形成有赖于作为马克思学说出发点的社会主体——人的概念的形成，或者说有赖于社会微观生产主体的社会形式——生产关系概念的最终形成。

马克思对经济基础和上层建筑概念的认识是与对社会生产主体的认识同步的。在《黑格尔法哲学批判》中，马克思所说的市民社会的内涵还是模糊的，但是马克思已把财产关系看作市民社会内容的一部分，提出不是国家和法决定市民社会，而是市民社会决定国家和法，明确了法、国家是从属的因素，而市民社会、经济关系的领域是决定性的因素。马克思对于市民社会与国家和法的关系的认识，成为其创立经济基础与上层建筑范畴的起点。

在《1844年经济学哲学手稿》中，马克思深入社会生产领域，通过对经济关系和社会生产活动的研究，进一步深化了对经济基础与上层建筑范畴的认识。在《〈黑格尔法哲学批判〉导言》《论犹太人问题》这两篇文章中，马克思指出，宗教异化的根源是政治国家同市民社会的分离，并确定了市民社会是"经济关系体系"的含义。对应于黑格尔把国家描绘成"大厦之顶"，马克思把市民社会理解为国家的"大厦基础"。这期间，马克思已经形成了市民社会是社会的经济关系体系，而社会的经济关系体系是政治国家的大厦基础的思想。

在《德意志意识形态》中，马克思关于社会微观生产主体的社会形式——生产关系概念已经基本形成，同时，马克思经济基础和上层建筑的概念也基本定型，马克思第一次明确提出了"基础"与"上层建筑"这对范畴，揭示了这对范畴的内涵，阐述了它们之间的辩证关系。马克思说："市民社会这一名称始终标志着直接从生产和交往中发展起来的社会组织，这种社会组织在一切时代都构成国家的基础以及任何其他的观念的上层建筑的基础。"① 在《雇佣劳动与资本》中，马克思提出生产关系的总和构成社会关系，构成社会。在1859年《〈政治经济学批判〉序言》中，马克思对经济基础和上层建筑作了经典的表述，指出："人们在自己生活的社会生产中发生一定的、必然的、不以他们的意志为转移的关系，即同他们的物质生产力的一定发展阶段相适合的生产关系。这些生产关系的总和构成社会的经济结构，即有法律的和政治的上层建筑竖立其上并有一定的社会意识形式与之相适应的现实基础。"②

从马克思在自己著作中的一系列论述可知，经济基础即指同生产力的一定发展阶段相适应的社会微观生产主体——社会经济基本单位的总和，上层建筑就是建立在一定的经济基础之上的社会思想上层建筑与政治上层建筑（思想、观点，以及相应的制度、设施和组织）。如果把一个民族国家看作宏观生产主体的话，经济基础和上层建筑就是以民族国家为单位的社会宏观生产主体的物质内容和社会形式。

在历史唯物主义中，社会微观和国家宏观生产主体内在的以及之间的矛盾——生产力和生产关系、经济基础和上层建筑两对矛盾运动决定了社会历史发展的趋势是作为"自由人联合体"的共产主义。作为"自由人联合体"的共产主义是整个人类成为一个生产主体。

第四，明确马克思学说中社会主体——人的概念，明确马克思实现人类思想史上革命的真实意蕴是对作为社会经济基本单位的微观生产主体的人的认识的变革，是生产关系及在生产关系基础上经济基础概念的提出。

恩格斯说："一门科学提出的每一种新见解都包含这门科学的术语的革命。"③ 马克思在自己的著作中从多重意义上使用过主体或人

---

① 《马克思恩格斯选集》第1卷，第130—131页。
② 《马克思恩格斯全集》第31卷，第412页。
③ 《马克思恩格斯全集》第44卷，人民出版社2001年版，第32页。

的概念，但归纳起来主要有自然人主体、集体人主体、作为民族国家主体的人、作为人类主体的人四个层次。而马克思实现人类思想史上革命的真实意蕴是对作为社会经济基本单位的微观生产主体的人的认识的变革。

马克思在《关于费尔巴哈的提纲》第一条说："从前的一切唯物主义（包括费尔巴哈的唯物主义）的主要缺点是：对对象、现实、感性，只是从客体的或者直观的形式去理解，而不是把它们当作感性的人的活动，当作实践去理解，不是从主体方面去理解。"[①] 马克思这段话反映了《提纲》的一个核心思想，即对主体——人及其实践活动的理解是新旧唯物主义的根本区别。《提纲》中的十一条都是围绕主体，说明新旧哲学中的主体——人的特征、活动以及以新的主体为基础构建的新哲学的特点。

马克思在《德意志意识形态》中指出："这些哲学家没有一个想到要提出关于德国哲学和德国现实之间的联系问题，关于他们所作的批判和他们自身的物质环境之间的联系问题。"[②] 马克思认为当时德国哲学最根本的问题就是没有认识到现实社会的变化，没有认识到哲学与物质环境之间的联系。《德意志意识形态》的重要内容就是批判青年黑格尔学派和费尔巴哈在人的问题上的错误，对自己以前的哲学进行全面清算，实现社会主体——人的理论转向，并在此基础上第一次全面而系统地阐述了历史唯物主义基本原理。马克思在《德意志意识形态》中批判了青年黑格尔派"一般人""宗教的人"，批判了费尔巴哈没有看到他周围的感性世界是工业和社会状况的产物，费尔巴哈所说的人仅仅是生理学意义的"现实的、单个的、肉体的人"[③]。

与唯心主义和旧唯物主义脱离现实社会，脱离物质环境不同，马

---

① 《马克思恩格斯选集》第1卷，第54页。
② 《马克思恩格斯选集》第1卷，第66页。
③ 《马克思恩格斯选集》第1卷，第78页。

克思联系了社会现实。社会经济基本单位在不同历史阶段具体表现形式是不一样的，通过工业革命社会经济基本单位由个体劳动者转变为以企业法人为主导的工厂或企业这些基本经济组织，这些人格化的人。马克思在自己著作中多次强调自己所说的人是"现实的个人"或"现实中的个人"。"现实中的个人"是从事着物质资料生产活动的人，他们是什么样的同他们进行生产的物质条件相一致——既和他们生产什么一致，又和他们怎样生产一致。在《哲学的贫困》中更是具体明确了机器是作为物质资料生产主体物质内容的生产力，以应用机器为基础的现代工厂才是社会生产关系。显然，马克思所说的"现实的个人"不是生物学意义的个体主体或自然人，而是从事社会物质资料生产及相关活动的微观生产主体——社会经济基本单位。

马克思关于人的论述最具代表性的是《资本论》第一卷第一版序言中的一段话："这里涉及的人，只是经济范畴的人格化，是一定的阶级关系和利益的承担者。我的观点是把经济的社会形态的发展理解为一种自然史的过程。不管个人在主观上怎样超脱各种关系，他在社会意义上总是这些关系的产物。同其他任何观点比起来，我的观点是更不能要个人对这些关系负责的。"① 马克思不仅指出他所说的人是"经济范畴的人格化"，是"一定的阶级关系和利益的承担者"，而且明确提出"不能要个人对这些关系负责"。这里所说的"不能要个人对这些关系负责"已区分了作为人格人的生产主体与自然人主体，已区分了作为自然人的个体的责任与作为人格人的主体的责任。马克思的这一思想与现代企业制度中的公司法人独立人格制度和股东的有限责任制度是一致的。

马克思在自己的著作中并没有给出像后来《德国民法典》中那样一个明晰的法人概念，马克思在使用主体这个概念时，并没有像我们

---

① 《马克思恩格斯全集》第44卷，第10页。

今天把自然人主体和法人主体区分得那么清晰。追究这种现象的原因，笔者认为，在马克思那个时代，法学上还没有给作为生产主体的企业法人一个明确的概念，1896 年颁布的《德国民法典》才对企业法人给予明确的界定，才形成了现代民法中自然人与法人并立的二元主体制度。法人主体概念的明确，现代民法中自然人、法人并立的二元主体制度的确立，是一个浩大的工程①，马克思当时的主要任务是揭示社会历史的规律，创建科学的马克思主义学说体系，马克思没有把精力花费在概念的文法界定上。但是，马克思的文本中的确存在着法人主体的概念，马克思已经区分了自然人主体与法人主体。

马克思不仅区分了自然人主体与法人主体，在《资本论》及其手稿中已明确使用了具有现代意义的"法人"概念。如马克思在《资本论》第 3 卷谈到利润分为纯利润和利息这种纯粹量的分割时说："在所有者偶然地是由若干法人组成的场合，才会发生这种分割，否则是不会发生这种分割的。"②马克思在《资本论》手稿中说："财产即劳动的物质条件同活劳动能力的这种绝对的分裂或分离——以致劳动条件作为他人的财产，作为另一个法人的实在，作为这个法人的意志的绝对领域，同活劳动能力相对立。"③

在黑格尔之前，西方近代社会政治思潮中市民社会一词基本上与政治社会即国家是同一含义，黑格尔第一次把市民社会从政治国家中独立出来。黑格尔对"市民社会"的修正，被认为是政治哲学中与"主权""公意"这些概念提出一样具有重要的意义。黑格尔《法哲学原理》中家庭、市民社会和国家是"伦理性的实体"或社会主体，家庭、市民社会和国家构成黑格尔法哲学理论中社会结构的主体系

---

① [德]罗尔夫·克尼佩尔：《法律与历史——论〈德国民法典〉的形成与变迁》，朱岩译，法律出版社 2003 年版，第 17—53 页。
② 《马克思恩格斯全集》第 46 卷，人民出版社 2003 年版，第 418 页。
③ 《马克思恩格斯全集》第 30 卷，第 443 页。

列。在黑格尔伦理系列里，家庭和国家都是实体，而市民社会并不是主体。在黑格尔哲学中，同一个市民社会概念既是与国家平行的"外部的国家"，又是隶属于国家的一个环节或组织，市民社会与国家概念的界定，概念的界限不明确，逻辑上免不了混乱，学理上也站不住脚。

马克思对社会主体——人的认识的变革把社会历史置于客观基础上，结束了唯心史观长期统治的历史，马克思创造性地提出了生产关系概念，在思想史上完成了对微观和国家宏观主体概念的科学界定。

在马克思学说中，虽然生产关系和经济基础都涉及生产关系，但生产关系是微观生产主体的社会形式，生产关系的总和构成经济基础，生产关系和经济基础是两个不同的概念。生产关系作为两对范畴的中介，作为微观和国家宏观生产主体的中介，基于生产关系范畴，社会微观生产主体和民族国家宏观生产主体既明确区别开来又联系了起来，这在思想史上具有非常重大的意义。[①]

第五，历史唯物主义不否认个体自然人的作用，但认为个体的人隶属于一定集体和阶级，自然人主体活动依赖于微观生产主体物质条件。

虽然马克思从作为社会经济基本单位的微观生产主体出发构建自己的理论，但是并不否认自然人主体的作用。马克思认为人类历史的第一个前提是有生命的个人主体的存在和活动，微观、宏观生产主体内活动着的是自然人主体，微宏观生产主体都是通过自然人主体的活动推进的。

马克思不仅认为有生命的个人的存在是人类历史的第一个前提，而且在分析微观、宏观生产主体内在矛盾以及相互之间矛盾时，都是

---

① 关于生产关系概念提出的意义详见李云峰《西方法哲学对微观和国家宏观主体认识的嬗变——从康德、黑格尔到马克思》，《湖南第一师范学院学报》2020年第5期。

透过物的关系揭示物背后人与人之间的关系。列宁指出："凡是资产阶级经济学家看到物与物之间的关系（商品交换商品）的地方，马克思都揭示了人与人之间的关系。"① 马克思透过物的关系揭示了人与人之间的关系，揭示了资本主义生产关系的本质是由相互对立的而又彼此进行交换的工人和资本家、劳动和资本之间的关系决定的，马克思揭示了生产中自然人主体间的真实关系。

马克思不否认自然人主体的作用，但与以往学者就自然人研究自然人不同，马克思是联系整体研究个体，联系到群众、阶级包括政党、政府、企业这些社会组织，研究自然人主体，特别是基于企业这种社会生产主体，研究工人和资本家的关系。马克思也研究个人，包括普通的个人和在历史上起重大作用的人物，但这种研究是联系这些个人所在的阶级、政党以及生产组织进行的，而不是把人仅仅作为生物学、人类学中个体的、自然的人进行的。马克思在《德意志意识形态》中一般性地论述了个人隶属于阶级和生产主体以及之间的关系，《共产党宣言》和《资本论》具体分析了资本主义社会自然人主体与他们隶属的阶级，隶属的生产主体之间的关系。自然人的主体地位是通过所在阶级的主体地位反映出来，自然人的利益与所在阶级的利益捆绑联系在一起。

自《德意志意识形态》开始，马克思强调自然人的活动依赖于微观生产主体的一定物质条件。马克思在《德意志意识形态》以及其他文章中明确提出了人类历史活动之所以具有客观性，是因为人类历史活动是在既定的条件下进行的，特别是生产力的基本要素是客观的、不以人的意志为转移的。每一个时代的人都是在前人遗留下来的物质条件特别是前人留下来的既定的生产力的状况下进行的，每一代人是在前人提供的基础上进行活动，自己的活动又是后一代人活动的

---

① 《列宁选集》第2卷，人民出版社1995年版，第312页。

基础。

第六，明确马克思实现了对人的本质认识的变革并在此基础上实现了对共产主义基础和核心理念的论证，明确马克思关于人的形态的思想。

对马克思在《关于费尔巴哈的提纲》中说"人的本质不是单个人所固有的抽象物，在其现实性上，它是一切社会关系的总和"①，理论界有不同的诠释，笔者理解马克思所说的人的本质是"一切社会关系的总和"，是说人的本质是一种社会形态中占主导地位的生产主体中社会关系的总和，而社会生产主体中人们之间的关系反映生产主体的本质关系。

马克思在《德意志意识形态》中说："每个个人和每一代所遇到的现成的东西：生产力、资金和社会交往形式的总和，是哲学家们想象为'实体'和'人的本质'的东西的现实基础，是他们神化了的并与之斗争的东西的现实基础。"② 由于在《德意志意识形态》中生产关系概念还不明确，这里的交往形式就是生产关系。马克思在《哲学的贫困》中明确了机器只是一种生产力，以应用机器为基础的现代工厂才是生产关系，再联系马克思在《资本论》手稿中说"生产力和社会关系——这二者是社会个人的发展的不同方面"，也可以说"生产力、资金和社会交往形式的总和"是人的本质的东西的现实基础，即一个社会微观生产主体的总和——经济基础是人的本质的现实基础。

马克思颠覆了以往思想界关于人的本质的认识，实现了人类思想史上关于人的本质认识的根本变革。一是人的本质是"一切社会关系的总和"中的人不仅指自然人，在一定历史阶段，不同层次主体的人

---

① 《马克思恩格斯选集》第1卷，第56页。
② 《马克思恩格斯选集》第1卷，第92—93页。

的本质是一致的。二是马克思关于人的本质的界定，揭示了人的本质反映人们之间的本质关系。三是物质资料生产主体中人与人之间的关系是"一切社会关系"中最重要的关系。四是人的本质是"一切社会关系的总和"是对人的本质的理论概括，现实中，每一个时代人的本质都是具体的、历史的。

马克思在《政治经济学批判（1857—1858年手稿）》中把人的发展分为三种形态，人的这三种发展形态就是历史上不同历史阶段三种不同生产主体的形态。每一时代"生产力、资金和社会交往形式的总和"——最终是生产力发展状况决定人的本质，不同时代人的形态或社会形态反映相应时代人的本质或本质关系。

马克思之前的思想家们从自然人本性出发论证社会制度的合理性，把社会制度的基础看作基于自然人的本性或本质。马克思在人类思想史第一次从物质资料生产主体及其关系阐述人的本质与其社会制度基础的关系，不仅说明某一时代生产力发展状况决定生产主体内人们之间关系——决定人的本质和人的形态，而且说明了一种社会形态物质资料生产主体内部人们之间关系决定的人的本质是其社会形态的基础，决定一个时代的核心理念，实现了从学理上对共产主义基础和核心理念的论证。

马克思说："权威原理出现在11世纪，个人主义原理出现在18世纪。""在贵族统治时期占统治地位的概念是荣誉、忠诚，等等，而在资产阶级统治时期占统治地位的概念则是自由、平等，等等。"① 马克思认为，封建社会人与人之间的关系由特定的社会地位、特定的社会职能等的个体化的个体关系决定，是建立在"人的依赖关系"基础上，所以，等级或权威就成为封建社会的基本原则或从学理上论证的基础，也是其核心理念。资本主义是商品经济社会，等价交换是商品经济的基

---

① 《马克思恩格斯选集》第1卷，第146、100页。

本原则，资本主义社会划分"等级和社会地位"的依据不再是人的政治等级和地位，而是"消费和消费能力"，是物质财富，是金钱，所以，"实际需要，利己主义是市民社会的原则……实际需要和自私自利的神就是金钱"①。个人主义或利己主义是资本主义社会基本原则，也是从学理上对资本主义制度论证的基础，是其核心理念。

共产主义建立在生产资料共同占有基础上，消灭了私有制，每个人都是生产资料的主人，这决定了生产中人们之间的关系是"联合"或"协作"的关系，是平等互利的关系，是相互依赖不可分割的关系。马克思在《资本论》中说共产主义是"以每一个个人的全面而自由的发展为基本原则的"②。"每个人的自由发展是一切人的自由发展的条件"反映了共产主义生产主体内部人与人之间平等互利，个体与群体利益一致不可分的本质关系，也反映了共产主义的基本原则或从学理上论证的基础和核心理念。

第七，明确《资本论》的基本结构，明确历史唯物主义与《资本论》的真实关系。

如自然科学中的数学是抽象的理论一样，作为哲学的历史唯物主义也只是抽象的理论，它撇开一些具体现象，抽象出共性的东西，揭示社会发展规律。抽象的历史唯物主义理论只有在具体社会科学中，在具体实践中得到证明，这一证明是马克思在对资本主义经济现象研究中实现的，是在《资本论》中完成的。

笔者提出《资本论》第一卷分析资本主义微观生产主体内在矛盾及其发展趋势，第二卷考察微观与宏观生产主体之间的矛盾及其发展趋势，第三卷研究资本主义宏观生产主体内在矛盾及其发展趋势。历史唯物主义是关于社会微宏观生产主体内在以及之间矛盾及其发展趋

---

① 《马克思恩格斯全集》第3卷，第194页。
② 《马克思恩格斯全集》第44卷，第683页。

势的学说，《资本论》是关于资本主义微宏观生产主体内在以及之间矛盾及其发展趋势的理论，《资本论》的逻辑具体反映或再现了历史唯物主义的逻辑。

马克思在《资本论》中始终从自然关系和社会关系——物质内容和社会形式两个方面分析生产主体内在矛盾及其发展趋势。《资本论》中使用价值、具体劳动、生产力反映生产主体中作为资本的特殊商品的自然关系或物质内容，价值、抽象劳动、生产关系反映生产主体中作为资本的特殊商品的社会关系或社会形式。资本或以资本为基础建立的资本主义生产主体的表现形式是生产资料和劳动力这些特殊商品，这些特殊商品是使用价值和价值、自然关系和社会关系（物质内容和社会形式）的统一。基于劳动力和生产资料这些特殊商品——资本构建的资本主义生产主体是使用价值与价值的统一体，自然物质和劳动两种要素的统一体，也是生产力和生产关系的统一体。《资本论》三卷分析资本主义微观、宏观和微宏观生产主体之间的矛盾时，都是从对物质内容与社会形式之间矛盾，或使用价值与价值之间矛盾，或生产力与生产关系之间矛盾进行分析。例如，无论是第一卷中关于生产过剩与需求有限的矛盾，还是第二卷中价值补偿与物质补偿的矛盾，或者是第三卷中货币资本与现实资本的矛盾，都涉及商品的社会形式或价值不能实现，涉及生产商品的社会关系不能实现。

《资本论》通过对资本主义生产主体自然关系和社会关系（物质内容和社会形式）——生产力和生产关系、经济基础和上层建筑视角分析了资本主义生产主体矛盾及其发展趋势。《资本论》以资本主义生产主体为研究对象，以资本主义生产主体内在矛盾的展开为线索，以生产主体的社会关系——生产关系或价值关系为研究视角或切入点，在共时性上阐明了资本主义生产主体的本质及内部的本质关系，揭示了由社会物质资料生产主体决定的资本主义社会经济、政治和意识结构作用及特点，说明了资本主义社会生产、流通、分配、消费活动及其关系；在历时性上揭示了资本主义生产主体产生、巩固、发展及其趋势。《资本论》说明私有制是资本主义各种矛盾的根源，这些矛盾在资本主义制度范围不可能得到解决，只能通过周期性的经济危机强制性地实现社会再生产的条件，公有制的生产主体——"自由人联合体"代替私有制的生产主体是资本主义生产主体内在矛盾发展"铁的必然性"和"正在实现的趋势"。列宁说："自从《资本论》问世以来，唯物主义历史观已经不是假设，而是科学地证明了的原理。"①

不同于资产阶级学者，凡是资产阶级经济学家看到物与物之间的关系（商品交换商品）的地方，马克思都揭示了人与人之间的关系。《资本论》通过对资本主义微观生产主体的技术基础（物质基础）——生产力和社会形式——生产关系及其特点的考察，说明工人阶级作为资本主义社会微观生产主体的技术基础（物质基础）的具体操作者是资本主义社会化生产力的代表，资本家作为资本主义社会微观生产主体的技术基础（物质基础）的所有者是资本主义生产关系的代表。特别是，马克思通过对生产过程中不同生产要素的作用和商品价值变化的分析，说明在资本主义生产主体这种社会生产组织中，只有劳动力这种作为可变资本的特殊商品的使用能够创造超出自身价值的价值——剩余价值，工人创造的剩余价值被资本家无偿地占有。获取剩余价值是资本主义生产的目的和动力，这使得资本主义生产主体内的各种矛盾在资本主义社会不可能得到解决，并最终表现为工人阶级和资本家阶级的经济利益的矛盾和对立。

基于资本主义微宏观生产主体构建的《资本论》，能够有力地回击对马克思学说的各种攻击和歪曲，纠正对马克思学说的各种误解，能说明《资本论》"所使用的分析方法至今还没有人在经济问题上运用"，"第二卷的卓越的研究，以及这种研究在至今几乎还没有人进入

---

① 《列宁选集》第1卷，人民出版社1995年版，第10页。

的领域内所取得的崭新成果"。《资本论》在人类思想史上首创了从内容和形式对资本主义生产主体进行具体研究，《资本论》开创了对资本主义微观宏观生产主体之间关系研究的先例。这对于反映马克思主义实现人类思想史的变革，认识马克思主义在人类思想史上的地位，都有重要意义。

基于资本主义微宏观生产主体构建的《资本论》，能够说明马克思的《资本论》"是一个艺术的整体"，能够说明《资本论》的"结构，整个的内部联系是德国科学的辉煌成就"。①《资本论》是历史唯物主义的证明，这说明历史唯物主义结构的内部联系也达到了一个辉煌的境界。

基于资本主义微宏观生产主体构建的《资本论》，不仅是对历史唯物主义的运用和证明，使科学社会主义置于现实基础之上，还使马克思主义哲学、马克思主义政治经济学和科学社会主义三者在学理上紧密联系，形成了内在的统一性和整体性。正像列宁所说，马克思主义理论体系是一个整体，犹如一整块钢铁，是肢解不了的。

人类社会是由不同层次的生产主体或人组成的有机系统，历史唯物主义从作为社会经济基本单位的微观生产主体——人出发，通过对社会有机系统中不同层次生产主体——人的活动和关系研究，揭示了人类社会存在基础、发展动力及其趋势，揭示了人类社会发展与人自身发展的规律。

四 基于微宏观生产主体构建和创新中国特色哲学学科话语体系的意义

涉及马克思主义理论基础历史唯物主义的研究对象、逻辑出发

---

① 《马克思恩格斯〈资本论〉书信集》，人民出版社1976年版，第202页。

点、基本范畴及整个逻辑体系的问题，关涉马克思学说的科学性、真理性、现实性，无疑是非常重大的理论问题。如果基本理论不明确，何谈理论自信？如果基本理论不明确，何谈理论创新？基本理论不明确，其他问题研究无法深入。从学理上弄清楚马克思主义基本概念，理顺马克思主义学说内在逻辑关系，科学上必要，政治上重要，现实实践也是迫切需要的。

第一，基于微宏观生产主体构建中国特色哲学学科话语体系可以是使历史唯物主义逻辑出发点具体、清晰，有利于克服长期以来对作为出发点的人界定抽象、不明确的缺陷，使这一概念更具体、明确、清晰，并能从学理上符合逻辑地推导出生产力和生产关系、经济基础和上层建筑这些基本范畴，合理地展开历史唯物主义理论体系。

第二，基于微宏观生产主体构建中国特色哲学学科话语体系有利于反映历史唯物主义学说的科学性、真理性、整体性。

本文对历史唯物主义和马克思学说逻辑出发点、基本范畴的界定，对历史唯物主义是基于社会微观和宏观生产主体的自然关系和社会关系（生产力与生产关系、经济基础与上层建筑）内在以及之间矛盾的分析揭示社会历史发展规律的诠释，使历史唯物主义和马克思主义基本范畴明确、具体，理顺了历史唯物主义内在逻辑关系，能够反映历史唯物主义内在逻辑的严谨性、内容的真理性、结构和方法的科学性，使历史唯物主义的基础更为坚实，学理性更强，具有更强的逻辑力量和理论说服力。

本文的观点，可以科学地解释"生产力和社会关系——这二者是社会个人的发展的不同方面"，"机器只是一种生产力。以应用机器为基础的现代工厂才是社会生产关系"，马克思学说是"关于现实的人及其历史发展的科学"等经典作家的一些说法。

本文的解读，能够说明《资本论》如何具体反映或再现了历史唯物主义的逻辑，能够证明"自从《资本论》问世以来，唯物主义历史观已经不是假设，而是科学地证明了的原理"。

本文诠释能够反映马克思主义哲学、马克思主义政治经济学和科学社会主义三者学理上水乳交融的内在统一性和整体性，能够更好地彰显历史唯物主义和马克思主义学说的科学性和真理性。

第三，基于微宏观生产主体构建中国特色哲学学科话语体系有利于反映历史唯物主义学说的科学性、真理性、整体性。

基于微宏观生产主体构建中国特色哲学学科话语体系有利于回击对历史唯物主义和马克思学说的各种攻击，澄清对马克思学说的各种歪曲，纠正对马克思的各种误解。

历史唯物主义和马克思学说创立以来，遭遇了来自各方面的攻击。在形形色色对马克思的攻击中，一个重要的表现就是否认历史唯物主义和马克思学说的基础和科学性。从本文观点出发，能够说明马克思"第一次"能"以自然科学的精确性"说明历史的条件及其变更，可以证明马克思学说不仅逻辑严谨、结构和方法科学、内容反映现实，而且基础坚实，能够有力地回击对历史唯物主义和马克思学说的各种攻击。

基于微宏观生产主体构建中国特色哲学学科话语体系对驳斥人是马克思学说的核心概念、马克思是人本主义、"两个马克思"、马克思与恩格斯的对立、马克思著作中存在着人学的"空场"或"飞地"、马克思是反人道主义的、马克思思想发展中存在着"认识论的断裂"、马克思拒绝一切主体等歪曲马克思的观点，对纠正以往对历史唯物主义和马克思主义学说的各种误解都具有积极的意义。

第四，基于微宏观生产主体构建中国特色哲学学科话语体系有利于反映马克思主义学说的现实性、时代性，能够为科学社会主义、为中国特色社会主义提供坚实的理论支撑。

由于历史唯物主义和马克思学说逻辑出发点这一概念长期不具体、不明确，不仅国内外学术界对历史唯物主义和马克思主义学说长期存在着争议，从而误认为历史唯物主义和马克思学说比较抽象，与现实联系不直接、不密切。

微宏观生产主体间关系问题是近代以来最重大的理论和实践问题。占主导地位的生产主体性质与社会制度性质直接相关，宏观、微观生产主体关系与政府、市场的关系交织在一起。微宏观生产主体分别代表市场力量与政府调控。2016年林毅夫和张维迎围绕产业政策争论，实质上就是关于微宏观生产主体之间关系之争。无论是20世纪二三十年代有关计划经济可行性的争论，还是林毅夫和张维迎两位教授围绕产业政策的争论，争论双方的依据主要是西方经济学理论。限于对马克思主义理论完整性理解不足，现有马克思主义话语体系作为主流的经济学理论提供不了更多理论支撑而失语。

近百年社会主义成功与失败的实践都与对生产主体的认识有关，该问题关系社会主义事业兴衰成败。苏联经济模式和我国十一届三中全会后实行的社会主义市场经济体制都与对主体的认识有关。

马克思学说的产生是19世纪初资本主义生产方式发展、社会化生产主体发展的必然结果。根据马克思基于社会主体的分析，我们今天的时代既不是"人的依赖关系"的时代，也不是个人"全面发展"的时代，而还是"以物的依赖性为基础的人的独立性"阶段，社会生产主体还是通过货币交换互相联系起来的时代。历史唯物主义不仅产生于这个时代，而且全面、科学地分析了这个时代的特点，把握了这个时代的精神，反映了这个时代的要求。资本主义微宏观生产主体内在矛盾的状况与发展都证明了马克思预测的正确性，证明了和历史唯物主义建立在社会生产主体内在矛盾分析基础上的理论与现实的吻合。历史唯物主义和马克思学说并没有过时，仍具有很强的时代性，对当代实践仍然具有重要的指导意义。

第五，基于微宏观生产主体构建中国特色哲学学科话语体系有利于创新和发展马克思主义。

基于微宏观生产主体构建中国特色哲学学科话语体系能够更好地解决长期困扰我们的深层次理论问题，例如，如何从理论上说明既坚持国家宏观主体又鼓励私营微观主体，如何把中国共产党领导中国人民实现的三次伟大飞跃上升到学理层次，如何从学理上说明马克思主义在中国的创新与发展，如何解决社会核心道德理念与现实道德状况的关系，等等。

基于微宏观生产主体构建中国特色哲学学科话语体系才能够从思想史和理论高度说明习近平主席提出的"人类命运共同体"与马克思所说的"自由人的联合体"的区别和联系，才能说明"人类命运共同体"如何丰富和发展了马克思关于作为生产主体的共同体——人的发展形式的思想。

基于微宏观生产主体构建中国特色哲学学科话语体系才能够说明国内国际双循环对马克思主义的发展与创新。马克思在《资本论》中研究了资本主义微观主体和国家宏观主体循环及其矛盾，但由于历史条件的限制，马克思并没有系统研究国内国际双循环问题，党的十八大以后党中央提出加快构建以国内大循环为主体、国内国际双循环相互促进的新发展格局，这种双循环理论丰富和发展了马克思主义经济学理论，在思想史上有重要意义。

第六，基于微宏观生产主体构建中国特色哲学学科话语体系从学理上对劳动者主体地位和作用的论证有重要意义。

马克思之前已有学者研究生产中人与自然的关系，但他们都是从经济效率视角研究这一问题，马克思第一次从主体作用的视角研究生产中人与自然的关系，提出物质资料生产中自然关系（生产力）决定生产中的社会关系（生产关系），从学理上论证了劳动者主体的地位和作用。群众史观是历史唯物主义理论内在逻辑必然导出的结论，这对坚持我党的基础和宗旨具有重要的理论意义和现实价值。

第七，基于微宏观生产主体构建中国特色哲学学科话语体系，其关于人的本质与社会制度的学理基础和核心价值观的关系的观点，在意识形态层面有非常重要的意义。

基于微宏观生产主体构建中国特色哲学学科话语体系不仅能够揭示马克思实现了哲学社会科学最基本范畴社会主体——人的认识的根本变革，实现了人的本质观念的变革，还揭示了马克思所说的人的本质与社会制度和核心价值观的关系，这对社会制度学理基础和核心价值观的概括，关于共产主义学理基础和核心价值观的论证，对于社会成员树立共产主义理想，坚定共产主义信念，普及社会主义核心价值观都有非常重要的意义。

论中国特色哲学学科话语体系建设的方法论要旨*

王 岩（上海财经大学马克思主义学院）
高惠珠（上海师范大学马克思主义学院）

自改革开放以来，我国哲学界在探究和建设中国特色哲学学科话语体系方面成果颇丰，对话语体系新内容的阐释较多，而对这一话语体系建设从方法论维度的归纳、总结不够，本文对此作一探析。

我们在学科教研中体会到以下三大点，对推进和深化中国特色哲学话语体系建设十分必要。

一 破除唯物、唯心简单化研判，在辩证思维中传承优秀传统文化的精髓

习近平总书记在庆祝中国共产党成立 100 周年大会上的讲话中，提出了中国特色社会主义要坚持"两个结合"的方针，即同中国具体实际相结合，同中华优秀传统文化相结合。

如何对待中国传统文化，毛泽东在《新民主主义论》中指出：

---

* 本文系国家社科基金重大项目"坚持马克思主义在意识形态领域指导地位的根本制度的总体逻辑研究"（20ZDA016）子课题阶段性成果。

"中国的长期封建社会中，创造了灿烂的古代文化。清理古代文化的发展过程，剔除其封建性的糟粕，吸收其民主性的精华，是发展民族新文化提高民族自信心的必要条件；但是决不能无批判地兼收并蓄。必须将古代封建统治阶级的一切腐朽的东西和古代优秀的人民文化即多少带有民主性和革命性的东西区别开来。……我们必须尊重自己的历史，绝不能割断历史。但是这种尊重，是给历史以一定的科学的地位，是尊重历史的辩证法的发展，而不是颂古非今。"① 在此，毛泽东同志指明了对我国传统文化应取的方法论原则，即须用辩证思维"剔除其封建性的糟粕"和"吸收其民主性的精华"通过批判继承，由此来发展"民族新文化"。对传统文化的内容，习近平总书记在时间节点上也作了明确指向："中国传统文化，尤其是作为其核心的思想文化的形成和发展，大体经历了中国先秦诸子百家争鸣、两汉经学兴盛、魏晋南北朝玄学流行、隋唐儒释道并立、宋明理学发展等几个历史时期。"② 回顾历史，当年由于汉武帝推行了罢黜百家、独尊儒术的政策，使儒学流传久远，获得较好的保存。在汉之后的千百年间，儒学虽有过授道入儒、儒释道融合，但在几千年封建社会中的主导地位没变，成为中国传统文化的核心组成部分。

与辩证思维相反，在对待传统文化的态度上，国内不少哲学工作者往往受长期以来把划线、站队放首位的简单化思维影响，习惯于对一个"迎面而来"的理论学说，先作唯物唯心的阵营划分，给其贴上一个归类的等级标签，再论及其他。这一简单化的做法，使不少人对传统文化满脑子的负面认知，认为是封建社会的遗物，甚至连起码的温情和敬意也提不起来。但是，当我们破除这一简单化研判方式，全面深入分析其中内含的健康文化基因，感受就不同了。以"四书""五经"为例，宋

---

① 《毛泽东选集》第 2 卷，人民出版社 1991 年版，第 707—708 页。
② 《习近平著作选读》第一卷，人民出版社 2023 年版，第 276 页。

代科举以"四书"为标准答案,故"四书""五经"一直是中国封建社会读书人的必读经典。其中诸如"穷则独善其身,达则兼济天下"(《孟子·尽心上》),"居庙堂之高则忧其民,处江湖之远则忧其君""先天下之忧而忧,后天下之乐而乐"(范仲淹《岳阳楼记》),这些古代读书人所传颂的至理名言,今日思之,仍激励着我们,怎能仅做简单化的唯物唯心之分而将其搁置一边呢?我们还可以中国传统文化的"心学"为例,阳明心学中"一念发动处便即是行"(《传习录》),在《马克思主义哲学原理》课程教学中,我们往往将之称为"典型的主观唯心主义"。但是,如果我们跨越这一简单化的分析,运用辩证思维,细究其精神真谛,便可发现其重要的伦理警示。《大学》中说:"自天子以至于庶人,壹是皆以修身为本。其本乱,而未治者否矣。其所厚者薄,而其所薄者厚,未之有也。"修身的核心就是修心,即内心修养。中国传统文化对"心"的重视,就是对内心修养的重视。虽然封建时代人之修养的内涵与我们今天社会主义时代的内涵并不完全相同,但在主张人性之良善方面,则具有共同处。这也是中华民族人群共同体得以传承壮大的必然要求。我们说那些贪官污吏或奸诈小人"心术不正",就是指其没有羞耻心,没有道德底线,什么坏事都能干。因此,"心学"强调"良知"和"致良知",说"一念发动处便即是行",就是要求人们排除杂念达到慎独。《大学》强调的"修身齐家治国平天下"名言,"修齐治平"的关键,在于"修心",只有正心,才能有诚意,才可做到"修齐治平"。《论语》"三军可夺帅也,匹夫不可夺志也",也说明了"心"的重要,毛泽东《心之力》"志者心之力也"。刘少奇同志在抗日战争时期的名著《论共产党员的修养》(人民出版社1980年版),就是强调共产党员内心修养即党性修养的重要性以及修养的方法与途径,共产党员重视和加强内心修养就是加强党性锻炼。"心学"的名言名句,流传至今为世人所熟知。这就是对传统文化中优秀遗传基因的传承与发展。

由此也向世人揭示了个人的道德修养状况与家国建设的内在关系，即个人的道德状况与家庭和睦、国家强盛呈正相关。在此，"修心"用现代话语表达，就是提高觉悟，加强个人道德修养。正如朱熹所说："克，是克己去私。己私既克，天理自复。譬如尘垢既去，则镜自明；瓦砾既扫，则室自清。"① 恻隐之心、羞耻心、辞让心、孝心正是传统文化中强调的"良知"。从政治伦理新视野来看，这是强调人在道德实践中的主体性。"知是心之本体，心自然会知：见父自然知孝，见兄自然知弟，见孺子入井自然知恻隐，此便是良知，不假外求。"② 由此表明，中华优秀传统文化是强调"知行合一"的道德实践原则。当拨去历次形而上学片面性散布在现实世界中的迷雾，我们可以发现，"心学"所强调的天理、天良、本心、良知和致良知这一重道德、重修养、重心性的优秀传统文化遗产，当我们对其注入今天社会主义意识形态的内涵后，可发现其对当前中国特色社会主义道德建设是弥足珍贵的思想宝库。2017年最高人民检察院影视中心和中央军委后勤保障部金盾影视中心出品的热播电视剧《人民的名义》，揭示了当代中国社会以高育良——一个走上领导岗位的曾经优秀的高校法学教师，祁同伟——一个出身贫寒的山村农民子弟，经过自身打拼走上中层干部岗位的奋斗成才者，但却因贪念作祟而成为贪污犯，他们犯罪堕落的人生经历，正是从反面说明了传承"心学"优秀文化基因，领会修身养性精神真谛的重要性。对于身处领导岗位的共产党员干部来说，重温入党誓词，重温儒家文化"皇天无亲，惟德是辅"（《尚书·蔡仲之命》），"得人心者得天下"《孟子·离娄上》，"闻诛一夫纣矣，未闻弑君也"（《孟子·梁惠王下》）等格言，是提高

---

① （宋）朱熹撰，朱杰人、严佐之、刘永翔主编：《朱子全书》第15册，上海古籍出版社、安徽教育出版社2002年版，第1477页。

② 景海峰主编：《儒家思想与当代中国文化建设》，人民出版社2013年版，第307页。

执政修养的有益教诲。

一个成熟的理论体系是由多侧面学术视野组成整体性体系,自然也可以从不同的侧面去研究。唯物还是唯心是从本体论视角的分析,如果我们仅以此简单化思维判断中华传统文化,那么其内蕴的具有中国特色的政治哲学、社会哲学、道德哲学的丰富内涵,就无法传承、发展了。习近平总书记就以新时代的价值观切入,将中华优秀传统文化的精华高度概括为"讲仁爱、重民本、守诚信、崇正义、尚和合、求大同"①六个方面构成的一个有机文化整体。习近平指出,要"深入挖掘和阐发中华优秀传统文化讲仁爱、重民本、守诚信、崇正义、尚和合、求大同的时代价值,使中华优秀传统文化成为涵养社会主义核心价值观的重要源泉"②。

二 超越对马克思主义经典的程式化运用,推进与时俱进的学理阐释

长期以来,我们习惯于直接引用马克思主义经典著作中的有关论述,为我们哲学论文作论证性阐释,并以此为据。但很少思及,马克思主义诞生于近代工业革命时代,这一时代是立基于以机器生产为代表的生产力和以近代资本主义的经济基础之上,其所有的直接话语,是否可在21世纪的今日均原封不动地搬来用呢?这也是今日中国特色哲学学科话语体系建设所面临的时代课题。我们认为,只有超越对马克思主义经典的程式化运用,深入领会其方法论的实质,从而推进与时俱进的学理阐释,才是创新和发展新时代马克思主义理论的正途。在此,我们以马克思的劳动价值论在数字时代数字劳动的拓新阐

---

① 习近平:《论党的宣传思想工作》,中央文献出版社2020年版,第56页。
② 《习近平谈治国理政》第一卷,外文出版社2018年版,第164页。

释为例进行分析。

马克思提出的劳动价值论,是奠基《资本论》的经典理论。马克思这一理论创新是从资本主义的商品及其交换开始的。他说:"资本主义生产方式占统治地位的社会的财富,表现为'庞大的商品堆积',单个的商品表现为这种财富的元素形式。因此,我们的研究就从商品开始。"① 但商品交换的原则又是如何的呢?马克思认为,这两种商品作为不同的使用价值能够按照一定比例相互交换,其中必有一个为双方所共认的共通物,而这个共通物"不可能是商品的几何的、物理的、化学的或其他的天然属性。……作为使用价值,商品首先有质的差别;作为交换价值,商品只能有量的差别,因而不包含任何一个使用价值的原子"②。进而,马克思继续分析道:"如果把商品的使用价值撇开,商品体就只剩下一个属性,即劳动产品这个属性。……随着劳动产品的有用性质的消失,体现在劳动产品中的各种劳动的有用性质也消失了,因而这些劳动的各种具体形式也消失了。各种劳动不再有什么差别,全都化为相同的人类劳动,抽象人类劳动。"③ 由此,马克思提出了抽象劳动的概念,由此与前述的生产使用价值的劳动并列,构成了劳动二重性概念。通过上述劳动二重性的分析,在此,马克思得出了他劳动价值论的重要结论,他说:"现在我们来考察劳动产品剩下来的东西。它们剩下来的只是同一的幽灵般的对象性,只是无差别的人类劳动的单纯凝结,即不管以哪种形式进行的人类劳动力消耗的单纯凝结。这些物现在只是表示,在它们的生产上消耗了人类劳动力,积累了人类劳动。这些物,作为它们共有的这个社会实体的结晶,就是价值——商品价值。"④ 这一劳动二重性原理,正是马克

---

① 《马克思恩格斯全集》第23卷,人民出版社1972年版,第47页。
② 《马克思恩格斯全集》第23卷,第50页。
③ 《马克思恩格斯全集》第23卷,第50—51页。
④ 《马克思恩格斯全集》第23卷,第51页。

思劳动价值论的内核,马克思本人对此也十分重视,认为劳动二重性学说是他著作《资本论》的最大优点,是理解政治经济学的枢纽。①

上述马克思的分析,显然是针对有形的物质性的生产劳动而言的,那么对于无形的数字劳动而言,这一劳动价值论是否还适用呢?对此,我们就不能停留在原有的基础上按兵不动,而必须在领悟了马克思理论之精髓的基础上,对这一理论内核作与时俱进的分析:需通过深入研读,领会马克思理论的方法论精髓。深研马克思的劳动价值论,我们就可发现,在马克思的这一经典理论中,已蕴含了进一步深化的理论指南。

首先,马克思通过劳动二重性的理论创新,既深化了价值源泉的思想,又指出了劳动二重性发展的社会历史性。劳动二重性,说明了商品二重性的缘由,即具体劳动和抽象劳动的统一造就了商品的使用价值和价值的统一,并通过劳动发展简史,也表明简单劳动向复杂劳动的发展,是由生产者背后的生产力发展的社会历史过程完成的。从某种意义上说,数字劳动这一社会历史发展到新科技革命时代的产儿,实际可被视为新型的复杂劳动。

其次,马克思通过商品二重性价值来源的揭示,解释了隐匿于商品使用价值背后的新价值的创造性来源,新价值是由社会必要劳动时间创造的,商品的价值量决定于社会必要劳动量,这一量不仅在数量上必要,而且具有社会历史性。这一见解,超越了李嘉图,社会必要劳动量既不是由习惯决定,也不是如李嘉图所说的最坏条件下的耗费劳动,而是平均的社会必要劳动量。

马克思在对劳动二重性和价值二重性的理论分析中,内含了这两类二重性的形成和发展是个历史过程,具有社会历史性的思想。正如著名的经济学教授晏智杰所指出的:"价值形式多研究从表现形式上

---

① 《马克思恩格斯文集》第 10 卷,人民出版社 2009 年版,第 268 页。

揭示了价值的社会历史性和发展的过程。"正是马克思指出了"货币是商品价值的最高发展（在简单商品生产关系内）和相对价值形式的完成形式。……这一切分析的核心，在于揭示商品交换中贯穿着社会历史关系，这种性质源于生产资料私有制和社会分工等历史条件"①。

这一马克思关于劳动二重性与价值二重性具有社会历史性的思想，为今天马克思劳动价值论的时代拓新，提供了理论指引。

这一理论指引，还极其鲜明地体现在他晚年对德国社会民主党1875年提出的《哥达纲领批判》中。该纲领的第一条说："劳动是一切财富和文化的源泉。"对此，马克思直截了当地指出："劳动不是一切财富的源泉。自然界和劳动一样也是使用价值（而物质财富本来就是由使用价值构成的！）的源泉，劳动本身不过是一种自然力的表现，即人的劳动力的表现。上面那句话在一切儿童识字课本里都可以找到，但是这句话只是在它包含着劳动具备了相应的对象和资料这层意思的时候才是正确的。"② 在这段话中，马克思明确指出了劳动资料的重要性，马克思认为劳动无对象和无劳动资料，都不可能创造财富。

由此就明确告诉我们，作为其学说核心的劳动二重性和价值二重性的社会历史性说明了马克思本人都主张他创立的劳动价值论是应随着社会历史的发展而与时俱进的，与时俱进才是正确的路径，同时也指出应把劳动对象和劳动资料，引进对劳动作为财富的源泉的研究，这无疑为结合现时代劳动价值论的深入研究指出了行动路向。

正如邓小平同志所说："马克思去世以后一百多年，究竟发生了什么变化，在变化的条件下，如何认识和发展马克思主义，没有搞清楚。绝不能要求马克思为解决他去世之后上百年、几百年所产生的问

---

① 晏智杰：《劳动价值学说新探》，北京大学出版社2001年版，第30页。
② 《马克思恩格斯全集》第19卷，人民出版社1963年版，15页。

题提供现成答案。……真正的马克思列宁主义者必须根据现在的情况，认识、继承和发展马克思主义。"① 在我国改革开放初期，就明确提出了"科学技术是第一生产力"的科学名言，这是对新历史条件下生产力要素论的最精辟的概括。在中国特色社会主义的建设中，中共中央在发布的文件中明确提出"深化分配制度改革，坚持效率优先，兼顾公平的原则，实行按劳分配为主体，多种分配方式并存的制度，把按劳分配和按生产要素分配结合起来。鼓励资本、技术等生产要素按贡献参与收益分配"②。由此，在中国特色社会主义的建设中，除了劳动之外，土地、资本、经营管理和知识技术先后都充当了劳动价值的主要创作者，成为劳动价值的不可缺少的部分，这是时代发展的必然结果。

通过对马克思理论与时俱进的思考，我们可以发现，数字劳动并没有脱离马克思的劳动价值论，只是其表现形式呈现了新时代的特点。

特点一，互联网和大数据，是数字劳动无形的但却是基本的劳动资料，无此，便无数字劳动。互联网、大数据和算法的先进性决定了数字劳动的成果之数量和质量。他们成为数字劳动成果的决定性因素。在此意义上，互联网、大数据可以喻为传统劳动中的设备等物质条件，而算法则是劳动工具。

特点二，数字劳动形式具有相异性。所谓相异性，是指同坐在计算机前，利用互联网进行操作，一类是程序操作员，其为互联网公司服务，另一类是互联网用户，有的是在工作，有的却是在点击游戏，再有的是查信息，收发邮件，乃至读广告，看上去似乎在为自己忙碌，实际却在为互联网企业提供着数据和流量，产生着价值，故有研究者将这些互联网的使用者称之为"闲暇劳动者"，相异于前述的程

---

① 《邓小平文选》第3卷，人民出版社1993年版，第291页。
② 晏智杰：《劳动价值学说新探》，第4页。

序操作员的劳动。

特点三，数字劳动产生的劳动价值具有多样性。众所周知，生产性实体劳动制造出产品，一般被称为使用价值，一种具体劳动只能创造出一种使用价值，它们是一一对应的。但一种数字劳动却可以创造出多种使用价值，就以网络用户而言，用户自由浏览网页、自由聊天、回复意见和评论、写博客、阅览、参与邮件列表……这些作为数字劳动形式的操作，都会产生不同类别的价值，如增加互联网企业的用户数、点击量、广告商的客户关注度等，以至于为被使用的各类网主提供了个人信息，以使其可将这些资料集成后作为商品卖给他人……这些对互联网用户而言，均是在上网之后的自我满足中为他人创造的价值，故有学者将之冠以"无报酬劳动"和"免费劳动"的桂冠，但他们创造的价值虽非有形产品类的使用价值，但也具有价值。只是其价值量并非简单地由"平均社会必要劳动量"所决定。但也与劳动的质与量有关。这也就告诉我们，马克思的劳动价值论，其劳动创造价值的真理，在对数字劳动的分析中，仍闪耀着真理的光芒，即"不劳动、无价值"，正如中国民谚所说："不劳动者不得食。"

在人工智能和数字经济来临的时代，对马克思的劳动价值论原理进行与时俱进的学理研究和阐释，对中国特色哲学社会科学话语体系建设具有重要意义。

首先，将有助于揭示数字资本主义的本质。由于数字劳动生产的数字产品非肉眼所能见，故在数字资本主义社会中，资本对劳动的剥削则以更加隐蔽的方式存在了。在此不用说普通数字工作雇员其与劳工贵族——软件工程师之间巨大的工资差距，更为隐蔽的是对数据用户的剥削。数据用户如前已提及他们从事的是"无报酬劳动"，即不享有工资和社会福利，但他们在线上的时间却在为资本家创造剩余价值。种种网上平台，并不是为用户所有，而是为他人乃至垄断的大公司所有，他们将用户数据商品化后，所实现的价值增殖完全被其独吞。他们将这些数据进行筛选处理后，从而获取大量有利于广告商的信息，并进一步运用这些信息对用户进行"使用"或"消费""诱导"，数据用户由此成为可"无限剥削的来源"。对数字资本主义而言，可以将所有数字劳动的形式通过互联网连在一起，就可形成全球性的新型剥削生态系统，这使其对劳动的剥削超越了传统资本主义。由此可见，在数字资本主义的阶段，生产性劳动已突破雇佣劳动而向工厂外延伸，通过诱人上网，不断侵占原本属于普通人自由支配的"闲暇时间"，从而实现比传统资本主义更为疯狂的剥削。

其次，它对加快建设中国特色数字社会主义具有重要理论指引。数字劳动由于能对人的脑力劳动与体力劳动起到同步替代的作用，因此能极大地提高劳动生产率。马克思在《资本论》中说："各种经济时代的区别，不在于生产什么，而在于怎样生产，用什么劳动资料生产。劳动资料不仅是人类劳动力发展的测量器，而且是劳动借以进行的社会关系的指示器。"[①] 由此可见，在世界已进入人工智能，互联网、大数据的新科技时代，大力发展数字劳动，可大大提高社会生产力的质量水平，对我们新时代中国特色社会主义的建设，具有重要的推进作用。在社会主义制度下，数字劳动的运用与发展，必然服务于以人民为中心的社会主义建设，在宏观、中观和微观上都将推进社会历史发展的进程，就宏观而言，将有力展示数字社会主义制度的优越性，使数字资本主义相形见绌而被历史淘汰；就中观而言，它将通过高智能的数字生产力的发展，推动人民对美好生活需要的早日全面实现；从微观而言，数字劳动将使人从工业革命以来难以摆脱的工作场所中解放出来，如无人驾驶汽车的出现，就使司机得以解放，从而使人们的闲暇时间增多，以促进人的自由全面发展，实现马克思所说的"有时间去打猎和捕鱼……"

---

① 《马克思恩格斯文集》第5卷，人民出版社2009年版，第210页。

正是对数字劳动在现代社会发展中重要作用的自觉认识，我国2017年出台了《新一轮人工智能发展规划》，谋划了到2030年要成为世界主要人工智能创新中心这一令人鼓舞的远景。

最后，数字劳动所产生的高效率，将全面提高中国特色社会主义人工智能社会治理的水平。我国立基于互联网、大数据的数字劳动，虽还有待进一步发展，但其劳动价值，目前就已在我国社会各领域各方面的社会治理实操中，有了出色表现。它能使社会治理系统化、精准化和高效化，使各级行政部门的管理规则，工作要求及执行情况能以最快、最真实的方式，展现在管理者面前。最为常见的如交通管理，它能使道路车流的情况、交通事故情况实时传输到交通指挥中心，对交通事故车辆的快速、准确的责任追寻，就是一个智能治理实效的体现。我国对新冠疫情的防治，也是个极为典型的案例。可以看到，智能手机及其他数字劳动工具的运用，使行政管理部门各层级各类措施能及时、准确地传达贯彻与反馈。为保证信息传递的安全与通畅，国家设立了网信办，这在我国改革开放初期是没有的。国家网信办为了提高智能社会治理的效率，打击网上造假、诈骗等违法活动，开展了"清朗"系列专项行动，最近"两高一部"联合发布的《关于依法惩治网络暴力违法犯罪的指导意见》，即以网络治理推进社会治理。由此，进一步改善了数字劳动的劳动环境，从而使其劳动价值得以进一步提升。在此，网民就是数字劳动者，效果就是劳动价值，从而使企业、平台、网络的数字劳动生态环境进一步得以优化，使数字劳动水平与社会治理水平间的正向联动功能，得到进一步提升。

三 运用立体化思维，整体性理解和阐释我国新时代的新理念

所谓立体化思维，就是纵向历史考察和横向比较相结合，从而对

我国新时代的新理念有整体性、立体化的深入理解，因为历史考察也就是作历史性的回顾和比较，从中可以看到有关理念的演化、发展和进步，横向比较，则是"有比较才有鉴别"，才能以纵横结合的整体性领悟新时代新话语的精神实质。中国特色社会主义核心价值观的问世，就是立体化思维的典型。

所谓价值，是立基于人们生活实践的一种理论抽象，马克思指出："'价值'这个普遍的概念是从人们对待满足他们需要的外界物的关系中产生的。"[①] 所以，"价值观是人们对物质世界和精神世界的判断、评价、取向和选择，在深层上表现为人生处世哲学，包括理想信念和人生的目的、意义、使命、态度，而在表层上则表现为对利弊、得失、真假、善恶、美丑、义利、理欲等的权衡和取舍"[②]。对人民的价值观具有立体性和整体性的指引。从历史发展看，中国封建社会统治阶级以"三纲五常"，即君为臣纲、父为子纲、夫为妻纲，和仁、义、礼、智、信为主要内容建构其核心价值体系，而资产阶级在反封建的斗争中又以"自由、平等、博爱"为本阶级的核心价值观，其内涵自然胜于封建等级制，由此使资产阶级最终赢得了反封建的胜利，但是以私有资本逻辑为主宰的社会，在发展资本主义的过程中，不可避免地形成了以拜金主义、享乐主义、极端个人主义为主要内容的核心价值体系，这自然使资本主义社会进入了自我否定的可悲境地，其在反封建斗争中公开标榜的自由、民主、人权等价值观，掩盖不了资本主义核心价值观的消极亦阻挡不了它的没落。正是在这一历史比较与历史进化中，中国特色社会主义核心价值观，通过扬弃前人，坚持马克思主义和社会主义基本原则，其方法论的特色就在于其运用立体化、整体性思维，即既吸收中华优秀传统文化中讲仁爱、重

---

① 《马克思恩格斯全集》第19卷，人民出版社1963年版，第406页。
② 韩震主编：《社会主义核心价值体系研究》，人民出版社2007年版，第12页。

民本、守诚信、崇正义、尚和合、求大同的价值观，又以马克思主义的世界观和方法论为指导，以集体主义为原则，以人民为中心的人民利益的实现为检验标准，适应社会结构分化、价值主体多元化的现实，对以往的核心价值观创造性地重构和细化分层。在国家层面，以富强、民主、文明、和谐为核心价值；在社会层面，以自由、平等、公正、法治为核心价值；在公民层面，以爱国、敬业、诚信、友善为核心价值。由此，批判性地"兼收并蓄"、扬弃了历史上的各种思想资源，与历史、时代和现实息息相通，通过对传统价值观立体化思维和整体性综合、扬弃，为新时代中国特色社会主义树立了一个得以共同认同和践行的价值准则。

运用纵横相结合的立体化整体性阐释，可使人们对社会主义核心价值观理论创新，有全面深入的理解，就国内现实而言，它既同我国仍处在社会主义初级阶段的社会特征相适应，又同我国以公有制为主体、多种所有制共同发展的经济基础特征及我国多种分配方式并存相适应。就国际而言，它同我国对外开放、与现代资本主义国家并存的世界格局相适应。社会主义核心价值观的提出，既向世人展现中国特色社会主义话语体系的精彩，又向世人展现了当代中国共产党人作为21世纪马克思主义领路人的风貌。

在此，需注意的是，在我们以立体化思维，阐释新时代新理念时，应注意创新话语表达和传播方式，积极应对"数字时代"的来临。回望历史，人类社会的发展进程，与新时代的发明和应用密切相关。世界近代史上已发生过三次工业革命，现正迎来第四次工业革命。第四次工业革命的核心是网络化、信息化与智能化的深度融合，由此，使数字社会加速来临，出现了"互联网媒介全息化"，这指的是互联网媒介从文字、符号、图片、动图、视频向立体全息影像的转变，以及其传送和接收速度的加快，且随着互联网和智能终端的普及，其内容更为丰富的连通性成了人人均能享用的常用品。在我国国内，自1995年以来，正是我国电子技术、互联网、个人电脑、智能手机等新兴技术和产业蓬勃发展的阶段。我国高铁、公路、光纤等基础设施的建设，西部大开发、新型城镇化、乡村振兴、脱贫攻坚等的整体推进，以极快的速度推进了互联网及其终端产品的技术升级与全民普及。这些都使中国的年轻人更早地与媒介全息化的互联网亲密接触。而青年人是我们马克思主义哲学学科建设的后继者和接班人，我们只有创新哲学学术话语的表达和哲学理论应用互联网的学习和传播方式，用群众喜闻乐见的方式传播马克思主义理论，才能使我们的事业后继有人，使中国特色哲学学科话语体系，从内容和形式上体现新时代的新风貌。

基于战略哲学的公共领导者战略领导力思考

吴 涛（中国浦东干部学院）

基于战略哲学的公共领导者战略领导力思考有重要的理论和实践价值。公共领导者的战略领导力研究已经与国家、社会的发展紧密相连，其已经开始彰显出其在社会发展和国家建设中独特的战略价值。本文认为基于战略哲学，可以在对战略领导深入分析的基础之上探讨战略领导力的维度，并基于公共性基础之上的公共领导，界定公共领导者战略领导力并剖析其维度，构建起公共领导者战略领导力的研究平台。

一 为什么要研究公共领导者的战略领导力

从学界的研究来看，在政治学、社会学、管理学及领导学的视野下，领导力研究的导向之争一直是众多专家学者争议的焦点话题之一，在对各家学派的梳理之中，我们可以将主流观点分为如下几种取向。

1. 影响力取向：该类观点认为领导是一种相互影响的过程，一个领导者影响力的大小，有相当大的程度端赖部属对其知觉而定，包括领导者是否拥有正式权势的权力又称合法权、奖赏权等职位权及属于个人权的专家权与参照权等权力。①

2. 特质取向（trait approach）：这是强调领导者个人属性的理论研究取向，该观点认为，成功的领导者必具有若干基本特质，诸如智慧（intelligence）、支配力（dominance）、自信（self-confidence）、精力或活动力（energy or activity），以及与领导工作有关的知识（task-relevant knowledge），等等。②

3. 行为取向（behavior approach）：这类观点认为有效能的领导者必定会利用某一种特定的方式，以领导部属去达成目标。因此，研究者会试图运用晤谈、观察及量表等方法，以鉴别最具效能的领导方法。行为取向强调领导者与部属在职务上的实际作为，此项理论研究是继领导者人格特质研究（特质论）之后发展出来的领导研究途径，其主要旨趣在于以外显的行为来对领导现象作客观及量化的探讨，而放弃特质论者以"内隐的人格特质"去探究领导现象。③

4. 情境取向（situational approach）：此类研究着重于探讨诸如：领导的职权与权限、领导者所属单位的工作性质、部属的能力与动机、外在环境的性质，以及由部属、同事、上司及组织外人士所设定从属人员必须具有的角色期望等情境因素的重要性。

在上述我们对领导力研究取向之争的梳理基础之上，我们可以看出，各家之言都能自圆其说，但又呈现分割之势，而当今学界的时代发展又呈现多学科交融共进、多领域交叉互动的时代特征与潮流，因此，本文

---

① Thomas W. Fryer, Jr. John C. Lovas, *Leadership in governance: creating conditions for successful decision making in the community college*, San Francisco: Jossey-Bass Publishers, 1991, pp. 8-11.

② James G. Hunt, *Leadership and managerial behavior*, Chicago: Science Research Associates, 1984, p. 8.

③ Nick Georgiades & Richard Macdonell, *Leadership for competitive advantage*, Chichester: John Wiley & Sons, 1998, p. 116.

认为，要寻求领导力研究新的突破与创新，必须具有更宽广的视野。对于研究公共领导者的战略领导力重要价值和意义集中体现在如下层面。

一是有助于开辟领导学新的研究领域和促进领导学学科发展。领导学是一门与哲学、政治学、法学、经济学、史学、管理学等众多学科联系紧密的综合性学科，作为一门无论在理论层面还是在具体实践中均具有重要意义和重大价值的知识群整合型学科，现代领导学特别是关于领导力的研究已经越来越显现出其跨学科、跨领域、跨部门的多学科融合，多视角研究的趋势，比如，关于领导力的研究视角和路径有影响力的视角、法理视角、情商视角、历史视角、执行视角、群体视角、内在动力视角、要素路径研究等多个视角和路径，对于企业领导力、教育领导力、女性领导力等领导力的研究领域也有所涉猎。由此，基于当今时代领导学发展的跨领域性、综合性和集成性，有必要以更宽广的视野研究领导学并引领其发展的前沿，新时期领导学的发展有必要也有价值去开拓新的研究领域，从而促进领导学学科的进一步发展。

二是有助于树立领导研究中的问题意识和解决领导实践中的现实问题。领导学是一门应用性较强的学科，其突出强调领导理论与领导实践的互动和结合。从当今世界的社会现实来看，在这个大发展大变革大调整并存的转型时代，世界多极化、经济全球化深入发展，科技进步日新月异，全球思想文化交流交融交锋呈现新特点，各国综合国力竞争和各种力量较量更趋激烈，给我国发展带来了新的机遇和挑战。在这个转型与变革的时代，战略一词使用确实相当广泛，几乎什么领域都讲战略问题，比如国家层面的"21世纪头二十年是我国重要战略机遇期"，企业界的"21世纪中国企业将进入战略时代；因为市场发育更加完善，对外开放程度提高，需要企业以正确的战略取胜"，领导干部素质要求的"世界眼光、战略思维"，外交方针方面的"战略合作伙伴关系"，人才需求方面的"中国最紧缺的资源是什么？是人才，在人才资源中最紧缺的是什么，是战略型人才，尤其是战略型的领导人才"①。由此可见,在现实问题的关注中,领导学的研究必须上升到战略领导力的高度,特别是聚焦于公共领导者的战略领导力研究这一关系国家兴亡、民族命运的战略高度。公共领导者的战略领导力研究直击当前领导学研究需要加强的现实问题,有助于树立领导研究中的问题意识和解决领导实践中的现实问题。

三是有助于彰显领导学对人的尊严和价值的终极关怀。公共领导者的战略领导力是在治理国家和社会中积累的智慧与经验的结晶,集中体现了人类的智慧、理性、追求与期待。作为一名公共领导者,其战略领导力的终极指向必须让人们能够感受到社会主体的价值与尊严,强化人的目的性价值。公共领导者战略领导力的基本逻辑出发点是人的生存与发展。基于这样一个出发点,其在战略领导力的运行之中,必须超越中西方文化的鸿沟,超越文与理的界限,也超越左与右的纷争,因为领导学的研究不仅仅传递领导学的知识,还要承担揭示人生价值与目的的功能,公共领导者的战略领导力研究首先是建立在人是具有尊严性的、有价值的存在基础上。进一步而言,我们可以在公共领导者的战略领导力研究中发现和发展公共领导者领导实践中的共同规则,并以此为基础扩大公共领导者们的共识,共同解决人类面临的问题,使不同文明和不同文化之间形成和谐共存,彰显领导学对人的尊严和价值的终极关怀。

二 基于战略哲学的战略领导与战略领导力的维度研究

就公共领导者的战略领导力研究而言,离不开对于战略领导力这一基本问题的深入探讨,本部分拟在对战略的定义进行深入分析的基

---

① 奚洁人:《面向21世纪的领导创新——奚洁人讲演录》,华东师范大学出版社2009年版,第153页。

础之上，探讨战略领导的基本概念与内涵，并在此基础上对战略领导力的维度进行剖析。

从学术史的角度进行梳理，在政治学、社会学、管理学及领导学的视野下，自1950年以来，战略领导这个观念就开始受到重视，也有学者认为战略领导用来解释和探究一些涉及战略领导的现象，但研究者多半将焦点集中于领导者个人特质上，很少将战略领导的概念扩展到组织的整体营运上，也就是运用战略规划与执行的领导模式。有学者认为，领导者的战略性选择（strategic choices）较之组织环境更能影响组织运作的结果。因为领导者是组织绩效的最后负责者，他们对于组织的战略领导过程具有绝对的影响力。[1] 也有学者指出，组织的结果主要是受领导者本身价值观和认知的影响，而不是公司董事会或环境因素。虽然组织战略的形成可能是由下而上，但是领导者在组织中最能对组织战略发挥独一无二的影响效果。[2]

1980年以后，战略领导的研究重心开始从领导者的个人特质移转到战略在组织的整体营运上，开始强调战略的落实与执行，因为企业当时所面临的问题不在于战略的制定或选择，而在于战略落实执行的程度，也就是组织的执行力。有学者提出了平衡计分卡的组织绩效衡量系统，绩效衡量系统强调组织的战略制定、选择、执行与回馈机制，为组织战略的有效执行，进一步提出以战略为核心的组织，称之为战略核心组织，其指出组织的失败不在于战略的不良，而在于战略被执行的程度。[3]

---

[1] Arthur A. Thompson, Jr., A. J. Strickland, Ⅲ, *Strategy formulation and implementation: tasks of the general manager*, Dallas, Tex.: Business Publications; Georgetown, Ont.: Irwin-Dorsey, 1980, 7.

[2] Donald L. Bates, David L. Eldredge, *Strategy and policy: analysis, formulation, and implementation*, Iowa: W. C. Brown Co., 1980, 15.

[3] Roya Ayman, Martin M. Chemers, Fred Fiedler, "The Contingency Model of Leadership Effectiveness: Its Levels of Analysis", *Leadership Quarterly*, Vol. 6, No. 2, 1995.

综合以上国内外学者对战略领导的概念所作的分析，本文认为，战略领导是领导层级中的最高层领导，也是一种与时代转型和变革联系最为紧密的领导形态，特别强调方向、愿景、战略、激励与整合的战略领导功能。换句话说，在战略领导中，领导者以战略作为领导的核心，经过愿景、参与、沟通、激励、授权、整合的互动历程，有效执行战略领导程序，用以启发与引领组织方向，确保组织竞争力的领导历程。

本文认为，以上对于战略领导内涵的解释，可发现战略领导的功能特别强调方向、愿景、战略、激励、整合等领导方面的内涵，特别是战略领导随着时代的发展，还必须新增一些内涵，例如：发展核心能力、组织架构发展、促成组织学习、发展人力资源等功能运作，才能使得战略领导也能够与时俱进，内涵更加丰满和完善。

战略领导力研究是学界关于领导力研究的开拓性视角，有学者认为战略领导力包括三个层次：一是战略领导人自身素质，包括经验、知识、创造力和文化道德修养等；二是战略领导人与被领导者及其团队的互动能力；三是组织领导力，即战略领导人对于组织结构、机制及其文化对于组织成员和社会环境的影响力。[①] 在这一视角之下，结合战略领导力实践中须重点聚焦的领域，从战略领导的系统出发，可以就战略领导力的维度剖析细化如下：

一是基于战略必须转化为决策和执行，可以划分出战略领导力中决策与执行的维度；二是基于战略必须体现领导者与组织的价值导向，可以划分出战略领导力中价值引导的维度；三是基于战略必须能够应对危机，可以划分出战略领导力中危机应对的维度；四是基于战略必须能够适应组织创新与再造，可以划分出战略领导力中创新再造的维度；五是基于战略运行的全过程必须具有团队建设与组织文化的

---

① 奚洁人：《面向21世纪的领导创新——奚洁人讲演录》，第187页。

氛围与保障，可以划分出战略领导力中组织文化保障的维度。

三 公共领导者的战略领导力及其维度

由前文我们对于战略领导力的探讨，可知，公共领导者的战略领导力是公共领导者的核心领导力，在公共领导者的众多领导力中居于最重要的地位。在公共领导的实践中，公共领导者的战略领导力主要体现在如下方面。

一是公共发展战略的制定。发展公共组织和推进公共事业的关键，是确立正确的发展战略。制定发展战略，要求高瞻远瞩。既顺应历史发展的潮流，又适应社会发展的实际情况；既适应民众的实际愿望，又能将公众的期望整合提升到一个更高的层次。在公共发展战略的制定过程中，公共领导者发挥着关键性的作用。

二是公共事务的决策与执行。在公共领导的过程中，需要对各种公共事务与公共政策进行决策。公共领导者是重要的公共事务与公共政策项的决策者，他必须集思广益，整合各种不同观点、利益和主张，提出和审议各种备选方案，并且根据决策的条件做出尽可能合理的决策，并因地制宜地加以执行。

三是公共组织和社会的变革。面对快速变化的现代社会，社会和公共组织的制度以及结构经常会落后于社会发展的要求，因而需要适时进行社会与组织的变革。公共领导者是社会和公共组织变革的提出者、计划者和推行者，他要克服很大的阻力，动员各种资源，联合各种力量，转变人们的价值观念、思维方式和行为方式，并准备承担失败的风险，付出高昂的代价。

四是公共价值的创造。公共领导实践中更深刻的方式，是引导公共价值。公共价值一旦形成，便会对公共领导的发展产生深远的、持续性的影响。与公共组织和公共制度的变化相比，公共价值的发展和变化是相对缓慢的、潜移默化的。领导者要通过各种契机倡导和发展有利于公共领导发展的公共价值，这是领导者需要长期努力来完成的重要职责。

五是公共危机与冲突的化解。公共领导涉及众多主体的不同利益，这种利益差别导致主体间在一些具体问题上会产生冲突或因其他因素产生危机。它既包括个人或群体之间的冲突，也包括组织与个人的冲突；既包括组织内的冲突，也包括组织间的冲突。冲突是矛盾的激化状态，冲突的升级对公共组织的正常运行、公共争议的解决、公共领导的发展都会构成威胁。而冲突和危机的化解需要在冲突各方建立起信任关系，减少怀疑和敌视，共同寻找实现多赢的机会。这就要求冲突的化解者具有相当的威信、一定的资源、高度的智慧和杰出的创造性，而这正是公共领导者所具备的特质。因此，公共领导者必须承担化解公共冲突与危机的职责。越是在发生混乱与危急的时刻，越是需要公共领导者发挥重要作用。公共领导者正是在处理混乱与危机的过程中树立起自己的威信，显示出自己的才能，发挥出独一无二的重要作用。

由此可见，结合前文我们对于战略领导力维度的剖析，一是基于战略必须转化为决策和执行，可以划分出战略领导力中决策与执行的维度；二是基于战略必须体现领导者与组织的价值导向，可以划分出战略领导力中价值引导的维度；三是基于战略必须能够应对危机，可以划分出战略领导力中危机应对的维度；四是基于战略必须能够适应组织创新与再造，可以划分出战略领导力中创新再造的维度；五是基于战略运行的全过程必须具有团队建设的组织文化氛围与保障，可以划分出战略领导力中组织文化保障的维度。

进一步而言，可以对公共领导者的战略领导力维度作如下剖析：公共领导者的公共政策的决策与执行可以延伸为公共领导者的战略领导力之公共决策与执行的维度；公共领导者的公共精神可以延伸为公共领导者的战略领导力之价值引导维度；公共领导者的公共危机应对可以延伸为公共领导者的战略领导力之危机应对维度；公共领导者的组织创新与再造可以延伸出公共领导者的战略领导力之创新再造维度；公共领导者的团队建设与文化保障可以延伸出公共领导者的战略领导力之组织文化保障的维度。由此，也可构建对于公共领导者战略领导力研究的维度剖析与分析框架。

技术哲学中国化与中国特色技术哲学学派的研究纲领[*]

陈 凡　陈 佳（东北大学哲学系）

一

回顾中国技术哲学的创立和发展历程，可为实现技术哲学中国化，进而建立中国特色技术哲学学派提供理论前提。我们看到，国际哲学与技术学会（SPT）自1976年成立后，从欧美中心论开始走向全球化；中国技术哲学学会（CSPT）自1985年建立后，经历了"立足本土化、面向国际化、促进中国化"，进而走向"中国特色技术哲学学派"的历程。其中，C. 米切姆作为国际著名的技术哲学家，对中国技术哲学的发展作出了巨大的贡献。1992年他第一次来华参加"中美科技与社会（STS）讲习会"时，笔者刚从中国人民大学博士毕业并将自己入选"博士文库"待出版的《技术社会化引论》送给他，C. 米切姆给予的较高评价至今记忆犹新。近期他对中国技术哲学表现出"亲近技术"而"批判性不强"的质疑也给予我们有益的启示，促使我们进一步反思中国技术哲学的历史，谋划其未来发展。

---

[*] 本文发表于《哲学动态》2021年第1期。

技术哲学中国化的进路从20世纪50年代的本土化起步。当时，以东北大学陈昌曙为代表的第一代中国技术哲学学人就从唯物辩证法的角度展开了关于工程技术的方法论等哲学问题的研究，如陈昌曙在《自然辩证法研究通讯》中发表了"要注意技术中的方法论问题"（1957年第2期）；哈尔滨工业大学的关士续等在《红旗》杂志发表了"从'积木式机床'看机床内部的矛盾运动规律"（1960年第24期），成为我国工程技术哲学研究的重要开端。20世纪80年代，是中国技术哲学研究本土化的重要阶段，陈昌曙倡导加强从整体上研究技术和技术发展规律，并在《光明日报》发表"科学与技术的差异和统一"（《光明日报》1982年10月1日、15日）；并提出"技术是哲学的研究对象"的观点（《自然辩证法通讯》1985年第3期），认为技术哲学应该成为哲学的一门独立学科，由此中国技术哲学学会（CSPT）成立并走上了建制化轨道。与此同时，东北大学、哈尔滨工业大学、大连理工大学逐渐建立一种技术哲学学术联盟，被国内学者称作"中国技术哲学的东北学派"[①]。

在中国技术哲学发展初期（1989年），我们对《技术体系的社会建构》（1987）[②] 等西方技术哲学理论还不太了解。因此在《技术社会化引论》中，我们基于本土实践提出技术社会化的理论，这也是自发建构技术与社会互动模式的一种有益尝试。陈昌曙在该书的序言中认为，这篇博士论文对我国技术哲学和技术社会学的发展具有重要意义，因为它"构成了关于技术社会化相当完整的体系"，而且"又可以成为中国人的技术社会学专著"[③]。

---

① 刘则渊：《试论中国技术哲学的东北学派》，载刘则渊、王续琨、王前主编《工程·技术·哲学》，大连理工大学出版社2004年版，第134—141页。
② 此著为技术的社会建构论诞生的标志性文集，由美国学者拜克尔（Wiebe Bijker）、休斯（Thomas Parke Hughes）和平奇（Trevor Pinch）主编。
③ 陈凡：《技术社会化引论》，中国人民大学出版社1995年版。

1999年陈昌曙出版了国内第一部《技术哲学引论》，尽管作者申明这本书是"土的技术哲学"、是"略接近工程的技术哲学，而与人文的技术哲学相去较远"，但刘则渊认为，"该书将人工自然作为自然改造论的基本范畴和技术哲学的逻辑起点，体现了东北学派的风格和特色，因此它是中国技术哲学东北学派形成的一个重要标志"①。2001年陈昌曙和远德玉还发表了"也谈技术哲学的研究纲领"，阐述了技术价值论导向的研究范式。②

在中国技术哲学"立足本土化"的过程中，陈昌曙也十分重视"技术哲学的国际化"，他在20世纪末就提出"要十分重视欧美技术哲学发展动态"③问题。1996年他发表了"美国技术哲学文献简介"，介绍了美国技术哲学20年来（1975—1995年）的迅速发展。在改革开放推动下，我国学者也开始较多引介西方技术哲学成果，并在2001年首次有中国学者（陈凡）作为会议正式代表受邀参加国际技术哲学学会（SPT）第12届会议，在国际学术舞台上开始了中国与世界对话的新路径，中国技术哲学学会（CSPT）和东北大学在2015年还举办了第19届国际技术哲学学会（SPT）会议，这也是自SPT成立以来第一次走出欧美来到亚洲、来到中国举办的国际会议。

世纪之交陈昌曙教授曾发人深省地提出："我国技术哲学如果从20世纪80年代初起步算起，再经过大约30年，会是一种什么情况呢？"时至今日，从他1957年发表第一篇技术哲学论文，半个多世纪过去了；从中国技术哲学学会（CSPT）建立至今也35年了。21世纪中国的技术哲学应该如何进一步发展？我们基于技术社会化的理论，

---

① 刘则渊：《试论中国技术哲学的东北学派》，载刘则渊、王续琨主编《工程·技术·哲学》，第134—141页。

② 陈昌曙、远德玉：《也谈技术哲学的研究纲领——兼与张华夏、张志林教授商谈》，《自然辩证法研究》2001年第7期。

③ 陈昌曙：《美国技术哲学文献简介》，《自然辩证法研究》1996年第8期。

面对本土化与国际化的双重语境，提出我国技术哲学应该与时俱进、文脉传承，"立足本土化、面向国际化，促进中国化，走向中国特色的技术哲学学派"。

二

中国特色技术哲学学派的建构过程应坚持"四项原则"。

第一，坚持了解"新兴技术发展"与深化"传统技术认识"相结合的原则。人类社会正从工业社会走向智能社会，中国的技术哲学研究一方面应结合我国新型工业化的现实需求，深化对"传统技术"改造升级的认识；同时还要与时俱进，形成对"新兴技术"的问题旨趣。当下在国内技术哲学研究中存在着"知识完整性"缺失，有些人对传统技术的研究多限于工业化时代语境，而对新兴技术知识亦知之甚少难以深入，最终或成为技术的批评者，或仅限于伦理学的考察。

第二，坚持通晓"国外技术哲学"与直面"当下中国实践"相结合的原则。技术哲学要了解国外动态，"洋为中用"有助于中国技术哲学发展。但通晓"国外技术哲学"的目的是"催生中国特色的研究成果"，而不是落入因"西方化倾向"而导致的"中国之缺位"陷阱。所以我们应从"非反思性追随者"，转变为"反思性、自主性的思想者"，即中国的技术哲学应以批判性的立场展开对国外技术哲学的研究，既要"论其所是"，也要"论其所非"；既要建设性地批判，也要否定性地批判；既要弘扬科学技术生产力的正功能，也要警觉科学技术破坏力的负能量，走向"问题导向"的"技术哲学"，面对变革中的中国实践。①

---

① 陈凡、程海东：《科学技术哲学在中国的发展状况及趋势》，《中国人民大学学报》2014年第1期。

第三，坚持"经验转向"与"理论升华"相结合的原则。中国技术哲学始于实践，是工程技术活动唯物辩证思维的结果，因此中国技术哲学从一开始就带有某种"经验"特征，走了从技术进入哲学的研究路径。随着研究视域的拓展，从哲学进入技术的路径也成为中国技术哲学的重要方式。基于米切姆教授提出的工程主义与人文主义两种技术哲学传统，面对国外技术哲学经验转向的背景，我们认为人文的技术哲学确实需要"经验转向"以避免陷入对技术的抽象批判，而工程的技术哲学则更需要"理论升华"，即加强学理分析，将"形而下"的经验传统与"形而上"的哲学思辨很好地结合起来。

第四，坚持"专一化"与"多元化"相结合的原则。现代技术哲学自产生之时，在不同国家和地区具有不同的研究特色，在不同学者身上体现不同的哲学传统。F. 拉普区分了工程科学、文化哲学、社会批判主义、系统论四种技术哲学；C. 米切姆划分了技术哲学中工程主义和人文主义两种传统；D. 伊德将技术哲学分为四种流派（实用主义、技术自主论、马克思主义、人文批判）。由此可见，学派林立、方法各异，是现代技术哲学研究的重要特征，因此不能采取非此即彼的单一化方法，"亲疏、质疑、追问、反对"技术的各派之言都有某种合理之处，应允许"多元化"的路径选择。但面对技术哲学的"多元化"的现状和"经验转向"或"伦理学转向"的现实，我国技术哲学工作者应始终坚持自己的"专一化"，不能随波逐流，迷失方向。

三

中国特色技术哲学学派的建构路径应采取"三化方针"。"立足本土化"是中国特色技术哲学的实践根基。1992年陈昌曙教授提出要注意"STS研究与中国国情问题"，他指出"STS问题有它的普遍性，在不同时代、不同国度又有它的特殊性。中国的STS研究应当重视这两个方面，尤其要注意结合当今中国的国情"。改革开放后我国技术发展日新月异，既为技术哲学研究创造了"攀高峰"的环境，也提供了"接地气"的土壤，特别是在中国特色社会主义进入新时代的当下，中国技术哲学应在面向世界学术前沿的同时，更需要基于国民经济和国家重大需求的"中国国情"形成新的问题旨趣。例如"技术进步与脱贫攻坚、全面建成小康社会""技术创新和东北老工业基地振兴、西部大开发、中部崛起"等，都是中国技术哲学本土化研究应关注的重要问题。当前，我国正在实施"创新驱动"国家战略，因此如何立足本土化，将技术哲学研究的理论创新与我国"创新驱动"的建设实践相结合，促进我国技术与社会和谐发展，是中国技术哲学理论工作者的职责所在。

"面向国际化"是中国特色技术哲学学派的理论视域。各个时代、各个国家的技术哲学都有其国际性、地域性或民族性视域。如果说关注中国国情的本土化研究是为了体现中国技术哲学研究的地域性或民族性，那么世界范围内的学术交流就是展现中国技术哲学研究的国际化视野。对于当前中国的技术哲学研究来讲，"没有特色就没有地位，没有研究就没有水平，没有应用就没有前途，没有开放就没有发展"，所谓开放，就需要有国际化的理论视域。新时代以来中国技术哲学尤其需要国际化的理论视域。我们要实现"双向度的国际化"，不仅是中国技术哲学的理论研究和学术交流要面向国际化，而且是以基于中国问题的研究成果，引起世界重视和借鉴的国际化，我们不能仅仅按照西方的问题意识、研究范式进行思考和研究，而是在国际化过程中不断强化中国的主体意识，从外在驱动向内在自觉转变，以中国技术哲学的创新成果，作出具有世界意义的理论贡献，任重而道远。

"促进中国化"是中国特色技术哲学学派的未来发展。技术哲学中国化就是以马克思主义理论为指导，以中国技术实践为基础，以国际多元的技术哲学理论为借鉴，寻找技术哲学理论与中国实际的结合点，从而提出我国技术哲学的基本纲领，使我国的技术哲学逐渐成为具有哲学主体自信和思想理论自觉并体现中国特色的技术哲学。技术哲学中国化的过程是循序渐进的，即学习借鉴国外技术哲学理论，分析解决中国的技术问题；分析研究中国的技术现状，产生创造中国的技术哲学理论；运用发展中外的技术哲学理论，分析研究全球的技术问题等。技术哲学中国化的历程应该始终贯穿着"中国逻辑"，即与中国实践、中国理论、中国价值直接统一的研究范式和立场观点，与中国历史、中国文化和中国精神相互关联的思维方式和理论品格。①

四

中国特色技术哲学学派的建构方向要体现"四个目标"。

首先，要建构坚持马克思主义传统的技术哲学。技术哲学中国化必须要用马克思主义理论，特别是中国马克思主义理论指导我国的技术哲学，这是我们不同于西方的一个本质区别和重要特征。坚持马克思主义传统的技术哲学，一是要注重研究马克思、恩格斯的技术哲学思想以及中国马克思主义关于技术的重要论述；二是要坚持用马克思主义分析、借鉴西方马克思主义技术哲学的合理内核"为我所用"。

其次，要建构立足于中国实践情境的技术哲学。习近平总书记指出："哲学社会科学研究要立足中国特色社会主义伟大实践，提出有自主性、独创性的理论观点，构建中国特色学科体系、学术体系、话语体系。"② 技术哲学研究要建立在中国技术实践情境中，这是在全球化状态下不断发展的中国语境。全球化既是技术逻辑的普遍化，也

---

① 郝立新：《新时代中国的哲学自觉与哲学自信》，中国社会科学网，2019 年 10 月 18 日。http://sscp.cssn.cn/xkpd/tbch/tebiecehuaneirong/201910/t20191018_5016476.html.

② 习近平：《一个国家、一个民族不能没有灵魂》，《求是》2019 年第 8 期。

是在这种普遍化条件下结合了不同地域和文化的特殊化。面对全球化语境，如何坚持中国实践情境的技术哲学研究，对于中国这样的技术大国具有特别重要意义。

再次，要建构植根于中国文化传统的技术哲学。西方哲学文化的主要传统是以心物二元论为基础的自然哲学，其关注的重点是超越的彼岸世界，中国的哲学文化传统始终是面向人的现实世界，是关于如何做人的实践哲学。在中国的文化传统中技术与人不是割裂、对立的，是内在统一"真""善"的整体主义技术观，是一种驭术于道、天人合一式的技术文化。当然，丰富的中国传统哲学资源并不是直接"上手"的，它需要创造性的转化，创新性的发展。这就要求当代中国的技术哲学研究，深刻把握中国传统哲学文化尊重自然和求真向善的精神，真正做到"古为今用"。

最后，要建构聚焦于中国问题的技术哲学。"技术哲学的中国问题"不仅是指当下中国面临的重要理论和现实问题，而且要具有世界性的普遍意义。技术哲学在社会的实现程度，决定于它满足这个社会需要的程度。我们技术哲学的研究成果不仅要为各级政府决策提供智库建议，还要为世界发展贡献中国智慧。如"人类命运共同体与技术进步""一带一路与技术转移""新一代人工智能与全球发展""重大疫情防控与人类文明"等问题，都是技术哲学应该关注并回答的中国问题。"聚焦中国问题的技术哲学"往往要面对种种涉及广泛、综合性极强的实践问题。因此，我们在坚持"唯学科化"狭义技术哲学的同时，还需要"交叉学科、跨学科"的广义技术哲学。

只要坚持马克思主义理论指导，基于我国技术实践，面向全球化背景，"不忘初心、文脉传承"，以特色寻求地位、以基础夯实水平、以应用谋求前途、以开放促进发展，中国技术哲学就会逐渐形成中国特色的学科体系、学术体系和话语体系，在国际技术哲学领域占有一席之地！

人工智能术语 agent 的精准译解及其哲学意义

寿 步（上海交通大学法学院）

我们知道，形成体系的学科理论构成学术体系，形成体系的概念构成话语体系。一个学科的理论和概念如果形成体系，学术体系与话语体系相统一的学科也就构建出来。要构建人工智能（Artificial Intelligence，以下简称 AI）相关的哲学社会科学各学科的话语体系，就离不开对 AI 中的重要术语 agent 的精准翻译和解读。

在与 AI 相关的哲学社会科学各学科的交叉领域研究中，通常会涉及 AI 在各该领域的"主体"问题，这也是各该交叉领域研究的基础问题。例如，在伦理学领域，会研究 AI 相关的"伦理主体"或"拟伦理角色"问题；在法学领域，会研究 AI 相关的"法律主体"或"拟法律角色"问题。以法学领域为例，国内学者的相关论著通常只是笼统地将"人工智能"这四个字作为可能的"法律主体"，却没有进一步说明所称的"人工智能"究竟是指什么。是指 AI 科学，还是指 AI 技术？是泛指所有 AI 产品，还是特指某个 AI 产品？是泛指所有 AI 服务，还是特指某种 AI 服务？是泛指 AI 的所有应用场景，还是特指 AI 的某种应用场景？其他学科，亦是如此。这样实际上无法阐释各该领域研究中涉及的 AI 相关"主体"究竟是什么。

agent是IT业界尝试统合AI三大流派的载体，是AI的一个重要概念。AI与各学科交叉领域研究所涉及的"主体"应该共同指向AI中的agent。为此，需要厘清AI中agent的本义，进行agent中译的正名，确定agent在AI与各学科交叉领域中的"主体"地位。

一 AI中agent的来龙去脉

（一）agent的引入

AI学科始创于20世纪50年代。AI研究主要有功能主义、结构主义、行为主义三大流派。这三大流派分别采用功能模拟方法、结构模拟方法、行为模拟方法来模拟自然智能。行为体现功能；功能来自结构。AI的三大流派各有长短；AI的发展过程也曲折不平。现在的AI研究已经不再拘泥于遵循单一流派的路径，而是在许多应用场景综合应用不同流派的技术。各个流派一方面在各自继续发展，另一方面也在不断融合。

在20世纪80—90年代，IT业界出现关于AI基础的反思辩论，希望寻求新理论、新方法来统合既有的AI理论。这种趋势在20世纪末到21世纪初非常明显，其中最具代表性的是20世纪90年代的两部著作：（1）罗素和诺维格的《人工智能：现代方法》[①]；（2）功能模

---

① Stuart Russell and Peter Norvig, *Artificial Intelligence: A Modern Approach*, 1st ed. Upper Saddle River, NJ.: Prentice Hall, 1995. Stuart Russell and Peter Norvig, *Artificial Intelligence: A Modern Approach*, 2nd Ed. Upper Saddle River, NJ.: Prentice Hall, 2003. Stuart Russell and Peter Norvig, *Artificial Intelligence: A Modern Approach*, 3rd Ed. Upper Saddle River, NJ.: Prentice Hall, 2009. Stuart Russell and Peter Norvig, *Artificial Intelligence: A Modern Approach*, 4th Ed. Upper Saddle River, NJ.: Pearson, 2020. 该书已出四版，已被全球1500多所学校使用，因此被称为使用最多的权威的AI教科书。本文引用该书时将注明版本和所在章节或图序号。

拟学派代表人物之一尼尔森的《人工智能：新综合》①。这两部著作都试图以 agent 为载体，以 agent 能力水平的扩展为轴线，把三大流派串联起来，形成统一的 AI 理论。因此，在中文语境下准确翻译 agent 对于 AI 学科及其与哲学社会科学各学科的交叉研究就具有显著的意义。

本文的结论是 agent 应译为"行为体"，为方便起见下面行文时有时直接以"行为体"指称 agent。如此翻译的理由将在文中逐步说明。

罗素和诺维格给出如图 1 所示的 agent 示意图。② 在 agent 与环境之间，通过传感器和执行器互相联系。传感器可以感知环境的状态；执行器可以给环境施加作用。在 agent 内部有一个用"？"表示的方框，它代表 agent 内部从传感器接收输入信息、到执行器发出输出信息的中间环节即内部的决策机制。

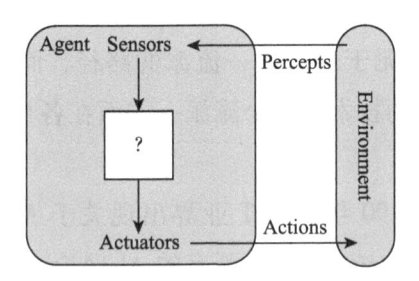

图 1　agent 通过传感器和执行器与环境相互作用

该决策机制至少包括三种情况：（1）如果决策机制提供的是以物理符号系统假设为基础的符号模式的处理过程，就对应于功能模拟方法；（2）如果决策机制提供的是人工神经网络的学习能力，这时 agent 就具有学习能力，对应于结构模拟方法；（3）如果决策机制

---

① Nils J. Nilsson, *Artificial Intelligence: A New Synthesis*, San Francisco: Morgan Kaufmann, 1998. 本文引用该书时将注明所在章节。

② Stuart Russell and Peter Norvig, *Artificial Intelligence: A Modern Approach*. 4th Ed. Fig 2.1.

提供的是一系列"条件—动作规则",这时 agent 就成为感知—动作系统,对应于行为模拟方法。这样,就以 agent 为载体,通过决策机制的内部变化,将三种方法作为三种特例,将三大流派统一在 agent 的基础上。

(二) 基于 agent 的 AI 定义

以往作者通常是从四种不同途径给出 AI 定义模式:(1) 像人一样行动,采用图灵测试途径;(2) 像人一样思考,采用认知建模途径;(3) 理性地思考,采用"思维法则"的途径;(4) 理性地行动,采用理性行为体(rational agent)途径。其中,在第四种定义模式下的理性行为体是指为了实现最佳效果或者在存在不确定性时为了实现最佳预期效果而行动的行为体。[①] 因此,有理性行为体就有非理性行为体(irrational agent)。理性行为体的集合是行为体的集合的子集,两个集合并不等同。

罗素和诺维格试图将已知的 AI 内容综合到一个共同的框架中,就是将已知的 AI 技术纳入以 agent 为线索的框架。《人工智能:现代方法》一书以智能行为体(intelligent agent)作为主题概念,将 AI 定义为对从环境中接收感知信息并执行行动的行为体的研究。每个这样的行为体实现把感知序列映射到行动的功能。[②] 因此,有智能行为体就有非智能行为体(unintelligent agent)。智能行为体的集合是行为体的集合的子集,两个集合并不等同。

尼尔森在《人工智能:新综合》一书中,在行为体的语境下描述 AI 研究者已经开发出的与机械化智能相关的那些创意和技术。该书

---

① Stuart Russell and Peter Norvig, *Artificial Intelligence: A Modern Approach*. 3rd Ed. Chap. 1.

② Stuart Russell and Peter Norvig, *Artificial Intelligence: A Modern Approach*. 3rd Ed. Preface.

首先介绍的反应式行为体（reactive agents），有着各种工具在其世界中感知和行动。更复杂的行为体也有记忆特性和存储世界内在模型的能力。在所有情况下，反应式行为体所采取的行动都是其所感知和记忆的世界当前状态和过去状态的函数。该书介绍的可以做规划的行为体则有能力预见其行动的影响，并采取行动实现目标。有些研究者认为，做规划的能力就是智能的判定标准，AI 是由此产生的。该书介绍具有推理能力的行为体，也介绍在行为体所处的世界中出现其他行为体的情况，这时行为体之间的通信就成为行为体自身的重要行动。①

伍德里奇和詹宁斯在论文《智能行为体：理论与实践》② 中提出：行为体的概念不仅在 AI 中而且在主流的计算机科学中都变得日益重要。AI 可以定义为计算机科学的子领域，它旨在构建可以展示各方面智能行为的行为体。行为体的概念是 AI 的核心。

（三）多 agent 系统

普尔和麦克沃思在《人工智能：计算 Agent 基础》③ 一书中指出：行为体通过主体（body）与环境进行交互。物化的行为体（embodied agent）有着有形的主体（physical body）。机器人是一种人工的、有目的的、物化的行为体。有时候也将只在信息空间中行动的行为体称为机器人。图 2 描绘了行为体与环境之间的一般交互情况。行为体与其环境合在一起称为行为体系统。行为体由主体（body）和控制器

---

① Nils J. Nilsson, *Artificial Intelligence: A New Synthesis*. Section 1.4.

② Michael Wooldridge, Nicholas R Jennings, "Intelligent Agents: Theory and Practice", *The Knowledge Engineering Review*, Vol. 10, No. 2, 1995, pp. 115-152.

③ David L. Poole and Alan K. Mackworth, *Artificial Intelligence: Foundations of Computational Agents*, 1st ed. Cambridge: Cambridge University Press, 2010. David L. Poole and Alan K. Mackworth, *Artificial Intelligence: Foundations of Computational Agents*, 2nd Ed. Cambridge: Cambridge University Press, 2017. 本文引用该书时将注明版本和所在章节或图序号。

(controller)组成。控制器从主体接收感知信息并向主体发出指令。主体包括传感器和执行器。传感器将外部刺激转为感知信息，执行器将指令转为行动。刺激包括光、声、键盘输入的单词、鼠标的移动和有形的碰撞，也包含从网页或数据库获得的信息。①

注意到在图 2 中行为体是由主体和控制器组成的。因此，至少在 AI 领域，不宜将 agent 译为"主体"，以免与 body 的中译"主体"相混淆。我们不能用中文说"主体由主体和控制器组成"（假设前后两个"主体"实际上分别对应于英文 agent 和 body），这显然不合逻辑。因此，也不宜将 agent 译为"智能主体"，因为，一方面 agent 并不"智能"，另一方面此"主体"（agent）会与彼"主体"（body）相混淆。

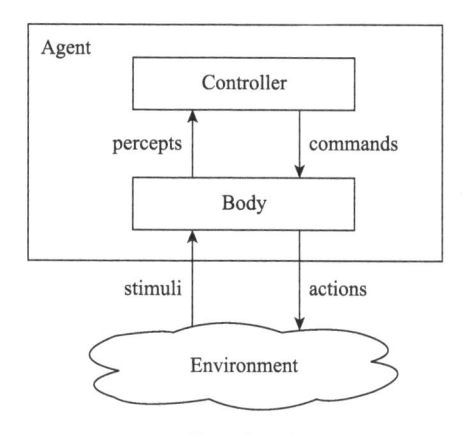

图 2 行为体系统及其组成部分

单个行为体（single agent）是在一种与其能力和目标或多或少相适应的环境中进行反应、规划、推理、学习。在讨论单个行为体时，已经假设任何其他行为体或进程（process）的有关影响是可以要么被适当的行为体反应所减缓、要么被忽略的。进一步，也会关注一个行

---

① David L. Poole and Alan K. Mackworth, *Artificial Intelligence: Foundations of Computational Agents*, 1st ed. Section 2.1, Fig 2.1, Section 2.2, Section 2.6.

为体在自己的规划中如何预测其他行为体的行动;一个行为体在维护其自身目标过程中如何影响其他行为体的行动。一个行为体可以对另一个行为体建模、与之通信,以便预测并影响后者将要做什么。对特定行为体的目标而言,其他行为体和进程可能是有益的、中立的,或者是有害的。因此需要专门研究若干行为体协调行动以实现共同目标的情况,这就是所谓分布式人工智能(DAI)。①

多行为体系统(multiagent system)由多个行为体(multiple agents)组成,这些行为体可以自主行动、对于结果有其自己的效用。该结果取决于所有行为体的行动。这些行为体可以竞争、合作、协调、通信、协商。② 也就是说,行为体作为计算机系统具有两项重要能力:第一,它们至少具有某种程度的自治行动能力——它们自主决定需要做什么以满足其设计目标;第二,它们有能力与其他行为体相互作用——不只是简单地交换数据,而是从事在生活中每天都有的合作、协调、磋商之类的社交活动。③

多行为体系统从20世纪80年代开始成为一个独特的研究领域,在20世纪90年代中期得到广泛的认同。此后国际上对该领域的兴趣大为增加。其原因至少有一部分是基于这样的信念:行为体是一种适当的软件范式(software paradigm),可以用它来开发像因特网这种巨大的开放的分布式系统所体现的各种可能性。尽管在开发因特网潜在能力方面,多行为体系统在一定程度上具有关键作用,但是多行为体

---

① Nils J. Nilsson, *Artificial Intelligence*: *A New Synthesis*. Section 23. 1.

② David L. Poole and Alan K. Mackworth, *Artificial Intelligence*: *Foundations of Computational Agents*, 1st ed. Section 10. 7.

③ Michael Wooldridge, *An Introduction to Multiagent Systems*, 1st ed. Chichester, Eng.: John Wiley & Sons, 2002. Michael Wooldridge, *An Introduction to Multiagent Systems*, 2nd Ed. Chichester, Eng.: John Wiley & Sons, 2009. 本文引用该书时将注明版本和所在章节。此处参见 An Introduction to Multiagent Systems, 2nd Ed. Preface.

系统可以做得更多。对于理解和构建广泛的人工社会系统（artificial social systems）而言，多行为体系统看上去是一个自然的比喻。多行为体系统的思想并不局限于单一的应用领域，而是适用于很多不同的应用领域。①

二　行为体的基本描述

（一）行为体和行为体社会

罗素和诺维格写道：行为体是能够行动的某种事物（agent 来源于拉丁文 agere，意思是去做）（An agent is just something that acts [*agent* comes from the Latin *agere*, to do]）。当然，所有的计算机程序都做某些事情，但是计算机行为体（computer agents）则可以指望做得更多：自治操作，感知环境，长期持续，适应变化，创建并追求目标。② 普尔和麦克沃思认为：行为体是在环境中行动的事物，它做一些事。行为体可以是蠕虫、狗、恒温器、飞机、机器人、人、公司和国家。③ 由此可见，理解和解释 agent 的关键词是 act 或 to do。

明斯基是功能模拟学派的代表人物之一，也许是最早将 agent 概念引入 AI 领域的学者。1986 年他在《心智社会》中写道："本书尝试说明心灵如何运作。智能如何从非智能中涌现出来呢？为回答这个问题，我们将显示，可以从许多自身没有心灵（mindless）的小部件来构建心灵。我把这样的机制称作'心灵社会'（society of mind），

---

① Michael Wooldridge, *An Introduction to Multiagent Systems*, 2nd Ed. Preface.

② Stuart Russell and Peter Norvig, *Artificial Intelligence: A Modern Approach*, 3rd Ed. Chap. 1.

③ David L. Poole and Alan K. Mackworth, *Artificial Intelligence: Foundations of Computational Agents*, 1st ed. Section 1.1.

其中每个心灵都是由较小的进程组成的。我们把这些小进程称为行为体（agent）。每个心理的行为体本身只能做一些简单的事情，这些事情完全没有心灵或思想。然而当我们以某些非常特殊的方式将这些行为体加入心灵社会时，就将导致真正的智能。""为了解释心灵，我们就必须展示心灵（minds）是如何由没有心灵的东西构成的，这些组件比可以认为是聪明的（smart）任何东西都小得多又简单得多。一旦我们将心灵（mind）看作是行为体社会（society of agents），那么每个答案也就解释了其他问题。"①

注意到，明斯基在此对 agent 有下列描述。（1）智能是从非智能中涌现（emerge）出来的。注意，这里蕴含着复杂性科学的涌现性（emergence）思想。（2）"可以从许多自身没有心灵的小部件来构建心灵。"注意，从许多小部件可以构建出心灵，而这样的每个小部件本身是没有心灵的。这里的小部件就是 agent。（3）agents 是指"心灵社会"这个机制中组成"每个心灵"的那些较小的进程（smaller processes）。注意，agent 不同于心灵（mind），而只是它的组成部分。（4）"每个心理的行为体本身只能做一些简单的事情，这些事情完全没有心灵或思想。"注意，心理的行为体自身只能做一些简单的完全没有心灵或思想的事情。（5）"然而当我们以某些非常特殊的方式将这些行为体加入心灵社会时，就将导致真正的智能。"注意，如果我们没有以某些非常特殊的方式将这些行为体加入心灵社会中，那就不存在真正的智能，即 agent 本不具有真正的智能。（6）"为了解释心灵，我们就必须展示心灵是如何由没有心灵的东西构成的"；"将心灵看作是行为体社会"。注意，这里再次体现了涌现性思想。

---

① Marvin Minsky, *The Society of Mind*, New York：Simon & Schuster, 1988. 本文引用该书时将注明所在章节。此处引自 Chap. 1.

可以用复杂性科学的涌现生成理论、结合图 1 和图 2 来对 AI 中的 agent 进行阐释。涌现是从系统中低层次到高层次的一种过渡。涌现性并不存在于低层次的单个要素之中，而是系统在低层次构成高层次时才表现出来，所以形象地称为"涌现性"（或译为"层创性""突现性"）。系统功能往往表现为"整体大于部分之和"，就是系统涌现出新质的缘故，其中的"大于"成分就是涌现的新质。涌现过程是从系统中低层次行为发展出高层次行为的过程。系统的这种涌现性是系统的适应行为体（adaptive agent）之间非线性相互作用的结果。

具有涌现现象的系统往往可以根据 agent 之间的相互作用来建模。agent 提供了对具有涌现现象的系统建模的最快办法。神经网络中的神经元、蚁群中的蚂蚁、物理学中的基本粒子都可以由一些规则和规律来描述，这些规则和规律决定了这些 agent 在一个大环境中的行为。每种情况下我们都能将这些 agent 的行为描述成处理的物质、能量或信息，它们可以产生某一行为，这个行为通常就是物质、能量或信息的传送。agent 的功能是处理输入状态并且产生输出状态。这里的输入状态是由 agent 当前的实时环境决定的，而生成的输出状态则决定了 agent 将对当前的实时环境所造成的影响。在环境中其他 agent 与给定 agent 之间的相互作用，也作为该给定 agent 的输入状态的一部分。[①]

明斯基说，当我们以某些非常特殊的方式将这些 agent 加入心灵社会时，就将导致真正的智能。显然，agent（系统低层次的要素）本身并非"智能体"（"有智能的主体"）；而出现了涌现性的"心灵社会"（society of mind）或"行为体社会"（society of agents）（系统的高层次形式）才可能是"智能体"。这一观点可用如图 3 所示的行为

[①] 黄欣荣：《复杂性科学方法及其应用》，重庆大学出版社 2012 年版，第 50 页。

体/社会二元性示意图表示。①

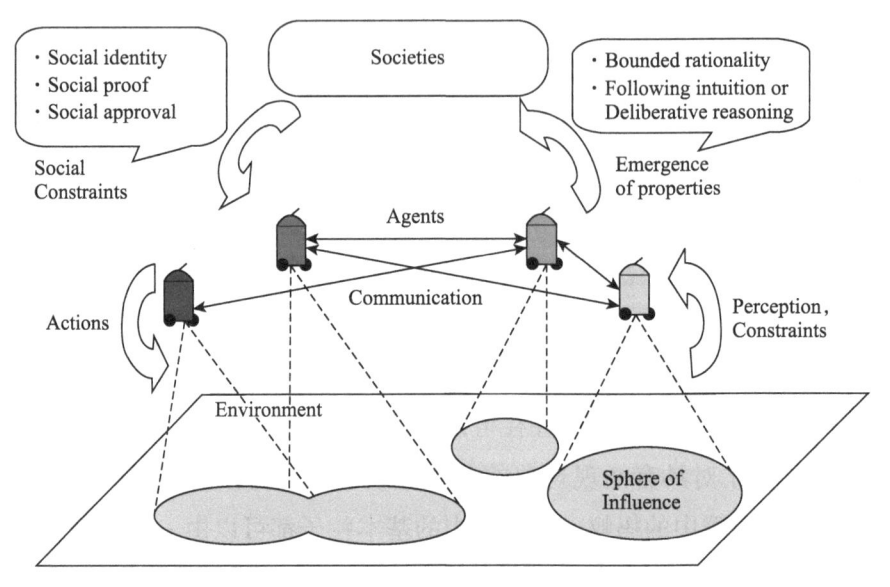

图 3　行为体/社会二元性

因此，如果将 agent 译为智能体，意即它"已经"有智能，显然不符合明斯基原意，也不符合涌现性原理；如果将 agent 译为行为体，则并不涉及"是否"有智能，不会误解为"已经"有智能。

（二）行为体和行为力

明斯基写道："我们想要将智能（intelligence）解释为更简单事物的组合。这就意味着我们必须在每一步都确认，没有一

---

① Zhang Y., Lewis M., Pellon M., et al, "A Preliminary Research on Modeling Cognitive Agents for Social Environments in Multi-Agent Systems", ［2022-04-12］. Fig 3 Agent/Society Duality. https：//www.researchgate.net/publication/228641982_A_Preliminary_Research_on_Modeling_Cognitive_Agents_for_Social_Environments_in_Multi-Agent_Systems/link/02e7e5154f48f6e32a000000/download.

个行为体自身是有智能的（none of our agents is, itself, intelligent.）……相应地，任何时候只要发现一个行为体（agent）在做任何复杂的（complicated）事情，就用行为体的子社会（a subsociety of agents）取而代之。"① 他再次强调，没有一个 agent 自身是有智能的；对于在做任何复杂的事情（可能显示"智能"）的 agent 都要将其进一步"向下一层"分解为由多个 agent 构成的"子社会"（subsociety），即得到一个新的"行为体社会"（society of agents）。

明斯基以使用小部件的组合构造出建塔的技能为例来说明上述过程并给出图 4。他写道："例如，我们已经看到如何通过从'查找'（Find）和'获取'（Get）等小部件制作'建设者'（BUILDER）来构造建塔技能。现在，这个'知道如何建造'是在哪里呢？显然，它不在任何组件之中，然而所有这些组件就是'建设者'的全部吗？答案是：仅仅解释每个单独的行为体（agent）在做什么是不够的。我们还必须了解这些组件是如何相互关联的，即行为体群组（groups of agents）是如何完成任务的。"

明斯基接着说："因此，本书中的每个步骤都使用两种不同的方式来思考行为体（agent）。如果你从外部观察'建设者'的工作，在对它的内部如何工作一无所知的情况下，你就会有这样的印象——它是知道如何建塔的。但是如果你能够从它的内部去看，你就一定会发现那里不存在任何知识。除了已经安排好的按照各种方式互相之间进行开和关的一系列开关之外，你就看不到任何东西。'建设者''真的知道'如何建塔吗？答案取决于你如何去看。让我们用两个不同的术语——行为体（agent）和行为力（agency）——来说明为什么'建设者'看起来具有双重身份。作为行为力，它似乎是知道它的工作；

---

① Marvin Minsky, *The Society of Mind*, Section 1.6.

作为行为体，它并不知道任何东西（As agency, it seems to know its job. As agent, it cannot know anything at all.）。"①

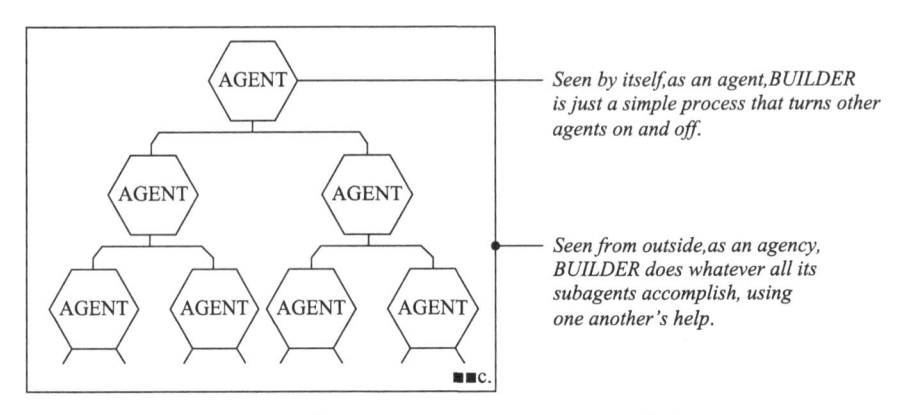

图 4 行为体（agent）和行为力（agency）的关系

明斯基写在图 4 中的两段文字是："从自身看，作为一个行为体（agent），'建设者'只是一个打开或者关闭其他行为体的简单流程。""从外部看，作为一种行为力（agency），'建设者'可以做任何由其子行为体（subagents）通过互相帮助所能完成的事。"

明斯基的这些图文表述又一次体现了涌现性思想。复杂性系统是与环境不断进行相互作用的开放系统，它由许多要素组成，要素之间不断地相互作用；系统行为是诸要素间相互作用的结果，要素可能被替换，结构却保留下来；每个要素都不了解系统的总体行动，只会就地行动，只知道就地发生的事情。涌现的概念常用来指涉当地互动产生全局性的结构或模式的过程。这个结构或模式不能仅仅从要素一级的行为或性能来理解或预测。在缺乏中央控制机制的情况下，复杂性系统为了应对环境变化，必须形成某种结构并不断地进行调整，这就是所谓自组织（self-organization）。正因为存在自组织的过程，新结构

---

① Marvin Minsky, *The Society of Mind*, Section 1.6.

和新要素之间的关系模式就涌现出来，系统从初始的完全无结构形成复杂结构。①

本文认为，在 AI 领域的 agent（行为体）与 agency（行为力）两者之间，既存在"一体两面"的关系，也存在涌现性的关系。

两者之间的"一体两面"关系，在斯坦福哲学百科全书的 agency 词条已有解说：agent 是具有行动能力的存在，而 agency 是指这种能力的行使或显示（In very general terms, anagent is a being with the capacity to act, and agency denotes the exercise or manifestation of this capacity.）。② 在韦氏词典的 agent 和 agency 两词之下也有类似的义项：agent 的义项之一是行动或行使权力者（one that acts or exerts power.）；agency 的义项之一是行动或行使权力的能力、条件或状态（the capacity, condition, or state of acting or of exerting power.）。③

两者之间的涌现性关系，已由图 3 的行为体社会（society of agents）示意图和图 4 的行为体群组（groups of agents）示意图给出。两图中的 agent 对应于系统中的低层次，agency 对应于系统中的高层次即行为体社会或行为体群组，在这两者之间出现了涌现性。将 agency 译为"行为力"可以反映行为体社会或行为体群组区别于行为体的属性。AI 领域的 agent 和 agency 两者的译名也反映这种涌现性：一方面，没有一个"行为体"（agent）是有智能的；另一方面，行为体社会（society of agents）或行为体群组（groups of agents）体现出"行为力"（agency），才可能是有智能的。

当 agent 特指人类（而不是用在 AI 领域）时，就不存在 AI 中的

---

① 蒋逸民编著：《社会科学方法论》，重庆大学出版社 2011 年版，第 86 页。
② Markus Schlosser, "Agency", 2019, https://plato.stanford.edu/entries/agency/. [2022-05-06].
③ https://www.merriam-webster.com/dictionary/agent. [2022-05-06]. https://www.merriam-webster.com/dictionary/agency. [2022-05-06].

涌现性情况；作为 agent 的人，本身就有 agency，这时的 agency 就应该译为"能动性"。

（三）行为体的弱概念、强概念和其他特征

行为体一词通常有两种用法：第一种是弱概念，相对没有争议；第二种是强概念，可能争议较多。伍德里奇和詹宁斯针对行为体（agent）归纳的弱概念、强概念和其他特征如下。

行为体的弱概念。使用行为体术语的最常见方式也许是表示硬件，或者（更常见的）是表示基于软件的计算机系统，它们有下列特性：（1）自治性（autonomy）：在行为体操作时没有人类或其他东西的直接干预，行为体对其行动和内部状态有某种控制；（2）社会性（social ability）：行为体通过某种形式的行为体通信语言与其他行为体（可能是人类）进行互动；（3）反应性（reactivity）：行为体感知其环境并对其中发生的变化及时做出反应，这个环境可能是物理世界、用户通过图形用户界面、一批其他行为体、因特网，或者可以是所有这些的组合；（4）预动性（pro-activeness）：行为体并不是简单地对其环境做出行动，他们能够通过自发地工作表现出以目标为导向的行为。

行为体的强概念。对某些研究者尤其是 AI 领域研究者来说，行为体术语有着比以上所述的更强、更明确的含义。这些研究者通常指行为体是一个计算机系统，除了以上所述的特性之外，要么是概念化的、要么是使用更常用于人类的概念来实现的。例如，在 AI 中常用心理现象的（mentalistic）概念来描述行为体，如知识、信念、意图和义务。一些 AI 研究者走得更远，考虑了情感的行为体（emotional agents）。为了避免认为这只是毫无意义的拟人化，应该注意，在类似人类的精神状态方面，有很好的理由支持设计和构建行为体。另一种赋予行为体类似人类特性的方式是在视觉上展示它们，也许是通过使用类似卡通的图形图标或有生命的面孔——显然，这样的行为体就那些对人机界面感兴趣的人而言特别重要。

行为体的其他特征。在行为力（agency）的语境下，行为体的各种其他特征也会涉及。例如：（1）移动性（mobility）是指行为体在电子网络中移动的能力；（2）诚实性（veracity）是假设行为体不会有意传播虚假信息；（3）善意性（benevolence）是假设行为体没有相互冲突的目标，因此每个行为体都会尝试去做要求它做的事情；（4）合理性（rationality）是（粗糙地）假设行为体将采取行动以实现其目标，而不会采取行动以阻止实现其目标——至少在其信仰允许的限度内。[1]

上述弱概念、强概念和其他特征，在 AI 研究以及与 AI 相关的哲学社会科学各学科研究中被广泛引用。

注意到，agent 一语既可以表示硬件，也可以表示基于软件的计算机系统。从 agent 在电子网络中移动的能力看，agent 也可以是非实体的。正如尼尔森指出的：虽然我们经常假设所讨论的行为体是机器人，但是 AI 的许多创意也可以用于非实体的行为体（nonphysical agents）。可能并不存在一个单一的、理想的、智能的行为体体系结构。[2]

三　agent 的中译正名

（一）agent 术语在多学科的应用

在英文语境下，agent 术语在许多学科中都有应用。考虑到 a-

---

[1] Michael Wooldridge, Nicholas R Jennings, "Intelligent Agents: Theory and Practice".

[2] Nils J. Nilsson, *Artificial Intelligence: A New Synthesis*. Chap. 25.

gent 是多义词，有多种义项，下面基于 agent 是"具有行动能力的存在"（a being with the capacity to act）这一义项来选择在多个学科实际使用 agent 的情况。

复杂性科学中的自组织概念，是指一种起源于初始无序系统的部分元素之间的局部相互作用而产生出某种形式的整体秩序的过程。当有足够的能量可用时，该过程可以是自发的，不需要任何外部行为体（agent）进行控制。① 注意这里涉及的 agent 是（来自外部的）施动者，而不是受动者。

基于行为体的计算经济学（Agent-based computational economics，ACE）是计算经济学的一个领域，它将经济过程（包括整个经济）视为相互作用的行为体（agent）的动态系统进行研究。因此，它属于复杂适应系统的范式。在相应的基于行为体的模型中，行为体在空间和时间上"建模为根据规则相互作用的计算对象"，而不是真实的人。制定这些规则以模仿在激励和信息基础上的行为和社会互动。这些规则也可能是通过使用 AI 方法实现的优化的结果。ACE 模型中的行为体可以代表独立单位（如人）、社会群体（如公司）、生物实体（如生长中的庄稼）和/或物理系统（如运输系统）。ACE 的方法得益于计算机科学建模技术的不断改进和计算机能力的提高，已应用于如资产定价、竞争与合作、交易成本、市场结构与产业组织和动态、福利经济学、机械设计、信息与不确定性、宏观经济学和马克思主义政治经济学等研究领域。②

关于经济学对 AI 的贡献，涉及决策论中的行为体（agent）：在大经济体情况下每个行为体无须注意其他行为体作为个体的行动；在小经济体情况下更像博弈——对某些博弈理性行为体将随机（或者至少

---

① 集智百科（https://wiki.swarma.org）的"自组织"词条。[2022-05-06].
② 集智百科（https://wiki.swarma.org）的"基于主体的计算经济学"词条和"基于代理的计算经济学"词条。[2022-05-06].

是看上去是随机）采取对策。①

关于认知心理学对 AI 的贡献，涉及克雷克（Kenneth Craik）与行为体（agent）相关的观点："克雷克说明了基于知识的行为体（knowledge-based agent）的三个关键步骤：（1）刺激必须翻译为内部表达；（2）认知过程处理这个表达以获取新的内部表达；并且（3）这些表达反过来再翻译回来变成行动。"②

建构主义国际关系学③的核心观点是，结构（structure）与行为体（agent）是一种相互建构、相互依存的关系。一方面，结构建构行为体的身份和利益，进而影响行为体的行为；另一方面，行为体建构结构，行为体之间的互动导致结构的形成。在国际关系学中，行为体是指国际关系行为体，即国际社会活动的基本单位，能够独立地参加国际事务并发挥影响和作用的政治实体，如国家、政府间国际组织、国际非政府组织、跨国公司和其他非国家行为体。④ 这里的结构与行为体的关系也体现了复杂性科学的涌现性思想。

从伦理学的视角看，agent 已经逐步发展成为在认知、行动和交互等能力上可以部分地和人类相比拟的存在，可视之为"拟主体"，或者说 agent 具有某种拟主体性。agent 的拟主体性是指通过人的设计与操作使其在某些方面表现得像人一样。agent 的功能和拟主体性是通过软件编写的算法对数据的自动认知实现的。agent 的拟主体性使 AI 具有不同

---

① Stuart Russell and Peter Norvig, *Artificial Intelligence: A Modern Approach*. 3rd ed. Section 1.2.3.

② Stuart Russell and Peter Norvig, *Artificial Intelligence: A Modern Approach*. 3rd ed. Section 1.2.5.

③ ［美］亚历山大·温特：《国际政治的社会理论（影印本）》，北京大学出版社 2005 年版；［美］亚历山大·温特：《国际政治的社会理论》，秦亚青译，上海人民出版社 2014 年版。在建构主义国际关系学的中文论著中，常将 agent 译为"施动者"，将 agency 译为"施动性"。

④ 蔡拓主编：《国际关系学》，高等教育出版社 2011 年版，第 34、47—50 页。

于其他技术人工物的特有的拟伦理角色。在进行伦理嵌入的机器伦理研究时的问题是：能否用智能算法对 agent 的拟伦理行为进行伦理设计，即用代码编写的算法使伦理规范得以嵌入各种 agent 中，使其成为遵守道德规范乃至具有自主伦理抉择能力的人工的道德 agent？①

综上所述，在英语语境下在 AI 中使用的 agent 与上述学科基于同一个义项所使用的 agent 都是同一个术语。在中文表述时，应该为 agent 寻找一个在这些学科都适用并且不违和的译名。如果在 AI 领域将 agent 译为"智能体"（且不论 agent 本身是否有"智能"），在其他学科中也能译为"智能体"吗？显然不能。如果译为"行为体"，则既反映这些学科使用 agent 时的共同义项，又是在这些学科均可采用的译名。

（二）agent 义项及其中译正名

1. AI 相关 agent 的中译现状②

AI 的中文译著中，译者多不翻译 agent，而是保留英文原词；如果翻译，则多译为"智能体"。在 AI 的中文论著中有三种情况。（1）IT 技术专家，多直接使用英文 agent；使用中文译名的，则以"智能体"最多，其他中译还有"智能主体""主体""智能代理""作用体"等。（2）哲学学者，除使用与 IT 技术专家相同或近似的译名"智能体""特殊主体""主体"，还有的译为"行动者""能动者""自主体"。③

---

① 段伟文《信息文明的伦理基础》，上海人民出版社 2020 年版，第 209—215、240 页。

② 涉及 AI 相关 agent 的中文译著和中文论著很多，限于篇幅，此处不逐一列出。

③ 徐英瑾：《心智、语言和机器：维特根斯坦哲学和人工智能科学的对话》，人民出版社 2013 年版。徐英瑾：《人工智能哲学十五讲》，北京大学出版社 2021 年版。郑南宁主编：《人工智能本科专业知识体系与课程设置》，清华大学出版社 2019 年版，第 9.1 节（白惠仁撰写）。高新民、付东鹏：《意向性与人工智能》，中国社会科学出版社 2014 年版。

（3）其他学者，有将 agent 译为"作用元"①。

由全国科学技术名词审定委员会公布的《计算机科学技术名词（第三版）》（北京：科学出版社 2018 年 12 月版）在学科"计算机科学技术—人工智能—多智能体系统"项下给出了 agent 的译名和定义②：agent 的"规范用词"即官方译名是"智能体"，"又称：主体；代理"。其定义是"在一定的环境中体现出自治性、反应性、社会性、预动性、思辨性（慎思性）、认知性等一种或多种智能特征的软件或硬件实体"。因此，"智能体"还有"主体""代理"已经成为 agent 的官方译名。这样的官方译名是值得商榷的。

2. agent 的义项及其与 AI 中 agent 含义的吻合度

下面参考必应（Bing）词典的 agent 义项进行 AI 领域 agent 的中文译名的选取和正名。必应词典显示，名词 agent 的"权威英汉双解"有下列五种义项③：

①（企业、政治等的）代理人，经纪人（a person whose job is to act for, or manage the affairs of, other people in business, politics, etc.）；

②（演员、音乐家、运动员、作家等的）代理人，经纪人（a person whose job is to arrange work for an actor, musician, sports player, etc. or to find sb who will publish a writer's work）；

③原动力，动因（指对事态起重要作用的人、事物）（a person or thing that has an important effect on a situation）；

④（化学）剂（a chemical or a substance that produces an effect or

---

① 陈家成：《复杂科学与佛法》，载梁乃崇等著《佛学与科学论文集》，东方出版社 2016 年版，第 322—355 页。

② 术语在线（https://www.termonline.cn）的"agent"词条。[DB/OL].[2022-04-24].

③ Bing 词典（https://cn.bing.com/dict/）的"agent"词条。[DB/OL].[2022-05-07].

a change or is used for a particular purpose）；

⑤施事者；施动者；行为主体（the person or thing that does an action（expressed as the subject of an active verb, or in a "by" phrase with a passive verb）。

因为上述第⑤种义项涉及"施事"，这里也同时给出汉典网站"施事"条目的义项。（1）［agent］：语法上指动作的主体，即做出动作或发生变化的人或事物，如"冰化了"的"冰"。表示施事物的名词不一定是句子的主语。如："鱼让猫叼走了"中施事是"猫"，而主语是"鱼"。（2）［do］：行事。① 显然，AI领域的agent确实含有这两方面的意思。

agent的五种义项与AI领域中agent含义的吻合度可以分为三种情况。

（1）第⑤种义项"最"吻合，agent的弱概念（尤其是自治性、预动性）就是对应于第⑤种义项。agent是指"施事者""施动者""行为主体"，就是做一个行动的人或事物，此时agent表述为一个主动动词的主语，或者表述在有被动式动词出现时的"by"短语中。

这里"施事者"的反义词是"受事者"；"施动者"的反义词是"受动者"。在国际关系理论中有将agent译为"施动者"的，但在其他领域这种译法比较不多见。考虑到若将agent译为"行为主体"或"主体"则会与AI中agent示意图（图2）中的"主体"（body）在中文语境下相混淆，因此，AI中agent的译名宜采用"行为体"。

注意到，韦氏词典给出了agent、actor和doer这三个术语的相互关联的共同义项：agent的义项之一是行动或行使权力者（one that acts or exerts power）；actor的义项之一是行动者即doer（one that acts；

---

① 汉典（https://www.zdic.net/）的"施事"词条。［2022-05-07］.

DOER); doer 的义项是积极参与者 (one that takes an active part)①。所以本文在 agent = actor = doer 的意义下将 agent 译为"行为体"。

(2) 第③种义项与 AI 领域中的 agent"有时在某种程度上"吻合。

(3) 第①、②、④这三个义项与 AI 领域中的 agent"不"吻合。因此 AI 相关 agent 的译名不可采用与第①、②、④这三个义项相关的译名。

3. agent 的中译正名

《计算机科学技术名词（第三版）》将 agent 译为"智能体"或"代理"明显不当；译为"主体"则可能造成混淆。具体说明如下。

(1) 若将 agent 译为"智能体"，在上述五种义项中完全没有根据，是对 agent 的不准确解读，即混淆了 agent 和 intelligent agent 这两个术语，扩大了 agent 的内涵（给 agent 加上了 intelligent 的属性）、缩小了 agent 的外延（在 agent 中排除了 unintelligent agent）。

普尔和麦克沃思给出了判断是否智能行为体的标准："在下列情况下，一个行为体是在智能地行动：(1) 其行为能够与其环境和目标相适应；(2) 能够灵活地适应改变的环境和改变的目标；(3) 能够从经验中学习；(4) 给定感知和计算限制时能够作出恰当的选择。行为体通常不能直接观察世界的状态，它只有有限的记忆，只有有限的时间去行动。"② 换言之，只有满足上述条件的"行为体"（agent）才是"智能行为体"（intelligent agent），才是中文意义上名副其实的"智能体"。

---

① https://www.merriam-webster.com/dictionary/agent. [2022-05-06]. https://www.merriam-webster.com/dictionary/actor. [2022-05-16]. https://www.merriam-webster.com/dictionary/doer. [2022-05-16].

② David L. Poole and Alan K. Mackworth, *Artificial Intelligence: Foundations of Computational Agents*, 1st ed. Section 1.1.

如果将 agent 译为"智能体",则对于 intelligent agent 这个术语,要么就会译为"智能智能体"或"智能化智能体",导致中文表述的同义重复而违和;要么只能像全国科学技术名词审定委员会公布的《管理科学技术名词》(北京:科学出版社 2016 年 6 月版)在学科"管理科学技术—信息管理与知识管理—电子商务"项下的 intelligent agent 的译名那样,将其译为"智能体"或"智能主体",表面上舍去了看似重复的"智能"字样,实际上不够完整准确。① 由此也可逆推看出 agent 译为"智能体"的不妥。

(2) 若将 agent 译为"代理",虽然与上述第①、②这两种义项相仿,但用在 AI 领域则恰恰与 agent 的弱概念(尤其是自治性、预动性)相矛盾。agent 应该是"施事者/施动者"而不是"受事者/受动者"。若译为"代理"则与第⑤种义项正好相反——在中文语境下,"代理"之外必然有另外的"施事者/施动者";相对于另外的施事者/施动者而言,"代理"就是"受事者/受动者"。

(3) 若将 agent 译为"主体",从 AI 领域来说,则会与 AI 的 agent 示意图(图 2)中的"主体"(body)在中文语境下造成混淆;从哲学领域来说,则会与哲学概念"主体"(subject)在中文语境下造成混淆;从法学领域来说,则会与法学概念"法律主体"(legal entity 或 legal subject)中的"主体"在中文语境下造成混淆。

4. agent 中文译名的选汰

在 agent = actor = doer 的义项下,可由 actor = doer 来译出 agent。由此至少有四种可选的译名,即"行为体""行动体""行为者""行动者"。本文优先推荐"行为体"。将 AI 中的 agent 译为"行为体"后,在中文语境下看到"行为体"时,在伦理学与 AI 的交叉研究中,就可

---

① 术语在线(https://www.termonline.cn)的"intelligent agent"词条。[DB/OL]. [2022-04-24].

以循名责实对应于可能的"伦理行为",名正言顺找到可能的"伦理主体",如果作为"行为体"的 agent 已经达到"智能行为体"的标准就可能采取"伦理行为";在法学与 AI 的交叉研究中,就可以循名责实对应于可能的"法律行为",名正言顺找到可能的"法律主体",如果作为"行为体"的 agent 已经达到"智能行为体"的标准就可能采取"法律行为"。哲学社会科学其他学科,亦复如是。

(三) agent 中译正名的意义

在哲学社会科学各学科的研究中会涉及各该领域的"行为",例如经济行为、心理行为、国际关系行为、法律行为、伦理行为等。当我们将 AI 中 agent 译为"行为体"后,就为在哲学社会科学各学科研究 AI 中 agent 作为"行为体"可能采取的"行为"埋下了循名责实的线索、预留了名正言顺的空间——agent 可能有"经济行为""心理行为""国际关系行为""法律行为""伦理行为"等。

agent 就是 AI 与哲学社会科学各学科的交叉研究时所涉交叉领域中可能的"主体",可称为"领域主体"或"拟领域角色"。如果没有 IT 业界关于 AI 基础的反思辩论,在 20 世纪 90 年代就不会出现以 agent 为载体形成统一的 AI 理论的尝试;今天在哲学社会科学各学科与 AI 的交叉领域就无法找到各该领域的"领域主体"或"拟领域角色"。

进行 agent 中译的正名,一方面,将在 IT 业界正本清源,以便 IT 业界依据准确的译名循名责实去理解 AI 中 agent 的本义;另一方面,将使经济学的决策论、认知心理学、建构主义国际关系学、法学、伦理学等不同学科在涉及 AI 的交叉研究中的各该交叉领域的"领域主体"或"拟领域角色"有了共同的指向和译名,即 agent("行为体");具体说来,agent 就是在各该交叉领域中的"经济主体""心理主体""国际关系主体""法律主体""伦理主体"等,或者说 agent 就是在各该交叉领域中的"拟经济角色""拟心理角色""拟国际关系角色""拟法律角色""拟伦理角色"等。

由此，可以以 agent 为基础概念，构建 AI 相关的哲学社会科学各学科的话语体系。在涉及 AI 的各该交叉领域研究中，在本来存在交流困难的各该学科的科学共同体之间，通过 agent 这一共同的媒介，强化和促进各该学科的科学共同体相互之间以 agent 为基础进行科学交流与合作。换言之，对 AI 领域 agent 从背景、含义、特性到译名的共识可以成为 AI 与哲学社会科学各学科的交叉研究中的共同范式（图5），为 AI 与各学科交叉领域研究的发展提供新的动力。

这样，既有助于在 AI 领域本身加深对 agent 的认识，也有助于深入推进哲学社会科学各学科与 AI 的交叉研究，还有助于在更高层次上对 agent 进行旁通统贯的研究。这就是对 AI 相关 agent 的中译进行正名的意义之所在。

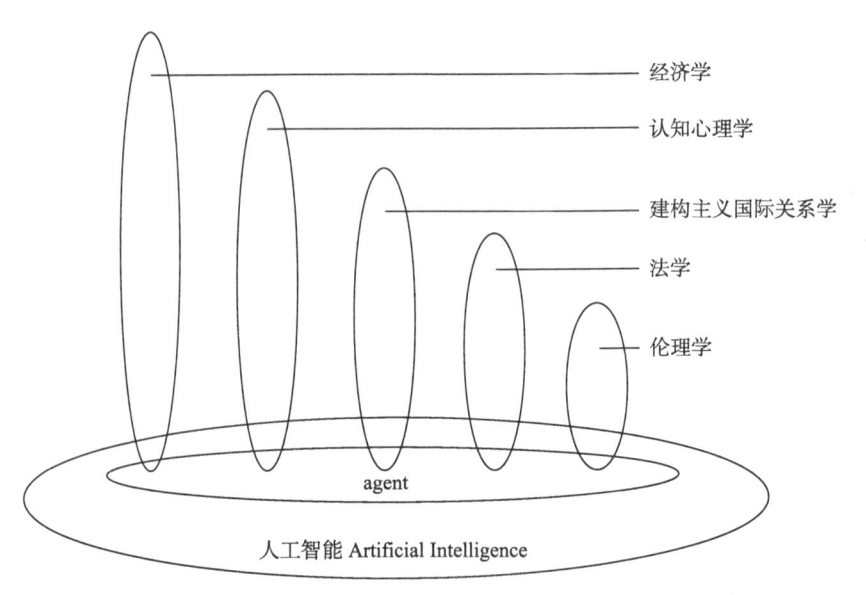

图5 agent 作为 AI 与各学科交叉领域共同的领域主体

面向新时代的人学研究*

丰子义（北京大学哲学系）

自20世纪80年代以来，人学研究在我国从无到有、从小到大，经历了不平凡的发展历程。今年正好是中国人学学会成立20周年，刚刚过去的一年则是人学学科主要创始人、中国人学学会名誉会长黄楠森先生的100周年诞辰。我们重温这一段历史，分析人学现在的研究状况，研判今后的研究重点与努力方向，不仅是对黄楠森先生和中国人学学会成立20周年的纪念，而且对于明确新时代人学研究的目标与任务，推进人学学科建设，也有其重要意义。

一　人学研究的兴起与发展

在我国，人学是适应新时期的需要而兴起和发展的。虽然从历史上看，古代社会就有关于人的问题的大量著述与思考，特别是中国哲学主要是围绕人的问题来展开的，其思想资源丰富而多彩，但"人学"真正引起高度关注并作为一个学科发展起来则是20世纪80年代以后的事情。这是由多种因素综合作用造成的：对十年"文革"的反思，开始了对人权、人道、人的尊严的强烈呼吁；改革开放的推行，打破了僵化

---

* 本文发表于《江海学刊》2022年第1期。

体制的束缚，社会活力显著增强，要求更好地调动人的积极性和创造性；现代化建设的推进，关键是要实现人的现代化，全面提高人的素质；市场经济的确立，要求市场主体既要有自主性，又要能够按照市场规则诚实经营、自我发展；新技术革命的出现，带来的是对传统产业、技术的重大挑战，客观上要求加强科技创新和人才培养。所有这些，都使人的问题得以凸显。加之对以往哲学研究状况的反思和马克思主义哲学的创新发展，使得人学研究迅速兴起，"人学"应运而生。

人学研究在我国经历了不同阶段的发展历程。在20世纪80年代初，围绕人道、异化、人性问题的讨论，人的问题成为学界集中谈论的话题，而后主体性问题、价值论问题、选择论问题讨论的兴起，使哲学的研究明显倾向于人学。在20世纪90年代，人学研究的重心逐渐转到人学体系的建构上来，主要讨论人学的研究对象、人学与哲学和其他学科的关系、人学自身的体系，力图为人学研究建立学科规范。进入21世纪以来，人学研究在研究界域、研究内容、研究的视野和方法等方面都有新的发展和突破，其主要特征是面向现实，关注社会发展和社会生活中的人学问题，使人学研究更具当代性、现实性。总体来看，我国人学40多年所走过的发展历程大致上是按照从抽象到具体的逻辑推进的。由于找到了研究的"水源"和"土壤"，理论研究日益具有活力，人学显示出强大的生命力。在人学学科的创立和发展过程中，以黄楠森、陈志尚等为代表的老一辈学者付出了艰辛的劳动，发挥了重要的推动作用。1992年，北京大学率先成立了马克思主义人学研究中心；1996年初，首都一些研究人学理论的著名专家学者倡议并筹备成立中国人学学会；2002年1月，中国人学学会被正式批准成立。在老一辈学者和学会的带领、组织下，我国人学逐渐走上发展的快车道。

人学，因其涉及的问题过于复杂，因而学科定位和学科属性一直存有争议。经过讨论与探索，这一问题现在基本上取得了共识。在人学的界说与理解上，尽管还有不同的看法，但按照学界大多数学者的理解，所谓人学，就是对人的整体性理解和把握，即从整体上研究人的生存和发展的一般规律以及有关人的基本理论的学科或研究领域。人学主要是从与"人的哲学""人的科学"的区别中显示出独立存在的。人学不简单等同于"人的哲学"。"人的哲学"探讨的是人与世界关系中关于人的一般问题、规律性问题，具有高度的抽象性，没有也不应该包括人的问题的各个方面，因而它有自己的理论视域和研究范围。人学也探讨人的生存发展的一般问题和规律性问题，但并不排除对人的相关具体问题的研究，而是力求从理论上对这些具体问题作出深入的理解和说明，并在其解决上能够有原则上、方法上的指引。因而人学是介于哲学与具体学科之间的中层理论。人学也不同于"人的科学"。"人的科学"涉及众多学科，每一学科都有自己的视角、自己的概念体系和方法，分别研究人的不同方面，如人体解剖学、人体生理学、心理学、社会学、组织行为学等，因而"人的科学"实际上不是一门学科，而是一个学科群。人学不同于这种分门别类的研究，而是在各门人的科学研究的基础上，加以理论上的提炼和概括，形成关于整体人的完整图景。所以，人学不是"人的科学"的简称或代名词，人学的内容也不是关于人的各种科学的汇集，而是有其独特的研究领域和研究方式的。就其研究的方式、方法而言，人学更接近于人的哲学。

关于人学的学科属性和理论定位，在中国的语境中是非常明确的。所谓人学，尽管涉及的学科很多，但主要指马克思主义人学。它既包括马克思主义关于人的基本理论，同时也包括用马克思主义的立场、观点和方法来研究人的问题所形成的各种新的人学理论。人学要同马克思主义相结合，不仅是由中国社会发展和人的发展的实际情况和客观需要决定的，而且是由人学与马克思主义的内在联系决定的。从思想史的实际情况来看，马克思主义并不是像一些西方学者所说的那样，仅仅是关于"物"的理论，其更重要的是关于"人"的理论。因为马克思主义的理论主题就是人类解放和人的自由全面发展，这就决定了它关注的焦点必然是人的现实世界、人的生存发展，其所有论述都是直接或间接为这一主题服务的。尽管马克思在不同时期关注的重点不同、讨论的问题不同、论战的对象不同、阐述的观点不同，但"万变不离其宗"，其研究都是围绕人的命运、人的相关问题展开的。无论是对封建专制和资本主义的批判，还是针对不同对象所进行的各种批判（如宗教批判、哲学批判、政治批判、政治经济学批判等）；无论是对各种社会形态、各种社会历史现象的分析解剖，还是对各种理论观点的系统阐发，都是从不同的侧面、不同的角度，以不同的方式来揭示不合理的社会制度和社会关系，阐述有关人的生存发展的一些基本观点，寻求人的解放和发展的途径，为改变人类命运指明方向道路。所以，研究人学，必须加强马克思主义人学理论的研究，并结合新的社会现实予以深化、发展。这正是中国人学的性质和理论特质。

在我国，人学研究也有自己特有的方式。由于人的问题涉及的方面很多，需要探讨的问题也非常之多，因而人学研究伊始，学者们就各有侧重，呈现多角度、多方面研究的局面。随着研究的不断深入，大致形成了这样几种较有代表性的研究路向。一是人学基础理论研究。由于人学研究起步较晚，研究基础薄弱，因而强化基础理论自然成为研究的重点。在这方面，主要是依据经典文本，对马克思主义经典作家有关人的思想资源进行深入开掘，具体阐释马克思主义人学的基本理论，在此基础上，逐渐形成了关于人的存在论、本质论、发展论、主体论、需要论、价值论、自由论、权利论等；同时结合唯物史观的形成、发展过程，阐述马克思主义人学研究的一些重要方法论原则，如整体性原则、现实性原则、实践性原则、主体性原则、历史性原则等。通过这样的开掘和阐释，初步构建起了马克思主义人学理论的基本框架。与此同时，人学的理论内容也得到了进一步的扩展，中国人学、西方人学思想资源进入其中，形成了中、西、马结合的格局。其代表作是由黄楠森先生任编委会主任的"人学理论与历史"丛书，包括陈志尚教授主编的《人学原理》、赵敦华教授主编的《西方人学观念史》、李中华教授主编的《中国人学思想史》。二是现实问题研究。人学是在时代和社会发展的大潮中兴起的，也是随时代和社会的发展而不断发展的。现实社会生活中产生的各种重大问题，有的直接是人的问题，有的则与人的问题密切相关，对这些重大现实问题予以充分的关注与回应，便成为人学研究的重要切入点。如从20世纪80年代以来先后出现的有关市场经济、现代化、全球化、和谐社会建设、生态文明、社会治理、公平正义等与人的发展相关的问题，激活了人学理论，使人学研究走进生活，富于生机活力。三是"对话式"研究。人学在我国的兴起，有一个重要的国际背景，就是西方文化与人学思潮的涌入。这对我国的人学研究起到了重要的推动作用。在从"引介"到"对话"的发展过程中，重点是对现当代西方哲学、国外马克思主义以及各种人学思潮的关注，通过对话交流，拓展了理论研究的视野，深化了相关的思想认识。"对话"研究同时也包括与中国传统人学思想的对话，注意加强对中国传统人学资源的挖掘和利用，充实和完善了马克思主义人学理论。四是交叉性研究。随着科学技术的深入发展，交叉研究已成为发展的一大趋势，"交叉学科"成为一门新兴学科。人学研究也是如此。随着研究的不断深入，人学的视界逐渐越出人学本身，注意吸收相关学科、相关领域的研究成果和方法，形成交叉性的研究。而人学的一些理论和方法也逐渐融入和体现到其他相关学科，发挥了重要影响。这样的交叉性研究，促进了学科之间的沟通与交流，同时也促进了人学自身的发展。

二 推进人学研究的着力点

在新的历史条件下，要深入推进人学研究，必须明确研究的方向与任务，找准研究的着力点。唯有如此，才能使研究更有成效，更能增强人学的学术影响和社会影响。面对新时代，需要关注的问题很多，但重要的是加强这些方面的研究。

（一）新时代新阶段的新问题研究

马克思在谈到理论、观点的发展时，曾经指出："每个原理都有其出现的世纪。例如，权威原理出现在11世纪，个人主义原理出现在18世纪。……为什么该原理出现在11世纪或者18世纪，而不出现在其他某一世纪，我们就必然要仔细研究一下：11世纪的人们是怎样的，18世纪的人们是怎样的，他们各自的需要、他们的生产力、生产方式以及生产中使用的原料是怎样的；最后，由这一切生存条件所产生的人与人之间的关系是怎样的。"[①] 这一规律性概括同样适用于人学的发展与演变。不同历史阶段的发展状况不同、提出的问题不同，人学关注的重点和研究的课题自然也不同。只有关注发展现实，人学研究才能有的放矢。

经过40多年的改革发展，我国已进入中国特色社会主义新时代。特别是在全面建成小康社会之后，又开启了全面建设社会主义现代化国家的新征程，进入新时代的新发展阶段。新发展阶段不同于以往的发展阶段，最根本的是主题的变化，即由过去的高速发展变为高质量发展。以高质量发展为主题，这是根据我国发展阶段、发展环境、发展条件变化所作出的科学判断。之所以要强调高质量发展，就在于现阶段发展各种矛盾、问题的焦点集中体现在发展的质量上。过去发展中突出存在的"数量缺口"问题解决了，现在发展中的"质量缺口"问题暴露了出来；过去"有没有"的矛盾基本解决了，现在"好不好"的矛盾凸显了出来。随着人民收入水平的提高和中等收入群体的扩大，消费结构开始向多样化、差异化、个性化方向发展，人民群众

---

① 《马克思恩格斯选集》第1卷，人民出版社1995年版，第146—147页。

对产品和服务的质量、品质要求日益提高，这就要求产品、服务从"数量"向"质量"转换，显著增强发展的质量优势。这样的转换，就是新发展阶段发展的现实。这样的现实，既给发展提出了新的问题，也给我们的人学研究提出了新的课题。像如何对待和满足人民群众日益增长的"美好生活需要"，如何缩小城乡区域发展差距和居民生活水平差距、实现共同富裕，如何实现创新、协调、绿色、开放、共享发展，如何改善人民生活品质、提高社会建设水平，如何不断增强人民群众的获得感、幸福感、安全感，如何促进人的全面发展和社会全面进步等，都是新阶段面临的突出问题，也是人学必须高度关注的重要课题。所有这些问题都是围绕人的生存发展提出的，都同人的问题有着直接的关系，因而人学研究必须自觉面对这些问题并作出积极的回应与解答。

新阶段这些新问题既突出了人的地位与价值，又对人的素质提出了新的要求。美好生活不是自然降临的，而是创造出来的；生活品质的改善和发展质量的提高不是按常规发展演化出来的，而是靠创新不断形成的；实现共同富裕不是靠新的平均主义或"劫富济贫"达成的，而是靠共同奋斗、公平正义来达到的……所有这一切，都需要提高人的素质。唯有素质、能力的提高，才能实现高质量的发展，才能达至美好生活。如何结合现实的发展要求，提升人的素质能力、促进人自身的发展，便成为新阶段人学研究的重要课题。

（二）全球化大变革中的人学问题研究

人生活于一定的时代，其生存发展总是受时代的影响。马克思在许多著述中考察人的发展时，就是和时代发展尤其是和世界历史、普遍交往紧密联系在一起的。按照马克思的观点，人的发展有赖于交往的普遍发展，二者在总的方向上是一致的。之所以如此，原因在于：只有普遍交往，才能扩大人的自由度和发展程度；只有普遍交往，才能克服地域性的局限，使狭隘地域性的个人变为世界历史性的个人；只有普遍交往，才能利用人类文明成果来丰富和发展自己，提升素质与文明程度；只有普遍交往，才能扩大各种社会关系，使其本质力量有更好发挥和发展的舞台。马克思关于世界历史、普遍交往与人的发展关系的分析，对于今天我们认识和分析人的问题是非常有益的。人学研究不能离开对时代的把握。

今天我们所处的时代既是一个全球化时代，也是一个急剧变革的时代。全球化不仅强烈影响世界格局以及每一个国家的经济、政治、文化乃至整个社会的发展，而且深刻影响到每个人的生活状况乃至生存发展。就人的生存发展来说，全球化的深入发展及其所引起的重大变革，对人的影响是重大的。首先应当看到，全球化为人的发展提供了更广阔的平台、更难得的机遇：全球性的发展使人们的生产、消费、需要得到广泛拓展，人的能力也得到相应的发展；全球化使人们的交往空间、交往方式、交往对象均发生了深刻变化，使得交往更为便捷、快速；全球化是一个崇尚个性、鼓励个性发展的时代，生产、消费、生活方式的个性化日渐增强，鲜明的个性特征成为人的生存发展的一大特点。但是，伴随全球化的发展，人类社会又处于一个急剧变革、风险剧增的时代，以致出现"百年未有之大变局"。这样的大变局对人的正常生活的冲击是巨大的：不合理的国际经济政治秩序使许多发展中国家的发展非常艰难，生存权面临威胁，发展权和人权更无从保障；强权政治和霸权主义使不少国家深陷地区冲突和战乱，生灵涂炭，民不聊生；资本在全球的快速流动，可能顷刻间使一些企业、商业破产，夺去众多工人的饭碗；全球化的激烈竞争和剧烈的经济动荡，使得劳动者很难主宰自己的命运，不同程度地听任外部力量的摆布；网络的发展一方面为人的全面发展提供了自由空间，另一方面又造成了人与人关系的疏离、隔膜，以致形成发展上的障碍。这就是大变革时代和大变局背景下的实际发展状况，是人类发展面临的现实境遇。

全球化大变革所提出来的问题，也是摆在人学面前的新课题。人学研究应当对这些问题作出理性的思考和回应。这些问题似乎宏大、艰深，难以驾驭，但直接关涉人类命运，关涉每个人生存发展的条件与环境，因而不可回避。面对这样的大变局，面对这些尖锐的问题，人学有责任发出自己的声音，回应时代的呼唤，通过问题辨析和理论阐发，为人类文明提供理论支撑和文化指引。

（三）人学基础理论的深入研究

历经多年的研究探索，人学基本理论虽然已初步形成，但因人学作为一个新兴学科和研究领域，产生的时间短，研究还不够深入，故其基础并不厚实，需要持续加强。而且，从学术上来讲，任何一门学科的基础理论都不是固定不变的。一方面，有些原理随着时代的变化和讨论的深入需要适当加以调整以不断补充、完善；另一方面，基础理论也是开放的，随着学术交流的扩大，许多原理也是在互动中发展创新的。所以，在新的历史条件下，需要继续加强人学基础理论研究，这是一项基础性的工作。

要深化人学基础理论研究，重要的是抓好这些基本环节。一是加强一些基本原理的深入阐发。理论要能说服人，必须彻底；而要彻底，必须把"理"说深说透。这就要求突出哲学的反思批判功能，在一些重要理论观点、重要问题的解释和说明上，不能仅限于抽象的推论、演绎，应当强化反思批判，注意前提性考察、方法论考察，使理论确实具有强大的解释力和穿透力。如近些年学界讨论较多的公平、正义问题，这是人学原理的一个重要内容，但其研究不能仅仅停留于抽象的哲学话语上，应当深入政治经济学，用唯物史观和政治经济学批判的方法予以深刻地理解和阐释。唯有如此，才能对公平、正义有实质性的把握。二是加强对一些实践经验的概括总结。善于从实践中汲取智慧和营养，这是深化人学基础理论研究的一条重要途径。在这方面，应当对原有的一些人学基本理论结合新的发展实践加以新的阐释，使其富有新意并具有当代价值。同时应对实践创造的经验加以提炼概括，以形成新的理论成果。如对中国发展的成功经验，不能仅限于描述、归纳，而应加以提炼、概括，从"经验"上升为"理论"。因为经验之所以为经验，总是含有某种共通性和规律性，正因如此，才有借鉴、参照的价值可言。将这些共通性和规律性的东西提炼出来上升为理论，既可以深化对经验的认识，又可以丰富和发展原有的人学理论。像中国发展的许多经验经过提炼、概括，完全可以进入马克思主义人学理论体系，拓展和深化原有的理论。三是加强一些学术概念、学术命题、学术观点的理论创新。一个学科的学术体系主要是由其学术概念、学术命题、学术观点、学术规范、学术话语等构成的，学术体系建设需要这些方面的共同"发力"。其中，学术概念、学术命题的提出和创新是一项更为前提性、基础性的工作。就学术概念来说，在原有的基础上加以一定程度的"术语革命"，是深化人学基础理论研究的一个重要方面。恩格斯曾经指出："一门科学提出的每一种新见解，都包含着这门科学的术语的革命。"① 人学也不例外。进行"术语革命"，一方面是要能够提出一些具有重要意义的新的概念和范畴。因为新概念的提出并不只是一个词语形式问题，而是标志着某种新认识、新观点的产生和出现，它可能扩展新的理论视野，打开一个新的理论空间。所以，要推进理论研究和理论创新，必须注意提炼新概念、新范畴、新表述，尤其是"要善于提炼标识性概念"②。另一方面，要对原有概念、范畴加以必要的改造和创新，为其注入新的内涵，赋予新的含义。如社会主义核心价值观的大部分范畴，都是

---

① 《马克思恩格斯全集》第 23 卷，人民出版社 1972 年版，第 34 页。
② 习近平：《在哲学社会科学工作座谈会上的讲话》，《人民日报》2016 年 5 月 19 日。

围绕人的价值追求、行为规范提出来的，就其称谓来说，大都不是新范畴，但在继承人类文明成果的基础上，经过中国特色社会主义理论的诠释，又有了全新的内涵。与"术语革命"直接相关，新的学术命题的提出，对于深化人学基础理论研究至关重要。如近年来提出的以人为本、人民至上、以人民为中心、构建人类命运共同体、人与自然是"生命共同体"、弘扬共同价值、建设美好生活等，既是我们党的执政理念，也是重要的人学命题。加强对这些命题的理论阐释，无疑是对人学理论的创新性发展。

（四）重点、难点问题的研究

人学的发展创新常常是在研讨重点、难点问题中推进的。正是重点、难点问题的出现，给人学研究出了新的"题目"，促使其进行新的探索思考；正是重点、难点问题的探索思考，使人学理论研究不断走向深入。研究、探讨的结果，既为问题的解决提供了有益的思路和方法，又深化和发展了原有的理论，促进了理论创新。

重点、难点往往来自时代与社会发展提出的新问题。就以当代科学技术的发展来说，它所引起的社会生活和社会发展的变化是巨大的。如近年来人们讨论较多的互联网、云计算、大数据、人工智能、虚拟现实等的快速发展，对社会生活和社会发展产生了巨大冲击，未来的发展日益具有不确定性。如在"互联网+"时代，互联网技术不仅仅是人们生活中的工具和手段，更重要的是成为人们生活的平台，是维系社会生活的重要枢纽与神经，离开了互联网，社会生活就无法正常进行。现在，互联网技术已经与经济社会以及人们的日常生活实现了深度融合，大大改变了原有的生产方式、消费方式、交往方式和生活方式，使人们的生产和生活得到了前所未有的调整和变化，也使人们获得了前所未有的新体验。又如人工智能的发展，已经进入社会生活的方方面面，引起劳动结构、就业方式、工作方式、生活方式、社会组织形式等方面的深刻变化，有力促进了社会发展和人的发展。但与此同时，引发的法律、伦理问题也日益突出，对家庭、社会以及道德观念等带来新的挑战。这些问题既是当代社会发展产生的新问题，也是人学研究遇到的新问题，而且是重点和难点问题，人学应当对其作出应有的说明。

重点、难点也来自理论研究中的困惑与难题。在具体研究中，问题是很多的，但难易程度是不同的，有的问题确实难以理解把握，以致形成一定程度的理论困惑。如在讨论幸福与快乐时，经常遇到这样一个难题：幸福与财富密切相关，但财富的增加并不一定带来幸福的增加，随着财富的增长，人们的幸福水平不仅没有提升，反而有所下降。这就是所谓"幸福悖论"[1]。对此悖论，学术界有不同的看法。问题当然可以讨论，但这一悖论的产生，很大程度上源于对"财富"的不同理解。如果把财富仅仅看作物质财富，那么财富与快乐确实有可能产生矛盾、背离；如果把财富不仅看作物质财富，而且看作精神财富、文化财富，尤其是像马克思那样，把人的发展看作"真正的财富"[2]，那么，"幸福悖论"就不难回答，或者就不会产生。因为随着各种财富的增长，尤其是人的财富的增长（人的全面发展），幸福水平绝不会越来越低。又如，近几年在讨论社会发展和人的发展时，经常提到资本逻辑与人的逻辑，并论及二者的关系。但何谓"人的逻辑"？目前还语焉不详，缺乏具体的说明，因而是一道难题，需要作出深入的探讨和解释。

一些重点、难点问题本身就是有争议的问题，或以前研究薄弱、现在需要重新审视的问题。且不说在一些重大理论问题和现实问题上一时

---

[1] "幸福悖论"又称伊斯特林悖论，是由美国南加州大学经济学教授理查德·伊斯特林（R. Easterlin）在1974年的著作《经济增长可以在多大程度上提高人们的快乐》中提出的。

[2] 《马克思恩格斯全集》第46卷下册，人民出版社1980年版，第222页。

存有争议，就是在对经典文本的论述、观点的理解上也不尽一致。有些观点理解上的分歧可能直接导致对一些重大理论问题乃至理论方向的不同把握，同时也涉及对社会现实的引导。如关于马克思理论中"类"概念的理解，过去我们的好多著述都是将其当作马克思思想转变时期的用语或不成熟的用语来看待，因为讲到"类"，就是把人看作无差别的个体，用人本学来看人，把社会关系排除在外。应当说，马克思早期在讲人的"类存在""类本质"时，确实受费尔巴哈人本主义的影响，有明显的人本学痕迹，但同样讲"类存在""类本质"，其内涵还是与费尔巴哈有明显区别，主要是从"自由自觉的活动"来予以说明和理解的。在唯物史观创立之后，马克思很少使用这些概念，但这并不意味着"类"的观点的放弃。马克思主要是从人类命运、人类解放来看待"类"的，强调无产阶级解放与整个人类解放是一致的，强调"每个人的自由发展是一切人的自由发展的条件"[①]。在其晚年的著述中，"类"的观点依然出现，尤其是在考察史前社会、人类文明的起源时阐述得更为充分。因此，不能简单否定马克思的"类"概念和观点，应给予全面、准确的理解和把握。特别是在今天全球化的条件下，要构建人类命运共同体，推进人类文明，应当增强"人类"意识，共同繁荣，合作共赢。这就客观上要求我们对马克思"类"哲学给以新的阐释。

三　加强和改进人学研究的方法

任何一门学科的建设和发展，总是需要形成相应的研究方法。这些研究方法既包括各门学科通用的方法，也包括本学科特有的方法。面对新时代，人学要振兴，要有所作为，必须加强和改进研究方法，使研究更有成效，更有助于推进人学健康发展。从目前的研究状况和

---

① 《马克思恩格斯选集》第1卷，第294页。

现实要求来看，人学研究的方法应当在如下方面予以加强。

一是加强专题性研究。每一时代的不同发展阶段，都有特定的主题，而主题又是通过各种问题体现出来的。这样，各种问题经过筛选、归纳之后，又可形成一个个专题。这些专题就是人学的研究对象。专题性的研究有这样一个特点，即连接着两头：一头是人学基本理论，一头是人的发展现实。借助于专题研究，可以沟通理论与现实，实现二者的密切结合。像近几年中国人学年会和相关人学研讨会的主题，先后有"人学视野中的新发展理念""经济社会发展新常态与人的发展""生态文明与人的发展""人的发展与社会进步""人的素质与社会发展""人的生存方式与精神世界""国家治理现代化与人的发展""新时代社会主要矛盾与人的发展""构建人类命运共同体与人的发展""人学视野中的全面建成小康社会与美好生活需要""面向新发展阶段的人学研究新格局"等，这些主题实际上就是人学应当研究的专题。对这些专题虽然有初步探讨，但还需作深入的研究。这种专题性研究的效果是多方面的，可以拓展研究的范围，可以使原来的某些人学理论观点得到新的阐发，可以使过去忽略的思想观点得到重新重视，可以使以前被误解和曲解的思想观点得到澄清和纠正。事实上，许多人学理论观点的新发展就是在这种专题讨论中实现的。如关于"美好生活需要"的专题讨论，通过对什么是美好生活、什么是需要、什么是合理需要的标准、什么是需要的满足方式等具体问题的辨析和讨论，大大扩展了原有的话题，使需要理论增添更为新的、深刻的含义，同样具有更为明显的现实意义。

突出专题性研究或问题研究，与加强基础理论研究是并行不悖的。如前所述，基础理论研究永远是人学研究的一项基础性工作，来不得半点怠慢与淡化，问题是应如何加强研究。实践证明，用现实问题研究来带动基础理论研究，是一条可靠的、行之有效的途径。从马克思主义人学思想史上来看，任何重大的理论创新从来不是从文本中解读出来的、从原则中推导出来的，而是在对重大问题的探讨和实践中总结出来的，是从理论与实践的互动中产生出来的。聆听时代的声音，回应时代的呼唤，这是人学研究的责任和使命，也是人学研究的方向与出路。

二是加强跨学科研究。人的问题具有高度的复杂性和整体性，其研究虽然可以分门别类，各有侧重，但终归不是靠单个学科或某几个学科所能把握的。人的问题涉及方方面面，需要各个学科共同关注，相互补充完善。因此，我们的人学固然偏重哲学，但又不能仅限于哲学，应该充分吸收相关学科的研究成果，形成跨学科的研究。实际上，伴随研究的不断深入，许多学科也越来越主动地关注人的问题，自觉地从人学的视角来看待问题，将人学的理论与方法融入研究。如经济学的研究，面对经济发展日益暴露出来的问题，不再仅仅盯着经济的单纯增长，而是逐渐关注人的生存发展。像20世纪80年代以来较有影响的法国学者弗朗索瓦·佩鲁所著的《新发展观》、诺贝尔经济学奖获得者阿马蒂亚·森的《以自由看待发展》等，就是从人的角度来研究发展的，主张新的发展应是以人为中心的发展，自由是发展的首要目的，也是发展的重要手段。此外，在对人的关注的基础上，从经济学中还产生出"快乐经济学"（又称"幸福经济学"）这样一门分支学科，突出对人的研究。又如政治学的研究，面对当代政治发展出现的新情况、新问题，也开始出现了一个新的转向，这就是围绕人的生存发展问题更加关注公平正义，关注人的利益分配、财富占有、权利行使等。此外，社会学、文化学、生态学等学科均以不同的方式显示了对人的关注和研究。可以说，人学的理论、方法已经进入其他学科的研究视域，人学与这些学科正趋于结合和融合。这样的发展，无疑会促进人学研究。

值得注意的是，近些年随着改革发展的深入推进，我们党提出的各种理念和战略，都突出了人的问题，将对人的关怀放到首位。如新发展理念、经济发展新常态、国家治理现代化、"五位一体"总体布局、全面建成小康社会、全面建成社会主义现代化强国、实现中华民族伟大复兴的中国梦、实现高质量发展等，都是围绕"人"这一中心提出来的，人的全面发展、社会全面进步是其鲜明的价值指向。像新发展理念"新"之所在，就在于突出了人的发展，将"以人民为中心"作为发展的核心和主线，要求经济社会的各种发展都要按照这样的理念来推进。其他理念、战略也是如此。正因为人是各种理念、战略的中心，因而可以围绕这一中心把各个学科凝聚起来，就共同话题展开交流对话、合作研究，因为一些重大议题都不是单个学科所能驾驭、解决得了的。也正因为各种问题最后都聚焦于人的发展，因而人学研究更易于同其他学科结合，更易于开展跨学科研究。

三是强化宏观研究与微观研究的结合。要对马克思主义人学理论有一个完整系统的理解，必然要求对其有一个宏观的把握。因为马克思主义人学理论包含的思想、观点很多，但这些思想、观点并不是彼此孤立存在的，而是内在联系在一起的，只有加以宏观研究，才能对此有一个全面、准确的理解和把握，但是，要深化人学理论的研究，又不能仅限于此，需要重视微观考察。如《资本论》，马克思研究的目的是要揭示资本主义经济运动规律，因而其研究自然是宏观的。但在进行宏观研究时，马克思又特别重视微观分析。如马克思在《资本论》第一卷第一版序言中对商品形式进行微观分析时就强调指出，"在浅薄的人看来，分析这种形式好像是斤斤于一些琐事。这的确是琐事，但这是显微镜下的解剖所要做的那种琐事"。[①] 马克思关于人的问题的研究也是这样。一方面，由其实现人类解放和人的自由全面发展的理论主题所决定，马克思偏重人的生存发展和解放的"宏观叙事"，以为人类解放提供方向指引，人的存在论、本质论、发展论、

---

① 《马克思恩格斯全集》第23卷，第8页。

需要论、价值论、自由论等都是为此服务、由此阐发的。另一方面，马克思又始终关注对人的问题的微观考察，特别是晚年对人类学问题的具体考察。关于人类学的考察主要体现在对摩尔根《古代社会》一书的研究中。当时，摩尔根通过自己长期广泛的调查研究，发现了史前社会的社会结构，证明了母系氏族是原始社会的基本单位，阐明了家庭形式的演变规律，表明了家庭形式和婚姻形式在原始社会中的作用。马克思对摩尔根的发现非常重视，详细摘录了摩尔根《古代社会》中所有有价值的篇章，同时通过对一些具体材料和事实的研究，阐述了许多新的见解。可以看出，人类学具体材料的考察和研究对马克思人学思想的完善和发展有重要作用，以至于有的学者将人类学作为马克思学说（包括人学）的理论来源之一。马克思的这种研究方法，为我们的人学研究提供了典范，值得认真学习、借鉴。

加强宏观研究与微观研究的结合，同时意味着加强理论研究和实证研究的结合。人学固然不是人的具体科学，但是不能由此轻视或排斥实证研究。人学应当建立在经验材料、实证研究的基础之上。没有经验材料为基础，人学终归会因失去根基而趋于枯竭。马克思指出："在思辨终止的地方，在现实生活面前，正是描述人们实践活动和实际发展过程的真正的实证科学开始的地方。"[①] 这句话同样适用于人学。

四是加强比较研究。西方的人学研究源远流长。从古希腊到近现代欧洲，西方哲学家对人的问题作过广泛深入的探索，提出了丰富的人学思想。因其研究的视角和关注的重点不同，先后形成了不同的流派与思潮，如自然主义、德性主义、快乐主义、经验主义、理性主义、情感主义、历史主义、自由主义、意志主义等。伴随形势的变化和研究的不断深入，现代西方哲学开始出现了不同的"转向"，其中

[①] 《马克思恩格斯选集》第1卷，第73页。

人学转向就是一大特色。在否定了传统形而上学的研究主题及其理论模式之后，人的问题上升为哲学的主题。存在问题、人性问题、异化问题、价值问题、自由问题、公平正义问题、人类命运问题等，成为现代西方哲学研究的主要研究对象。特别是现代社会的发展，现代性问题的出现，使人的问题更为突出。像活跃在20世纪西方哲坛上的主要流派，包括胡塞尔的先验现象学，舍勒的价值现象学，雅斯贝尔斯、海德格尔的存在主义，马尔库塞、哈贝马斯等法兰克福学派的社会批判理论，以及利奥塔、德里达等的后现代主义等，都是现代性的主要批判者，都从人的角度对现代性进行质疑和批判。尽管这些理论、观点不尽合理、全面，但所提出的问题、所作的分析、所得出的某些见解还是值得我们认真对待的。特别是一些西方马克思主义者对西方社会"现代病"的揭露和批判是非常深刻的，所提出的问题是值得我们警惕的，所提出的一些解决问题的思路和对策也是值得我们吸收借鉴的。所以，人学研究需要扩展研究视野，加强比较研究。

现在我国正处于现代化建设过程之中，全面建设社会主义现代化国家新征程的开启使这一过程明显加快。现代化的发展，一方面推进了社会进步，另一方面也难免产生带有共性的现代病，给人的发展带来不利影响。鉴于这样的"前车之鉴"，我们的发展和现代化明确地强调"以人民为中心"，将"人的全面发展"置于最高目标和最高原则。为此，我们的人学研究应当关注国外现代化发展的经验教训，注意吸收相关学科的研究成果，提出合理的思考与建议，为我国现代化建设的顺利推进和人的正常发展提供有益参考。

真理作为光

——现象学视角下的真理概念*

陈　勇（上海交通大学哲学系）

在当代哲学中主要有三种真理理论：符合论、实用主义理论与现象主义理论。真理的符合论将真理定义为命题或者认识与事实之间的符合，正如托马斯·阿奎那对真理给出的经典定义："*veritas est adaequatio intellectus et rei*"（真理是理智与事物之间的符合）。真理的实用主义理论（包括融贯论、冗余论等）则将真理视为语言的某种属性，只有当一个命题能够融入一个被广泛认可和使用的命题系统时，它才是真的。真理的现象主义理论则将真理规定为明见性（evidence），即真理是向思维主体显现的思想的内在属性，例如笛卡尔将真理规定为观念的清楚与明晰，胡塞尔将真理规定为明见性或者说"充足的理想"。

科赫认为，完整的真理理论应该同时包括这三种定义，它们只是说明了真理概念的三个方面：实在论方面、实用主义方面与现象方面。一个思想或命题为真，这不仅意味着它与相应的事实相符合；而且这个思想或命题在我们的思想或语言系统中还是与其他真思想或真命题相融贯的；此外，思想或命题的真还是被思维主体所把握的。①

---

* 本文发表于《思想与文化》2023 年第 1 期。
① ［德］安东·科赫：《真理、时间与自由：一个哲学理论的导论》，陈勇、梁亦斌译，人民出版社 2016 年版，第 10—11 页。

如果将这三个方面都包括进真理概念之中，那么由此会产生两个问题：（1）这三个方面的优先秩序是怎样的？例如符合关系是通过明见性而被揭示的吗？还是明见性始终意味着关于符合关系的明见性，因而符合关系是明见性的前提？（2）在符合论中真理被规定为思想或命题与事实之间的一种关系，而在实用主义理论与现象主义理论中真理则被规定为命题或思想的一种属性，这两种关于真理的本体论规定是不一致的。这两个问题无疑都很重要，本文将主要探讨第二个问题，即真理的本体论规定问题。

在西方哲学史中，"真理之光"是最广为接受的关于真理的本体论规定，它来自柏拉图《理想国》第六卷的"太阳比喻"与第七卷的"洞穴比喻"。一个核心哲学概念在两千多年哲学史中竟然主要是通过比喻而被理解的，这本身就匪夷所思。比喻的作用在于让我们更加直观地理解事物，却无法告诉我们事物之所是。真理是什么？它在何种意义上能够被比喻为一种光？如果它是一种"光"，那么"光源"是什么？

为了回答这些问题，本文将首先考察笛卡尔的真理理论，并且指出在他那里发生了真理主体化与内在化的转变；其次，本文将考察柏拉图对于真理的规定，他一方面将真理比喻为光，即将真理规定为一种中介，另一方面则将真理客体化与外在化了；最后本文将分析海德格尔的真理学说，尤其是前后期思想中真理概念的变化。

一　真理作为明见性

笛卡尔是近代哲学的奠基人，并且是观念论（idealism）的开创者。在此，观念论并不是指否认外部物质世界存在的唯心主义形而上学，而是指将知识的直接对象规定为观念或者说表象的认识论。在"第三沉思"中，笛卡尔将"观念"定义为"事物的图像"（rerum imagines)。① 因而真观念意味着事物的正确图像，换句话说，真理是观念与事物之间的符合关系。笛卡尔认为，观念就其自身而言并无真假，只有当思维主体将它指涉某种事物时，它才具有真值，在这个意义上他肯定了真理的符合论。② 在一份给梅森（Mersenne）的信中他写道：

> 向一个不懂得这门语言的人解释这个词的意义当然是可能的，我们可以告诉他"真理"这个词在严格意义上所指的是思想与对象的符合，但当它被赋予给思想之外的事物时，这仅仅意味着这些事物能够成为真思想的对象，或者是我们的或者是上帝的。③

在这段引文的前半部分笛卡尔肯定了真理的符合论，并且认为这是真理概念的"严格意义"；在后半部分他则指出，作为符合关系的真理并不来自事物本身，而是来自思想，只有当一个思想为真时，相应的对象才能被称作真的。按照这个观点，我们之所以将一块黄金称为真的，是由于这块黄金符合了黄金的定义；首先为真的是黄金的定义，而不是黄金本身。由此可见，虽然笛卡尔肯定了真理的符合论，但是他对于符合论的理解却与通常的理解正好相反。真理意味着思想与对象之间的符合，但不是思想去符合对象，而是对象与真思想相符合。

---

① René Descartes, *Meditationen de prima philosophia*, übers. und hrsg. von Christan Wohlers, Hamburg: Felix Meiner Verlag, 2009, S. 41.

② René Descartes, *Meditationen de prima philosophia*, S. 42.

③ René Descartes, *The Philosophical Writings of Descartes*, Volume III, *The Correspondence*, trans., J. Cottingham, R. Stoothoff, D. Murdoch, A. Kenny, Cambridge: Cambridge University Press, 1991, p. 139.

在此存在的一个问题是：这种真理概念是一种循环定义。思想是如何能够成为真的呢？难道思想不正是由于与事实或者说对象相符才是真的吗？如果答案是肯定的，那么思想的真就已经预设了对象的真，例如"雪是白的"为真，当且仅当：雪是白的。对于这个问题的一个可能回应是：事实或者对象只是存在着，而并不是在真正的意义上为真。但这个回应忽略了真理的现象方面：与真理相关的事实或者对象并不仅仅客观存在着，只有当它们被思维主体把握时，与之相应的思想或命题才是真的；而事实或者说对象被思想把握恰恰同时意味着它的真，例如我们认识到了"雪是白的"这个事实，这也同时意味着对象的真，它作为现象向我们显现。也就是说，从认识过程来看，对象的真与思想的真是同时发生的；从逻辑上来看，前者甚至先于后者，符合意义上的真首先意味着对象的真。

笛卡尔实际上不是通过符合，而是通过明见性（evidence）来定义真理的，这就是"第三沉思"中著名的真理定义："所有我清楚地和明晰地知觉到的东西都是真的。"[1] 真理意味着知觉或者说思想的清楚与明晰。在《哲学原理》中他将"清楚的"（clare）定义为对象对于心灵来说的现成存在，正如视觉对象对于眼睛来说是现成存在的；而"明晰的"（distinct）则意味着被知觉到的对象与一切其他对象都是不同的，并且这一点对于心灵来说也是清楚的。[2] 由此可见，清楚与明晰都是用来规定知觉（perceptio）或者说思想的标准，而并不涉及思想与对象是否符合。在这个意义上"清楚与明晰"或者说"明见性"是思想的内在属性，并且是能够被思维主体把握到的。

笛卡尔的内在主义同样体现在他对于"我在"的证明之中，在

---

[1] René Descartes, *Meditationen de prima philosophia*, S. 40.
[2] René Descartes, *Die Prinzipien der Philosophie*, übers. und hrsg. von Christan Wohlers, Hamburg: Felix Meiner Verlag, 2005, S. 51.

"第二沉思"中他写道:

> 这个命题:"我在"(ego sum),"我存在"(ego existo),当它被我说出来或者被精神所思考的时候,必然是真的(necessario esse verum)。①

当他断言"我存在"这个命题必然为真时,他并没有首先论证"我存在"这个事实或者说"自我"(ego)这个实体的存在,而是将"必然为真"的属性赋予了这个命题。"我存在"之所以必然为真,是因为它是确定无疑的、绝对自明的。用海德格尔的话来说,真理在笛卡尔这里变成了"确定性"②。作为一种思想属性的真理是内在于思维或者说主体的,主体无须超出思想就能把握真理,把握到"我存在"这个命题的必然为真。

作为明见性的真理的来源是什么呢?在《谈谈方法》中,笛卡尔写道:

> 因为理性并没有告诉我们:我们所看到的或想象到的事物是真的。相反它告诉我们:所有我们的观念或概念必定有一个真理上的根基。因为下述情况是不可能的:完善的、完全真实的上帝将它们置入我们之中,但它们却没有任何真理上的根基。③

一切对象的实在性或者说真都通过普遍怀疑而被悬置了,但在不考虑对象的实在性的情况下,理性在自身之中依然拥有"真理的根

---

① René Descartes, *Meditationen de prima philosophia*, S. 28.
② Martin Heidegger, *Nietzsche*, Bd. 2, Frankfurt am Main: Vittorio Klostermann, 1997, S. 170.
③ [法]笛卡尔:《谈谈方法》,王太庆译,商务印书馆2000年版,第33页。

基"。也就是说，理性从其自身出发就能判定观念的真假，而判断的标准即所谓"真理的普遍规则"：所有清楚的与明晰的观念都是真的。在此真理并不是观念与对象的符合，而是观念本身的明见性；并且作为明见性的真理的根基或者说来源是理性的。

笛卡尔将把握真理的理性能力称为"自然之光"（lumen naturale），真理是由自然之光所揭示的，自然之光充当了区分真理与谬误的最终标准。在上面提到的写给梅森的信中他还写道：

> 这位作者将普遍的同意作为真理的标准，而就我的概念而言，除了自然之光之外我没有其它标准。这两种标准部分地是一致的：因为所有人都有相同的自然之光，看起来他们也应该具有相同的概念。①

"自然之光"是所有人天生就具有的理性能力，虽然它是由上帝置入人的心灵之中的，但是就对真理的把握而言，理性是不假外求的。

从作为明见性的真理概念出发，我们也就能够理解笛卡尔所说的"永恒真理"（eternas veritates）。在他看来，例如"从无之中无法产生任何东西"，"一个事物同时存在与不存在，这是不可能的"，"凡是已经发生的事情，都不能是没发生过的"，"正在进行思考的东西，只要它正在思考，那么它就不能是不存在的"这样的命题都属于永恒真理。② 这些命题对于理性来说都是不证自明的，都永恒地与必然地是正确的，或者说它们都是清楚与明晰的观念。作为形式性命题它们并不指涉任何实存的具体事物，它们的真理也不意味着与实在事物之

---

① René Descartes, *The Philosophical Writings of Descartes*, Volume III, The Correspondence, p. 139.

② René Descartes, *Die Prinzipien der Philosophie*, S. 55.

间的符合关系。

在笛卡尔这里真理被定义为观念的清楚与明晰，即明见性。在这个意义上真理被内在化与主体化了，思维主体无须超出自身就能凭借自然之光或者说理性而把握真理；而当思想外的事物被赋予真理时，这仅仅意味着它是真思想的对象。笛卡尔扬弃了传统的符合论真理观，思想与其对象之间的符合关系既不是定义真理的充分条件，也不是必要条件。反过来看，思维主体也无法确保与真思想对应的事实的存在，笛卡尔最终只有借助于上帝才能证明外在世界的存在，而他关于上帝存在的证明也无可避免地成为一种循环论证。简而言之，明见性对于真理概念的定义来说是不充分的，真理并不仅仅是思想的内在属性，它首先应该是思想与对象之间的一种关系。

二 真理作为光

笛卡尔将把握真理的理性能力称为"自然之光"，在这一点上他继承了古罗马与中世纪的哲学传统，奥古斯丁、西塞罗与托马斯·阿奎那等哲学家也正是这样来使用这个概念的。在对"真理"概念的探讨中，视觉隐喻始终如影随形："自然之光"意味着把握真理是人先天的理性能力；柏拉图则使用了另外一种视觉隐喻，在《理想国》第六卷的"太阳比喻"与第七卷的"洞穴比喻"中，他将真理本身比喻为光。

"太阳比喻"的基本内容是：视觉对象是通过阳光这种中介而被眼睛看到的，理念（idea, eidos）则是通过真理（aletheia）与存在（ousia）的中介而被"灵魂的眼睛"或者说理性（noesis）看到的；阳光来自太阳，真理之光则来自"善的理念"。[①] 在本体论上，柏拉

---

① ［古希腊］柏拉图：《理想国》，郭斌和、张竹明译，商务印书馆1986年版，第265—267页。

图没有将真理规定为命题、判断或者思想的属性，也没有规定为外在于灵魂或者理性的某种对象，而是规定为理性与它的对象（理念）之间的中介，真理是"光"。作为中介的真理之光既不是来自理性，也不是来自它的对象。相反，只有在真理之光中，理性才具有了知识（episteme），理性的对象也才得以显现自身或者说成为真的，换句话说，真理是知识与对象显现的前提，而非相反。

正如海德格尔所指出的那样，在古希腊哲学中真理意味着"无蔽"（Unverborgenheit）。① 真理之光是黑暗的对立面，通过真理之光存在者走出了黑暗，进入了光亮，并且向"灵魂的眼睛"显现。光明与黑暗的争斗构成了"洞穴比喻"的根本动机，在这个关于"教育"（paideia）的比喻中，柏拉图将教育规定为"灵魂的转向"。② 在洞穴比喻的一开始，被捆绑住的囚徒们只能看到前方洞穴墙壁上的阴影，他们甚至不知道阴影是由于火炬光照射木偶而形成的。但囚徒们并非完全的无知，他们也通过火炬光看见了阴影，只不过错误地将阴影视作"真实事物"（alethes）或者说"存在者"（on）。③ 也就是说，在柏拉图这里真理与谬误并不是截然二分的，即便是犯错的囚徒也依然看见了比较黯淡的阴影，他们拥有的是不那么真的知识，或者说他们只拥有"意见"（doxa）。在洞穴比喻接下来的几个阶段中，被释放的囚徒在身体与灵魂（眼睛）的转向之后，看到的光越来越强烈，因而也越来越接近于真实事物或者说存在者，并最终看到了世界中最明亮的光源太阳，即善的理念。

对于柏拉图来说，不仅存在不同程度的真理，而且事物的真实程度也是有着不同层级的，这意味着他的真理概念与当代哲学中的命题

---

① Martin Heidegger, *Wegmarken*, Frankfurt am Main: Vittorio Klostermann, 1976, S. 224.
② ［古希腊］柏拉图：《理想国》，郭斌和、张竹明译，第272、278页。
③ ［古希腊］柏拉图：《理想国》，郭斌和、张竹明译，第273页。

真理概念有着本质性差异。我们通常认为，一个命题或者为真或者为假，而事物或者是实在的或者是非实在的，并不存在不同程度的真理，事物也没有不同的真实程度。但在柏拉图这里，作为光的真理则是有不同强度的，火炬光、月光与阳光在强度上显然相差甚远；与之相应，阴影与木偶、水中的倒影与普通事物、洞穴内的与洞穴外的事物之间也有着真实程度上的差别。事物的真实程度意味着在真理之光中的无蔽程度，真理之光让事物摆脱了黑暗，进入了光明或者说无蔽之中。

如果说海德格尔对于古希腊真理概念的阐释是合理的，那么他对于柏拉图真理概念的阐释则不尽合理。在《柏拉图的真理学说》一文中他提出，在洞穴比喻中真理的本质发生了转变，一方面真理继续被理解为存在者的无蔽，另一方面则被理解为人的行为的正确性（Richtigkeit）；真理的位置也从存在者变成了人的行为。① 这个观点部分是合理的，柏拉图的真理概念同时包含了无蔽与正确性这两个方面，只有当灵魂的眼睛扭转了方向、朝向理念世界时，作为理性的认识对象的理念（存在者）才在真理之光中显现自身，也就是说，存在者的无蔽与灵魂朝向的正确性是同时产生的。但是柏拉图并没有将真理规定为某种行为属性，无论在"太阳比喻"还是"洞穴比喻"中，真理始终是理性与它的对象之间的中介。正是由于被真理之光所照射，理念或者说存在者才成为"真实事物"，灵魂的朝向才是正确的。如果说笛卡尔持有的是真理内在论，那么柏拉图持有的似乎既不是真理内在论，也不是真理外在论。真理既非内在于思想，也非外在于思想，而是思想与对象之间的中介，三者共同构成了知识的基本框架。

另外柏拉图亦认为，真理之光不是来自理性，也不是来自它的对象，而是来自善的理念。在太阳比喻中，阳光来自太阳，并且太阳与

---

① Martin Heidegger, *Wegmarken*, S. 231.

其他可见物都属于感性世界；与之相应，真理来自善的理念，而善的理念与其他作为理性对象的理念都属于理念世界。真理的来源是理念世界，在这个意义上柏拉图更加倾向于真理外在论，而不是如海德格尔所认为的那样，在柏拉图这里发生了真理的主体化。

真理之光的比喻使真理概念本身变得更容易理解了吗？一方面将真理比喻为光或者说将真理理解为一种中介是合理的，真理是知识与对象、人与世界之间的一种关系。这也意味着真理的内在论与外在论都是不合理的，真理既无法完全被主体化，也无法完全被客体化。另一方面，真理之光的比喻指向了作为光源的善的理念，在柏拉图哲学中善的理念始终带有神秘色彩，除了与可见世界中的太阳进行类比，柏拉图并没有给出关于它的明确论述。这使得真理之光也带有一种神秘色彩，在何种意义上它来自理念世界？真理之光何来？

三　真理作为揭示性

就海德格尔早期思想中的真理概念而言，《存在与时间》中的这段话是关键性的：

> 对在人之中的自然之光（lumen naturale）的存在者层次上的、形象性的言说所意味的不过是这个存在者的生存论—存在论结构：他以这种方式成为他的此（Da）。他是"被照射的"（erleuchtet）意味着：作为在世界中存在的他在自身中被照亮了（gelichtet），不是通过另外一个存在者，他自己就是澄明（Lichtung）。只有对于这样一个在生存论上被照亮的存在者来说，在光（Licht）之中现成者才是可通达的，在黑暗中它是隐藏着的。此在原本就携带着他的此，不仅他实际上并没有丧失他的此，而且如果丧失他的此的话，他根本就不再是他之所是了。**此在就是**

真理作为光

他的揭示性（Erschlossenheit）。①

在德语中"Da"意味着"这里"或"那里"，当海德格尔将人称为"此在"（Dasein）时，他将人的生存理解为了"在世界中存在"，换句话说，人始终是超出自身而在世界之中的，此在的"此"不是指意识或者心灵，而是指世界。由此可见，海德格尔从一开始就站在了笛卡尔主义或者说观念论的对立面②，对于他来说，不存在心灵与世界、意识内部与外部的对立，人始终已经进入了世界之中，世界始终是向人显现的。③ 因而他认为，对于外在世界实在性的怀疑本身是一桩哲学的丑闻，这意味着对于人的存在方式的根本性误解。只要人存在，人与世界都同时进入了"光亮"之中，人的存在始终都是在"光"之中存在，用海德格尔的话来说："此在就是他的揭示性。"当他谈论"自然之光"时，他不再将其理解为一种理性能力，而是理解为生存的"生存论—存在论结构"，即在世界中存在。这个结构是一个光的结构，人与世界是这个结构的两个方面，它们都为光所照耀。④

海德格尔认为，传统的符合论误解了真理概念。只要真理被定义为思想与对象之间的符合关系，那么随之而来的一个问题就是：这种符合意味着什么？"观念性的判断内容"（der ideale Urteilsgehalt）与"实在事物"（das reale Ding）之间在什么意义上存在一种

---

① Martin Heidegger, *Sein und Zeit*, Tübingen：Max Niemeyer Verlag, 1967, S. 133.

② Hubert L. Dreyfus, *Being-in-the-World. A Commentary on Heidegger's Being and Time. Division I.*, Cambridge (Mass.)：The MIT Press, 1991, p. 3ff.

③ 除非人处于睡眠或者昏迷状态之中，而在这种情况下人也暂时停止作为人而存在了。

④ 在海德格尔后期思想中这个结构变成了"天地神人四方域"，参见《物》《筑居思》《人、诗意地栖居》等文。

符合关系?① 如果存在这样的符合关系,那么这种关系必须同时具备观念性与实在性,而这是自相矛盾的,两种在本质上完全不同的东西根本就"风马牛不相及"。

《存在与时间》中的真理学说常常被解读为一种明见性理论②,这是一种误读。海德格尔将真理规定为存在者的"被发现性"(Entdecktheit)与此在的"发现状态"(Entdeckend-sein)。③ 而无论被发现性还是发现状态都不是意识、观念或者命题的某种属性,而是人的存在方式:

> 发现是一种在世界中存在的存在方式。环视性的或者也是逗留-注视性的操劳发现了世界内的存在者。世界内的存在者成为了被发现的事物。它在第二种意义上是"真的"。首要地"真的",也就是说发现着的是此在。真理在第二种意义上不是意味着发现状态(发现),而是被发现状态(Entdeckt-sein),即被发现性。④

海德格尔认为,事物本身("世界内的存在者")是在人的实践("操劳")中被发现的,因而真理的首要意义是人的发现,其次才是事物的被发现或者说显现。

就发现本身而言,海德格尔并不认为它是首先发生在认识或者判断活动中的,"认识世界"(Welt-erkennen)是一种衍生的生存方

---

① Martin Heidegger, *Sein und Zeit*, S. 216.
② Ernst Tugendhat, "Heideggers Idee von Wahrheit", in *Wahrheitstheorien*, hrsg. von Gunnar Skirbekk, Frankfurt am Main: Sukrkamp, 1996, S. 434f.
③ Martin Heidegger, *Sein und Zeit*, S. 218.
④ Martin Heidegger, *Sein und Zeit*, S. 220.

式。① 这一点可以从两方面来理解：首先，人的首要存在方式是在周遭世界中的实践，即与"用具"（Zeug, pragmata）打交道的活动、"操劳"（besorgen）。② 例如农民在耕种的过程中发现了锄头、大地、天空，这种发现活动并不是认识、感知或者观察，而是目的性的实践活动。其次，认识也是一种实践活动，它所使用的"用具"是语词、符号、逻辑规则等，"喜马拉雅山是地球上最高的山"这个事实并不仅仅是通过某个感知或者判断而被发现的，相应的判断只是一系列实践活动的一个环节而已。真理的首要意义是人的发现，其次才是事物的被发现，在这个意义上《存在与时间》中的真理学说首先不是现象主义的或者实在论的，而是如盖特曼所言，它是一种"坚决的实用主义"③。

如果这种实用主义真理观被推到极致，那么它甚至成为一种主体主义：

> 只有当此在存在的时候，才会"有"真理。……牛顿定律，矛盾律，进一步说是任何真理都只有当此在存在的时候才会是真的。……在牛顿定律被发现（entdeckt wurden）之前，它们不曾是"真的"。④

真理依赖于人，是人的发现，因而"作为在世界中存在的他在自身之中被照亮了，不是通过另外一个存在者，他自己就是澄明"。在《存在与时间》中，真理之光的光源被规定为人本身，"此在就是他

---

① Martin Heidegger, *Sein und Zeit*, S. 61.

② Martin Heidegger, *Sein und Zeit*, S. 57.

③ Carl F. Gethmann, *Dasein: Erkennen und Handeln-Heidegger im phänomenologischen Kontext*, Berlin & New York: de Gruyter, 1993, S. 157.

④ Martin Heidegger, *Sein und Zeit*, S. 226.

的揭示性"。难道这不是另一版本的观念论吗?① 海德格尔继承了柏拉图的光喻,并且在《存在与时间》中将真理之光主体化了,他对于柏拉图真理学说的批评不适用于柏拉图,而是适用于他自己。在后期的《人文主义书信》中海德格尔承认,《存在与时间》的语言依然带有主体性形而上学色彩。② 或者我们甚至可以认为,《存在与时间》中的基础存在论也是一种主体性形而上学。③ 在何种意义上真理之光来源于人本身?

四 真理作为澄明(Lichtung)

在《存在与时间》发表之后,真理问题成为海德格尔思想的聚焦点之一,这是顺理成章的。在《论真理的本质》一文中他提出,"如果真理被理解为命题的正确性,那么它的本质是自由"④。这个观点并不难理解,正如《存在与时间》就已经指出的那样,真理(揭示性)是此在的"此",人超出自身而在"此"或者说世界中存在,这意味着人的生存始终是向世界敞开的,也就是说是自由的。这种自由指的不是意志自由或政治自由,而是指生存的敞开性(Offenheit),即澄明(Lichtung)。⑤ 与近代主体性形而上学相对,在《论真理的本

---

① 布莱特纳将海德格尔的基础存在论阐释为一种"存在论的观念论"(ontological idealism, Cf. Blattner, W. D., "Is Heidegger a Kantian Idealist?", in *Inquiry*, Vol. 37, No. 2, pp. 185-201),就《存在与时间》而言,他的这种阐释是合理的。

② Martin Heidegger, *Wegmarken*, S. 318.

③ 在《存在与时间》中海德格尔否认他的真理学说是一种主体主义,即将真理视为在主体之内的,但他并没有否认本文所讨论的主体主义,即真理来自人,"作为发现的真理是此在的一种存在方式"(Heidegger, M., *Sein und Zeit*, S. 227)。

④ Martin Heidegger, *Wegmarken*, S. 186.

⑤ 诚如希恩所言,澄明(Lichtung,英语翻译为 clearing)是海德格尔所有作品中的核心概念。(Sheehan, T., *Making sense of Heidegger: A paradigm shift*, London/New York: Rowman & Littlefield International, 2015, p. 190)

质》中海德格尔反对将自由视为人的一种属性，他认为不是人占有自由，而是自由占有人。① 这也意味着，与《存在与时间》中的观点不同，他不再认为澄明或者说真理是此在本身。真理不是人所建构的，而是自行产生的。作为自由的真理无非就是此在的"此"或者说"世界"，即人所居留的敞开之境。敞开之境（世界）不是人，更不是作为思维主体的"自我"所建构起来的。相反，世界的敞开或者说无蔽是人生存的前提条件。只有世界开启了，人才能在其中存在，并且不是人筹划或选择进入世界之中，而是被抛入了其中，用海德格尔的话来说，自由与真理占有了人。

在海德格尔后期思想中，人的生存依然意味着在世界中存在，并且是时间性的与历史性的；而与前期思想不同，存在的意义不再仅仅被理解为时间性或者时态性。不仅世界的存在，而且人的存在都从根本上同时是空间性的。此在的"此"或者说世界难道不就是时间与空间吗？在《存在与时间》中海德格尔就已经指出了"此在的空间性"②，但是由于他将生存的存在论意义规定为时间性，将真理（揭示性）规定为人的发现，空间问题实际上是被忽略的。在《真理的本质》中，真理的本质被规定为自由或者说世界的敞开性。真理之发生一方面意味着世界向人敞开，成为无蔽的；另一方面也意味着人进入了世界，在世界中存在。因而真理之发生同时就是空间之发生。用海德格尔的话来说，真理是"澄明"（Lichtung），"Lichtung"在德语中的本义是"林中空地"，它是光与影交织之场所，这个场所不就是空间吗？在《艺术作品的本源》中海德格尔写道："在存在者整体中间有一个敞开的处所。一种澄明在焉。"③ 真理或者澄明并不是在人之

---

① Martin Heidegger, *Wegmarken*, S. 187–190.
② Martin Heidegger, *Sein und Zeit*, S. 110.
③ ［德］海德格尔：《海德格尔文集.林中路》，孙周兴译，商务印书馆2015年版，第39页。

中的，而是包括人在内的一切存在者的存在之处所。

值得注意的是，在海德格尔后期思想中，真理既没有被规定为人的发现，也没有被规定为存在者的被发现，而是被规定为世界的敞开性，进一步说是"存在者在整体上的敞开性"（Offenbarkeit des Seienden im Ganzen）。① 首先向人敞开的不是个别存在者，而是存在者整体，世界、空间、澄明、自由之境或者说真理。

回到本文的核心问题，如果真理是光，那么真理之光何来？现在这个问题也等同于：世界或者说空间何来？这个问题的提出实际上是由一种误解所导致的，真理之光的比喻让我们错误地以为，就像阳光是来自太阳的某种东西一样，真理也是一种物。物理学告诉我们，光有着神秘的波粒二象性，它似乎是一种"非物"。而真理既不能被理解为一种物，也不能被理解为一种"非物"，因为真理之光并不在空间中运动，它就是空间本身。② 光让我们看见了物，看见了世界，真理之光也让我们"看见"了物，"看见"了世界。光的显现就是世界的显现，但光通常并不是作为一种视觉对象或者说物而显现的，物在光中显现，光则伴随着物一同显现。光的基本属性是透明性，或者说光就是透明性本身，而不是一种"非物"。"透明性"不是光的物理学规定或者形而上学规定，而是它的现象学规定：光让物成为可见的，它本身则是透明的。当我们跟随柏拉图将真理比喻为光时，同时必须拒绝这个比喻带来的形而上学诱惑。真理并不是物理学意义上的光，也不来自某个"光源"，而是透明性或者说"无蔽"，并且它是

---

① Martin Heidegger, *Wegmarken*, S. 192.
② 亚里士多德在《论灵魂》（*De Anima*）中指出，颜色是通过光被看到的，而光自身并不是一种颜色，光更不是一种物体，因为它自身并不运动；光一方面是天体的存在方式，另一方面它让事物被看见。海德格尔对此的解读是：光是"现实的一种在场方式"，它属于"世界的存在"。（Heidegger, M., *Einführung in die phänomenologische Forschung*, Frankfurt am Main: Vittorio Klostermann, 1994, S. 8-9.）

真理作为光

自生的（sich ereignet）。作为透明性的真理就是空间（以及时间）、世界，万物在其中显现，它本身则是透明的或者说不可见的。换句话说，真理本身就是显现（erscheinen），这种显现不是来自物，也不是来自人，相反一切存在者只有通过显现才成为现象（Phänomen）或者说显象（Erscheinung）。

就光的现象学规定而言，除了透明性的另外一种重要规定是：光明与黑暗始终是并存的。光明之所（Lichtung，澄明、林中空地）的四周必然是黑暗，并且光明本身会变成黑暗，纯粹的光明是不存在的。光明与黑暗的交织可以从以下两个方面得到理解：首先，在海德格尔后期思想中，"自然"（physis）成为一个核心概念，自然指的不是作为万物总体的宇宙或者说自然界，而是指万物之"涌现"（Aufgehen），这种涌现是"上升"（Aufgang）与"返回自身"（In-sich-zurück-Gehen）的统一过程，他也将这个过程称为"道"（Weg）。① 涌现不等于现成存在，更不等于永恒存在，也不意味着神的创造；相反，涌现或者说自然是现成存在与被创造的反义词，它意味着自行产生与自行消亡，即"自生"（Ereignis）。春去秋来、花开花落、生老病死等皆是万物"上升"与"返回自身"之"道"，或者说万物之自然。自然与道是一种"秘密"（Geheimnis），万物之上升与返回自身皆"无理由"（grundlos），因而自然与道还意味着"深渊"（Abgrund），光所照射不到的黑暗之所。其次，万物之涌现意味着它们进入了光明之中，或者说在世界中、在真理之光中显现，但万物并没有消散在光明之中，没有成为光明本身。物之为物恰恰在于它们的"自持"（Insichruhen）② 或者说不透明性，它们没有消失在世界的光亮之中，而是黑暗的，因此它们不是人的表象，而是"物自身"；换句

---

① Martin Heidegger, *Wegmarken*, S. 290—293.
② ［德］海德格尔：《海德格尔文集.林中路》，孙周兴译，第11页。

说，物是由质料构成的，具有物性。

从以上两个方面我们看到，真理之光、世界或者说空间并非纯粹的光明，而是光明与黑暗的交织，用海德格尔的话来说，"真理之本质即是原始争执"①，"自我遮蔽着的去蔽"②。原初意义上的真理并不意味着人的发现或者对象的被发现，非真理也不意味着人犯了错误或者对象没有被发现。它是世界或者说空间（以及时间）本身，它是光明与黑暗的交织之所，即澄明（林中空地）。万物在真理之光中涌现，并且是作为自持着的物自身。虽然原初意义上的真理并不是判断真理，但它作为光是人与对象之间的中介，因而作为思想或命题与事实的符合关系的判断，真理无非就是它的一种衍生形态。

---

① ［德］海德格尔：《海德格尔文集.林中路》，孙周兴译，第41页。
② Martin Heidegger, *Wegmarken*, S. 301.

伽达默尔的翻译解释学论纲[*]

黄小洲（广西大学马克思主义学院哲学系）

我们是否身处一个翻译的时代？翻译是否成为人类不可避免的命运？显然，无论在中国还是在外国，翻译（translation/Übersetzung）都是一项历史悠久的人类社会活动，这可以从古代的丰富典籍中找到相关的记载证据。相较于漫长远古的口译活动，人类大规模的笔译活动大概发生在公元2—3世纪，在中国可以追溯到东汉末年的佛经翻译，在西方则可以上溯到罗马人对古希腊典籍的翻译。尽管古人很早就把翻译当作一个研究对象进行反思，但是传统的翻译研究给人的印象往往是：感性的经验总结多，理性的哲学分析少。

这种状况在20世纪发生了革命性的新变化，它的原初性思想源泉是伽达默尔的翻译解释学。然而对这个源泉，我们研究与理解得还很不够。通常，人们把斯坦纳的巨著《巴别塔之后：语言与翻译面面观》誉为当代翻译理论的奠基之作。其实，他在书中开篇第一章标举"理解即翻译"的理论大旗就来自伽达默尔的解释学，是伽达默尔把翻译提升到了哲学的高度。我们根据伽达默尔的哲学解释学思想，试图勾勒一个大致完整的翻译解释学论纲，以弥补我们在

---

[*] 本文系国家社会科学基金西部项目"黑格尔与现代解释学关系研究"（15XZX012）阶段性成果。

翻译的哲学反思方面的不足。如果说当今我们已经无可争议地身处一个全球化的交往时代，那么翻译解释学就成为一种学术必然趋势。

一 从翻译的技艺学上升到翻译解释学

从常识来说，所谓翻译就是指把 A 语言转换成 B 语言；所谓解释学就是指一门关于理解和解释的艺术。问题是：翻译为什么与解释学相关联？作为 20 世纪西方解释学浪潮的代表性哲学家，伽达默尔回答说："因此每一个翻译都已经是解释（Auslegung），人们当然可以说，翻译总是解释的完成（Vollendung），是翻译者（Übersetzer）对给予他的语词所进行的解释之完成。"① "每一个翻译者都是阐释者（Interpret）。"② 既然翻译即为解释，而解释学又是关于理解和解释的理论，那么翻译自然成为解释学研究中的题中应有之义。由此看来，尽管伽达默尔没有明确说过"翻译解释学"这样的字眼，但是我们应该顺着他开拓的理论空间，提议建立一门翻译哲学，即翻译解释学。我国解释学研究权威洪汉鼎先生更是直接说："诠释学在古代就可以说是一门关于理解、翻译和解释的学科，或者更准确地说，它是一门关于理解、翻译和解释的技艺学。"③ 古代西方的语文学经常用翻译和解释来给解释学下定义，这样一来，理解、翻译和解释就成为解释学中的新"三位一体"。

然而建立一门翻译解释学谈何容易。在传统的视野中，人们通常

---

① Hans-Georg Gadamer, *Wahrheit und Methode*, Tübingen: J. C. B. Mohr, 1986, s388.
② Hans-Georg Gadamer, *Wahrheit und Methode*, s391.
③ 洪汉鼎：《诠释学——它的历史和当代发展》，人民出版社 2001 年版，第 3 页。

认为翻译的中心任务在于实践、实训、技巧、技艺、操练、操作等，这是实用务实的事情；至于理论提炼和哲学反思则属于次要地位，这是谈玄务虚的事情。著名翻译家许钧先生也指出："长期以来，翻译一直被当作一种'雕虫小技'，而'翻译无理论'的说法至今在某些学者的脑中，仍有相当的市场。"① 扩充开去说，我们自古以来就有鄙视翻译的文化传统，这与夷夏之辨密切相关。儒家正统强调，华夏居于文明的尊贵中心，周边蛮夷之族则落后野蛮。因此尽管远在周王朝时代我们国家就设立了翻译官，但是他们只是负责处理蛮夷外交事务、传递王者之言（说外语）的小官员，古人称之为象胥、舌人、寄、象、狄鞮、译等。因此可以说："在历史上，'舌人'的工作并不高贵。"②

中国古代文献对夷、狄、戎、蛮等四方少数民族的描述是：披发文身，额头刺青，足趾向内相交，茹毛饮血，不吃熟食，穿鸟羽、披毛皮、住洞穴，十足的野蛮状态。（《礼记·王制第五》）《国语·周语中》记载说：戎狄之人，蒙昧轻贱，贪婪无礼，血气不治，毫无仁义教化，如同禽兽一般；他们在进贡时等不及祭祀的牲体烤出香味就坐在宫门之外，朝廷只好派翻译官把未熟的祭品交给这些野蛮人。孔子说："微管仲，吾其被发左衽矣。"（《论语·宪问》）孟子则更为直接地主张："吾闻用夏变夷者，未闻变于夷者也。"《孟子·滕文公上》这是儒家尊王攘夷、用夏变夷的华夏文化中心主义，而翻译作为与蛮夷之族打交道的活动自然遭到儒学的鄙薄。邹振环先生说："翻译本身在中国历史上是一个居于边缘性的职位，离儒家的道统非常遥远。"③ 与传统儒家的仁义之道相比，翻译的确可谓是雕虫小技，不登大雅之堂。李河先生分析认为，传统翻译理论发展迟缓，与一种实

---

① 许钧：《翻译论》，译林出版社2014年版，第23页。
② 杨全红：《翻译史另写》，武汉大学出版社2010年版，第3页。
③ 邹振环：《20世纪中国翻译史学史》，中西书局2017年版，第388页。

用化取向有关，它"窄化了翻译研究中的哲学追问空间，耽搁了对翻译现象的深度理解"①。由此可见，基于儒学传统的强大影响力，"'翻译'要成为'哲学问题'并不是一桩轻而易举的事"②。

基于翻译实践的经验性总结，我们有各种各样的翻译技艺学。然而由于缺乏哲学理论的观照，这样的翻译技艺学往往只是一种辅助性的学问，它们从属于各种具体的翻译实践，是偶尔需要而不是必然刚需，而且它们相互之间存在隔阂，不可通约。例如，文学名著、科技文本、法律条文、哲学典籍、宗教圣书等的翻译技巧是不同的，不能相提并论。不得不说，这极大地制约了人们对翻译的反思深度。

伽达默尔解释学的出现打破了各种翻译技艺学之间不可通约的尴尬局面，为翻译向哲学层次的跃升提供了理论论证和思想支撑。翻译绝不仅仅是一种可有可无的偶然现象，它具有普遍必然的存在论、认识论和方法论意义，而这只有经过一种翻译解释学的建构才能给予充分的阐明。西方解释学有一句著名的格言：哪里有误解，哪里就有解释学。正是在这一口号的宣示之下，施莱尔马赫提出了他的普遍解释学：由于误解是普遍存在的，因此必然要建构一门普遍的解释学，从而超越文本的特殊性，超越理解方法和解释规则的分散性、特殊性、偶然性和从属性。按照利科的说法，施莱尔马赫使得部门解释学得以向普遍解释学飞跃，实现了西方解释学史上的第一次哥白尼革命。③

要让翻译摆脱雕虫小技的地位，赢得人们的普遍尊重，那么就必须积极借鉴现代理论成果，基于伽达默尔的思想建立一门翻译解释

---

① 李河：《巴别塔的重建与解构——解释学视野中的翻译问题》，云南大学出版社 2005 年版，第 71 页。
② 李河：《巴别塔的重建与解构——解释学视野中的翻译问题》，第 2 页。
③ [法] 保罗·利科：《诠释学与人文科学　语言、行为解释文集》，J.B. 汤普森编译，孔明安、张剑、李西祥译，中国人民大学出版社 2012 年版，第 14 页。

学，这是人们如何看待翻译的一场哥白尼革命。伽达默尔的解释学是对施莱尔马赫、狄尔泰和海德格尔解释学思想的一次大综合。日本的河盛好藏甚至宣称："没有误译的译文是根本不存在的。"① 既然误译是普遍的存在，那么我们也可以说："哪里有误译，哪里就有翻译解释学。"因此我们需要一门超越于具体翻译操练活动之上具有普遍意义的翻译解释学。翻译问题在伽达默尔的哲学解释学中占据重要的地位，他的美国弟子帕尔默就鲜明地指出："翻译现象是诠释学的真正核心。"② 由此可见，从翻译的技艺学上升到翻译解释学，不是回到一种部门解释学，而是从哲学的高度来观照翻译，提升人们对翻译理解的深度和层次。

二 翻译解释学的本体论立场

翻译大家、哲学家贺麟先生说："所以要讨论翻译问题，我们首先要进一步讨论翻译所包含的哲学意义。"③ 而要讨论翻译的哲学意义，则必须先厘清翻译的本体论（Ontology）根据，因为本体论回答最简单又最根本的"是什么"问题。"翻译解释学是什么？"这是一个迫切的本体论追问。概括起来说，伽达默尔翻译解释学的本体论立场可以体现在如下几个方面。

第一，伽达默尔的翻译解释学具有神话—形而上学的起源。从学科归属来说，本体论通常隶属于形而上学（Metaphysik）这门学科。因为本体论是形而上学中的核心部分，所以人们常常用本体论来指代形而上学。在古代亚里士多德的语境中，由于形而上学超越于感觉经验之上，因此它又可以被称为神学。康德强调："曾经有一个时候，

---

① ［日］河盛好藏：《正确对待误译》，刘多田译，《中国翻译》1986年第3期。
② ［美］帕尔默：《诠释学》，潘德荣译，商务印书馆2012年版，第48页。
③ 罗新璋、陈应年编：《翻译论集》，商务印书馆2021年版，第522页。

形而上学被称为一切科学的女王。"① 正是在这些背景中，伽达默尔把西方解释学的起源追溯至古希腊的神话传统，在 1968 年的《古典解释学与哲学解释学》一文中，他指出：解释学（Hermeneutik）究其根本而言就是宣告、口译、阐明和解释的艺术，赫尔墨斯（Hermes）是神的信使，他把神的旨意传达给凡人。② 显然，伽达默尔在这里对解释学的界定与他的老师海德格尔密切相关。早在 1923 年，海德格尔在授课中就提示：解释学与赫尔墨斯神即诸神的信使有关。③

解释学起源于赫尔墨斯神，而赫尔墨斯实质上就是诸神与人类之间的翻译者，因为神与人说着不同的话语。④ 伽达默尔明确知道这种溯源是有争议的。例如狄尔泰版本的西方解释学史就没有提到赫尔墨斯，而只是说："在古希腊，对诗人的合乎技术的解释是由于教育的需要而发展起来的。在希腊启蒙时代，凡讲希腊语的地方，都流行对荷马和其他诗人进行解释和考证的理智游戏。"⑤ 应该看到，伽达默尔在翻译解释学方面对形而上学本体论的坚持，就是要超越狄尔泰的技术主义方法论解释学。这也可以看作伽达默尔对海德格尔本体论哲学转向的捍卫。当然，伽达默尔把解释学追溯到赫尔墨斯这位翻译之神，其旨趣并不是要进行一场浪漫主义的复辟倒退、反对启蒙，而是

---

① ［德］康德：《纯粹理性批判》第一版序，邓晓芒译，杨祖陶校，人民出版社 2004 年版，第 1 页。

② ［德］伽达默尔：《诠释学Ⅰ、Ⅱ：真理与方法（修订译本）》，洪汉鼎译，商务印书馆 2007 年版，第 109 页。

③ ［德］海德格尔：《存在论：实际性的解释学》，何卫平译，人民出版社 2009 年版，第 9 页。

④ "阿特拉斯之女迈亚睡上宙斯的圣床，为他生下永生诸神之信使，光荣的赫尔墨斯。"［古希腊］赫西俄德：《工作与时日·神谱》，张竹明、蒋平译，商务印书馆 2006 年版，第 54 页。

⑤ 洪汉鼎主编：《理解与解释——诠释学经典文选》，东方出版社 2006 年版，第 78 页。

要表明翻译行为具有超越经验技术规则之上的神圣性、根本性和奠基性。翻译成为人生在世的基本存在活动方式,它具有本体论的意蕴,而不能仅仅理解为某种偶然经验或技术规则。伽达默尔甚至说:"阅读已经是在进行翻译,而翻译则是再一次翻译。"①

第二,在伽达默尔解释学内在话语与外在话语的关系中,翻译居于灵魂摆渡者的本体地位。通常我们都承认,每一个人都有一种内在的心灵生活,它是灵魂、精神、思想和生命体验的纯粹活动,不带任何物质的牵绊,因而深不可测,无法直接看见和听到。伽达默尔借用奥古斯丁的术语称之为"内在话语"(verbum interius):"真正的话语,(内心中的话语)是完全不依赖于这种现象的。"② 与内在话语相对的则是外在话语,它包括口语和文字。如果我们用康德的术语来类比,那么内在话语就是物自体,外在话语则是现象。从灵魂本体过渡到外在话语现象,这就是翻译的贡献。我们知道,弗洛伊德通过精神分析的工作发现了心灵内的潜意识,他指出:"梦的工作是将梦念译为和象形文字相类似的原始的表示方式。"③ 伽达默尔也强调:"翻译是内心的预见。"④ 在德文中,übersetzen 作为动词的"翻译"就有摆渡、渡河之意。因此,从伽达默尔的翻译解释学来看,翻译先天地、内在地、普遍地寓于每一个人的心灵当中,它是灵魂的摆渡者。

亚里士多德在《解释篇》中指出:"现在口语之音是灵魂中情感的符号,而书写标记则是口语之音的符号。"⑤ 用伽达默尔的语言来解释就

---

① Hans-Georg Gadamer, *Hermeneutik* II, Tübingen: J. C. B. Mohr, 1993, s205.

② Hans-Georg Gadamer, *Wahrheit und Methode*, J. C. B. Mohr, s424.

③ [德]弗洛伊德:《精神分析引论》,高觉敷译,商务印书馆 2005 年版,第 180 页。

④ [德]伽达默尔:《诠释学 I、II:真理与方法(修订译本)》,洪汉鼎译,第 246 页。

⑤ *The Complete Works of Aristotle*, volume one, Edited by Jonathan Barnes, Princeton: Princeton University Press, 1995, p. 25.

是，口语是对灵魂情感（affections of the soul）的翻译，书写标记（written marks）则是对口语的翻译。因此从灵魂到书写文字，这中间经历了双重的翻译或两趟摆渡。翻译摆渡的不是什么物件，而是灵魂；灵魂在任何时候都是本体的存在，因此翻译也成为本体的存在，否则它就无法承载灵魂的"重量"。"真正的翻译是灵魂转世。"① 灵魂说着一种内在话语，伽达默尔指出："这种内在话语就是上帝话语的镜子和图像。"② 这样一来，从内在话语到外在话语的转换，就是把上帝话语翻译为人类话语。深不可测的内在灵魂需要外在话语的"翻译点化"才能为人所知。"说话，就是翻译——将天使的语言转化为人类的语言。"③ 可见，语言和精神之间有一种诡秘莫测的最深处关系。我们可以用语言学家房德里耶斯的话来总结："沉思默想不需要发音器官发音；但是沉思默想是一种内部言语；……思想靠声音来行动，哪怕声音不表达出来。"④

第三，翻译奠基于人类语言的本体论差异，理解、解释与翻译是三统一的。人类为什么需要翻译？因为人类语言存在着本体论的差异，例如内在话语与外在话语的差异，国家民族语言之间的差异，地域方言之间的差异、古今语言的差异等，而沟通与交流又是人类的必需，单个人是无法生存的，这种沟通与交流就是翻译。斯坦纳亦认为："翻译因人类语言不同而存在。"⑤ 保守估计，地球上存在过两万

---

① ［美］乔治·斯坦纳：《巴别塔之后：语言与翻译面面观》，孟醒译，浙江大学出版社2020年版，第270页。
② ［德］伽达默尔：《诠释学Ⅰ、Ⅱ：真理与方法（修订译本）》，洪汉鼎译，商务印书馆2010年版，第592页。
③ ［法］贝尔曼：《异域的考验：德国浪漫主义时期的文化与翻译》，章文译，生活·读书·新知三联书店2021年版，第23页。
④ ［法］房德里耶斯：《语言》，岑麒祥、叶蜚声译，商务印书馆2012年版，第77页。
⑤ ［美］乔治·斯坦纳：《巴别塔之后：语言与翻译面面观》，孟醒译，第55页。

多种语言，而人类目前正在使用的语言大概有四五千种之多。尤其在汉语里，就有"三里不同调、十里不同音、百里不同语"的说法。据悉，释迦牟尼最早是用方言而不是用梵语来传播佛学的。伽达默尔严肃地指出："人类的话语并不像神性的话语那样是唯一的，而必然是许多种话语。"① 关于人类语言的本体论差异，为伽达默尔所欣赏的赫尔德说得更为鲜明："从严格的形而上的意义说，没有哪两个人的语言是完全相同的。"② 这就为翻译的出场铺就了一条本体论的道路。

一般来说，伽达默尔主张理解、解释和应用是"三位一体"地统一在一起的，它们是同一个事情本身的三个不同阐释面向。所谓三位一体，通常指称基督教一种形而上的神秘教义，即圣父（上帝）、圣子（耶稣）和圣灵只是三个不同的位格（Person），它们不是三个神，而是同一个神。如前所述，洪汉鼎先生强调了解释学就是关于理解、翻译和解释的技艺学，这实质上形成了一个解释学非神学化的新"三位一体"、三统一。某种意义上，这是有道理的。伽达默尔就强调翻译要以理解为前提："翻译总以完整理解陌生的语言，而且还以对被说出东西的本真含义的理解为先决条件。"③ 潘德荣先生对此的阐释是："于翻译而言，最重要的问题根本不是如何选择合适的对应语词，而首先是对于文本的世界之理解，缺乏这种理解，任何对于文本的翻译与解释都是无稽之谈。"④ 谢天振先生则进一步把三者统一起来说："翻译，无论是文学翻译还是非文学翻译，都离不开对原文的理解和解释。……理解与解释则贯穿在译者翻译行为的整个过程中。"⑤

---

① ［德］伽达默尔：《诠释学Ⅰ、Ⅱ：真理与方法（修订译本）》，洪汉鼎译，第599页。
② ［德］赫尔德：《论语言的起源》，姚小平译，商务印书馆2014年版，第108页。
③ Hans-Georg Gadamer, *Hermeneutik* Ⅱ, s92.
④ 潘德荣：《西方诠释学史》，北京大学出版社2013年版，第23页。
⑤ 谢天振：《译介学概论》，商务印书馆2020年版，第235页。

三　翻译解释学与辩证法

伽达默尔不仅是解释学大师,而且是辩证法大师。何卫平先生甚至指出,伽达默尔用辩证法拯救了解释学,反过来也用解释学拯救了辩证法,使二者获得了新生。① 可见,伽达默尔的翻译解释学处处彰显着辩证法的精神,离开辩证法来谈翻译将不得要领。非此即彼、非黑即白的形式思维不是辩证法。一般来说,辩证法就是要在思想的两极对立中保持必要的张力或紧张关系。伽达默尔直白地强调:"如果真有一种模式能说明理解中存在的紧张关系,那么它就是翻译的模式。"② 在翻译中,同一与差异、忠实与自由、熟悉与陌生、他者与自我、异国与母邦、古代与现代、潜意识与显意识、生与死等都存在一种辩证法的紧张关系。

第一,同一与差异的辩证法。伽达默尔说:"凡需要翻译的地方,就必须要考虑讲话者原本语词的精神和对复述的精神之间的距离。但这种距离是永远不可能完全克服掉的。"③ 这种不可克服的距离就是差异。在翻译活动中,我们将原作与译作相比较发现,原作是同一的,译作则是差异的;面对同一个原作,不同国度、不同民族、不同信仰、不同语言的译者给出的译作是不同的;即使同一个译者,面对同一个原作,不同时期的译作也会有差异。因此张隆溪先生说,这不可避免地会导致承认意义和解释的多元论。④

---

① 何卫平:《通向解释学辩证法之途:伽达默尔哲学思想研究》,上海三联书店2001年版,第4页。
② [德]伽达默尔:《诠释学Ⅰ、Ⅱ:真理与方法(修订译本)》,洪汉鼎译,第528页。
③ [德]伽达默尔:《诠释学Ⅰ、Ⅱ:真理与方法(修订译本)》,洪汉鼎译,第541页。
④ 张隆溪:《道与逻各斯——东西方文学阐释学》,冯川译,江苏教育出版社2006年版,第255页。

然而如果把差异强调到极端，则同一就是不可能的，进而理解与翻译都是不可能的；如果只有同一，没有差异，那么翻译则是不必要的。这就是翻译中同一与差异的辩证法。显然，伽达默尔不是一位不可译主义者。人类的语言（外在话语）可以千差万别，但是语言所意指的精神、意义（内在话语）却是同一的。庄子称："言者所以在意，得意而忘言。"（《庄子·外物》）这就是翻译之所以可能的基础。黑格尔指出："真理只有在同一与差异的统一中，才是完全的，所以真理唯在于这种统一。"① 因此在翻译中，同一与差异是辩证统一的。

承认差异对于翻译而言是至关重要的。毫无疑问，作者、译者和读者之间存在着一种视域的差异，因此译作绝不可能是原作的一个扫描复印件。曹顺庆先生说："翻译作为一种语言形式转换的过程，变异在其中如影随形。"② 但是如果过分强调差异，离开同一性的引导，那么翻译将不成其为翻译。伽达默尔主张："解释者和文本都有其各自的视域，所谓的理解就是这两个视域的融合。"③ 与理解相一致，翻译也是一个差异性的视域相互碰撞、融合、同一的过程。因此，一个译者必须考虑到自己视域与作者视域的差异，并寻求更宽广的视域来统一、统摄、综合这些差异，这个过程就叫作辩证法的扬弃（aufheben）。"翻译典型地表现了视域融合过程。"④

---

① ［德］黑格尔：《逻辑学》下卷，杨一之译，商务印书馆1976年版，第33页。
② 曹顺庆：《翻译的变异：世界文学未来何在》，《中国科学报》2019年1月23日第3版。
③ ［德］伽达默尔：《诠释学Ⅰ、Ⅱ：真理与方法（修订译本）》，洪汉鼎译，第131页。
④ 洪汉鼎编著：《〈真理与方法〉解读》，商务印书馆2018年版，第339页。

第二，忠实与自由的辩证法。伽达默尔明确强调："翻译这个事务因而总有某种程度的'自由'。"① 可见，译者不是一个学舌的鹦鹉，而是一位具有自由能力的创造者；翻译总是自由的翻译。在这个意义上，伽达默尔反对那种不顾当下语境的硬译、直译或字面翻译，而更偏向于意译、创造的翻译或自由的翻译。早在1923年，本雅明就曾讲过类似的观点："译者的职责就在于让那些被放逐到别的语言当中的纯语言在自己的语言中得以释放，还在于通过自己对原作的再创造，让被囚的纯语言得以自由。"② 为什么要赋予翻译自由？根据伽达默尔的分析，因为译者必须考虑到语词不是单义性的，语言有一个自由摆动的意义空间；翻译也不是对作者原始心理过程的标准复制，而是一种再创造或重新塑造（Nachbildung）。因此在翻译过程中，译者总是面临各种困难的选择，他必须在原作语言的自由空间与译作语言的自由空间中来回穿梭，寻找某种契合点，并作出自由决断。

伽达默尔主张，翻译是一种突出重点的活动（Überhellung）③。"在翻译中，译者不可能将原文中所有的意义，尤其是作者的意图，原原本本、完整无缺地表现出来的。"④ 甚至有人得出结论说："在翻译中，创造性叛逆几乎是不可避免的。"⑤ 然而，自由的翻译不是叛逆的翻译，更不是任意曲解、想怎么译就怎么译，忠实或信实（Treue）仍然是翻译中不可或缺的制约性力量。译者的自由始终受到原作语言和自

---

① Gadamer, *Hermeneutik* Ⅱ, Tübingen, 1993, s92.
② ［德］本雅明：《写作与救赎——本雅明文选》，李茂增、苏仲乐译，东方出版中心2009年版，第67页。
③ ［德］伽达默尔：《诠释学Ⅰ、Ⅱ：真理与方法（修订译本）》，洪汉鼎译，第543页。
④ 朱健平：《翻译：跨文化解释——哲学诠释学与接受美学模式》，湖南人民出版社2007年版，第145页。
⑤ ［美］韦斯坦因：《比较文学与文学理论》，刘象愚译，辽宁人民出版社1987年版，第36页。

身处境的牵引和定向。因此伽达默尔辩证地说:"翻译者面对的是语言的文本……他受到文本本身内容的束缚。"① 翻译,总是意味着信息或意义的跨语言传达。"翻译真正的任务就在于'有收效的传达'(ausrichten)某些事情。"② 总之,缺乏自由和忠实的翻译,译作都可能会成为"没有思想内容的字母"或"不可理解的天书"。

第三,陌生与熟悉的辩证法。伽达默尔辩证地强调:"翻译的优越性在于能把陌生的东西变成熟悉的东西,它并非只是批判地消除或非批判地复制陌生的东西,而是用自己的概念把陌生的东西置于自己的视野中,并使它重新起作用。"③ 翻译总是基于异域、陌生、神秘、远古等世界的惊诧经验,它总是需要在异域与母邦、陌生与熟悉、神秘与平凡、古代与现代之间来回摆渡,力保均衡,不能顾此失彼、厚此薄彼。这就是翻译解释学中陌生与熟悉的辩证法。伽达默尔认为:"'诠释'这事务却恰好在于把一种用陌生的或不可理解的方式表达的东西翻译成可理解的各种语言。"④ 换言之,翻译的任务就是解释学的任务,即把陌生的语言转化为熟悉的语言,把异域的世界转变为熟知的世界,把未能理解的东西转为可以理解的东西。陌生东西有时让人感到不舒适,熟悉东西则让人得心应手;异域风情有时让人感到怪异,母邦水土则让人习惯自然;神秘幽玄有时让人感到惊恐,平凡日常则让人舒心放心;远古时代有时让人感到蒙昧,现代生活则让人亲切安然。因此翻译是必需的,它在本质上就是化陌生为熟悉。海德

---

① [德]伽达默尔:《诠释学Ⅰ、Ⅱ:真理与方法(修订译本)》,洪汉鼎译,第183页。

② [德]伽达默尔:《诠释学Ⅰ、Ⅱ:真理与方法(修订译本)》,洪汉鼎译,第110页。

③ [德]伽达默尔:《诠释学Ⅰ、Ⅱ:真理与方法(修订译本)》,洪汉鼎译,第218页。

④ GaHans-Georg Gadamerdamer, *Hermeneutik* Ⅱ, s92.

格尔说:"翻译:使一种陌生的语言所表达的东西能用我们自己的语言来理解,而且是为了这种理解。"①

翻译不能完全丢下陌生的东西不管,而只在自家熟悉的园地里兜圈子。伽达默尔说:"在翻译时,对外语的掌握只是一种前提条件。"② 然而在中国历史上,一些人根本不懂外语,也从来没有在异国他乡生活过,却也成为翻译大家。这难道不容易招人非议吗?例如林纾根本不通外语,却先后与人合作翻译小说180余种,被誉为中国近代文学翻译泰斗。他自述:"予不审西文,其勉强厕身于译界者,恃二三君子,为余口述其词,余耳受而手追之,声已笔止,日区四小时,得文字六千言,其间疵缪百出。"③ 如今这些译作大多成为历史文物,少人问津。④ 有翻译就有重译。显然,懂外语即通晓陌生的语言,这是翻译的基本前提条件。但是伽达默尔并不满足于此,他特别强调理解一门语言(特别是外语)就是一种"生命的践行"(Lebensvollzug)⑤。因此,在陌生的外语世界里生活就是保障翻译质量的必经环节。严复懂外语,也留过洋,可是他的翻译刻意渊雅、古雅,文必推汉唐古代。他说:"实则精理微言,用汉以前字法、句法,则为达易;用近世利俗文字,则求达难。"⑥ 在严复的翻译中,崇古薄今、

---

① [德]海德格尔:《存在论:实际性的解释学》,何卫平译,第14页。
② [德]伽达默尔:《诠释学Ⅰ、Ⅱ:真理与方法(修订译本)》,洪汉鼎译,第413页。
③ 罗新璋、陈应年编:《翻译论集》,第244页。
④ "清末科学文献翻译高潮初始阶段,懂得外文、能够独立翻译的中国人极少,因此,译述科学书籍的主要方法还是由外国人口译,中国人笔述并润校成书。……自20世纪20年代开始,我们口译笔述的译书方法基本上寿终正寝,译书口译人员也基本上退出了历史舞台。"黎难秋:《中国科学翻译史》,中国科学技术大学出版社2006年版,第13页。
⑤ Hans-Georg Gadamer, *Wahrheit und Methode*, s388.
⑥ 王栻主编:《严复集》,中华书局1986年版,第1321—1322页。

雅俗两立。他甚至宣称他的译作就是为了给那些多读中国古书的人准备的。可见严复不懂翻译的辩证法。陈福康先生也认为："他（严复）将雅与俗绝对对立起来，有违于辩证法。"①

四 翻译解释学的实践哲学意蕴

伽达默尔是古代实践哲学的伟大复兴者。因此不应奇怪，在伽达默尔这里，翻译解释学具有实践哲学的意蕴，而且他是在古代亚里士多德的意义上来使用实践哲学这个词的，它包含着政治学、伦理学和经济学三个基本学科分支。法国当代翻译理论天才学者贝尔曼（Berman）呼吁建立一门翻译伦理学，应该说受到了伽达默尔翻译解释学的启发。伽达默尔高屋建瓴地指出："翻译的过程从根本上包括了人类理解世界与社会交往的全部秘密。"② 那么翻译中到底包括了什么样的秘密？从实践哲学的角度来分析，翻译涵盖了谦逊、平等、对话、文明、教化、发展、和谐等理解世界和社会交往的永恒真谛。当然需要指出："翻译对政治思想和意识形态的塑造不是一蹴而就的。"③

在古代希腊特洛伊的浴血战场上，语言的杂乱与战争的纷乱一样相互诠释。荷马用史诗描述道："特洛伊人喊声嘈响，拥挤在宽长的队列里。他们没有一种共通的话语，共同的语言，故言谈杂乱无章。"④ 与此不同，《圣经·创世纪·巴别塔》中记载，全世界在一开始都只说一种语言，只有一种共同的话语。后来人类用烘透的砖块代替石料来为自己建造一座城市，并且计划修建一座塔直通天堂，意图扬名立万，不再分隔一方。为此，耶和华惩罚了人类：他把人类分散到世界各

---

① 陈福康：《中国译学史》，上海人民出版社2010年版，第95页。
② Hans-Georg Gadamer, *Hermeneutik* II, s205.
③ 许钧：《翻译概论》，外语教学与研究出版社2020年版，第206页。
④ [希]荷马：《伊利亚特》，陈中梅译，花城出版社1994年版，第93页。

地，并且搅乱人类的语言，使他们彼此不能相互理解。所以，巴别塔（The Tower of Babel）就成为耶和华搅乱人类语言、散居人类的惩罚标记。显然，这里非常值得注意的是，耶和华为了惩罚人类的骄傲，其使用的最独特方式竟然是搅乱语言，使语言由一变多。"语言是外人的无声带，是产生割裂的刀锋。"① 那么由此推论，翻译之所以存在，是否就是出于耶和华对人类骄傲自满（妄图通天）的惩治？但是赫尔德却认为："各种不同的民族语言的形成是很自然的事情。"②

谦逊是伽达默尔翻译解释学的伦理品格。我们为什么要翻译？恰恰是因为我们谦逊地意识到我们自身的不足或有限性，而另一种语言文化的他者可能比自我更优秀、更值得学习借鉴。翻译就是一种自我超越。伽达默尔说："翻译会让他者的真理观点相对于自身而得到保存，从而使陌生的因素和自身的因素在一种新的形态中相互交流。"③《诗经》里的古话："他山之石，可以攻玉。"说的是同样的道理。翻译是一面镜子，它可以照见自我的缺陷。就此而言，翻译首先要破除的就是自大主义、自我中心主义、唯我独尊主义。一个坐井观天、孤芳自赏、夜郎自大的个人或民族通常不会意识到翻译的重大意义。"翻译伦理首先体现于译者对原作的信任，相信原作是一部言之有物的严肃作品。……同样，翻译伦理还体现于译者对原作的尊重。"④ 这同样是翻译的应有之义。

翻译不是制造壁垒，而是沟通彼此，友爱相处。因此，伽达默尔特别强调对话精神在翻译中的政治与伦理意义。他说，口译者就是通

---

① ［美］乔治·斯坦纳：《巴别塔之后：语言与翻译面面观》，孟醒译，第62页。
② ［德］赫尔德：《论语言的起源》，姚小平译，第108页。
③ ［德］伽达默尔：《诠释学Ⅰ、Ⅱ：真理与方法（修订译本）》，洪汉鼎译，第218页。
④ 刘云虹：《翻译批评研究》，南京大学出版社2015年版，第150页。

过自己的中间转换，从而使两个说陌生母语的人之间的口头谈话应该成为可能。① 翻译的对话政治本质就在于强调，暴力对抗不是人类的出路，只有和平协商才是人类的希望。因此，翻译应该有义务化干戈为玉帛，促进人类命运共同体的形成，译者应该是人类和平的使者。例如《周礼·秋官·象胥》记载："象胥，掌蛮、夷、闽、貉、戎、狄之国使，掌传王之言而谕说焉，以和亲之。"可见在中国古代，翻译官（象胥）不仅有向各国使臣翻译传递王者话语的功能，而且有与各国人民和睦相亲的政治意蕴。显然，所有这一切又都奠基于翻译的友爱、联系与交往伦理功能。翻译通常被视为一种跨文化的交流活动。伽达默尔说："口译者处于操不同语言的讲话者之间，通过他的居中讲话把操不同语言的讲话人联系起来。"② 在这里，翻译就是联系与交流。凡是主张不可翻译的人，实质上就是一种自我封闭、不愿沟通交流的心态在作祟。斯坦纳也强调："任何交流模式同时也都是翻译模式，是对意义的纵横传递。"③ 因此，翻译不仅互通有无，而且具有积极的伦理意义。但凡需要翻译对话的地方，往往已经把"平等"预设为第一个前提条件了。

翻译能够化腐朽为神奇，促进文明的更新再造与民族的复兴发展。伽达默尔甚至奇特地主张：我们的翻译就是指，我们把某种死的东西翻译为一种"可以阅读的理解"的新实行。④ 简言之，翻译能够"起死回生"。歌德也说过："一个好的翻译会让作品获得重生。"⑤ 作

---

① Hans-Georg Gadamer, *Hermeneutik* Ⅱ, s153.
② ［德］伽达默尔：《诠释学Ⅰ、Ⅱ：真理与方法（修订译本）》，洪汉鼎译，第423页。
③ ［美］乔治·斯坦纳：《巴别塔之后：语言与翻译面面观》，孟醒译，第50页。
④ Hans-Georg Gadamer, *Hermeneutik* Ⅱ, s205.
⑤ ［法］贝尔曼：《异域的考验：德国浪漫主义时期的文化与翻译》，章文译，第85页。

为一个有教养的欧洲人，伽达默尔当然清楚西方文明的历史与翻译息息相关。作为西方世界的第一个科学家和哲学家，泰勒斯也是一位隐秘的翻译家，是他把古埃及的几何学和古巴比伦的天文学"译介"进古希腊文化。伴随着古代罗马帝国对地中海世界的征服，罗马人通过大量翻译古希腊文化的宝贵遗产而充实了自身。由此，西方的文明由古希腊语改说拉丁语。然而尼采一针见血地指出："作为罗马人，激发他们的是占领一切，事实上，他们翻译别国的作品就是'占领'，不但去掉历史的东西，还加进对当代的暗示和影射，删去原诗作者的姓名，代之以自己的姓名，而无剽窃之嫌。"① 文艺复兴也可以称得上是一场对往昔尘封的古希腊罗马文化的翻译运动。斯坦纳说："翻译为文艺复兴和巴洛克时期的欧洲注入了能量。"② 可见，西方古代的古典文明是在翻译中重见天日、更新再造的，是翻译让古代文化起死回生，是持续不断的翻译塑造了古代希腊罗马教化的光辉形象。

现代德语的诞生与翻译密切关联。黑格尔指出："路德所译的《圣经》对于日耳曼民族具有无限的价值。"③ 可以这么说，如果没有路德对拉丁文《圣经》的德语翻译，就没有现代德语乃至德意志民族的形成；离开了现代德语，就不可能有现代德国的文化成就。斯坦纳说："翻译是德语本身最深处的命运。"④ 沃斯翻译荷马史诗，施莱尔马赫翻译柏拉图，维兰德、奥古斯特·施莱格尔翻译莎士比亚，蒂克翻译《堂吉诃德》，荷尔德林翻译索福克勒斯的悲剧，甚至歌德也是重要的翻译家。黑格尔赞扬沃尔夫是第一个使哲学在德国本土化的人，因为他是用德语在写作的；相反，他批评莱布尼茨作为一个德国

---

① [德]尼采：《快乐的科学》，黄明嘉译，漓江出版社2000年版，第109页。
② [美]乔治·斯坦纳：《巴别塔之后：语言与翻译面面观》，孟醒译，第251页。
③ [德]黑格尔：《历史哲学》，王造时译，上海世纪出版集团2001年版，第413页。
④ [美]乔治·斯坦纳：《巴别塔之后：语言与翻译面面观》，孟醒译，第269页。

人,却只懂得用拉丁文和法文来写作。在沃尔夫之前,哲学只会说古希腊语、拉丁语、英语、法语;正如路德教会上帝说德语一样,是沃尔夫教会哲学说德语。

在翻译过程中,既不是消灭他者,也不是牺牲自我。因此黑格尔主张:"这种用自己的语言说话和思维的权利,同样是一种自由的形式。"① "只有当一个民族用自己的语言掌握了一门科学的时候,我们才能说这门科学属于这个民族了;这一点,对于哲学来说最有必要。……思想应当用自己的语言表达出来。"② 可见在翻译中必须注意到本民族语言的发展权利。只有通过翻译,某些学科或思想才能在本国本民族中生根发芽、发展壮大。100多年前,梁启超就强调:"苟其处今日之天下,则必以译书为强国第一义,昭昭然也。"③ 而这种对外来文化的翻译,在某种程度上就叫作启蒙,因此翻译对人类精神的教化不可或缺。从历史上看,翻译往往成为启蒙新民、拯救国难、振兴民族、创新文化的重要途径。

五 结语

综上所述,我们的确已经身处一个翻译的时代,翻译已经成为人类不可避免的命运。"有迹象表明西方翻译研究正在朝着'认知转向'或'哲学转向'(或批评理论转向)在悄悄来临。"④ 这个"迹象"最重要的表达就是伽达默尔的翻译解释学,翻译成为其解释学理

---

① [德]黑格尔:《哲学史讲演录》第三卷,贺麟、王太庆译,商务印书馆1997年版,第379页。
② [德]黑格尔:《哲学史讲演录》第四卷,贺麟、王太庆译,商务印书馆1997年版,第187页。
③ 梁启超:《饮冰室文集1》,北京日报出版社2020年版,第60页。
④ 刘军平:《西方翻译理论通史》,武汉大学出版社2019年版,第7页。

论的核心要素。然而我们对伽达默尔翻译解释学思想的理解与阐发还远远不够，甚至还存在不少误解与片面之处。伽达默尔明确宣称："诠释学的工作就总是这样从一个世界到另一个世界的转换，从神的世界转换到人的世界，从一个陌生的语言世界转换到另一个自己的语言世界。"① 这种转换就是翻译。无疑，伽达默尔的解释学也可以称为翻译解释学。

斯坦纳认为，本雅明、海德格尔和伽达默尔的影响使得对翻译和解读的解释学乃至形而上学研究得到了复兴。② 贝尔曼也强调，现在翻译已经成为哲学活动不可分割的一部分，在文化领域引发了巨大的影响。③ 只要我们认真阅读就会发现，其实斯坦纳和贝尔曼的翻译理论都归属于伽达默尔的解释学路线。应该看到，从海德格尔、伽达默尔到斯坦纳、贝尔曼，他们构成了翻译研究方面的解释学流派。让我们记住本雅明的天才箴言："翻译是检验语言神圣发展过程的一方试金石。"④

---

① [德]伽达默尔：《诠释学Ⅰ、Ⅱ：真理与方法（修订译本）》，洪汉鼎译，第110页。
② [美]乔治·斯坦纳：《巴别塔之后：语言与翻译面面观》，孟醒译，第241页。
③ [法]贝尔曼：《异域的考验：德国浪漫主义时期的文化与翻译》，章文译，第307页。
④ [德]本雅明：《写作与救赎——本雅明文选》，李茂增、苏仲乐译，第62页。

哲学实验的认知价值*

刘小涛（上海大学哲学系）

一　引言

作为新兴哲学探究进路，实验哲学近些年在知识论、语言哲学、道德心理学等领域取得了惹人瞩目的成果。① 像 20 世纪早期的逻辑实证主义者一样，实验哲学家也号召用新的哲学研究方法来取代陈旧的哲学研究方法；区别于逻辑实证主义者的是，他们的趁手兵器是哲学实验，而不是逻辑分析。

实验哲学已引起我国哲学研究者的广泛关注。据我们所知，在语言哲学、知识论、道德哲学、行动哲学、人工智能哲学等领域，都有研究者在积极探索实验哲学的应用前景。同时，也有些学者开始有意识地反思实验哲学方法的认知价值。本文用"哲学实验"一词特指实验哲学家开展的实验工作，尝试从科学方法论的角度，特别是以实验对科学的贡献作为参考系，来审视哲学实验的力量和局限。

---

* 本文发表于《中国人民大学学报》2023 年第 2 期，系国家社会科学基金重大项目"基于虚拟现实的实验研究对实验哲学的超越"（15ZDB016）阶段性成果。

① ［美］约书亚·诺布、［美］肖恩·尼科尔斯编：《实验哲学》，厦门大学知识论与认知科学研究中心译，上海译文出版社 2013 年版。

根据实验哲学家的建议，通过实际从事系统的经验研究，"仔细审查人们关于各种案例的日常直觉，我们能获得重要的哲学见识"①。不过，关于这种经验性质的哲学研究，特别是哲学实验和哲学直觉的作用和认知价值，实验哲学家内部还有些分歧。一些有精神领袖气质的学者声称应该用"实验哲学"取代"扶手椅哲学"②；也有些性情温良的从业者，认为实验哲学可以为"哲学家的工具箱里添加另一种工具"③。

实验哲学家对实验哲学方法的辩护，一般立足于两个论题：（1）哲学实验是发现哲学直觉的途径；（2）哲学实验可以为哲学理论提供经验性辩护。④ 怀疑论者对哲学实验方法的质疑，一般也立足于两个论题：（1）实验哲学不是发现哲学直觉的恰当手段；（2）哲学实验或者在哲学上不结果，或者沦为经验科学研究。⑤

我们的观点是，哲学实验不是发现哲学直觉的途径，也不能为哲学理论提供确证或证明。不过，哲学实验是检验假说的有效工具，它们就像现代科学普遍使用的受控实验方法一样起作用，给定哲学探究仍然有许多"和经验密切接触"（借用蒯因的说法）的领域，因而，它们确实是哲学研究的有效工具。另外，哲学实验和科学实验一样，也有不可忽视的探测性（exploratory）作用。本文将通过将哲学实验

---

① ［美］约书亚·诺布、［美］肖恩·尼科尔斯编：《实验哲学》，厦门大学知识论与认知科学研究中心译，第 2 页。

② 在美国和中国的学术报告场合，笔者都听到过实验哲学的主要倡导人斯蒂芬·斯蒂奇教授表达这一论点。

③ ［美］约书亚·诺布、［美］肖恩·尼科尔斯编：《实验哲学》，厦门大学知识论与认知科学研究中心译，第 11 页。

④ 也有研究者论证说，对于回答概念分析性质的问题，实验哲学也是有效的方法；参见 Mark Balaguer, "Conceptual analysis and x-phi", *Synthese*, Vol. 193, No. 8, 2016, pp. 2367-2388。

⑤ 费多益：《实验哲学：一个尴尬的概念》，载《哲学分析》2020 年第 1 期；梅剑华：《洞见还是偏见：实验哲学中的专家辩护问题》，载《哲学研究》2018 年第 5 期。

和思想实验、广泛观察、密尔五法、科学实验等探究方法进行比较，特别是援引一些科学哲学家的考虑，来论证这些判断；不过，我们并不自许通过比较分析获得的结论会具有演绎论证的形式。

二 在思想实验和科学实验之间

随着实验哲学的发展，实验哲学的从业者（以及批评者）所设想的实验哲学和实验方法范围越来越宽广。在一个较近的文献里，研究者勾勒了实验哲学的两种观念：一种较窄的观念，指要对"人们关于哲学案例的直觉进行经验研究"；一种较宽的观念，则仅仅视之为"使用经验方法来裨益哲学问题"的研究。前者源于一种不满，即哲学家常常不加批判地使用自己的直觉来作为某个哲学主张的证据；后者则出于这样一个认识，哲学家也常常提出经验性的主张，而经验性的主张自然需要经验性的证据支持。[①]

从较宽的观念来看待实验哲学有些自然的好处，既能容纳更多类型的研究，也使得为实验哲学辩护的任务相对易于完成。不过，这种较宽的观念稀释了初期实验哲学的一些共同特点，特别是不能凸显《实验哲学宣言》的强烈动机，以及第一批实验哲学的代表性研究所呈现出来的颇为一致的工作范式。

我们对实验哲学的方法论价值的讨论，将立足于较窄的观念。简言之，我们将《实验哲学宣言》看作实验哲学的纲领性文件，把实验哲学早期几个引起广泛讨论的工作视为实验哲学研究的典范，包括乔纳森·温伯格、肖恩·尼科尔斯、斯蒂芬·斯蒂奇等人的《规范性和认识论直觉》，爱德华·麦西瑞和斯蒂芬·斯蒂奇等人的《语义跨文

---

① Justin Sytsma, "Two origin stories for Experimental Philosophy", *Teorema: Revista Internacional de Filosofia*, Vol. 36, No. 3, 2017, *Experimental Philosophy*, pp. 23-43.

化风格》以及约书亚·诺布的著名论文。从实验哲学的发展历程看，正是这些论文的成功示范引起了讨论和仿效。

从这种较窄的观念来看，我们曾主张，可以仿拟罗素阐述神学、哲学和科学三者关系的著名表达来理解实验哲学的方法论特征，即实验哲学中的实验方法，乃是一种介于思想实验和科学实验之间的实验方法。①

和扶手椅哲学家常常利用的思想实验一样，哲学实验的目标是哲学的，旨在通过实际的实验来获得一般性的哲学结论；这些结论的建立，往往诉诸以实验的方式获知的某种类型的"哲学直觉"起作用的方式。不过，哲学实验和思想实验有一个实质性的区别。因为论题的形而上学性质、普遍性特征，或者因为实践、伦理的考虑，思想实验常常不能开展实际的实验，只能以"想象（或设想）"的方式进行；与之对照，实验哲学中的实验则不能仅仅通过纯粹的思考或"设想"来完成，它要求实际进行真正的实验。

就要求进行真正的实验而言，哲学实验和科学家的科学实验一样，作为经验性质的实验研究，其程序和结果需要满足一般性的实验要求，比如，程序上应该透明，结果应该可公共观察、可重复检验。特别是，实验哲学家一般都分享科学家的方法论信念，在涉及世界的经验特征的领域，以实验为基础的论证比那些不能获得实验支持的论证要更有说服力。与科学实验相区别的地方是，哲学实验旨在获得一些一般性的哲学结论，或者有重要哲学蕴含的结论。以典型的实验哲学工作而言，它们通常想表明，某种类型的哲学直觉受文化、语言、社会经济地位等因素的影响，因而不能作为特定哲学理论的基础，②

---

① 刘小涛、周从嘉：《广泛观察与动物行为学方法论》，《中国社会科学评价》2021年第4期。

② Krist Vaesen, Martin Peterson, and Bart Van Bezooijen. "The reliability of armchair intuitions", *Metaphilosophy*, Vol. 44, No. 5, 2013, pp. 559-578.

或者某种类型的直觉可能支持特定的哲学结论。一般而言，哲学实验的结果并不是为了发现某个具体的经验事实，或者为一个经验性的理论提供检验。

一个很自然的问题是，如此大致勘定的哲学实验，其认知价值何在？显然，它们既不能像思想实验的推论一样，因为能成为一个演绎论证的构成部分，从而成为支持或反对一个一般性的哲学理论的理由，同时，它们也不能像科学实验的结果一样"服务"于一个科学假说或理论。

三 哲学探究方法的辩护

关于实验哲学方法论的辩护，一个核心争议在于如何理解哲学研究的性质。即哲学研究究竟和科学探究有无差异？相应地，它们产出的知识是不是有类型差异，因而在方法论上，是不是也意味着演绎推理或归纳推理（推理或观察）在知识生产中有不同程度的重要性？

实验哲学从业者的一个常见策略是坚持蒯因式的主张，即为哲学和科学的连续性辩护，认为哲学探究本质上也是经验性质的。这种辩护策略最为彻底，也面临最为顽强的抵抗；它无法说服以概念分析为己任的哲学家。按照我们的判断，实验哲学的辩护未必需要依赖经验主义的元哲学立场，或许，只需要采纳一种相对温和的方法论自然主义或者方法论多元论就足够了。这两种辩护策略在一定程度上反映了实验哲学从业者的内部分野；"取代扶手椅哲学"和"为哲学的工具箱增添新工具"是这一分野在目标上的表现。

我们选择的辩护路线有实用主义的特点，它着眼于探究方法是否有助于达成特定认知目标。这一辩护路线的合理性在于两个观察：首先，科学探究方法的认识论辩护，常常取决于它是否有助于达成特定认知目标；对特定哲学探究方法的辩护，也可以同样的方式进行。有些科学哲学家，比如费耶阿本德和哈金，已经为科学方法论的多元主义提供了有力辩护。哈金有一个生动的类比，"建造房子或种植番茄都不止有一种方法。我们不应该期望像知识的增长这样繁杂的东西，会被某种方法论束缚手脚"①。在哲学探究中，实用的精神也同样鼓励方法论的多元主义。

其次，20世纪的哲学发展表明，逻辑分析方法和语言分析方法特别适合于一些哲学目标。但是，以当代的眼光看，不管是逻辑分析抑或语言分析，对它们的辩护也只能根据下述论证获得一个比较弱的结论：

(1) 如果一种哲学方法有助于实现特定哲学认知目标，那么它是可以用的方法；

(2) 逻辑分析方法有助于实现特定哲学认知目标。

因此，

(3) 逻辑分析方法是可以用的方法。

但是，没有任何一个可靠的哲学论证可以达到这样的结论，即逻辑分析方法（或语言分析方法）是唯一能实现哲学认知目标的方法，或者，逻辑分析方法是能实现所有哲学认知目标的方法。同样的论证显然也支持实验哲学方法。将实验哲学方法作为一个实例代入上述论证形式，不过是初等逻辑习题。重要的是，如何让这个论点不免于空泛？或者说，如何表明实验哲学方法确实有助于实现特定哲学目标？

四 作为发现工具的哲学实验？

从代表性工作来看，实验哲学家往往宣称，某个哲学实验获得

---

① [加] 伊恩·哈金：《表征与干预：自然科学哲学主题导论》，王巍、孟强译，科学出版社2011年版，第123页。

了重要的"发现"（discovery），相应地，他们也把实验哲学方法理解为"发现"的途径或工具。比如，斯蒂芬·斯蒂奇在一个访谈里讲道："诺布发现了'诺布效应'（Knobe Effect），这是早期实验哲学中最引人注目、最具影响力的发现之一，也是最有力的发现之一。"① 在《实验哲学》一书里，编者也频繁地用"发现"一词来描述相关成果。略举几例如下：

（温伯格、尼克尔斯和史迪奇）他们使用了分析知识论中的标准思想实验，并且发现在东亚人和西方人之间有显著差异。他们还发现不同社会经济地位的参与者之间的差异。②

研究者预测：西方人将比东方人更可能接受因果—历史理论，而且，这正是他们的发现。③

这些研究者一致发现：即使他或她的行为完全被决定了，人们认为行动者在道德上也是要负责的。④

将哲学实验视为发现的工具，或者认为某个哲学实验发现了某个重要事实，这些判断极为可疑。一个重要理由是，一般而言，科学家并不将科学实验描述为发现的工具。对于归纳主义的发现模型来说，实验的目的是收集更多的观察证据来确证理论；对于演绎主义的发现模型来说，实验的目的是证伪或检验一个从理论中衍推出来的预测或

---

① 隋婷婷、张学义：《实验哲学的前世今生与未来展望——斯蒂芬·斯蒂奇教授访谈》，《哲学分析》2019年第6期。
② ［美］约书亚·诺布、［美］肖恩·尼科尔斯编：《实验哲学》，厦门大学知识论与认知科学研究中心译，第21页。
③ ［美］约书亚·诺布、［美］肖恩·尼科尔斯编：《实验哲学》，厦门大学知识论与认知科学研究中心译，第21页。
④ ［美］约书亚·诺布、［美］肖恩·尼科尔斯编：《实验哲学》，厦门大学知识论与认知科学研究中心译，第94页。

假说。① 给定哲学实验和科学实验在程序和结果上的相似性，我们没有理由认为，哲学实验可以享有"发现"的荣光。

就典型案例来看，把实验方法理解为发现的工具也与实际情况不符。不管是关于语义直觉的实验、知识论直觉的实验，还是道德直觉的实验，都很难说实验获得了实质性的新发现。以关于知识直觉的实验为例。人们会在某些知识案例上产生各种分歧，这几乎是哲学学生在第一堂知识论课就可以发现的事实。没有理由认为一个经过大量文献阅读和严肃学术讨论的哲学学者，需要通过哲学实验才能发现这一点。文化背景、受教育程度、专业训练等因素会如何影响人们关于"S 是不是知道 P"的判断？对这个问题，恰当的控制实验也许会为某个假设提供辩护。不过，控制实验的过程和结果，在任何意义上，都不是"发现"这个假设所表达的事实的过程。

把实验方法理解为发现的工具，还面临一个很难解释的问题，即如何解释实验设计者会在众多变量中挑出其中某一两个变量来进行实验控制。和特定行为反应或直觉反应相关的影响因素总是数量很多，如果不是因为已经发现某些重要事实或重要联系，就不能解释何以实验的设计会挑选出某个或某些变量来加以控制。以诺布的著名实验为例。对实验者设计"有意改善环境""有意破坏环境"这一对变量的最佳解释，就是实验进行之前，实验者已然提出有趣的猜测或假说，或者说发现了这一点，即人们关于道德责任的判断和行为效果的善恶有关联。

通过将实验哲学和动物行为学研究进行类比，我曾论证，动物行为学家的广泛观察方法对于实验哲学颇有启发。康拉德·洛伦茨、尼可拉斯·廷伯根等人在"二战"前后建立了今天被称为经典动物行为学（Ethology）的研究领域。在方法论上，他们强调要在自然环境下

---

① David C. Gooding, "Experiment", in W. H. Newton-Smith, eds., *A companion to the philosophy of science*, Oxford: Blackwell Publishers Ltd, 2000, pp.117-126.

对目标动物进行广泛的行为观察，然后，在观察的基础上进一步进行自然实验或控制实验，以确定影响动物行为的因素和特定行为之间的关联。① 正是对自然条件下的行为观察的强调，使得欧洲的动物行为学研究传统区别于美国的实验心理学研究进路，后者常用实验室的"斯金纳箱"之类的实验设备进行控制条件下的实验。②

实验哲学研究和动物行为学研究，在目标和方法上有可以类比的地方；当然，这种类比需要忽略很多不能类比的方面。在目标上，动物行为学"旨在研究动物'本能性的'或物种特有的行为，特别强调它们对每个物种所生活的生态位的适应性"③。动物的各类行为和行为的原因都是动物行为学家关心的议题。实验哲学所关心的哲学直觉，不管是语义直觉、知识直觉，抑或是道德直觉，抽象地看，都是特定类型的行为反应。在方法上，这两个研究领域都有经验研究的性质，都需要面对复杂的行为反应和影响行为的复杂变量；因而，开展以广泛观察为基础的实验研究，对于检验一个理论或假说来说都很重要。

给定两个研究领域之间可类比的方面，动物行为学方法可能对于实验哲学研究有两个主要的启发。一者，在哲学实验的情景里，观察显然都先于理论。控制实验不应该是盲目的，最好以广泛的自然观察为基础。④ 所有的哲学实验设计，都基于哲学家关于议题的丰富经验，在这个贫乏的意义上，或许，我们也最好将哲学实验视为广泛观察基础之上的控制实验。二者，深思熟虑的哲学实验都是由理论主导的。

---

① ［英］廷伯根：《动物的社会行为》，刘小涛译，华夏出版社2021年版。

② William N. Schoenfeld and Seymour H. Baron, "Ethology and Experimental Psychology", *Science*, Vol. 147, No. 3658, 1965, pp. 634-635.

③ ［英］廷伯根：《动物的社会行为》，刘小涛译，华夏出版社2021年版，第11页。

④ 有些社会学家认为，比起访谈和问卷调查，系统的田野观察获得的信息要更为可靠、更为精确；参见 George J. McCall, "Systematic field Observation", *Annual Review of Sociology*, Vol. 10, 1984, pp. 263-282。

哲学实验的认知价值不是发现某些新事实，毋宁说，它们是在辩护的语境中起作用，即为特定的基于观察的经验性概括或假说提供确证。① 另外，动物行为学家的工作表明，对动物行为的观察和实验最好在自然的环境下进行，因为动物行为是对自然环境下的刺激作出的反应，在圈养、监禁等非自然条件下，某些因素会导致动物行为的改变。类似地，在开展哲学实验的时候，如何确保被试的反应确乎是最自然的反应，这对哲学实验的设计提出了严苛的要求。

现在看来，上述建议虽然有合理性，但仍然未能准确地把握实验哲学方法的认知价值。它的缺陷是双重的：其一，它没有准确地理解实验哲学方法的局限；这些缺陷或许可以参照密尔方法的局限来获得更好的理解；另一方面，它也没有为对抗针对实验哲学的怀疑论做好足够准备，特别是，因为没有注意到实验的探测性作用，从而对哲学实验的力量估计不足。② 至少在部分情况下，探测性实验确实能获得"新发现"，从而"有自己的生命"（has its own life），而不仅仅是为某个基于观察的假设或理论提供经验辩护。

五　哲学实验的检验作用和探测作用

在《实验哲学宣言》里，作者们说："实验哲学家不会仅仅满足于理解人们在表面上发现的那种直觉方式。……我们真正想要知道的是，人们为什么有着他们所拥有的那些直觉。"③ 这一陈述明确表达

---

① 刘小涛、周从嘉：《广泛观察与动物行为学方法论》，《中国社会科学评价》2021年第4期。

② 在第三届"东南大学实验哲学工作坊"（2021年）期间，颜青山、吴东颖的评论让我注意到这个缺陷。

③ ［美］约书亚·诺布、［美］肖恩·尼科尔斯编：《实验哲学》，厦门大学知识论与认知科学研究中心译，第5页。

了实验哲学承担的双重目标，即发现某种直觉起作用的方式，并对何以人们会产生这种直觉给出解释。

因为把哲学事业理解为是经验性质的，为了达成发现和解释的目标，实验哲学家因此不得不投身于"那些关于人类真实情况的混乱的、偶然的和非常可变的真理之中"①。对这样一些涉及复杂语言行为和直觉反应的经验性质的探究，实验哲学家认为，实验是最好的方法论策略。这个方法论判断，在精神上，和培根、密尔等人对实验的倡导是一致的。

在《逻辑系统》里，密尔曾提出著名的"密尔五法"；根据密尔的判断，这些方法是发现因果关系和因果律的工具，也是"实验探究的所有可能样式"。② 我们的一个观察是，不管是就实验哲学的目标而言，还是从应用实验哲学方法的典型情形来看，它们都不过是密尔方法在探究哲学直觉上的具体应用，或者说，都是要以"拧狮子尾巴"（培根语）的方式来操控世界。相应地，密尔方法的力量和局限对于我们理解实验哲学方法的认知价值有一般性的启发。

对密尔方法的局限，当代逻辑学家有一个接受度非常高的评论："密尔本人相信，上面分析的技术可以用作发现因果关系的工具，③并且能够用作证明因果连接的准则。在这两点上他都错了。"④ 柯匹和科恩的批评着眼于两点：一者，作为科学发现的工具，密尔方法仍

---

① ［美］约书亚·诺布、［美］肖恩·尼科尔斯编：《实验哲学》，厦门大学知识论与认知科学研究中心译，第1页。

② John Stuart Mill. *A system of logic Ratiocinative and Inductive: being a connected view of the principles of evidence and the methods of scientific investigation*, in J. M. Robson, eds., *Collected Works of John Stuart Mill*, Vol. 7, Routledge & Kegan Paul, 1974, p. 405.

③ 这里的"上面分析的技术"指密尔五法。

④ ［美］欧文·柯匹、［美］卡尔·科恩：《逻辑学导论》（第11版），张建军、潘天群等译，中国人民大学出版社2007年版，第547页。

不充分，它的恰当应用还需要依赖于在观察基础上提出的因果分析（或者关于事实之间因果关系的假说）。再者，因为密尔方法本质上是归纳性质的，鉴于归纳和演绎之间的巨大鸿沟，密尔方法也绝不可能有证明的效力。

从发展历程上来看，实验哲学和实验心理学有紧密的亲缘关系；典型的实验哲学工作也或多或少以仿效实验心理学的方式进行。密尔五法是一般性的实验方法；没有理由认为，仿效实验心理学的哲学实验会免疫于密尔方法的局限。问题是，在褫夺了哲学实验作为发现工具和证明手段的称号之后，该如何认识哲学实验的认知价值？

自20世纪80年代以来，不断有哲学家对实验的作用和认知价值作出思考；研究者已经表明，相比于理论而言，实验的作用在传统科学哲学里被严重忽视了。[1] 根据这些研究者对实验的性质的讨论，除了提供经验法庭来检验理论，实际上，"实验的探究性、非证明性的作用在现代科学中也越来越重要"[2]。倘若科学哲学家的这些判断是合理的，那么，以科学实验为理想型的哲学实验，就应该和一般性的科学实验一样，既有重要的检验作用，还有重要的探测性作用。

在传统的科学哲学观念里，实验就是要让科学理论面对经验法庭的检验，因而被视为"理论的女仆"[3]。根据归纳主义的确证理论，比如逻辑实证主义的理论，实验的目的是收集作为证据的观察陈述，理论陈述最终都需要还原为观察陈述，以面对观察证据或经验检验。根据波普尔式的假说—演绎方法，科学家总是从理论演绎出假说或者有经验意

---

[1] Allan Franklin, *The neglect of experiment*, Cambridge: Cambridge University Press, 1986, p. 3.

[2] David C. Gooding, "Experiment", in W. H. Newton-Smith, eds., *A companion to the philosophy of science*, Oxford: Blackwell Publishers Ltd, 2000, p. 118.

[3] David C. Gooding, "Experiment", in W. H. Newton-Smith, eds., *A companion to the philosophy of science*, Oxford: Blackwell Publishers Ltd, 2000, pp. 117–126.

义的预测,这些假说和预测都需要接受实验的检验或证伪,没有被证伪的假说虽然暂时被接受,但也需要承担向未来开放的认知风险。在《被忽视的实验》一书里,富兰克林讨论了实验的这种检验作用。通过对物理学案例的深入分析,富兰克林表明,实验可以确证一个已经存在的理论,也可以帮助物理学家在竞争理论和假说之间作出选择,从而为迪昂—蒯因论题给出一个实用的解答。①

不管一个哲学实验关心的议题如何,实验哲学家总是会在前期的分析基础之上提出多个可能的假说或猜测;和科学实验一样,一个哲学实验,在取得良好效果的情况下,总是对这些假说有重要的检验作用。比如,在一个研究大众的理性行动概念的实验研究里,我们提出一个假设,即人们日常的理性行动概念和哲学家基于理性选择理论所刻画的理性行动概念有些重要差异;这一假设得到了实验证据的支持。②

传统的科学哲学观念受到一些特别注重科学实践的哲学家的批评。有几个批评尤其和当下议题相关。其一,研究者指责这种观念的知识概念特别窄,仅仅限制于可表达的命题(按照逻辑经验主义者的区分,即观察命题和理论命题);它至少不恰当地忽略了那些使用仪器设备进行实验操作的技能知识。其二,这种"理论中心的"(theory-dominated)科学哲学没有恰当地理解实验对科学所作出的贡献。③实验常常可以在不依赖于理论的情况下助产探究,因而"实验有其自

---

① Allan Franklin, *The neglect of experiment*, Cambridge: Cambridge University Press, 1986, p. 103.

② 刘小涛、张孟雯:《大众的"理性行动"概念——一种实验哲学视角的考察》,《哲学分析》2016年第1期。

③ 亦有中文著述将"theory-dominated"一词译为"理论优位",参见[加]伊恩·哈金《表征与干预:自然科学哲学主题导论》,王巍、孟强译;此处借鉴了黄翔的表述,参见黄翔、[墨西哥]塞奇奥·马丁内斯《从理论到实践:科学实践哲学初探》,上海人民出版社2019年版。

己的生命"（Experimentation has a life of its own）。①

在观察到的现象和多种可能的影响因素之间的关系不明朗的情况下，探测性实验是必要的。哈金对这种实验的动机有清楚的认识，"我们做实验可能只是出于好奇，想看看会发生什么事"②。当然，有时候，实验会指引新的研究的方向，比如获得的结果会进一步要求人们提出新的理论来予以解释。哈金在著作里提供了多个有趣的案例，比如布儒斯特关于实验光学的实验。③ 据我所知，有一个著名的动物行为学案例，也可以很好地表明探测性实验起作用的方式。为了探测究竟哪些因素会诱发雄三刺鱼的攻击行为，廷伯根准备了多种三刺鱼模型，还有刚被杀死的雄三刺鱼。实验表明，"一个只有一只眼睛和红色腹部的雪茄形状的模型，引发了强烈的攻击；一个形状完美的模型，或者一条刚被杀死的三刺鱼（没有红色的腹部）引起的攻击反而远没有那么强烈"④。

在实验哲学里，这种情况也会发生。一个典型的案例，是关于电车困境和天桥困境的探究。人们关于这两种情形的判断分歧，促使加西华·格林发展出一个理论来加以解释。这一理论认为，人们面对电车困境与天桥困境之所以作出不同的道德判断，其缘由是两个情境引发的情感反应不同；而且，他们还进一步设计了实验来检验这一判断。⑤

---

① Ian Hacking, *Representing and intervening: introductory topics in the philosophy of natural science*, Cambridge University Press, 1983, p. 150.
② ［加］伊恩·哈金：《表征与干预：自然科学哲学主题导论》，王巍、孟强译，第124页。
③ ［加］伊恩·哈金：《表征与干预：自然科学哲学主题导论》，王巍、孟强译，第127页。
④ ［英］廷伯根：《动物的社会行为》，刘小涛译，第93页。
⑤ J. D. Greene, R. B. Sommerville, L. E. Nystrom, J. M. Darley & J. D. Cohen, "An fMRI investigation of emotional engagement in moral judgment", Vol. 293, No. 5537, *Science*, 2001, pp. 2105-2108；朱菁对格林的实验做了有见地的讨论，参见朱菁《认知科学的实验研究表明道义论哲学是错误的吗？——评加西华·格林对康德伦理学的攻击》，载《学术月刊》2013年第1期。

关于实验科学的哲学讨论已经让研究者注意到，实验还有另外一些重要的认知功能。比如，科学史记载了许多科学实验的偶然发现。也许与之类似，在某些时候，哲学实验也能帮助实验者"意外地"或者说间接地发现一些新事实（就像科学实验获得的意外结果），但目前来看，还没有特别典型的案例值得称道。有一些历史学家、科学社会学家或科学哲学家，强调科学实验还有其他一些重要认知功能，包括创造现象、创造新的工具性知识、建构事实等，① 除此之外，实验可以服务于说服共同体成员或者大众。② 就典型的哲学实验而言，这些功能也有或强或弱的表现，不过，阐明这些特征的任务还没那么迫切。

六　结语

人们可能会认为，我们的观点不过是指责实验哲学家对"发现"一词的使用过于随意。但实际上，我们坚持的是一个更实质性的立场——哲学实验有没有获得"发现"，这不是一个语言用法问题，也不是如何评价具体实验结果的问题，而是一个该如何理解实验的认知价值的一般性问题。

从比较传统的实验观来看，密尔五法的局限和认知价值，为我们理解哲学实验方法的局限和认知价值提供了很好的参照。我们建议，应该根据归纳法的一般特征来理解哲学实验方法的力量或认知价值，它们不是发现的途径，也不能提供确证或证明，但它们是检验假说的

---

① 法国科学社会学家拉图尔把科学活动描述为"依据环境建构事实"，参见［法］布鲁诺·拉图尔、［英］史蒂夫·伍尔加《实验室生活：科学事实的建构过程》，张伯霖、刁小英译，东方出版社2004年版，第253页。

② Allan Franklin, *The neglect of experiment*, Cambridge University Press, 1986, p. 103.

有效工具。

　　仅当结合基于广泛观察而提出的假说，实验方法才能有效发挥作用。由于绝无可能把和某种哲学直觉相关的所有因素都予以考虑，在实践上，也应该把哲学实验方法和那些基于广泛观察基础之上形成的一个或多个假说一起使用。在哲学实验的探究过程中，人们确实提出各种不同的假说，或者将不同的因素视为待探究的哲学直觉的原因。正如现代科学普遍使用的控制实验方法会帮助我们在假说之间作出选择，哲学实验不过就是控制实验方法在哲学领域的应用。尽管有其局限，但是，近些年的实验哲学研究已经表明，哲学实验方法可以卓有成效。

　　关于实验科学的哲学讨论表明，除了检验性作用，科学实验往往还有探测性作用；实验的价值并不必然依赖于一个有待检验的假说。在没有特别明确的假说以支持实验控制的情境里，试错和探测性实验也可能获得有价值的发现。① 科学实验如此，哲学实验也是这样。

---

　　① 哈金颇赞赏地引用过物理学家乔治·达尔文的一个表述，"我们有时应该做一个疯狂的实验，例如每天早晨对着郁金香吹喇叭，连吹一个月。很可能什么都不会发生，但是如果发生什么，那么就是一个惊人的发现"。参见［加］伊恩·哈金《表征与干预：自然科学哲学主题导论》，王巍、孟强译，第125页。

逻辑学科的开拓与创新

——谈谈逻辑学科三大体系建设的体会

杜国平（中国社会科学院哲学研究所）

恩格斯曾经就1848年前后的德国说过："一个民族要想站在科学的最高峰，就一刻也不能没有理论思维。"他提醒人们要重视辩证法，重视哲学思维。[①] 在科技飞速发展的今天，结合恩格斯的这一著名论断，我们可以进一步引申出一个论断：一个民族要想站在科学的最高峰，就一刻也不能没有逻辑思维。这是因为：在今天，一个民族要想时刻保持理论思维，就一刻也不能没有逻辑思维。

一个国家哲学社会科学的发展水平，既取决于其理论思想的高度和深度，也取决于其逻辑论证的效度和力度。一个没有深刻思想的哲学理论不可能走在世界前列，一个没有逻辑论证的哲学理论更不可能令人信服。作为哲学形态的观点、理论、思想之所以不同于经验、不同于具体科学就在于其高度的概括性、完整的系统性和严密的关联性，而这些都离不开归纳推理、类比推理和演绎推理，更离不开合理的论证，概言之，离不开逻辑！

习近平总书记在"5·17"重要讲话中强调："一个没有发达的自

---

① 《马克思恩格斯选集》第3卷，人民出版社2012年版，第875页。

然科学的国家不可能走在世界前列，一个没有繁荣的哲学社会科学的国家也不可能走在世界前列。"① 逻辑学既是自然科学之基础学科之一，也是哲学社会科学之重要组成部分，如何构建体现中国特色、中国风格、中国气派的逻辑学创新发展研究体系是广大中国逻辑学人迫切需要面对的重大理论课题。

结合中国逻辑学科的发展现状，下面我谈几点粗浅的看法，以期抛砖引玉。

一　关注国际前沿，胸怀兴微继绝

涉及说理、论证的学问，世界上有三大发源地，即以名辩著称的汉唐之前的中国、以逻辑著称的古希腊和以因明著称的古印度（后传入中国并得到发展）。由于种种历史原因，名辩、因明后来日渐式微，只有逻辑学得到不断的继承和发展。经过亚里士多德、斯多葛学派、莱布尼茨、培根、布尔、弗雷格、希尔伯特、哥德尔等众多学者的努力，发源于古希腊的逻辑学不断得到发扬光大，时至今日，已经成为一门世界公认的重要的基础性学科。哥德尔说，逻辑是一门优先于所有其他科学的科学，它包含所有其他科学的基本观念和原理。② 爱因斯坦也说："科学家的目的是要得到关于自然界的一个逻辑上前后一贯的摹写；逻辑之对于它，有如比例和透视规律之对于画家一样。"③

---

① 习近平：《在哲学社会科学座谈会上的讲话》，人民出版社2016年版，第2页。
② Kurt Gödel, (1944). Russell's mathematical logic, in P. Benacerraf & H. Putnam, eds., *Philosophy of mathematics: Selected readings*, Cambridge University Press, 1984, p.447.
③ 许良英、范岱年编译：《爱因斯坦文集》第1卷，商务印书馆1976年版，第299页。

爱因斯坦还明确指出："西方科学的发展是以两个伟大的成就为基础的：古希腊哲学家发明的形式逻辑体系（在欧几里得几何中）以及通过系统的实验找出可能的因果关系（在文艺复兴时期发现）。"① 从思维方法的角度看，爱因斯坦所说的科学发展的两个基础，一个是演绎逻辑，一个是归纳逻辑。可以说，没有逻辑，就没有近代科学的产生，更不可能有现代科学的飞速发展。

今天，随着新一轮科技革命浪潮的到来，逻辑学在前沿科学中的基础学科地位更加显现，特别是在数学、计算机科学和人工智能科学中尤为突出。其中提出了很多基础性、前沿性的研究课题，如多主体互动推理、群体智能、因果推理、自主意向性推理、学习推理与决策、自然语言识别处理、脑认知原理解析和儿童青少年脑智发育等问题都是和逻辑学科密切相关的重大课题。这些无疑是中国逻辑学者需要重点关注、协同攻关的课题。特别值得一提的是，《中华人民共和国国民经济和社会发展第十四个五年规划和 2035 年远景目标纲要》中提到在新一代人工智能领域要重点关注"学习推理与决策""自然语言识别处理"、在脑科学和类脑研究中要重点关注"脑认知原理解析""儿童青少年脑智发育"等，这些既是国家战略需要的重大课题，也是国际逻辑学研究的重要课题。中国逻辑学者要集中精力关注这些重大问题的研究，使得学术研究既服务于国家重大战略需要，又推进理论不断创新。

逻辑学发展到今天，已经成为一门专业性、技术性都非常强的基础性学科，离开了对相关问题的持续关注和深入探讨，想平地起高楼基本上是不可能的。所以，作为逻辑理论研究者，一方面要打好基础研究的专业根基，如全面学习现代逻辑专业知识、熟悉逻辑思想的历史演进、掌握现代逻辑的基本技术等；另一方面，在此基础上，还应

---

① 许良英、范岱年编译：《爱因斯坦文集》第 1 卷，第 574 页。

关注特定领域国际逻辑研究的最新进展，并就此进行进一步的创新性研究。

同时，作为一名中国学者，也要充分利用好中国作为世界论证思想三大发源地之一这一宝贵资源，充分珍视中华传统文化中与之相关的思想精华，发掘其启发价值，彰显其现代意义。习近平总书记在《在哲学社会科学工作座谈会上的讲话》中强调："要重视发展具有重要文化价值和传承意义的'绝学'、冷门学科。这些学科看上去同现实距离较远，但养兵千日、用兵一时，需要时也要拿得出来、用得上。还有一些学科事关文化传承的问题，如甲骨文等古文字研究等，要重视这些学科，确保有人做、有传承。"① 近些年来，国家社科基金、教育部以及相关部门，多次将因明列为绝学之一，也多次将名辩、墨学作为冷门学科予以研究资助，因明、名辩多次进入国家社科基金冷门绝学研究专项立项名单。

因此，中国逻辑学者要充分重视中国传统学术中的名辩学、因明的研究。为之，以下三个方面的问题值得重视。

（1）充分认识中国古代论证思想的理论价值。这需要澄清与之相关的一些似是而非的认识，其中涉及的一些常见问题是中国古代是否有逻辑，中国人是否讲逻辑等问题，而这又涉及什么是逻辑的争论。因为，许多人正是基于"中国人不讲逻辑""中国古代没有逻辑"这些认识而否定中国古代论证思想的研究价值。

关于这一点，我们可以避免某一视角、立场的限制，不再问"中国是否有逻辑""古希腊是否有因明""印度是否有名辩"等这类带有倾向性的问题，而应该站在元理论的角度来看这一问题。不论是古希腊的逻辑，还是东方的名辩、因明，它们都是为论证服务的。基于此，更客观公允的提问应该是"中国人是否讲理？""中国是否有论

---

① 《习近平著作选读》第一卷，人民出版社2023年版，第485页。

证说理的理论?"等。

实际上对于上述问题,我们完全可以避开"什么是逻辑"这类不必要的概念之争,通过实实在在地探究中国古代论证思维、论证理论的思想体系、范式方法来回答以上问题。

对于上述问题,我们可以从三个层次来厘清相关问题。这三个层次是中国古代的论证思维水平、论证实践、论证理论体系。当然,对这些问题在此不可能展开深入论述,只是稍作阐述一些重要事实,以期纠正一些认识偏差。

首先,我们来考察中国古代的论证思维水平,即通常所说的中国人是否讲逻辑。这个问题太大,因为古代中国人指的是哪些人,论证思维水平包括哪些方面?牵涉的问题很多,而且他们都已经不在,如何考察他们是否讲逻辑。

但是我们可以考察一个与之密切相关的具体问题来间接地获得对上述相关问题的认知。

考察一个人的逻辑思维水平可以从其概念是否清晰、判断是否准确、推理是否严密、论证是否合理等多个角度来衡量。其中涉及的一个重要问题是对逻辑关系的准确把握。而通常的逻辑关系主要包括"否定""蕴涵""选言""联言""等值"等,其中"否定"是最重要的逻辑连接词之一,缺少了否定,人们就不能完整地表达逻辑思维,甚至不能完全地表达思想。我们虽然不能对先民们做访谈,但是可以通过他们留下来的文字来管中窥豹。《诗经》是先秦时期的作品,其中真实地记录了先秦时期人民的生活状况,记录了他们如何诉说,如何歌唱,其中大部分是直抒胸臆的最接近真实口语的语言。《诗经》应该说是一个相对合适的文本,因为《诗经》虽然经过一些人的编订,但还是基本接近或者说最接近先民的口语的。

经过对《诗经》的词频统计,我们发现一个非常有趣的结果,那就是《诗经》近3000个不同汉字中使用词频最高的是"之"①，词频超过3%；而使用词频排在第二的居然是"不"②，词频超过2%。并且，其中"不"的大部分使用是表示"否定"。除"不"之外，《诗经》中表示否定的单词还有"否、彼、非、匪、弗、靡、蔑、亡、罔、莫、未、微、毋、勿、无"等，达十数个之多。这在常见的英语、法语、德语等其他语言中是不存在的；即使是在现代汉语中，表示否定的单词也远远没有这么多。

正如，由于日本人对鱼的认知比较丰富，日语中表示各种鱼的词汇就比较多；因纽特人对雪的认知比较丰富，他们的语言中表示各种雪的词汇就比较多；中国人伦理关系复杂，所以表示大姑小姨舅妈婶娘的词汇就很丰富。《诗经》中对于否定的使用不仅频率非常高，而且词汇量极大。从《诗经》中的否定表达，可以看出先秦时期的先民们对于否定的使用不仅非常无邪恣意，而且精确灵活。由先秦人民对否定使用之丰富多样、之灵活精微可以看出，他们至少在表达"否定"这一逻辑思维能力方面，比之其他民族绝无逊色。

其次，我们来考察中国古代的论证实践。从中也可以看出理论思维水平的高低。这可以从先秦典籍来管窥。就拿儒家经典来说，《大学》说理具有很强的论证性，例如在明确概念方面，《大学》开篇就说："大学之道，在明明德，在亲民，在止于至善。"在随后的篇幅

---

① 如"溯洄从之，道阻且长。溯游从之，宛在水中央。"《秦风·蒹葭》；"匪女之为美，美人之贻。"《诗经·邶风·静女》；"投我以木桃，报之以琼瑶。"《诗经·卫风·木瓜》；"汉之广矣，不可泳思；江之永矣，不可方思。"《诗经·周南·汉广》，等等。

② 如"终风且曀，不日有曀，寤言不寐，愿言则嚏。"《邶风·终风》；"予怀明德，不大声以色，不长夏以革。"《大雅·皇矣》；"此邦之人，不可与处。"《小雅·黄鸟》，等等。

中，它至少使用了三段内容来解释其核心概念：什么是"明"，什么是"新"，什么是"止"。体现了明确概念方面高度的自觉意识。《中庸》明确核心概念还有诸如"……者……也……至也"等比较规范的句式，如"仁者，人也，亲亲为大。""义者，宜也，尊贤为大。""夫孝者，善继人之志，善述人之事者也。……践其位，行其礼，奏其乐，敬其所尊，爱其所亲，事死如事生，事亡如事存，孝之至也。"

再如儒家代表人物之一孟子也以好辩著称（"敢问夫子恶乎长？"曰："我知言，我善养吾浩然之气。"① "外人皆称夫子好辩，敢问何也？"孟子曰："予岂好辩哉？予不得已也！天下之生久矣，一治一乱。"② ）

从以上的论证实践看，先秦的先民们是具有非常自觉的关于论证的方法意识的。

最后，我们来考察中国古代的论证理论体系。论证理论体系指的是以论证为对象的理论体系，这可以看名辩是否能称为一门学问。这当然是毫无疑问的，因为有现成的文本，那就是后期墨家的《墨经》。《墨经》详细地探讨了"辩"的作用以及相关的类型和论辩方法，形成了以名举实、以辞抒意、以说出故的完整论证理论。不仅如此，即使是儒家也有大量关于"名辩"学的论述，如在回答子路的"卫君待子而为政，子将奚先？"问题时，孔子非常明确地回答："必也正名乎！"并非常有逻辑性、非常具体地阐述其理由是："名不正，则言不顺；言不顺，则事不成；事不成，则礼乐不兴；礼乐不兴，则刑罚不中；刑罚不中，则民无所措手足。"③ 荀子对如何"正名"则进行了比较系统的阐述，他对如何"正名"给出了一个负面清单"用名以

---

① 杨逢彬：《孟子新注新译》，北京大学出版社2023年版，第94页。
② 杨逢彬：《孟子新注新译》，第233页。
③ 孔祥瑞译注：《论语译注》，上海社会科学院出版社2020年版，第284—285页。

乱名""用实以乱名""用名以乱实"。①

综上所述,中国先秦先民有非常细密的论证思维,中国古代有自觉的论证实践和丰富系统的论证理论,中国学者在此方面应该有足够的理论自信!绝不能言逻必西,应该充分重视中国传统论证理论这一思想富矿!

(2)要肩负起兴微继绝的历史责任。所谓话语权,既包括话语内容,还包括话语方式。在东西方文明的冲突中,特别是由于近代科技的兴起,西方文明超越东方文明,取得了话语的影响力。在这一过程中,我们意识并关注比较多的是思想层面话语权的丧失,而较少意识到在话语方式层面话语权的丧失。这在某种意义上,是一种更为根本意义上话语权的丧失,因为失去了沟通方式上的话语权,你就会陷入有理说不出、有理说不清、有理无处说的非常尴尬的窘迫境地。而名辩之学所阐述的无疑是我们中华民族(甚或是东方文明)的话语方式,名辩成绝学,根本上是传统话语方式的丧失!在此意义上,名辩不仅是历史文化资源,更是民族复兴的战略资源!中国逻辑学者应该肩负起历史责任,阐发好中华民族的话语方式,让世界理解中国话语方式、接受中国话语方式、共享中国话语方式!

(3)要深入挖掘中国传统名辩学中的学术精华,探究其对于当今世界思想发展的启发价值。我们研究中国传统名辩之学,不是仅仅做一些考据、诠释工作,而是更应该回归名辩作为论证说理仪轨的初衷归旨,接续、彰显其为说理论证服务的基本功能,并结合现代社会发展和世界话语交流环境,为在国际上说好中国故事、阐释论证中国思想服务,以利于世界人民更好地了解中国,从而消除思维阻隔,达到以理服人。

限于篇幅,以下几点概述之。

---

① 周云之主编:《中国逻辑史》,山西教育出版社2004年版,第197—203页。

二 既要跟踪热点，更要重视原创

随着新一轮科技革命浪潮的兴起，产生了诸多和逻辑学密切相关的热点问题。例如，自主意识产生的逻辑基础、基于大数据的因果联系模型的建立、深度学习的逻辑归约机制等都是非常热点的问题，这些问题无疑需要也非常值得学者们去探索攻关。

但是基于现有研究范式的理论成果，人工智能的运行机制和人类的实际思维相去甚远。人类的实际思维不需要很多数据，也不需要进行繁复的运算就可以根据实际情景进行简单而直接的推理。例如，一个喜欢看气象预报的幼儿有一天问他爸爸："我上完小学、中学、大学之后是不是也要上暴学？"他爸爸感到非常奇怪，因为他从未听说过"暴学"。幼儿解释说："因为比小雨、中雨、大雨更大的是暴雨，比小雪、中雪、大雪更大的是暴雪。"幼儿只是根据少量的气象信息就可以进行直接的类比推理。今天的人工智能一方面依仗硬件和算法的进步获得了非常惊人的算力，另一方面其内部的数字化运行机制和人的实际思维存在天壤之别。之所以造成这种情况，一个原因是现代逻辑肇始于对数学推理的研究，本质上是一种数学逻辑。在不断深化发展的过程中，它和人的实际思维过程的偏差不断地被放大。要改变这种情况，就需要重大的原创性成果，甚至要一次彻底的"从头再来"！

习近平总书记指明："理论的生命力在于不断创新"，"理论思维的起点决定着理论创新的结果"。克服这一状况的可能路径是要充分重视原创性研究。一方面，其现实模型要重回人类自然思维的实际；另一方面，其理论模型要回到弗雷格，回到莱布尼茨，甚至回到亚里士多德。越是从最底层的根目录出发的创新，才可能越具有原创性。

三 勿忘学者使命，践行责任担当

在某些学术界存在一种倾向，重视纯理论研究，而轻视推广、普及，甚至认为推广、普及没有价值，认为相关教育研究也意义不大。与此相关的，就是重视科研，不重视教学、普及。这种情况，至少在逻辑学界是不应该存在的。因为逻辑的核心是研究推理的，而推理是人的推理，只有将推理的理论研究，应用于人们的实际思维之中，才能检验理论研究的成效，同时发挥理论研究的价值。一个学科的良性发展，既需要仰望星空的纯思者，也需要面朝黄土背朝天的实干家。逻辑学科的发展既离不开基础理论研究的持续深入，也离不开应用研究的不断创新。[①]

作为逻辑学者，既要做好纯学术的理论探讨，也要重视作为一名学者的社会责任，更要重视逻辑学者提高国民逻辑素质的责任担当。《大学》曰："苟日新，又日新，日日新。"民族复兴，离不开"新民"。如何"新民"？既要授之以鱼，更要授之以渔。新民不仅要有思想见识的不断更新，更要有思想方法的不断更新。因为有了新的思维方法，不仅能够理解、接受新思想，更能够自主获得，甚至创新新思想。而名辩、因明和逻辑就是这类最主要的思想方法。

为之，逻辑学者要充分重视逻辑思维能力认知发展、习得养成、测量评价等方面的实践探讨和理论研究。正如在大学教授算术运算则毫无必要，在小学教授微积分则白费力气一样，逻辑学者要探讨逻辑思维的认知发展层级、教育培养规律，构建层级分明、具有训

---

① 江苏省盐城市逻辑学会在这方面进行了诸多探索和尝试。特别是他们在逻辑服务地方发展、推动基层治理体系和治理能力现代化方面进行了很多理论研究和实践探索。

练实效的逻辑思维能力培养体系。这既是实践问题，也是重大的理论问题。

四 下精工出细活，布大局谋宏篇

逻辑学者既要做好在相关开放问题上的深入探讨，更要重视中国逻辑理论体系的建设。习近平总书记提出的理论"系统性"的要求，对中国的逻辑学研究可以说是振聋发聩，极具指导价值。古希腊、古印度和先秦中国之所以成为三大论证理论的发源地，一个重要的原因，是因为它们都有相对独立的完整的理论体系。古希腊逻辑有亚里士多德的三段论体系、斯多葛学派的命题逻辑体系等；古印度有五支论证体系、三支论证体系等；古代中国有墨家的辩学体系、儒家的名学体系等。西方逻辑的发展更是伴随着各种新的逻辑体系的不断产生，如布尔体系、弗雷格体系、希尔伯特体系等。

令人欣喜的是，在逻辑学的某一学科领域或者某些方向上，经过艰苦卓绝的努力，中国的逻辑学研究已经产生了一些理论体系，如南京航空航天大学朱梧槚教授等建立的中介逻辑系统、西南交通大学徐扬教授等建立的基于格蕴涵代数的格值逻辑系统、陕西师范大学王国俊教授等建立的模糊逻辑系统、中国科学院冯琦研究员建立的集合论基数理论[1]、中国社会科学院邹崇理研究员的自然语言信息处理逻辑语义学理论[2]、中山大学鞠实儿教授等的跨文化认知理论、南开大学任晓明教授等的归纳逻辑理论、贵州民族大学蔡曙山教授等的认知科学理论、武汉大学陈波教授的逻辑哲学理论[3]、南京大学张建军教授

---

[1] 鞠实儿主编：《当代中国逻辑学研究：1949—2009》，中国社会科学出版社2013年版。

[2] 邹崇理等：《自然语言信息处理的逻辑语义学研究》，科学出版社2018年版。

[3] 陈波：《逻辑哲学》，北京大学出版社2005年版。

等的悖论理论①、浙江大学黄华新教授等的隐喻逻辑理论②、清华大学刘奋荣教授等的认知逻辑系统和偏好逻辑系统③、中国社会科学院杜国平教授的不协调信息推理系统④和中国表示法理论体系⑤等。中国逻辑学研究要进一步产生世界影响，期待更大规模、更具一般性的理论体系的建立。

（1）要重视根本性问题的探讨。一个大的学术体系的建立，往往伴随基本思想、基本方法的奠基性创新。当然这需要学者耐得住寂寞，需要承担十年磨一剑，甚至十年磨不成剑的风险。比之对一些开放性问题的技术性的、局部性的推进，这需要付出更多的寂寞和定力。

（2）要相互尊重。在某些时候，存在一种现象，对于国外学者的一项新成果，往往呼号跟进；但是对于国内同仁的创新研究，往往视而不见。现有很多理论体系的建立，往往是基于师生关系、团队关系而建立起来的，真正有影响的学术体系的建设，需要更多基于纯粹学术内涵（而非任务性的，更非功利性的）具有相近学术兴趣的相关学者的共同努力。

（3）要有传承中国前辈学者的学术自觉。许多学术大师提出了很多非常有见地的学术创建，可惜无人接续，徒成绝响。如金岳霖先生提出范围逻辑之后，几十年间，无人问津。金岳霖先生晚年慨叹"如石沉大海""没有人赞成，也没有人反对""难免大失所望"⑥。作为中国学者，应该有学术传承的警醒，相信经过若干代学者的薪火相

---

① 张建军：《逻辑悖论研究引论（修订本）》，人民出版社2014年版。
② 黄华新等：《逻辑、语言与认知》，浙江大学出版社2019年版。
③ 刘奋荣：《动态偏好逻辑》，科学出版社2010年版。
④ 杜国平：《不协调信息的推理机制研究》，中国社会科学出版社2017年版。
⑤ 杜国平：《括号表示法：一种中国式表示法》，《哲学研究》2023年第4期。
⑥ 金岳霖学术基金会编：《晚年的回忆》，见《金岳霖全集》第四卷下，人民出版社2013年版，第897—898页。

传,中国逻辑学科一定能够建立具有世界影响力的学术体系。

五 研发精品力作,培根养基铸魂

要建设好逻辑学学科体系,离不开逻辑的教育和普及,特别是在基础教育中的逻辑教育和普及。在基础教育中,进行以逻辑思维为核心的正确思维方法的教育,是一项培根、养基、铸魂的基础工程。这就是要铸就正确思考的方法之魂,铸就良好思维的品格之魂。

习近平总书记强调:"要抓好教材体系建设,形成适应中国特色社会主义发展要求、立足国际学术前沿、门类齐全的哲学社会科学教材体系。"① 这在逻辑学科显得尤其迫切。在国家相关部门的大力支持下,在逻辑学学者的努力之下,逻辑学科已经建设的全国性教材主要有:普通高中教科书选择性必修课教材《逻辑与思维》②、全国高等教育自学考试本科段指定教材《普通逻辑》③④、马克思主义理论研究和建设工程重点教材《逻辑学》⑤、教育部学位管理与研究生教育司推荐的研究生教学用书《经典逻辑与非经典逻辑基础》⑥ 等。但这与逻辑学科的战略发展需要以及社会对逻辑学科发展的迫切需求还相差很远。

(1)缺乏完整的教材体系。特别是基础教育中逻辑思维教育的教材非常缺乏,除了高中阶段的《逻辑与思维》教材,在小学、初中阶

---

① 习近平:《习近平谈治国理政》第二卷,外文出版社2017年版,第346页。
② 参见教育部组织编写《普通高中教科书 思想政治 选择性必修3 逻辑与思维》,人民教育出版社2020年版。
③ 参见吴家国主编《普通逻辑原理》,高等教育出版社2008年版。
④ 参见杜国平主编《普通逻辑》,高等教育出版社2010年版。
⑤ 参见《逻辑学》编写组编《逻辑学》,高等教育出版社2017年版。
⑥ 参见杜国平编著《经典逻辑与非经典逻辑基础》,高等教育出版社2006年版。

段都没有逻辑教材。这与国家将"逻辑思维能力"作为基础教育核心素养之一的培养目标极不相符。这需要逻辑学者高度重视，通力合作，补齐基础教育这一"短板"。①

（2）缺乏通俗易懂的教材。逻辑学是一门技术性很强的学科，特别是现代逻辑产生之后，其中运用的形式化、符号化方法非常抽象。要将其转化为与人们的日常思维密切相关、助力非专业的民众提升逻辑思维能力，这确实需要有识之士下一番苦功夫！②③

（3）缺乏名辩、因明的教材。因为语言的文白差异、历史久远等原因，名辩、因明中大量使用的专业名词，即使是不做相关研究的逻辑学专业人士也望而生畏。如何将这些充满文化认同、体现东方文明思维方式的优秀论证、说理成果转化为帮助人们提高理性思维水平的有力工具，同样需要相关学者的责任和担当！

---

① 已经有不少学者在这方面作出了有益的探索。例如中央财经大学的张立英教授经过多年潜心研究，最近就推出了一套《给青少年的漫画逻辑学 蕴涵到底是什么》，已经于2021年由广西师范大学出版社正式出版。

② 参见张立英著，机机先生绘《给青少年的漫画逻辑学》，广西师范大学出版社2021年版。

③ 参见杜国平《逻辑学通识课》，中共中央党校出版社2022年版。

论中国古代论证学体系的构建问题*

熊明辉（浙江大学光华法学院）

党的十八大以来，以习近平同志为核心的党中央始终将哲学社会科学工作放在党和国家全局工作中的一个重要位置。2016年5月17日，习近平在北京主持召开了哲学社会科学工作座谈会，明确提出要加快构建中国特色哲学社会科学体系，即学科体系、学术体系和话语体系。为此，2022年4月，中共中央办公厅印发了《国家"十四五"时期哲学社会科学发展规划》，也明确提出了加快构建中国特色哲学社会科学的战略任务。故此，围绕中国特色的哲学社会科学学科体系建设，如何在国际学界发出中国声音，展现中国风格，打造中国学派成了当代中国学界的一大主旋律。本文试图在这一主旋律中添加一个可能的音符，以期为构建具有中国特色的论证学体系贡献微薄之力。

一 问题的缘起：中国逻辑史上的"梁王之争"

在我国逻辑学界，在19世纪和20世纪之交，梁启超和王国维开启了一场关于"中国古代是否有逻辑学"的争辩。这场争辩虽参与人

---

* 本文发表于《福建论坛》（人文社会科学版）2023年第1期，原标题《论中国古代论证学体系的重构》，同时被《中国社会科学文摘》2023年第6期转摘，系国家社会科学基金重大项目"语用逻辑的深度拓展与应用研究"（19ZDA042）阶段性成果。

数不算太多，但争论很热烈且影响很深远，一百多年来，争论一直在进行着，形成了"肯定派"和"否定派"两个对立的派别。

一是肯定派。该派亦可称为"逻辑派""论理学派"或"名学派"，认为中国古代有"逻辑学""论理学"或"名学"，以梁启超为代表。一方面，1904年，梁启超在《新民丛报》上连载两篇文章《子墨子学说》和《墨子之论理学》。后来，两篇文章被汇编成专著《子墨子学说》出版，而《墨子之论理学》是以附录形式出现的①，而这个附录正是梁启超论逻辑学的内容。梁启超认为，"Logic之原语，前明李之藻译为名理，近侯官严氏译为名学，此实用九流'名家'之旧名，惟于原语意，似有所未尽，今从东译通行语作为论理学"。② 可见，在梁启超看来，"Logic"（英语）、"名理"（傅汎际—李之藻语）、"名学"（严复语）和"论理学"（日语）具有相同的外延，指称的是相同对象，因此，可以任意交替使用它们。不仅如此，他还主张"墨子之所谓辩者即论理学是也"③，也就是说，"论理学"和"辩学"也具有相同的指称。梁启超的基本立场是，要用日文意义上的"论理学"即英文意义上的"logic"来诠释"墨家辩学"，具体来讲，就是用传统亚里士多德逻辑的"概念+命题+三段论"框架来诠释"墨家辩学"。鉴于此，梁启超将"墨家辩学"命名为"墨子之论理学"，这充分体现了他秉持了"中国古代有逻辑学观"。他还说："有论理学为之城壁故，故今欲论墨子全体之学说，不可不先识其所根据之论理学。墨子全书，无一处不用论理学之法则。"④ 这意味着，在梁启超看来，《墨经》与亚里士多德逻辑学具有某种同构关系，因此，我们可以用亚氏逻辑学来诠释《墨经》。正因如此，他用当时流

---

① 参见梁启超《子墨子学说》，台北：台湾中华书局1987年版，第55—72页。
② 梁启超：《子墨子学说》，第55页。
③ 梁启超：《子墨子学说》，第56页。
④ 梁启超：《子墨子学说》，第56页。

行的传统逻辑重构了《墨经》中的某些论述。不仅如此,他还认为"墨子乃全世界论理学一大祖师,而二千年来,莫或知之,莫或述之"①。显而易见,梁启超赋予了墨子在逻辑学界以崇高地位,而且墨子比亚里士多德还早生了近一百年。

另一方面,尽管胡适认为中国古代有名学但无名家,并认为《墨辩》乃是中国古代名学最重要的著作。在胡适看来,虽然无论哪家哲学都有自己的为学方法,也就是有自己的名学,如老子的无名、孔子的正名、伊文子的刑名,如此等等。鉴于此,胡适的论证是,因为家家都有"名学",所以,没有什么"名家"。②很显然,胡适的"名学"概念显然不是梁启超论理学意义上的"名学"概念。针对胡适的观点,梁启超显然不认同,说:"胡先生不认名家为一学派,说是各家有各家的名学,真是绝大的眼光。"③陈启天应该是胡适观点的忠实维护者,1922年他在《东方杂志》第19卷第4期发表了《中国古代名学论略》一文,认为"中国古代不仅有名家有名学,而且儒、道、法家也有一种名学,尤以墨家为较完备"④。虞愚虽然支持胡适的立场,不过显得有些暧昧。在《中国名学》中,他一方面承认中国的论理学即名学,这是与胡适的观点不一样的;另一方面又认同胡适的我国无名家的观点,认为我国古代各家皆有名学之材料,无所谓名学专家。⑤ 对此,李匡武等人的评价是,他们混淆了作为先秦一派之"名家"和作为专门逻辑学家之"名家"两个名称。⑥ 作为论理学意义上

---

① 梁启超:《子墨子学说》,第71页。
② 胡适:《中国哲学史大纲》,天津人民出版社2016年版,第152—153页。
③ 李匡武主编,周云之、周文英副主编:《中国逻辑史》(现代卷),甘肃人民出版社1989年版,第227页。
④ 李匡武主编,周云之、周文英副主编:《中国逻辑史》(现代卷),第227页。
⑤ 参见虞愚编著《中国名学》,正中书局1937年版,本论第一章。
⑥ 参见李匡武主编,周云之、周文英副主编《中国逻辑史》(现代卷),第227页。

的名学，所对应的是形式逻辑学，一种追求普遍性的名学，而胡适的家家都有名学观显然强调的是名学的特殊性。

二是否定派。这一派别也可以是无逻辑学派，或者说是辩学派，认为中国古代无逻辑学，以王国维为代表。1905年2月，王国维在《教育世界》第96号上发表了《论新学语之输入》一文，提出了如下论证："夫战国议论之盛，不下于印度六哲学派及希腊诡辩学派之时代，然在印度，则足目出，而从数论、声论之辩论中抽象之而作因明学，陈那继之，其学遂定。希腊则有雅里大德勒，自哀利亚派诡辩派之辩论中抽象之而作名学；而在中国，则惠施、公孙龙等所谓名家者流，徒骋诡辩耳，其于辩论思想之法则，故彼等之所不论，而亦其所不欲论者也。故我中国古代有辩论而无名学。"① 首先，王国维把英语"Logic"解读为"名学"，也就是那个时代的"论理学"或者说如今意义上的"逻辑学"，这很显而易见。这种解读是在沿袭严复的译法。在翻译《穆勒名学》时，严复一方面把"Logic"用音译形式将其译为"逻辑"，另一方面又用具有中国文化特色的"名学"来给"Logic"进行中国文化定位。在引论中，他说，"案逻辑此翻译名学，其名义于希腊，为逻各斯一根之转。逻各斯一名兼二义，在心之意、出口之词皆以此名。引而早之，则为论、为学。故今日泰西学，其西名多以罗支结响，罗支即逻辑也。"② 故此，我国逻辑学界将"Logic"音译为"逻辑"或"逻辑学"的传统便是从严复开始的。1910年，章士钊在《国风报》上发表《论翻译名义》一文，倡导统一使用音译的"逻辑"一词作为逻辑学科之名。1917年，他在北京大学开设逻辑学课程，坚持对Logic一词的音译见解，并将所开课程定名为"逻辑"。至此，"'Logic'即'逻辑'"达成共识，并与中国古代的

---

① 方麟选编：《王国维文存》，江苏人民出版社2014年版，第682—683页。
② ［英］穆勒：《穆勒名学》，严复译，商务印书馆1981年版，第2页。

"名学"相区别开来,对逻辑学和名学的区分进行了定调。其次,王国维认为,古希腊和古印度都有逻辑学,但中国没有。印度的逻辑学叫因明学,创始人是足目,代表人物还有陈那,而希腊的逻辑学叫名学,其创始人是亚里士多德(当时王国维将其译为"雅里大德勒")。但他认为在中国没有出现像希腊的亚里士多德和印度的足目那样的逻辑学家。最后,王国维的概念其实相当混乱,把"论理学""名学""辨学"不加区别地交替使用。比如,他认为中国古代没有名学显然不符合事实,因为名学显然是先秦名家的思想体系。此外,在翻译耶方斯"Elementary Lessons in Logic"时他又将书名定为"辨学"①,但耶方斯的著作显然是逻辑学著作。假如把"辨"与"辩"区别开来,"辨学"强调个体思辨,而"辩学"突出个体间的辩论,王国维的"辨学"译法似乎还有些道理,但假如把"辨"与"辩"理解为通假字,也就是说,"辨学"即"辩学",那么王国维的概念使用就相当混乱了。由此可见,虽然王国维旗帜鲜明地认为中国古代没有逻辑学,但他的概念使用混乱使得他隐隐约约又承认中国古代逻辑学的存在。除了王国维之外,蒋维乔也是一位支持"中国古代无逻辑学论"的支持者。1912年,他在商务印书馆出版的《论理学讲义》中说,"东亚向无论理学,有佛家所谓因明者略似之。我国古时所谓名家似是而实非"②。不过,在李匡武等人看来,蒋维乔深受日本学者中岛力造的影响,而这种观点在日常学术界也是一种错误的观点。从动机上看,持这种观点的人是试图表明中国文化落后,中国科学不发达,这显然带有侮辱性和贬低性。尽管在19、20世纪之交已存在梁启超的逻辑学观和王国维的辨学观,但这种观点对后来日本学界甚至对西方学者仍然有一定的影响力。比如,美国东方学家贝克尔(现

---

① 姚淦铭、王燕编:《王国维文集》第二卷,中国文史出版社1997年版。
② 李匡武主编,周云之、周文英副主编:《中国逻辑史》(现代卷),第226页。

为东京大学教授）在 1986 年提出了"远东缺乏论证和辩论"论证。[①] 从语言学视角，他论证了汉语和日语都缺乏逻辑的规则和逻辑。在他看来，不像印度和西方的传统，在汉语中不存在一组论证何时优于另一组论证的内在标准，因此，即使发生了辩论，也无法用一致的逻辑来支配和判断。

二 问题的实质："梁王之争"的再思考

一百年前，"梁王之争"的焦点是"中国古代有无名学"问题，或者说"中国古代有无逻辑学"问题。鉴于那个时代并未区分"逻辑"与"逻辑学"两个术语，甚至把"Logic"等同于"论理学""名学""逻辑学"甚至"辨学"，因此，后来人们通常将"中国古代有无逻辑学问题"简化为"中国古代有无逻辑问题"，即假定"逻辑即逻辑学"为真。然而，从现代观点来看，"中国古代有无逻辑"和"中国古代有无逻辑学"是两个不同的问题。一般来讲，所谓逻辑就是指人们的思维规则和规律，比如同一律、矛盾律和排中律，而所谓逻辑学则是指研究这些思维规则和规律的学问。前者是任何一个文化背景下的人都会有的，也就是说，人们只要在进行思考，在进行交流与沟通，那就必须有一定的思维规则和规律。只不过，拥有这些规则和规律，有人是自发的，而且有人则是自觉的，只有那些受过逻辑学专业知识的人才会具有这种自觉性。这样，我们就可解释为什么有人从来没有系统学习过逻辑学，但他们的思维同样会符合逻辑，因为他们的逻辑是自发的，自然而然养成的，或许也是与生俱来的。既然拥有逻辑学知识则完全是一种自觉行为，那这种自觉性绝对不是与生俱

---

① Carl B. Becker, "Reasons for the lack of argumentation and debate in the Far East", *International Journal of Intercultural Relations*, Vol. 10, No. 1, 1986, 75-92.

来的，而是后天习得的。鉴于此，如果说"中国古代有无逻辑"，这肯定没有什么争议，正如我们说在亚里士多德创立逻辑学科之前苏格拉底、柏拉图甚至智者那里都有逻辑一样，中国古代肯定有逻辑，中国古代的思想家思考问题肯定有他们的思维规则和规律。其实，这一点从胡适的"家家都有'名学'"的论断也可以得到印证，更不要说梁启超主张"名学即论理学"了。因此，对于争论双方来讲，有一点是共识的，那就是，无论是梁启超还是王国维都承认了中国古代有逻辑，即中国古代人的思维都有逻辑规则和规律可循的，比如"类推"或"推类"。

然而，若问"中国古代有无逻辑学"，这个问题就变得相当复杂了，因为本质上它涉及逻辑学的内涵与外延问题，也就是如何定义"逻辑学"这一概念的问题。这一问题的答案总是可辩驳的，因为它取决于逻辑学的定义，而逻辑学定义本身是动态更新的，不同时代其含义是在变化的。尽管1879年弗雷格已出版了《概念文字：一种相对于纯思考的以算术为蓝本的形式语言》（Begriffsschrift），给出了代表当代逻辑主流的一阶逻辑系统，标志着现代逻辑已经诞生，但在梁王之争时代，所谓论理学（逻辑学）还主要是指传统逻辑或者说亚里士多德意义上的三段论逻辑。在当时的中国哲学界和逻辑学界，可能是受康德逻辑观的影响比较大。康德曾断言，形式逻辑似乎已经是一门已经无完成的科学，而且是由亚里士多德完成的，基本上不可能有进一步的发展。① 加之，弗雷格逻辑在那个时代也未变成主流逻辑分支。因此，弗雷格的现代逻辑对梁王的逻辑观还没有产生什么影响。无论梁启超还是王国维都只不过是从亚里士多德逻辑来审视中国古代是否有逻辑问题的。毫无疑问，不管是亚里士多德意义上的

---

① Srećko Kovač, *Immanuel Kant: Logic*, in: Internet Encyclopedia of Philosophy, https://iep.utm.edu/k-logic/.

传统逻辑还是弗雷格意义上的现代逻辑，中国古代肯定是没有的。正因如此，我国当代逻辑史学家们达成的基本共识是，中国古代有逻辑思想，但对中国古代是否有逻辑学这个问题通常是采取回避的态度。

其实，胡适的"家家都有'名学'"观和王国维的"中国古代有辩论而无名学"观潜藏着另一种思想体系——中国古代论证学体系——的存在。严格来讲，"论证学"也是一个舶来词，源自英文术语"Argumentation Studies"，直译应当是"论证研究"，而我们采用"论证学"译法，是仿效了汉学（Chinese Studies）和传播学（Communication Studies）的译法，因为它们共同的特点是强调以问题为中心，论证学则以"argumentation"为研究中心。从一般意义上讲，这类研究成果曾一度而且至今仍然被国际学术界统称为"论证理论"（Argumentation Theory）。还有中国学者将其译为"论辩理论"。其实，这主要取决于对"argumentation"的理解问题。就整体而言，当代中国学者经常对"argumentation"中文翻译犹豫不决，徘徊在"论证"与"论辩"选择之间，当然其中一个主要原因是"argument"和"argumentation"也经常被某些人不区别地混用。但有一个相对比较权威的说法是来自斯坦福哲学百科全书。根据诺韦斯的观点，"argumentation"被定义为提出并交换理由以支持其主张，特别是在质疑或不同意情况下捍卫自己立场或挑战对方立场的交流活动。[1] 该观点实则源自语用论辩学派的代表人物莱温斯基和默罕默德的说法[2]，包括两个

---

[1] Catarina D. Novaes, *Argument and Argumentation*, in: Stanford Encyclopedia of Philosophy, 2021. https://plato.stanford.edu/archives/fall2021/entries/argument/.

[2] Marcin Lewiński & Dima Mohammed, *Argumentation Theory*, in Klaus Bruhn Jensen, Robert T. Craig, Jefferson Pooley, and Eric W. Rothenbuhler, eds., *The International Encyclopedia of Communication Theory and Philosophy*, Hoboken, NJ: Wiley, 2016.

含义：其一，argumentation 是一种提出并交换理由以支持其主张的交流活动，其中，论证者的目的主要是证成自己的立场，因此，它可以译为"论证"，相当于"argument"的含义；其二，argumentation 是一种在其主张遭受质疑或不同意情况下捍卫自己立场或挑战对方立场的交流活动，其中，论证者不仅要证成自己的立场，而且还要应对质疑和挑战，反驳对方论证，以捍卫自己的立场，强调的是论证者之间互动，因此，它可以被译成"论辩"。无论是非形式逻辑学家还是形式逻辑学家都会使用"argument"这一术语，它所对应的中文术语通常也是"论证"，即"argumentation"的第一层含义。然而，在语用论辩学意义上，"argumentation"显然是"论辩"，因为范爱默伦和荷罗顿道斯特把"论辩"定义为"一种由系列陈述组成的、用于证明或反驳观点且旨在获得听众认同的社会的、智力的言语活动"[1]，其中包含着"论证"（argument），因为范爱默伦和斯诺克·汉克曼斯认为，为了评估论辩（argumentation）的可靠性，所有复杂的论辩都必须拆分为单个论证（argument），然后对它们进行论证可靠性评估。[2] 一旦拆分成单个论证，我们就可以代表演绎逻辑的可靠性标准或归纳逻辑的归纳强度标准来对论证的优度进行评价，具体来讲，一个论证是演绎可靠的或归纳上强的，它就是好论证，否则就不是好论证。

作为当代逻辑学的主流分支，形式逻辑对论证的分析与评价是建立在排除了所有语用要素之上的，而非形式逻辑和语用论辩学的兴起，都是关注论证语用维度的结果。"论证学"的提出是以 argumentation 为中心的研究结果。围绕这一议题，西方学界形成了诸多学术派

---

[1] Frans H. van Eemeren, Rob Grootendorst & Tjark Kruiger, *Handbook of Argumentation Theory*, Dordrecht: Foris Publications, 1987, p. 7.

[2] Frans H. van Eemeren & A. Francisca Snoeck Henkemans, *Argumentation: Analysis and Evaluation*, 2nd edition, New York and London: Routledge, 2017, p. 80.

别，其中以加拿大温莎大学的非形式逻辑学派和荷兰阿姆斯特丹大学的语用论辩学派极具代表性。温莎大学论证学派可称为非形式逻辑学派，或者称为"温莎论证学派"或"温莎学派"，约翰逊（Ralph Johnson）和布莱尔（Anthony Blair）创立了"非形式逻辑"（Informal Logic）这一逻辑学分支，最大特色是，他们本身是形式逻辑学教授出身，不拒斥形式逻辑，在形式逻辑的论证评价理论基础上引入了语用维度，提出了"相干性—充分性—可接受性"论证可靠性评价框架，简称"RSA框架"。在这个框架中，形式逻辑仍然扮演重要的角色，主要体现在充分性上。所谓充分性就是指前提对结论提出充分支持，包括两种：一是演绎支持，二是归纳支持。前者要依靠的正是形式逻辑，而后者要依靠的是归纳逻辑。语用维度体现在两个方面。一是前提与结论的相干性。判定这种相干性显然离不开语用要素，而这是形式逻辑家们在讨论论证的分析与评价时根本不关心的。二是前提的可接受性。"真"是形式逻辑的核心概念之一，但非形式逻辑学家用"可接受性"取代了"真"。如我们所知，真具有某种客观性，而可接受性完全取决于目标听众，显然带有某种程度上的主观性，因此，可接受性评价具有语境依赖性。

阿姆斯特丹大学的论证学派，又称为阿姆斯特丹学派，创始人是范爱默伦（Frans van Eeneren）和荷罗顿道斯特（Rob Grootendorst），代表性理论是语用论辩学（Pragma-Dialectic）。在语用论辩论证理论中，形式逻辑的有效性规则是其中一条基本规则，由此彰显了形式逻辑在语用论证学中的重要性。可靠性是形式逻辑论证理论的基本概念，其基本思想是，一个论证是可靠的，当且仅当，它同时满足以下两个条件：一是每个前提都是真的，二是推理形式有效。正是以此为基础，语用论辩学家给出他们的论证可靠性标准，即一个论证是可靠的，当且仅当，它同时满足以下三个条件：其一，构成论证的每个陈述都必须是可接受的；其二，论证背后的推理必须是有效的；其三，所采用的"论证型式"都必须正确适当地运用。① 其中，第一个条件的关键是用"可接受"取代了形式逻辑所强调的"真"，与非形式逻辑中的情形一样，这类评价当然属于语用维度评价；第二个条件显然是属于形式逻辑的内容，根本不涉及语用要素；第三个条件会涉及一系列批判性问题，对这些问题的回答当然涉及语用要素。不过，上述第二个条件把推理局限于演绎逻辑范围之内，进而忽略了归纳逻辑的论证评价标准，使得语用论证理论备受攻击。仅从术语构成要素来看，语用论辩学（Pragma-Dialectic）包括两个部分：一是"pragma"，即"pragmatic"（语用的），它标志着其中包括了语用要素；二是论辩学，即 Dialectic，源自亚里士多德的《论题篇》或《论辩篇》以及苏格拉底的问答法，逻辑学家一般称为"论辩术"，而哲学家们习惯用"辩证法"。不管是译为"论辩学"还是"辩证法"，这都意味着论证评价需要考虑语用要素。尽管无论是非形式逻辑家还是语用论辩学家都未曾受"墨家辩学"的影响，但他们对待论证的视角似乎与墨家辩学有某种相似之处。

即便在西方学界，"论证学"也是一个相对比较新的术语，作为一个学科被提出来更是最近几年才出现的，其标志性事件是 2016 年加拿大温莎大学哲学系正式设立了论证学博士点。该事件成为温莎论证学派从非形式逻辑取向转到论证学取向的一个标志性事件。作为一个交叉学科，论证学才开始登上学界舞台。"论证学"概念提出的目的是统领论证研究的各大门派，如温莎论证学派（非形式逻辑）、阿姆斯特丹论证学派（语用论辩学派）、巴黎论证学派（激进论证主义）② 等。毕竟这些门派所关注的问题以及研究的方法很多存在交融之处，还都是从跨学科研究视角

---

① Frans H. van Eemeren & A. Francisca Snoeck Henkemans, *Argumentation: Analysis and Evaluation*, 2nd edition, New York and London: Routledge, 2017, p. 81.

② Frans H. van Eemeren, Bart Garssen, Erick C. W. Krabbe, A. Francisca Snoeck Henkemans, Bart Verheij, Jean H. M. Wagemans, *Handbook of Argumentation Theory*, Dordrecht: Springer, 2014, pp. 490–494.

出发的，而且哲学、逻辑学、语言学、修辞学等学科领域中的某些方法均被借鉴到这一研究领域。该术语最早出现于阿姆斯特丹大学言语交际、论证理论和修辞学系，所使用的术语是"论证研究"（Studies of Argumentation）显然不是作为一个学科名字提出来的，而是作为一个跨学科的问题提出来的，但后来沃尔顿和布林顿在1997年出版的《形式逻辑的历史基础》一书中将其写成"Argumentation Studies"，而他们自己是将其作为"非形式逻辑"的替代词来使用的。① 2004年，范爱默伦和荷罗顿道斯特先将论证理论处理成一种规范语用学（Normative Pragmatics），认为论证理论家的任务要在规范模型如形式逻辑模型中所表达的洞察力以及在话语分析者提供的经验描述中得出的见解之间建立某种深思熟虑的联系，为此，他们圈定了论证学的范围，其中包括哲学的、理论的、分析的、实践的和经验的五个层级。② 这意味着，鉴于论证学一方面要追求论证的普遍性与规范性，如形式有效性，故逻辑学必定是论证学的重要组成部分；另一方面又要追求论证的特殊性，即实践性和经验性，故逻辑学并不是论证学的全部。胡适的"家家都有'名学'"观实际上强调的也是论证的语用维度，或者说论证的实践性和经验性。只不过，他可能过于强调各家的个性而无视了它们共性的存在。王国维认为中国古代有辩论而无名学，这实际上意味着中国古代有着丰富的论证资源。既然如此，这也意味着建构中国古代论证学体系成为可能。

三 争议的消解：从逻辑学到论证学

"梁王之争"的焦点在于"逻辑学""论证学"和"论辩学"之

---

① Douglas Walton & Alan Brinton, *Historical Foundations of Informal Logic*, London and New York: Routledge, 1997, p.1.
② Frans van Eemeren & Rob Grootendorst, *A Systematic Theory of Argumentation: The pragma-dialectical approach*, Cambridge: Cambridge University Press, 2003, chapter 1.

间的关系问题，或者说三者两两之间的异同问题。当然，即便在西方学界，三者之间本身也并未完全区别开来，常常存在着某种"道不清，说不明"的关联，常常相互交织在一起。比如，康德在谈及逻辑学的主要类型时，他说："我们可以把逻辑学分为分析的逻辑学和论辩的逻辑学。"① 分析的逻辑学即亚里士多德的《前分析篇》和《后分析篇》所涉及的分析学，而论辩的逻辑学即亚里士多德《论题篇》和《辩谬篇》中所涉及的论辩术或论辩学。换句话说，如果我们认同《工具论》是亚里士多德的逻辑学著作的话，那么，逻辑学本身就已经包括"论证学"和"论辩学"。梁启超和王国维之间的分歧正是在三者之间的关系。在梁启超看来，它们三者是同一个东西，而王国维则认为不是。但从现代观点来看，我们有必要厘清"逻辑学""论证学""论辩学"几个关键概念间的关系，不再把它们视为相同概念，仍然指称相同对象，"梁王之争"应该可以迎刃而解。

回顾西学东渐的历史，我们不难发现这样两个历史事实：

其一，逻辑学与论证理论本来就密不可分。比如，拉特利尔认为，在狭义演绎逻辑意义上理解的逻辑学与论证必然有一个共同的根基，并且这个共同根基必然是这样的：它既可以解释两个程序之间的差异性，也可以解释它们为何各自指向各另一个。② 再如，在《逻辑学的发展》一书中，涅尔夫妇一方面把逻辑学界定为处理有效推论原则的科学，这实际上已经是很狭义的演绎逻辑观了，但另一方面，他们又认为，逻辑学不仅仅是有效论证的学问，而且要对有效性原则进行反思，而且这种反思只有当手头已经有相当多的推理或论证材料时

---

① Immanuel Kant, *Logic*, trans., Robert S. Hartman & Wolfgang Schwarz, New York: Dover Publications, 1988, p.18.

② Jean Ladriére, *Logic and Argumentation*, in Michel Meyer, eds., *From Metaphysics to Rhetoric*, Dordrecht: Kluwer Academic Publishers, 1989, pp.15-36.

才会自然而然地出现。①

其二，以论证学或论辩学为突破口在西方逻辑传入中国开始就已经存在了。明末时期葡萄牙传教士傅汎际和李之藻联袂打造了译著《名理探》。② 这被认为是我国历史上第一本介绍西方逻辑学的著作，初刻于 1631 年。该书原文为拉丁文版，葡萄牙高盘利大学使用的逻辑学讲义，书名为 Introductio in dialecticam Aristotelis，该书系当时耶稣会根据公元 3 世纪希腊逻辑学家、新柏拉图主义者蒲斐略（PorPhyry，约前 234—前 305 年）的著作编写而成，代表了中世纪西方基督教会经院派所述亚里士多德的逻辑概念、范畴学说。但汉译本《名理探》并非亚里士多德逻辑学著作《工具论》的全部，而只是其中涉及范畴的部分。一个说法是，傅汎际和李之藻已经将其全部翻译完毕，但并没有完全出版。我国学界有人将其直译为《亚里士多德辩证法概论》，但从非形式逻辑或当代论证理论视角来看，最佳译法应当是《亚里士多德论辩学概论》。即便译成"辩证法"，也显然不是指后来的黑格尔意义上的"辩证法"。仅从译著标题来看，傅汎际和李之藻在此彰显了翻译的精髓在于要用一种文化去诠释另一种文化，而不仅仅是语词、语句和语篇的翻译。所谓名理即名称和道理，而名理学始于先秦名家的名实思想，但该译名主要源自汉末魏晋时期以考核名实和辩名析理方法研究问题的一种思潮。

基于"梁王之争"再思考，其消解之道可能不在于"逻辑学"的定义问题，而在于研究视角的转换，我们需要无论梁启超式还是王国维式的中国逻辑研究都是试图建立在逻辑学基础之上，更准确地说，是要想建立在传统逻辑基础之上，这种研究视角非常有限。虽然

---

① William Kneale and Martha Kneale, *The Development of Logic*, Oxford: The Clarendon Press, 1971, p. 1.
② 傅汎际译义、李之藻达辞：《名理探》，生活·读书·新知三联书店 1959 年版。

我们无意介入梁启超和王国维开启的那场延续了100多年的争论，但我们实际上从"梁王之争"中找到了一个新的研究视角，一个论证学视角。当然，这一视角并非我们的原创，因为早有人提出了，我们的贡献只不过在新时代背景下进行一种尝试。比如，1925年，陈显文在《名学通论》中提出，"中国学者渺视名学，实中国思想史上一大打击"，并预言"我们以后要发扬我国的思想，非从名学上下手不可"①。这预示着，从本质上讲，"梁王之争"至今仍然具有研究价值。1932年，郭湛波在《先秦辩学史》中提出，"印度的哲学方法是'因明'，西洋的方法是'逻辑'，中国的方法是'辩学'"②。当然，郭湛波的"辩学"实则"（形式）逻辑学"之意，而非当今非形式逻辑或论证学意义上的"辩学"，但无论如何，"辩学"可以成为建构中国古代论证学体系的一个重要的突破口。不仅如此，这一突破口当然也被西方论证学家注意到了，比如，人工智能逻辑学家巴罗尼、托尼和维赫雅2020年一篇介绍董番明提出抽象论证框架25年纪念文章中说："中国古代哲学家就道德问题、语言与意义以及名实关系甚至论辩规则进行过辩论。"③ 作者在此所引证的观点实则是范爱默伦等人2014年出版的论证学巨著《论证理论手册》第十二章第十八节"中国的论证研究"。④ 虽然相关原始信息是我向作者提供的，但中国古代哲学家关注论证学和论辩学已经为当代西方主流论证学家所密切关注，并且已得到国际论证理论界权威专家的高度认可。

---

① 李匡武主编，周云之、周文英副主编：《中国逻辑史》（现代卷），第228页。
② 李匡武主编，周云之、周文英副主编：《中国逻辑史》（现代卷），第228页。
③ Pietro Baroni, Francesca Toni & Bart Verheij, "On the acceptability of arguments and its fundamental role in nonmonotonic reasoning logic programming and n-person games: 25 years later", *Argument & Computation*, Vol. 11, No. 1-2, 2020, pp. 1-14.
④ Frans H. van Eemeren, Bart Garssen, Erick C. W. Krabbe, A. Francisca Snoeck Henkemans, Bart Verheij, Jean H. M. Wagemans, *Handbook of Argumentation Theory*, Dordrecht: Springer, 2014, pp. 774-777.

"梁王之争"告诉我们，研究视角转换的前提条件之一就是要重新厘清"逻辑学""论证学"和"论辩学"三个基本概念两两之间的关系。具体来讲，它们的三者之间的关系表现为：论证学是逻辑学和论辩学共同的上位概念，逻辑学和论辩学则是论证学的下位概念，而逻辑学与论辩学之间又是交叉关系。首先，关于逻辑学和论证学的关系。逻辑学是研究论证的科学，但研究论证的科学并不等于逻辑学，比如，论证学也是研究论证的科学。准确地说，逻辑学是论证学的种概念，而论证学是逻辑学的属概念。论证可以分为零主体、单主体和多主体论证，其中，形式逻辑学家主要关注第一种类型，论证学家则主要关注后两种类型。更进一步地说，作为论证学家，非形式逻辑学家如约翰逊和布莱尔更多关注的是单主体论证，但同时会考虑到"论辩性外层"（dialectical tier）；而作为论证学家，语用论辩学家范爱默伦和荷罗顿道斯特关注的重点则是多主体论证，也就是论辩，强调的是两个人之间的论证互动。其次，关于论证学和论辩学的关系。它们二者也都是研究论证的，但论辩学与论证学是种属关系，即论辩学是论证学的一个特例，论辩即基于多主体互动的论证，可简称为"多主体论证"。最后，关于逻辑学与论辩学的关系。它们的关系也比较微妙，也许正确的理解应当是交叉关系，因为有些论辩学也可以归到逻辑学范围，如汉布林的"形式论辩学"（Formal Dialectics）[1]和董番明的"抽象论辩框架"（abstract argumentation framework）[2]显然属于人工智能逻辑学中很有代表性的理论。但也不得不承认，并非所有论辩学都属于逻辑学，比如苏格拉底的问答法以及范爱默伦和荷罗顿道斯特提出的语用论辩学也都不属于逻辑学范围。

---

[1] Charles L. Hamblin, *Fallacies*, Newport News: Vale Press, 1970, p.253.

[2] Phan Minh Dung, "On the acceptability of arguments and its fundamental role in nonmonotonic reasoning, logic programming and n-person games", *Artificial Intelligence*, Vol. 77, No. 2, 1995, pp. 321–357.

四 建构的原则：中国古代论证学的建构

论证学体系建构有两个发展方向。一是从个性化向共性化发展。作为论证学的逻辑学便属于这个发展方向。真实论证往往是个性化的，因为它具有语境依赖性。在研究论证时，形式逻辑的做法是，抽取个性要素，排除所有语用要素，寻求共性要素，将其处理为一种纯之又纯的形式语义框架，目的是要去追寻一种具有普遍性的真理模式。无论是梁启超的"中国有逻辑学论"还是王国维的"中国无逻辑学论"，都是建立在这一发展方向基础上的。二是从共性化向个性化发展。作为论证学，非形式逻辑和语用论辩学便属于这个发展方向。历史证明，构建中国古代论证学体系假如要走第一个方向，那是很艰难的甚至不可能。"梁王之争"有两个结果：一是对"Logic"采用音译，把学科意义上的"逻辑学"与作为中国哲学概念的"名学"和"辩学"相区别开来，既承认它们的共通之处，又认同它们之间存在某些差异；二是承认中国古代逻辑思想，但不旗帜鲜明地断言中国古代有逻辑学。换句话说，这场争论的结果是谁也没有说服谁。从语用论辩学视角来看，争议双方只是搁置了意见分歧。该结果正好形成中国古代论证学的历史前提。既然第一个发展方向走不通，那么，建构中国古代论证学体系只能选择第二个方向。那么，到底如何建构呢？我们认为，需要遵守以下四项基本原则：

首先，逻辑原则。这是任何一个论证学体系建构的首要原则，因为它是规范性构建的起点，也是不同文化之间理性交流与沟通的基石。所谓逻辑原则就是要把论证学体系建立在既有主要逻辑理论基础之上。不得不承认，逻辑学是当今发展最成熟的论证学分支。然而，根据不同的标准，逻辑学可分为不同的类型。尤其是作为主流逻辑学分支的形式逻辑学家，它已经形成了非常庞大的学科体系，延伸出了众多的学科分支。我们当然不可能去观照所有的逻辑学分支,这显然不符合客观实际,而且根本无法实现,但至少应观照到一些主要逻辑学分支中的基本逻辑理念,把握住逻辑学科发展的主旋律,比如演绎逻辑和归纳逻辑以及形式逻辑和非形式逻辑。演绎逻辑即形式逻辑,所涉及的论证理论是追求共性化发展的,其论证的评价标准是演绎有效性,也就是所有前提真而结论为假是不可能的。然而,并非所有论证都可以还原这种演绎有效的论证形式。有些论证是好的,但并非演绎有效的,如归纳上强的论证。甚至有些好的论证既不是演绎有效的,也不是归纳上强的,如诉诸情感论证和诉诸权威论证。

其次,论证原则。所谓论证原则是指对语篇进行论证性重构的原则。"论证"是论证学的核心概念。所谓论证就是指为某一立场、观点、看法寻找支持理由的认知过程和结果。立场与理由是论证的基本要素。从逻辑学视角来看,所要证成的立场、观点和看法被称为结论,而用来支持它们的理由被称为前提。论证学体系构建是在论证重构基础之上的。很显然,中国古代思想家不可能按照西方逻辑学家、论证学家或论辩学家给出的理论架构去表达他们的思想,但他们必定提出过自己的立场、观点和看法,而且还会就他们的立场、观点和看法提出支持理由。比如,孟子以好辩著称,在《孟子·滕文公下》中,他说:"公都子曰:'外人皆称夫子好辩,敢问何也?'孟子曰:'予岂好辩哉!予不得已也。……我欲正人心,息邪说,距诐行,放淫辞,以承三圣者,岂好辩哉!予不得已也。'"论证重构的第一步就是识别出语篇中论证者所提出的立场、观点和看法。在这段语篇中,公都子只是一个提问者。如我们所知,一般疑问句是不表达命题,因此,提问者不会表达任何立场、观点和看法。作为回应者,孟子对公都子的问题给予了肯定性回答,即"予岂好辩哉!予不得已也。"言下之意,他不得不进行辩论,这就是孟子的基本立场。然后,孟子给出了他不得不好辩的理由,即"我欲正人心,息邪说,距诐行,放淫辞,以承三圣者"。然而,所需要注意的是，并非所用语篇都可以重构为论证，有些语篇可能只是解释性或说明性的。比如，在《孟子·梁惠王下》中，当乐正子去见鲁平公时，有如下一段问答。乐正子问："君奚为不见孟轲也？"鲁平公答："或告寡人曰，'孟子之后丧逾前丧'，是以不往见也。"其中，核心命题是"君奚为不见孟轲"，这是一个事实命题，因此，不存在寻找支持理由问题，而是要解释或说明这一事实出现的原因。

再次，语用原则。所谓语用原则就是指在进行论证重构时除了识别作为结论的论证者立场、观点、看法以及作为前提的支持理由，还要识别论证者、目标听众以及论证目的等语用要素的原则。论证有零主体论证、单主体论证和多主体论证之分。语用原则的目的就是要在单主体论证和多主体论证基础上来对语篇进行论证性重构。形式逻辑学家在分析评价论证时，排除了所有语用要素，因此，不需要考虑论证者、目标听众、论证目的等语用要素。非形式逻辑学主要关注的是单主体论证，或者说是独白式论证。这种论证的重构有两种模式。一是图尔敏模式。在非形式逻辑的先驱图尔敏给出的论证模型中，除了主张（Claim）、证据材料（Data/Ground）和保证（Warrant）之外，还需要考虑到相对于保证的支撑（Backing）以及相对于结论限定词的可能反驳（Rebuttal）。[①] 在图尔敏模型中，一方面支撑和可能的反驳明显属于语用要素；另一方面还彰显了论证者的主位意识，至多考虑到了可能的反驳，也就是要求论证者回应所有可能的异议，并不关心因为对手的充分论证而收回自己的立场、观点或看法。二是约翰逊模式。在非形式逻辑创始人约翰逊看来，论证的本质不仅在于需要承认推论性内核心（the illative core），而且在于需要承认有一个论辩性外层（the dialectical tier）。[②] 而论辩性外

---

① Stephen E. Toulmin, *The Uses of Argument*, Cambridge: Cambridge University Press, 1958, p. 101.

② Ralph H. Johnson, *Manifest Rationality: A Pragmatic Theory of Argument*, Mahwah: Lawrence Erlbaum, 2000, p. 165.

层显然属于语用层面，它可以包含诸多因素。语用论辩学家关注的是多主体论证，或者说是对话式论证或论辩式论证。根据语用论辩学创始人范爱默伦和荷罗顿道斯特的观点，论证是一种由一系列陈述组成的言语行为，旨在证成或反驳所表达的意见，并在有条理的讨论中经过精心设计，让理性裁判者相信某个观点的可接受性或不可接受性。① 这种论证涉及两种功能：一是证成功能，即论证者要试图证明自己的主张可接受；二是反驳功能，即论证者要反驳对方的主张不可接受性。这两种功能决定，这种论证（论辩）有两个论证者：一个是维护立场的正方，另一个是挑战立场的反方。② 不仅如此，还需要一个理性的裁判者。这种论证重构特别适合于那些对话式语篇。在《孟子》《论语》等儒家经典中，很多语篇均是以对话甚至辩论形式展开的。假如我们要对这些语篇进行论证性重构，那么对话式论证就可以派上用场了。在此，我想没有必要举例来展示这种对话式语篇及其论证性重构。

最后，交叉原则。所谓交叉原则就是指跨学科原则。一旦语用要素介入，论证研究就不再是一个学科的事，因此，问题就变相当复杂，具有领域依赖性了，论证分析评价理论就向着个性化方向发展了。正如科恩所说，有很多方法可以用来衡量论证，也有许多词汇和标准可以帮助我们回答这样一个问题：该论证是好论证吗？其中包含了许多问题，伦理学、政治学、美学、认识论、心理学、法学和许多其他学科都可以有所贡献。③ 因此，我们不能寄希望于仅仅从某个学

---

① Frans H. van Eemeren & Rob Grootendorst, *Speech Acts in Argumentative Discussions*, Dordrecht: Foris Publications, 1984, p. 17.

② Frans H. van Eemeren & A. Francisca Snoeck Henkemans, *Argumentation: Analysis and Evaluation*, 2nd edition, New York and London: Routledge, 2017, p. 20.

③ Daniel H. Cohen. Evaluating argument and making meta-arguments, *Informal Logic*, Vol. 21, No. 2, 2001, pp. 73-84.

科视角来能解决与有关论证的所有问题。"梁王之争"未得以消除有根源,其教训就在于争论双方都是从单一的传统逻辑学科来将西方的逻辑学与中国的名辩学进行对比的,不是据西释中,就是据中释西,而且对比研究的结果不是迈向融合,而是分道扬镳,即名学是名学,逻辑学是逻辑学。其实,早在 1986 年,范爱默伦、荷罗顿道斯特、布莱尔和维拉德在阿姆斯特丹大学组织召开了"第一届国际论证大会"之时,组织者的定位是旨在培养跨学科的论证及其应用研究。[①] 在正式出版的会议论文集中,作者的研究方法涵盖了语用、会话、认知、经验等方法,而研究视角涉及修辞、认识论、形式等视角。[②] 当然,我们强调论证研究的个性化发展,并不意味着就要完全忽略它的共性化发展。正如范爱默伦等人在《论证理论手册》中所言,论证性话语旨在用理性方式消除意见分歧,这种理性方式既有规范性的批判维度,又有描述性的经验维度,两个维度都需要考量。[③] 就规范性批判维度而言,如科恩所说,论证理论的真正核心在于逻辑、修辞和论辩的"三脚架"。[④] 总之,在进行中国古代论证学体系重构时,我们的使命就是要在规范性批判维度和描述性经验维度找到一个合理的平衡点。

[①] Frans H. van Eemeren, Rob Grootendorst, J. Anthony Blair, and Charles A. Willard, eds., *Argumentation: Across the Lines of Discipline: Proceedings of the Conference on Argumentation*, Dordrecht: Foris Publications, 1987, p. 1.

[②] Frans H. van Eemeren, Rob Grootendorst, J. Anthony Blair, and Charles A. Willard, eds., *Argumentation: Perspectives and Approaches: Proceedings of the Conference on Argumentation*, Dordrecht: Foris Publications, 1987, pp. 2–3.

[③] Frans H. van Eemeren, Bart Garssen, Erick C. W. Krabbe, A. Francisca Snoeck Henkemans, Bart Verheij, Jean H. M. Wagemans, *Handbook of Argumentation Theory*, Dordrecht: Springer, 2014, p. 8.

[④] Daniel H. Cohen, "Evaluating argument and making meta-arguments", *Informal Logic*, Vol. 21, No. 2, 2001, pp. 73–84.

关于中国古代有无逻辑学问题,"梁王之争"在 20 世纪初的解决之道是"分道扬镳",即逻辑学是逻辑学,名学是名学。消除这场持续一百多年的经验教训表明,我们显然无法用某个单一学科来解决论证研究的所有问题,因为它不仅涉及规范性的批判问题,而且涉及描述性的经验问题。鉴于此,在建构中国古代论证学体系时,我们的任务是在规范性维度和描述性维度之间找到一个恰当的平衡点。为此,我们提出的构建中国古代论证学体系要遵循的四项基本原则,即逻辑原则、论证原则、语用原则和交叉原则。

中国特色伦理学话语体系的构建问题

曾建平（浙江工商大学马克思主义学院）

当前中国正经历着人类发展进程中史诗般的实践创新，正面临着人类历史上前所未有的深刻变革，这为我国哲学社会科学的创新发展提供了空前机遇，也为伦理学学科发展提供了难得的历史契机。新时代国家和社会的需求变化，催生着伦理学研究领域深化和转型，呼唤着伦理学学科的新使命、新任务，需要广大伦理学工作者踔厉奋发、守正创新，为构建中国特色伦理学学科话语体系贡献力量。

一 中国特色伦理学学科话语体系的时代担当

当前，中华民族伟大复兴战略全局与世界百年未有之大变局交汇融合，多样社会思潮和多元思想观念叠加激荡，各类风险挑战与不确定性因素与日俱增，我国已开启全面建设社会主义现代化国家新的历史篇章，亟待伦理学进入新发展阶段，健全学科体系、创立学术体系、创新话语体系。总体来看，作为哲学社会科学的重要分支，中国伦理学经过长期发展，学科体系日渐完善，学科实力显著增强，为社会价值理念更新和公民道德建设作出了重大贡献。进入新时代，伦理学学科的中国化、时代化、自主化、国际化的需求和趋势日益凸显，构建主动融入世界、沟通世界、影响世界话语体系的意识和能力亟待提升。这迫切要求构建彰显中国特色、弘扬民族精神、引领学术创新、服务立德树人、贡献人类文明的系统化、民族化话语体系，积极回应时代呼唤、国家需要、人民期待。伦理学话语体系属于人类知识体系范畴，服务于学科体系、学术体系，主要是指运用伦理学的基本知识、核心理论、独特思维来表达思想、阐释主张、解答问题，也就是用伦理学的知识谱系确定话语基础，用伦理学的概念、术语、理论彰显话语逻辑，用伦理思维、道德思维展示话语力量，以体现伦理学在哲学社会科学学科丛林中的学科性质、独有思想和社会价值，表现与其他学科不同的话语方式、话语特点，展示伦理学在人文社会科学中的核心话语权。

伦理学话语体系要适应新的时代变化和社会需求。当代中国伦理学根植于数千年延绵不断的中华传统伦理思想，以马克思主义伦理学为指引，立足于人类社会的前沿发展，助力于创造人类文明新形态，观照着人们的价值世界和道德生活。我国伦理学经过长期发展，学科建设日趋加强，理论体系日益完备，但从回应以中国式现代化全面推进强国建设、民族复兴伟业实践中的重大问题来看，从人民群众日益提高的精神需求来看，从科技革命对社会实践的重大挑战来看，从哲学社会科学发展规律来看，伦理学学科的重要性仍未彰显，伦理学学科的话语影响力仍需提升，中国伦理学自主知识体系构建仍在路上。任何学科的话语体系都要适应时代需求和实践变革，时代变化、实践创新、人民需要是伦理学学科发展的最大引擎。以中国式现代化全面推进强国建设、民族复兴伟业实践，不断推进国家治理体系和治理能力现代化，满足人民日益增长的美好生活需要，需要加快伦理学的学科建设和学术创新，更需要构建新时代中国特色伦理学话语体系，以此为新时代立言立说，立德立功。

伦理学学科话语体系要适应中国特色哲学社会科学学科话语体系

建设的总体布局。构建中国特色哲学社会科学学科体系、学术体系、话语体系，是以习近平同志为核心的党中央作出的战略布局。这要求坚持中国道路，立足中国实践，凝聚中国力量，使社会主义意识形态具有强烈的说服力和亲和力、强大的凝聚力和引领力，为全体人民的理想信念、价值理念、道德观念形成最大公约数，产生向上向善的力量。中国伦理学话语体系要学习和借鉴西方伦理学的思想和方法，但不是它的翻版，也非其所能涵括、容纳、解释的；当然，它也不是中国传统伦理思想的旧版，而是根植于中华优秀传统伦理文化，源于中国实际、立足中国经验、秉承中国传统、吸收世界智慧的新版。构建中国特色伦理学学科话语体系，使伦理学学术研究彰显中国特色、中国风格、中国气派，是中国特色哲学社会科学话语体系建设题中应有之义，也是广大伦理学工作者的崇高使命。

伦理学话语体系为学科发展和学术创新提供基本语境和权力支撑。伦理学话语既是学科权力实现的工具，又是掌握学术权力的关键。任何学科话语并非一种脱离价值立场、无涉利益关系的纯粹叙事工具、交流载体，其底层逻辑往往关涉不同主体的价值诉求与利益表达。学科发展和学术创新要求中国特色伦理学话语体系拥有自身的叙事方式、科学的逻辑结构、独立的价值观念，不能在其他不同学科话语体系或同类学科其他话语体系之后亦步亦趋，人云亦云，否则就会缺乏生机活力，缺失话语权力，失去学科丛林中的应有地位。只有通过自身话语体系的建构，进而为伦理学学科发展和学术创新提供基本语境和权力支撑，才能推动伦理学学科的蓬勃发展。

二 中国特色伦理学学科话语体系的"特色"所在

伦理学学科话语体系之所以冠以"特色"，正是中国式现代化独特实践和中国人民对美好生活向往的独特表达，这要求在正确认识和判断我国伦理学发展基础上，使中国伦理学话语体现典型的中国风格、中国精神、中国力量。中国特色话语与世界普遍话语正是体现了个别与一般、特殊性与普遍性的关系。中国伦理学话语体系既具有全球伦理学话语的普遍特征，又体现出中国境况的特殊性、差异性、民族性、自主性，具有自己的独特品性、特长、优势和风格，更体现出中国伦理学人对伦理学话语构建所作的独创性贡献。

第一，卓殊的指导理论。马克思主义是我们立党立国的根本指导思想，马克思主义的理论品质与实践品格，决定了其对哲学社会科学的指导地位。"坚持以马克思主义为指导，是当代中国哲学社会科学区别于其他哲学社会科学的根本标志"[①]；坚持以马克思主义中国化时代化最新境界的习近平新时代中国特色社会主义思想为指导，是新时代中国特色伦理学学科话语体系区别于世界其他伦理学话语体系的根本标志。新时代话语体系之特色构建，要鲜明坚持马克思主义指导地位，深入贯彻习近平新时代中国特色社会主义思想。推动马克思主义的世界观和方法论及其贯穿其中的立场观点方法、马克思主义中国化时代化创新成果在伦理学各领域的具体应用，提升理论话语的主体性与时代性，提升话语建设、创新、叙述、阐释能力和水平，提高国际话语权。这回答了新时代伦理学话语体系"循何立言，依何发声"的原则性问题。

第二，独特的价值取向。马克思主义伦理学是始终站在劳动人民的立场上维护最广大人民根本利益的思想。"一切脱离人民的理论都是苍白无力的，一切不为人民造福的理论都是没有生命力的。"[②] 为

---

① 习近平：《在哲学社会科学工作座谈会上的讲话》，《人民日报》2016年5月19日。

② 习近平：《高举中国特色社会主义伟大旗帜 为全面建设社会主义现代化国家而团结奋斗——在中国共产党第二十次全国代表大会上的报告》，人民出版社2022年版，第19页。

此，建构体现中国特色、中国风格、中国气派的伦理学话语体系，要体现鲜明的阶级属性，体现人民至上的价值取向。话语体系总是依靠一定的语言、术语、话语，来叙述思想、表达理论、阐释观点，在满足人们交往需要中体现其价值意义。中国特色伦理学话语体系建构原则和目的是来自人民、为了人民、依靠人民、造福人民，是为广大人民群众所喜爱、所认同、所拥有的理论，具有坚持人民至上、追求全面发展的新时代特征，这回答了新时代中国伦理学学科话语体系"为谁立言、为谁发声"的根本立场问题。

第三，特有的原创成果。由于中国在人口禀赋、地域环境、历史文化等方面与西方有着显著差异，几千年历史形成了中华民族共同体独特的伦理传统、思维理念、行为方式、价值追求等，形成了中国伦理思想理论体系和知识体系，造就了独具伦理气质的文明形态，塑造了中国人的伦理精神，为构建具有自身民族特质的话语体系提供可能。新时代伦理学学科话语体系以马克思主义中国化话语资源为生成基础，以中国传统伦理思想为话语根基，坚持"两个结合"实现中国与世界的思维转换、话语互换，打造既有中国特色又有世界情怀的话语体系。这样的话语体系才能既具有民族的原创性，也具备世界的普遍性。强调民族性，并不是要自言自语，"并不是要排斥其他国家的学术研究成果，而是要在比较、对照、批判、吸收、升华的基础上，使民族性更加符合当代中国和当今世界的发展要求，越是民族的越是世界的"[1]。强调原创性，就是不能简单把国外的伦理思想和话语体系奉为圭臬，不能完全照抄照搬其名词术语、概念表达，亦步亦趋以国外伦理方法为准绳，不是"以外代中"，而是作为有益滋养，"以外益中"，体用贯通，将中国传统文化优势转化为话语优势，构建中

---

[1] 习近平：《在哲学社会科学工作座谈会上的讲话》，《人民日报》2016年5月19日。

国特色伦理话语语汇、话语表达、话语传播、话语载体，为打造具有中国特色、中国风格、中国气派的系统化、体系化话语体系作出原创性贡献。这回答了新时代伦理学话语体系"立什么言、发什么声"的重大问题。

第四，非凡的实践品格。话语体系作为观念形态的上层建筑，承载、蕴含特定思想价值观念，展示着理论内在思想活力，是理论创新成果的集中展示。实践是理论之母，时代是思想之源。新时代伦理话语体系是伦理思想、伦理理论、伦理知识、伦理文化以及伦理语言与道德思维的集中阐发，归根到底是由中国特色社会主义新时代伦理实践所决定的，中国的实践要由中国的理论来总结，中国的理论要反映中国的实践。新时代，中国日益走近世界舞台中央，中华民族迎来了从站起来、富起来到强起来的伟大飞跃，向世界展现了中国特色社会主义新时代的实践魅力和理论自信。伟大实践呼唤伟大理论，伟大时代催生伟大思想。构建中国特色伦理学话语体系的实践已经开始。这需要我们全体伦理学同仁艰苦努力，需要哲学社会科学各类学科互相支持。这是构建中国特色伦理学话语体系的实践基础。伦理学话语体系的特色不是脱离实践的纯粹思辨和绝对理念，而是体现在立足中国新时代原创性实践，开创符合历史定位与时代担当的话语体系，关注全人类共同利益与命运。伦理学话语体系源于伟大实践，又推进实践基础上的理论创新，立足新时代，创造新概念、创立新范畴、构建新范式、发展新样态、阐释新问题，生成凝练时代特征的新话语。这回答了新时代伦理学话语体系"如何立言、如何发声"的重大问题。

三 构建中国特色伦理学学科话语体系的内在要求

构建新时代中国特色伦理学学科话语体系，应当是在具有明确研究对象和研究框架的学科体系、具有清晰的学术源流和深厚的专业知识的学术体系的基础上，坚持守正创新而形成独立的科学的一整套符号和表达体系。易言之，厚重的理论基础和扎实的知识体系是构建完善的学科体系和学术体系的前提，同时，没有完善的学科体系和学术体系，也就没有相应的理论基础和知识体系，就没有学科话语能力，学科话语权无从谈起。

伦理学有必要升格为一级学科。关于这个问题，笔者早在2006年上海师范大学召开的"全国伦理学学科创新与发展研讨会"上有过明确表达，后来又以专论做了阐释。① 目前，人工智能、生命科学、量子物理等科技革命给人类带来的挑战是复合的，单一学科应对问题的时代一去不复返，学科的交叉融合、综合发展是整体趋势，这推动着哲学社会科学向着类型齐全、体系完备的学科体系综合发展。目前，伦理学仍是一个处于从属地位的二级学科，依附于哲学一级学科。走出伦理学话语权的困境，必须深化对伦理学学科时代价值的认识，使之上升为一级学科。这是由于伦理学是具有渗透性、复合性的学科，别的学科可能只能局限在与相邻学科进行沟通与对话，而伦理学却可能与任何一门社会科学、人文科学、自然科学关联起来，比如，伦理与经济、伦理与政治、伦理与社会、伦理与技术、伦理与文艺、伦理与心理、伦理与医学、伦理与生态、伦理与工程，等等。以全局的、整体的伦理学学科体系为基础，伦理学的研究对象、研究目的、指导思想、研究方法、各分支学科的相互关系将会更加清晰。

使伦理学升格为一级学科，必然要求以提高学科研究力量为前提。目前，伦理学的学术资源仍比较贫乏，例如，研究课题项目大部分体现在国家社科基金中，而各个省市招标（重大、委托）课题一般倾向于支持刚性学科、应用学科，伦理学项目数量少且经费少。如果

---

① 曾建平：《关于伦理学的学科性质与学科建设的几个问题》，《江西师范大学学报》（哲学社会科学版），2009年第6期。

能够升格为一级学科，就能丰富并提升伦理学学术资源，既可以缓解经费少、发展慢的困境，激活伦理学研究活力，也可以给伦理学予以专业性、科学性的定位，为学术创新提供更加广阔的平台，为话语体系建设提供充足的学科发展支撑。①

建构系统性的中国特色伦理学学科体系具有现实性。一般来说，学科分类依据是学科研究对象、研究特征、研究方法、学科的派生来源、研究目的和目标五方面。而伦理学是符合这五个依据的。此外，伦理学也可以构架出一个科学合理的二级学科体系。成熟的伦理学可以划分为至少五大类别：伦理学基本理论、中国伦理思想史、外国伦理思想史、应用伦理学、道德教育。一门学科的学术体系由学科的基本理论、基本原理、基本范畴、学术命题、逻辑阐释和专门知识构成。这五大类别既可以从理论的（伦理学基本理论、中国伦理思想史、外国伦理思想史）与实践的（应用伦理学、道德教育）层面来划分，也可以从纵向的（中国伦理思想史、外国伦理思想史）与横向的（伦理学基本理论、应用伦理学、道德教育）层面来综合。

可见，伦理学构成了一个立体的网络结构和系统体系，打破学科内部壁垒，加强学科内部交流和跨学科互鉴，体现了伦理学是一个具有资源丰富、基础宽厚、内容综合等特性的学科整体，而不是一个零碎的大拼盘。其中的各个二级学科互相照应、互相支撑。伦理学拥有自己的基础理论，自己的学科史和学科思想史，以及自己的实践应用，呈现出独立性、发展性和生活化三位一体的结构，这使伦理学上升为一级学科成为可能。② 在实践的推动下，在学界的努力下，2022年国务院学位委员会、教育部印发《研究生教育学科专业目录》（2022）与《研究生

---

① 曾建平：《关于伦理学的学科性质与学科建设的几个问题》，《江西师范大学学报》（哲学社会科学版），2009年第6期。
② 曾建平：《关于伦理学的学科性质与学科建设的几个问题》，《江西师范大学学报》（哲学社会科学版），2009年第6期。

教育学科专业目录管理办法》首次将"应用伦理"设置为"哲学"门类下的专业学位。这是伦理学学科发展规律使然，迎合了新时代新实践新问题的需要。"应用伦理"是否为当代伦理学的新范式，抑或是传统伦理学的新模式，需另文专论；但毋庸置疑的是，增设应用伦理的专业硕士学位将会为伦理学的学科体系提升、学术体系发展和话语体系构建提供有力支撑。显而易见，这为伦理学升格为一级学科迈出了重要一步，但并非最后一步。

四 中国特色伦理学学科话语体系的构建路径

新时代哲学社会科学面临发展的大好时机，这当然也意味着伦理学学科发展面临大好春天。时代在呼唤广大哲学社会科学工作者，同样也在呼唤伦理学工作者大胆尝试、开拓创新，要按照"立足中国、借鉴国外，挖掘历史、把握当代，关怀人类、面向未来"的总体思路，立足中国特色哲学社会科学建设总体布局，及时提升伦理学话语权，反映、吸收和推动不断发展的伦理实践，推动伦理学学科话语体系构建与创新性发展，积极构建中国特色伦理学学科体系。

第一，以习近平新时代中国特色社会主义思想为根本遵循，增强新时代中国特色伦理学话语体系引领力。话语体系是由特定的主体对一定对象进行言语表达所形成的言说内容和表达方式的集合体。自主性话语体系既是一个国家意识形态的基本构成，又是维护这种意识形态安全的重要屏障，也是建构一个民族文化自信的重要前提。马克思主义是党和国家的指导思想，在我国哲学社会科学和意识形态领域处于指导地位。因此，坚持马克思主义的理论指导是构建伦理学话语体系的首要原则。开辟马克思主义中国化时代化新境界，是"两个结合"一体推进的过程，是把马克思主义所具有的科学性、人民性、实践性、发展开放性等特质与中华优秀传统文化的连续性、创新性、统一性、包容性和和平性等主要特征相契相容的过程。"习近平新时代中国特色社会主义思想是当代中国马克思主义、二十一世纪马克思主义,是中华文化和中国精神的时代精华,实现了马克思主义中国化新的飞跃。"① 构建新时代中国特色伦理学学科话语体系,以习近平新时代中国特色社会主义思想为根本遵循,将习近平新时代中国特色社会主义思想贯穿于伦理学学科话语体系构建每一个术语、每一个概念、每一个命题、每一个论断,立足中国新的发展阶段,扎根中国文化土壤,注重马克思主义道德话语与范式建构,开拓马克思主义伦理学新境界。

第二,以建构类型齐全、体系完备的学科体系为目标,增强新时代中国特色伦理学话语体系支撑力。学科体系是中国特色哲学社会科学学术体系和话语体系的统领与依托,锚定正确的学科建设方向,是伦理学学科发展的"根"和"魂"。伦理学的学位点建设科学性,依据于问题的需要,应当构建哑铃型形态,即本科阶段开设与其专业相应的伦理学课程——伦理学硕士学位点相对窄小——伦理学博士学位点相对宽大。在本科阶段,每一个学科专业都应当开设相应的伦理学课程。根据新版《研究生教育学科专业目录》《普通高等学校本科专业目录》,目前设定的14大学科门类、117个一级学科、792个专业②都应当也都可能开设与之相应的伦理学课程,通过开设与学科、专业相应的专门伦理学,提高学生的相应道德意识,是学生走向职业之后具备"做人"素养、道德品质的一个重要渠道。除了这种合乎伦理学本性的意图,在本科阶段开设专门的伦理学课程还有一个伦理学学科自身的意图,那就是,为各类人才今后获取更高的伦理学学位奠定一定的知识基础,因为许多学科能够作为学科招收本科生,而伦理学没有这样的条

---

① 《中共中央关于党的百年奋斗重大成就和历史经验的决议》,人民出版社2021年版,第26页。

② http://www.moe.gov.cn/srcsite/A22/moe_833/202209/t20220914_660828.html. http://www.moe.gov.cn/srcsite/A08/moe_1034/s4930/202304/t20230419_1056224.html.

件。而在硕士研究生阶段，由于硕士学位是一个过渡的、中介的学位，特别是由于伦理学的学科性质、行业性质、职业性质，作为学术型的伦理学硕士学位点应当萎缩，招生规模应当大幅度减少，转而扩大作为专业型的应用伦理硕士点和规模。一些主观以为能够开设这个学位点的学校，应当将这些师资力量投入本科阶段的课程建设中去，比如师范院校在每个专业中均可开设"教师（育）伦理"、财经院校开设"经济伦理"、法律院校开设"法（律）伦理"、工科院校开设"工程伦理"、农科院校开设"生物伦理""动物伦理"、医学院校开设"医学伦理""生命伦理"、军事院校开设"战争伦理"等。而另一些院校则应当把开设伦理学硕士学位点作为储备更高级的伦理学人才的基地，为他们进入博士学习阶段创造条件。在博士学位阶段，伦理学学科应当根据一定的条件增设学位点、扩大招生规模。其根据在于：伦理学博士学位点培养的应当是学术研究人才，而不是普通的就业者；提升伦理学研究队伍的力量，应当依赖于这些学位点的开设和建设。概言之，伦理学学科建设应当区分课程建设和学位建设两个方面，课程建设应当大幅度增加，而学位点的建设规模总体上应当缩小。①

第三，以形成中国式的道德哲学为主线，增强新时代中国特色伦理学话语体系生命力。中国传统道德文化基于中国文化土壤、中国历史境遇、中国问题意识对人类普遍问题进行回答。在漫长的道德生活中，中华民族构建了具有民族性的独特道德观念、道德意志、道德规范，以儒家伦理思想为主体的传统伦理思想，形成了有别于其他民族的道德知识谱系、道德思想体系和道德思维模式，体现中国伦理话语独特的意义与价值，是中国伦理学的生命力所在。源流于这种传统道德的灌溉，中国道德文化深深烙印着中华民族的集体道德记忆，深刻

---

① 曾建平：《关于伦理学的学科性质与学科建设的几个问题》，《江西师范大学学报》（哲学社会科学版）2009年第6期。

影响着每个成员的道德心理、道德观念和价值取向，潜移默化于人们的道德语言和道德实践之中。因此，构建中国特色伦理话语体系不可能脱离于中华伦理文化历史，而应全面总结数千年的优秀伦理传统，融汇各民族的道德智慧，唤醒、激发、增强其生命活力，发展新时代中国式道德哲学，使伦理学话语体系具有中国特色、中国风格、中国气派。与此同时，中国伦理学也要观照人类共同命运，关注人类命运共同体的普遍情怀与普遍意识。新时代伦理学发展要积极借鉴现代西方哲学的研究方法，推动中国伦理学研究科学化，为学科话语体系构建奠定坚实基础。

第四，以关注社会变迁，特别是第四代工业革命所引发的伦理问题为呈现，增强新时代中国特色伦理学话语体系的表达力。任何学科体系和知识体系既要建基于既有的思想理论传统，更要关注到时代需要、社会变迁，及时回答时代之问、人民之问、实践之问，以现实问题为引导，引领未来发展。当今时代，以人工智能、虚拟现实、物联网、区块链、生命科学、量子物理、新能源、新材料等为核心和标志的第四次工业革命正以前所未有的加速度引发技术范式变革，数字技术、物理技术、生物技术三者日趋有机融合，既带来了前所未有的机遇和希望，也提出了前所未有的挑战和问题。从道德哲学视野来看，这次科技革命的最大变化是非人的主体性被确立的可能性在增强，而人本身的价值却被提出严重挑战。人类历史从未遭遇这种情况。科学技术的突飞猛进使问题的复杂性、颠覆性、革命性超越了传统伦理学概念范畴和基本原则，一种融合性、跨科性、交叉性的大伦理学体系呼之欲出。这将使伦理学一系列元道德概念，诸如善与恶、伦理与道德、伦理主体与道德责任、伦理关系与道德问题等面临重构、重释。为此，新时代中国特色伦理学话语体系的构建，必须坚持守正创新，融合传统伦理的哲学思辨，融入当代伦理的应用实践，以大伦理思路、伦理大思路来提升中国特色伦理学话语体系的表现力、说服力、生命力。

第五，以强化伦理学话语知识体系的亲和性为突破，增强新时代中国特色伦理学话语体系的感染力。伦理学学科话语体系既然称为话语体系，就具有话语体系的内涵、定位和功能，依靠一系列语言、概念、判断、逻辑等信息符号表达一定观念、情感、理论、思想、文化。可以说，话语体系是学科体系的外在表达形式，在根本上受到学科体系的制约，有什么样的伦理学学科体系，就对应什么样的话语体系。具有强大感染力的话语体系，才显著助推学科体系丰富和发展。伦理学中的善恶、良心、义利荣辱等概念，关涉价值问题、评价问题。价值问题，指向价值和应然性的理想，涉及价值判断，涉及立场问题。"理论只要说服人，就能掌握群众；而理论只要彻底，就能说服人。"[1] 新时代中国特色伦理学学科话语体系，要求坚持以人民为中心的指向，以群众关心的问题为出发点，贴近生活、面向实际、深入社会，宣传好中国共产党的先进道德，宣传好社会各个时期的道德榜样，宣传好人民群众生产和生活中的鲜活道德实践。强化伦理学话语知识体系的亲和性，要在感染力上下功夫，用大众喜闻乐见、通俗易懂的语言来教育感化大众，要以国际可接受的可理解的易传播易感染的方式，诸如影视传播、书籍出版、文艺演出、体育竞技等形式体现"文以载道"，讲好中国故事，阐释中国道路，坚定文化自信，培植价值自信。

第六，以推动中国伦理话语走向世界并主导全球伦理话语为使命，增强新时代中国特色伦理学话语体系的影响力。伦理学要具有话语权，必须顺应历史大潮，突出民族文化主体性，用更加自信的中国伦理元素形成强大的国际影响力。面向未来，建立在对当今世界的深刻理解之上，立足时代之变，把握世界大局，传播具有时代感召力的

---

[1] 《马克思恩格斯选集》第1卷，人民出版社2012年版，第865页。

中国伦理话语，赢得世界的认同。要将中国传统伦理观、社会主义核心价值观等以合适的形式、载体包装，以新概念、新范畴、新表述向世界展示新时代中国的面貌，展示中国共产党的历史使命和时代贡献，实现有理说得清；要将中国传统优秀伦理思想打造成易为国际社会接受的新概念和范畴，实现有理说得透；要主办承办更多的有影响力的相关国际道德哲学会议，要参与国际哲学、国际伦理学会。把握国际话语规则，掌握国际话语制定权，改变我们在国际道德对话中的弱势地位，在多元思想交融、交锋中增强中国话语有效性，以此消除误解和偏见，引导持有不同道德语言的人们深入了解、准确理解中国共产党的道德追求，弘扬和平、发展、公平、正义、民主、自由的全人类共同价值，在涉及国际重大利益关切的问题上凝聚全球道德共识。通过塑造具有中国特色的伦理思想和话语体系，为人类命运共同体建构起强大的精神价值基础，使中国伦理学走向世界、影响世界、改变世界。

五　中国特色伦理学话语体系建设和学术创新发展

话语体系的建设是学术创新的有效呈现，学术创新的成果必然要求借助于话语体系进行传播，进而满足社会的需要。将理论与现实需求相结合，不断开拓新思想、新理论、新观点，提出新概念、新范畴和新表述，注重理论知识体系和研究方法体系的丰富创新，实现伦理学学术创新与话语体系构建相得益彰，是必然的要求。

提升学术原创性，以丰富、高质量的学术创新成果为话语体系的全面构建提供理论基石。源源不断的原创性思想、竞新争优的创新性氛围是伦理学话语体系的核心竞争力。学术体系是话语体系的坚强支撑，决定了话语体系的品质高低。只有不断加强学术创新，才能避免伦理学话语同其他哲学社会科学学科话语体系同质化，或因依附性而缺乏核心竞争力。伦理学范式是其赖以运作的理论基础和实践规范，是从事伦理工作者共同遵从的世界观和行为方式。这要求学术界增强主体性彰显伦理学话语体系的特色，不断完善研究方法体系，在致力于学术思想的创新性、原创性上下功夫，推动知识创新、理论创新、方法创新，推出具有奠基性、引领性、创新性的学术成果。结合时代发展关键问题，从伦理角度审视互联网、大数据、人工智能、基因工程等对社会关系、生产生活方式的重构作用，对人们思维方式、价值观念和道德行为的深远影响，开创具有前瞻性、战略性、科学性的伦理学研究领域，将伦理学学术创新置于新时代中国特色社会主义的生动实践，打破西方话语体系的束缚，坚定文化自信、价值自信和学科自信，发展具有深厚历史内涵和文化特色的中国伦理学话语体系。

增强理论融合性，以高度的话语自信为伦理学学术创新提供重要保障。中国特色伦理学话语体系，需要尊重并借鉴古今中外人类优秀伦理文化，吸纳、撷取百家之众长，融汇古今中西思想资源，使之古为今用、洋为中用，为创新伦理学话语体系提供坚实基础。既要从马克思主义的理论宝库汲取创新资源，从深邃浩瀚的中华传统智慧中启迪智慧，以守正激励创新，以创新巩固守正，又要辩证地看待国外伦理学的已有成果，从国外伦理学文化中汲取有益借鉴，提升中国特色伦理学话语体系在国际范围的影响力。既要鉴通古今，又要面向未来，既要薪火相传，继往开来，又要激浊扬清、廓清是非增强思想的时代性、创新性。要把握伦理学学科的发展规律，面向火热的社会实践，聚焦汹涌澎湃的科技前沿，推动不同学科的学术资源叠加重合、交叉融合，让伦理学的基本原理与具体实践相结合，产生更多具有原创性、前沿性、指导性的分支学科，以伦理学的特有思维和思想观点回答中国之问、世界之问、人民之问、时代之问。

立足时代实践性，以丰富的话语生成和转化为构建中国特色伦理学学科话语体系提供源头活水。立足于中国实际和时代特征，是打造中国特色伦理学学科话语体系的客观依据。中国式现代化的伟大实践，是构建和创新伦理学话语体系的源泉。广泛而深刻的社会变革，宏大而独特的实践创新，成为伦理学相关学术创新研究的大背景。这要求伦理学确立问题导向，面对新问题，研究真问题，回应大问题，把学术研究同国家命运和民族发展紧紧联系在一起，不断丰富具有标识性概念、原创性观点、民族性气质的语料库，构建具有中国特色的伦理学话语体系，"以彰显中国之路、中国之治、中国之理为思想追求"①。要始终坚持马克思主义实践观，扎根于新时代中国特色社会主义建设的现实土壤，从人民群众的鲜活实践中汲取源头活水，深入了解人民群众的所思所想，关注人民群众的道德困惑，从实践中提炼出既有中国伦理韵味，又能表达世界伦理意蕴的新名词、新术语、新概念、新观点，使伦理学话语体系不仅为中国人民所喜闻乐见，也同样为国际社会所理解认同，破解古今中西之争。要遵循从实践中来到实践中去、从群众中来到群众中去的认识规律和检验标准，以中国伦理理论总结和阐释中国人民的道德实践，以中国人民的道德实践检验和提升中国伦理学说。

彰显精神时代性，以开放的话语体系为伦理学学术创新发展提供不竭动力。"任何真正的哲学都是自己时代精神的精华"②，伦理学亦是如此。伦理学是实践精神，是人民群众道德生活的理论概括，是时代精神的道德哲学。因而，伦理学话语体系的构建与创新，需要伦理学界关注实践，参与实践，以服务人民为价值取向，以中国为观照、以时代为观照，让研究思维切准时代脉搏，使学术思想把握时代精神，从而使伦理学知识成为时代精神的表达，使话语体系成为这种表

---

① 《习近平在中国人民大学考察时强调　坚持党的领导传承红色基因扎根中国大地　走出一条建设中国特色世界一流大学新路　王沪宁陪同考察》，《人民日报》2022年4月26日。

② 《马克思恩格斯全集》（第1卷），人民出版社1995年版，第220页。

达内容和形式的系统化、逻辑化。随着我国踏上第二个百年奋斗目标新征程，历史再次翻开新的篇章。中国特色伦理学学科话语体系是一个开放的不断丰富发展的体系，立足中国，面向世界解答实践之问。如以伟大建党精神为源头的共产党人的精神谱系是中国时代精神的集中写照，体现了丰富的伦理意蕴，需要伦理学人全方位深度解读。以中国式现代化全面推进强国建设、民族复兴伟业的实践将提出许多有挑战性、前瞻性、复杂性的重大问题。这需要哲学社会科学工作者，包括伦理学人，把握时代节点，触及实践灵魂，反映人民愿望，提炼出富有时代精神、应对时代挑战、回答时代问题的新命题、新见解、新学说，从伦理视角回答"中国共产党为什么能、中国特色社会主义为什么好，归根到底是马克思主义行，是中国化时代化的马克思主义行"等宏大课题，解答和研判中国人民对美好道德生活的向往、科技发展日新月异等一系列现实难题和未来走向，从而实现构建中国特色伦理学话语体系的目标，推动伦理学学术创新发展。

论美与意象的关系*

朱志荣（华东师范大学中文系）

"意象"作为中国古代美学思想中的重要概念，正越来越被美学界重视。而意象在中国古代美学思想中的地位问题，特别是现代美学中的"美"与中国古代的"意象"概念的关系问题，涉及对美的看法和对意象的看法，学者们的意见有一定的分歧。我从1997年开始提出："审美意象就是我们通常所说的美。"① 到最近几年，我一直在论文中持"美是意象"的观点来论述审美意象问题，也引发了同行们的讨论和商榷。其中包括韩伟的《美是意象吗？——与朱志荣教授商榷》、简圣宇的《当代语境中的"意象创构论"——与朱志荣教授商榷》、郭勇健的《驳美是意象说——与朱志荣先生商榷》、冀志强的《"美是意象"说的理论问题——与叶朗先生、朱志荣教授等学者商榷》、梁晓萍的《"美是意象"探蠡》等。② 这些讨论和商榷意见推动了我的进

---

* 本文发表于《社会科学》2022年第2期，系国家社会科学基金一般项目"审美意象创构论"（21BZW005）阶段性成果。

① 朱志荣：《审美理论》，敦煌文艺出版社1997年版，第126页。

② 韩伟：《美是意象吗——与朱志荣教授商榷》，《学术月刊》2015年第6期；简圣宇：《当代语境中的"意象创构论"——与朱志荣教授商榷》，《东岳论丛》2019年第1期；郭勇健：《驳"美是意象"说——与朱志荣先生商榷》，《社会科学战线》2019年第4期；冀志强：《"美是意象"说的理论问题——与叶朗先生、朱志荣教授等学者商榷》，《山东社会科学》2020年第2期；梁晓萍：《"美是意象"探蠡》，《上海师范大学学报》（哲学社会科学版）2021年第5期。

一步思考，我也曾经撰文做过回应。本文将进一步系统讨论美与意象的关系，继续求教于同行师友们。

一　美的含义界说

我们阐释美与意象的关系，首先涉及的是"美"和"意象"的含义问题。我们先讨论"美"的含义。无论是"美"还是"意象"，都涉及古代的含义和现代的含义，中国的含义和西方的含义，日常用语和学术用语等问题。但是，它们既有区别，也有相通的地方，否则就无法继承和发展，无法交流和对话。

从不同的角度看，美学中"美"的含义是丰富复杂的。当我们判断物象是美的时候，是在判断它具有潜在的审美价值；当我们以意象表述美的感性形态的时候，实际上是以美表述意象的质的规定性；当我们从学理上讨论美的时候，我们是把美作为一种观念来讨论的。美的内涵的这种差异，引发了一定的争议。

现代美学中的"美"的概念，用的是西方美学中的"美"的含义，与中国古代的"美"的含义有一些区别。中国古代的美起源于装饰所带来的视觉效果，体现了审美活动的成果，是人借鉴牛羊角所扎的辫子或羽饰[①]，在拟象中表达情趣，目的是愉悦身心。而后来"美"字的使用，含义是非常广泛的，包括生理快感的"美味"和道德层面的"美德"等，虽然与审美意义上的"美"有着直接、间接的关系，但是中国古代"美"的含义与现代美学中"美"的含义并不相同。尽管如此，古今中外"美"的含义依然有着相通之处。我们在现代美学中讨论"美"的概念，主要以西方美学中常用的"美"的概念为基础，侧重于理念、形而上的意义，指的是审美活动成果中

---

① 朱志荣：《商代审美意识研究》，人民出版社2002年版，第52—55页。

美之为美的特质，其中包含着物象、事象及其背景让主体所获得的身心愉悦，包含着主体的创造，体现着具有普遍意义的审美价值。

同时，我们需要把日常用语中的"美"与美学研究中的"美"区分开来。"美"作为日常口语中的形容词，以及古汉语中的"美"字的含义，与现代美学学科中作为本体的"美"是有区别的。现代美学中的"美""审美"和"美学"等词译自西方。德国来华传教士罗存德1866年出版的《英华词典》把Aesthetics翻译成"佳美之理，审美之理"，1873年德国另一位传教士花之安在中文版的《大德国学校论略》里用到了"美学"一词。日本学者西周、中江兆民、小幡甚三郎等人曾经先后用"佳趣论""美妙学""审美学""美学"等词翻译Aesthetics。① 从中可见，美学中的美，与日常生活中的美有一定的关联，其中美、佳、妙等词都曾经被用来斟酌翻译美。在美学探讨中，学界有人把指称具有潜在审美价值的对象的"美"字，与作为美学本体意义的"美"混为一谈。与日常生活中所用的"美"和"美的"不同，美学中的"美"作为名词，是抽象的概念，是指美之为美的特质。美不是现成物的称谓，物的概念不是美。我们日常说花是美的，但花与美是截然不同的概念。花是认知判断的结果，美是审美判断的结果。这种判断与感悟和创造在审美活动中是统一的，甚至错觉也包含在美之中。美所指称的对象是在审美活动中物我交融的创造物。而日常生活中的"美的"作为形容词，则是对具体的物象、事象（世相）及其背景的描述。

所谓"美"，从学理上可以分为具体的"形而下"的含义和抽象的"形而上"的含义。从形而下的层面讲，"美"在日常意义上，主要指主体生理的快感，包括味、色、声等方面，虽然常常是身心愉

---

① 王宏超：《中国现代辞书中的"美学"——"美学"术语的译介与传播》，《学术月刊》2010年第7期。

悦、精神享受的基础，但还不能算是严格的审美意义上的美。而形而上的"美"，是本体意义上的美。我从中国古代美学思想出发来界定美的本体，认为美不是一个普通的形容词所描述的日常生活中美的物象或事象，而是指主体在审美活动中通过物我交融，即外在物象或事象及其背景与主体情意融合为一，并且借助于想象力所创构出来的。美的观念与美的形态是统一的。

美是在主客体关系中生成的。在美学界，有学者用"美"来指称具有潜在审美价值的物象或事象及其背景，偏于指对象。但是美并不等于具有潜在审美价值的物象或事象及其背景，也不等于未经主体欣赏活动的艺术品。美之为美的特质存在于人与对象的关系之中。美不是纯然自在的物象或事象及其背景的属性，也不是艺象等审美对象，更不是物质实体。审美对象具有审美价值的潜能，但只是审美活动的基础和前提。物色必须对主体具有吸引力，才能在脑海里孕育美。离开全人类感悟之外的审美对象，其价值没有得到实现。柳宗元说："美不自美，因人而彰。"① 强调对象的独立存在还不是美，美只有通过主体才能呈现。王阳明说："你未看此花时，此花与汝同归于寂；你来看此花时，则此花颜色一时明白起来。"② 正是说主体从花获得了感动，感动中包含着审美理想作为中介，其审美价值在人的心中得到了实现。

审美对象的形式与形式感只具有美的潜在价值。审美对象的形式，以其合规律性的特征被主体所认同，超越于实用功利的审美关系。其中的形式规律和秩序感，是审美对象的基础，主要是奠定在生理感受的基础上的。动物也可以有形式规律和秩序感，如蜘蛛结网等。一些物种自身是完善的，但是人的判断就包含着主体同情的心态

---

① （唐）柳宗元著，曹明纲标点：《柳宗元全集》，上海古籍出版社1997年版，第226页。

② 王阳明：《传习录》（下），载（明）王守仁撰，吴光、钱明、董平、姚延福编校《王阳明全集》，世纪出版集团、上海古籍出版社1992年版，第107—108页。

和情趣，如对癞蛤蟆的美丑判断。癞蛤蟆的形状是造化的产物，是物种正常的生物样态，但是人从自己的眼光判断，把它看成丑的。物象或事象及其背景，虽然有潜在的审美价值，但正因为有主体的感悟才变得生趣盎然。可见，美基于物象或事象及其背景，又超越于物象或事象及其背景。

美的观念之中包含着审美理想，以及主体在审美活动中对审美理想的运用，即审美尺度。这种审美尺度中包含着情理统一，意识与潜意识的统一。审美价值判断之中既包含着主体基于生理基础判断的合规律性，更包含着主体的人文价值的尺度，两者统一于不同于认知尺度和道德尺度的审美尺度。由于主体是历史生成的，个体是通过文化形态的中介由社会所成就的，因此，审美主体就不是自然生命的个体，而是由文化造就起来的，其中包含着人类文明的积淀。

客观的物象或事象及其背景，即对象具有潜在的审美价值，符合于主体的审美理想。美是主体通过自身在长期的审美实践中所形成的审美理想为尺度，对物象或事象及其背景进行感悟，以自身独特的情思回应客观的物象或事象，"情往似赠，兴来如答"①，并伴随着想象力使物我融合为一，在审美活动中创构而成的。这种趣味不仅仅是对象的形式规律及其对主体的感染力，更在于主体的体验和创造。客观的物象与眼中之象之间是有区别的，眼中之象是经过选择的。

在审美活动中，美和美感是统一的。主体通过审美活动进行审美判断，获得所谓美感。这种美感以感官愉悦为基础，同时升华到精神领域。美感中体现了感官快适和精神愉悦的统一。美感是主体对美的判断，是主体的一种身心的愉悦与满足，同时也是主体创造力的一种确证。美中体现着主体的精神价值，而不只是快感。主体在审美体验

---

① 刘勰：《文心雕龙·物色》，参见周振甫《文心雕龙今译 附词语简释》，中华书局1986年版，第418页。

中获得快感的同时，就包含着审美判断。

在判断美之为美的瞬间，主体也获得了审美的愉悦，即通常所说的美感。我们消解了传统意义上的"美感"这个词，因为"美感"这个词是传统反映论的产物，即美是预成的，先有一个固定不变的美，主体心灵对美的反映就是美感。这是主客二元对立思维的产物，尤其不适合表述通过审美活动所生成的美。在审美活动中，物我之间是一种亲和关系。

美是审美判断的结论，主体通过审美体验和创造对物象、事象及其背景进行判断，同时也是对主体情意和创造力的一种体现。美是在审美活动的过程中生成的，必然依赖于主体而存在，既具有普遍性，又是主体通过个体感悟、创造而判断的成果。美是主体通过情感进行感知体验和创造的产物，即主体通过情感的动力进行感悟、借助想象力进行创造，同时作出审美判断。美的本体的特殊性在于它始终不脱离感性形态。美的概念的各种资源无论出自古今，还是出自中外，都可以继承发展，都可以被我们用来进行美学理论建构，这正是它们在当下的价值所在。

作为美学范畴，形而上的美与形而下的美，美之为美的特质与感性形态是统一的，现象与本质是统一的。美是在审美活动中由审美判断得出的结论。审美判断既判断了客观的物象、事象及其背景给我们带来的愉悦感，也判断了我们自身由物象、事象及其背景所引发的情思，还判断了想象力的创造精神。在审美活动中，主体对物象、事象及其背景的感悟（情感体验、情理交融等）、创造和判断在瞬间是浑然一体的。

二 意象含义界说

在中国古代，"意象"一词被专门用作文学艺术评论之后，它的含义大体是固定的。有学者提出要把意象和审美意象区别开来，因为审美意象之外还存在着非审美的意象，那是指从望文生义的角度讲是有意有象的感性形态。从逻辑层面上说，非审美的意象的意，不是审美意象的情意，而是一种意义，比如解剖图，比如通过语言或图像进行道德说教等。如果一定要说有非审美的意象，一是指在审美的历史生成过程中，从原始思维到审美思维的历史进程中，审美意象还没有成熟的形态。二是指认知、道德、宗教领域里的意象，虽然是非审美的意象，常常也借鉴了一定的审美意象的元素。而审美意象的核心是情景交融，通过主体的情意妙悟物象或事象及其背景，并且调动自己的想象力去能动地创构意象。当然，这里的情意之中也包括情理合一等。我们这里所讨论的意象是指狭义的意象，即"审美意象"，其他领域中的意象都是对审美元素的借鉴和利用。

纯然外在的物象，而是由眼中之竹进入胸中之竹所呈现出来的意象，从而满足了人们的精神需要。在意象中，不仅包含着客观的自然物态，而且包含着主观的人格和人文价值，它们在审美的思维方式中是相通的。生活中的具体物象或事象及其背景只是具有潜在价值的审美对象，只有通过主体能动的审美活动，才能动态地生成意象。主体在审美活动中，以物象或事象及其背景为基础，在动情的愉悦中能动创造的产物，这个产物就是意象。主体在感悟和创造中进行判断，并在感悟对象和满足创造欲的同时，生成了被判断为美的意象形态。审美对象只有经过了主体瞬间的感悟、判断和创造三位一体的活动，物我交融为一，创构而成意象。

意象中的意，体现了主体在审美活动中的能动性与主导性。意象是主体能动造就的。审美活动既是一种感悟和创造，也是一种审美判断。主体的社会性影响着意象的创构，在作为美的形态的意象中打上了民族和时代的烙印。因此，作为主体通过审美活动在心中所创构的意象，常常具有民族性和时代性。如中国古代的以玉比德，松、竹、梅、兰的审美意味等，都打上了民族的烙印。同时，意象是主体在生命的自由创造中生成的，审美判断包含着对创造的判断。审美活动的感悟与创造，既包含着主体对物象的判断，也是对自身情意和创造的体认。由于审美活动主体的个体气质修养等方面的差异，和特定时刻心境的差异，以及想象能力等创造力的差异，使得主体所创构的意象呈现出大同小异的特点。

意象不是意与象的简单叠加，而是物我交融经由想象力创构而成的，是主体能动创造的成果。象包括客观存在的物象、事象及其背景和艺术家所创造的艺术品，意则包括主体以情理交融为核心并且伴随着想象创造的主体心理活动的内容。意象的生成，不只是由物象或事象及其背景所决定，而是在悦目、赏心的审美感悟的基础上，通过审美价值的判断和想象力的创造共同决定的。面对感性生动的物象或事象及其背景，主体则通过审美理想和审美尺度进行回应，由此引发审美判断和创造。从另一个角度讲，审美活动中不只是判断，主体在审美判断过程中创造性地完善了意象。尽管物象或事象及其背景相对明确固定，主体的身心机制具有一定的共同性，但是主体个体的性情气质的差异，主体作为个体能力（包括创造力）的差异，使得瞬间的审美判断呈现出一定的差异，这就使得意象呈现出普遍性和独特性的统一，认同性与创造性的统一。

在意象创构的过程中，意与象不仅仅是物我交融，不仅仅是物象对主体的感动，同时还通过物象或事象映衬出自己的心境，呈现出自己的创造力。主体创构意象，乃以心为镜，映照外物，又反观自身，在跃身大化中，在物我合一中成就自我。审美活动通过心镜对物象的映照，主体的情意融会于其中。因此，意象既不是纯粹的客观对象，又不是单纯的主观感受，而是主体在客观物象或事象及其背景的基础上，体验、判断、创造的产物。物象或事象及其背景犹如豆浆，情意犹如石膏或盐卤，情意对物象或事象的点化生成意象，犹如石膏或盐卤将豆浆点化生成豆腐。

意象是主体在审美活动中动态生成的，客观的物象或事象及其背景，与主体瞬间的感悟、判断和创造是统一的。这种物我统一的意象，既有其不变的、普遍有效的特征，同时由于意象是主体在每一次审美活动中动态生成的，包含着具体审美个体的独特性，也包含着主体在特定环境、特定时空、特定情境中的独特体验。每一次审美体验都是不可重复的，因此每一次审美活动所创构的意象都具有独特性。具体的形而下的美是由每一次审美活动生成的、体现共性与个性统一的意象。其具体形态是丰富、复杂、多变的。因此，美体现了确定性与不确定性的统一。

与认知所不同的是，认知是透过现象看本质，而审美则始终不脱离感性形态本身。意象中包含着意与象的融合。物象或事象及其背景中包含着美的潜质，这是具有一定的精神价值的潜质。物象或事象及其背景被人所见，其价值或意义便通过主体的审美活动所创构的意象得以呈现。物象或事象及其背景的感性价值，必须通过主体的感悟和想象创构成意象，遂成就其美。《周易》云："形而上者谓之道，形而下者谓之器。"[1] 形而上与形而下，器与道，本质与现象，本体与形态都是统一的。在工艺创造中，意象依托于器而得以呈现，在器中体现意象。

物象或事象及其背景经过主体的感悟判断和创造所创构的意象，最终是体道的。道是美之为美的最后依据，处于物我关系之中。《老子》称其："迎之不见其首，随之不见其后。"[2] 这个道，与感性形态，即"象"，是统一的。其本体结构则具体表现为一气相贯的象、神、道的统一。如中国古代的书法，通过抽象的线条语言传达意味，

---

[1] 周振甫译注：《周易译注》，中华书局2013年版，第265页。
[2] 《老子》，（汉）河上公注，（三国）王弼注，（汉）严遵指归，刘思禾校点，上海古籍出版社2013年版，第30页。

生成意象，在主体的审美体悟中同样以象体道。美是主体对物象或事象及其背景体验后在心中所创构的意象，意象在感性显现中体道。

三 美是意象

美体现了物我的契合，而物我的契合，就生成呈现为意象的形态。意象作为美的具体形态，其形而上的意义是静态的、单一的，而其形而下的意义则是动态的、多变的。形而下的美是由物我交融所生成的感性形态，这种感性形态中国古代称之为"意象"。形而上的美则呈现为具体的感性意象。具体的美通过感性形态得以表现，意象之中体现着动态生成的过程。审美意义上的美，必须是经过感悟、判断和想象力创造过的物象或事象及其背景，包括主体动情的愉悦，动态生成了物我交融的"意象"。美不是预成的，不是现成品，而是主体在感悟物象或事象及其背景和艺术品的过程中，在特定情境中动态生成的意象。

美不是审美对象，也不是主体的审美感受，而是主体审美活动的成果，这个成果就是主体在审美感悟和判断中所创构的意象。美既基于客观物象或事象及其背景，又需要透过主观的感受或评价，乃至主体通过想象才能获得确证。这种客观物象或事象及其背景同主观感受、判断和创造统一的形态，是主客交融的特殊形态，它就是意象。意象创构的过程，是物我交流的过程，通过主体的能动感悟、判断和创造，生成了感性物态与心灵交融的成果，物我是浑融为一的。这就是意象，就是美。

我认为美是意象，是主体在审美活动中动态创构而成的。意象是主客观统一、物我交融的产物，也就是意与象统一的产物。审美对象不是美，不是意象。审美判断的过程同时是意象生成的过程。主体的审美心理在审美活动中与客观物象统一成为意象，体现着美，是审活动的成果。在审美活动中，外在的物象或事象及其背景，乃至艺象，以其感性形态，吸引着主体的耳目等感官，让主体产生动情的愉悦，并激发想象力创造出象外之象，使情景交融，从而在心中创构出意象。可见，在中国古代的审美思想中，主客是统一的，意象的感性形态是物与我、情与景交融而成就的心象。因此，美不是物质实体，也不是精神实体，而是主体由感悟物象或事象及其背景所生成的物我交融的意象。意象作为感性形态，既不只是外物，也不只是精神，而是外物与精神的统一。

因此，美的本体寓于具体的意象之中。意象一本万殊，美乃应物现形。具体意象的"万殊"之中体现着美的"一本"。一本，即美之为美的特质，万殊，即在每一次审美活动中所形成的丰富多彩的意象形态。其本质始终不脱离感性形象，是现象与本质的统一，所谓美的现象与"大美"是统一的。主体由感知的身心基础的统一性而带来的审美愉悦，使得意象具有普遍性，而个性差异，特定心境的独特性，则是特殊性的具体表现。意象中体现了主体理想的个性特征。刘勰所谓"见异，唯知音耳"[1]，这种知音求异的观点，正是对审美活动特殊性的肯定。物象常常符合对称、均衡等客观的形式规律，事象常常符合常规的人伦规范，以此作为身心愉悦的基础，虽然无利害感，但其本身却是无害于主体的身心的，并激发丰富的联想，从而满足主体的创造欲，从中体现了普遍性与个性的统一。美是意象的共相，是抽象的，意象是美的具体呈现。

美的形态不是一个抽象的概念，而是感性具体的意象，这个意象是主体在审美活动中动态生成的，体现了主体的创造精神，具有本体的意义。我们把"美"分为具体的美和抽象的美。美以意象的形态呈

---

[1] （南朝梁）刘勰：《文心雕龙·知音》，见周振甫《文心雕龙今译 附词语简释》，第439页。

现，有其不变的一面，必须符合美之为美的质的规定性。感性物象或事象及其背景，乃至艺象及其价值是大体固定的，主体的生理机制有着共同的特征，其心理功能也是人同此心，心同此理。而美的本体作为特殊的本体，始终不能脱离感性形态而存在。

美是审美活动的成果，是物我交融的产物，美即意象。意象是在物我关系中动态生成的，离象则无美。美是主体通过审美活动在心中所创构的意象。因此，美的本体与意象的本体是统一的，美与意象的概念是对等的，只是称谓的角度不同而已。审美活动创构了意象，亦即生成了美。当我们称它是意象的时候，是偏于指称它的感性形态，这种感性形态中体现着审美价值；当我们称它为"美"的时候，我们侧重于说它的审美价值，这是审美判断所得出的结论，而审美价值寓于意象之中。而意象作为美，其存在不但取决于主体的价值判断，更在于主体从中映照自我和创造欲的满足。

审美活动只有通过意象才能呈现美。按佛教的"体性"来说，意象的称谓是指其体，美的称谓是指其性，体不离性，性不离体，体、性是统一的，性寓于体之中。意象称谓与美的称谓的关系，犹如醋与酸的关系，醋是体的称谓，酸是性的称谓。美既不只是在物象或事象及其背景，也不只是主体动情的体验，而在主体对物象或事象的体验中，通过想象力所创造的意象。客观的物象或事象及其背景之中包含着美的元素，但本身不是美。美既不独立存在于对象，也不独立存在于主体的情意之中，而是物我交融的创造物的意象。

美始终不脱离感性形态，故以意象的形态呈现。意象作为美的本体形态，是主体感悟体验物象或事象及其背景，通过想象力与精神融为一体的创造物。美所指称的是意象的精神特质。当我们说意象是美的时候，是指在意象创构活动中对意象审美价值判断的结果。妙趣、和谐、充实等，是意象的具体特征，当然也是美的具体特征。当我们形容姑娘像花一样的时候，是在形容姑娘的美，是姑娘跃入眼帘所生成的意象，并且从中伴随着花的想象。

美的特质存在于物我统一的意象之中。美作为物我交融的产物，具体表现为意象。美在现象上表现为主体由审美活动中物我交融所生成的感性形态，这种感性形态在中国古代就被称作"意象"。抽象的美与具体的意象之间是统一的。西方美学中所说的形而上的"美"，通过形而下的意象得以呈现。审美活动在意象的生成中成就美。审美活动从审美体验和创造中进行判断，意象创构的过程，就是审美判断的过程。美在意象的生成过程中得以判断。我们以形而下的意象阐释形而上的美，凸显了其中的共相和共同规律。我们把意象界定为美，超越了客体论，超越了主客二元对立的思维方式。如夕阳映照万物，打动人的心灵，于是生成意象，这个意象就是美。意象作为美，不但使物象或事象及其背景在心中生动感人，而且使心灵也变得敞亮起来。

作为一种特殊的美的形态，艺术意象是意象的物化形态，经由构思和语言传达统一。艺术意象作为意象是其所是的存在，通过拟象表达主体的情意，陆机《文赋》有"期穷形而尽相"[1]说。从研究的角度，我们可以把艺术美分为具体的美和抽象的美，意象既包括具体的美，也包括抽象的美。所谓抽象的美，如史前陶器的鱼纹、火纹等各种几何纹，实际上也是基于感性形态的抽象，虽然其中不直接描摹现实的物象或事象，但依然表征着感性形象，通过调动主体的想象力激活主体的感性体验，因而依然可以创构意象。

我们所讨论的"意象"概念，源自中国古代美学思想，侧重于美的感性形态的含义。我们用中国古代的意象思想来界说美的本体，在研究中可以也必须把美和意象这两个词放到当下美学研究的语境中来，关键是要对它们进行严密的界定。中国古代的意象思想从先秦时

---

[1] 陆机著，张少康集释：《文赋集释》，人民文学出版社2002年版，第99页。

代开始萌芽，绵延发展了两千多年，被用来指称中国古代文学艺术中的美，同时适用于一切审美活动中所生成的美。意象作为审美活动的成果，是在审美活动中动态生成的，是主体在物我交融中能动创构的，包含着感悟、判断和创造的统一。审美判断寓于意象的生成过程中，寓于感悟和创造之中。意象的生成过程同时就是审美判断的过程，主体通过想象力使心物交融。这种想象力的作用，使得物象或事象及其背景中包含着主体精神所赋予的象征意味。

总而言之，我们将中国古代的意象概念引入现代美学理论之中，具体阐释现代美学中的美与中国古代的意象的关系问题。美就是意象，意象就是美，美与意象是一体的。当我们称其为美的时候，就是指称它的特质，当我们称其为意象的时候，我们指称的是它由物我交融所生成的形态。审美活动的过程，就是意象创构的过程。美体现在审美感受中动态生成的意象之中，意象超越了美和美感的简单二分。在审美活动中创构了意象，意象中体现了美与美感的统一性，但是美不能简单等同于快感。美在主体从审美活动中获得美感的同时被判断，其中包括物象、事象及其背景的形式感，也包括与物象、事象及其背景浑然为一的主体情意状态和主体创造的成分。通过主体的审美活动，意与象、物与我统一在一个本体之中。审美活动在欣赏审美对象的同时，审美活动通过创构意象对主体的审美心理进行自我确证。"美是意象"体现着一本万殊的本质。

审美灵境论

——关于"审美对象"的一种回答*

刘旭光（上海大学文学院）

读杜甫的诗，总觉得有一股"沉郁"油然而生——沉郁是一种什么样的感受？观看一张拉斐尔的画作，总能感受到一种"典雅"之致流溢而出——什么是"典雅"？仰望一座高山，心中有雄浑之感——什么是"雄浑"？

这些词指称着某种"一般性"，但我们不能确切地解释其内涵，可是我们在看到那些艺术作品或大自然的作品时，却能明晰地感受到这些词所指称的那种心—物之状态，并且会有共鸣。这说明：在审美活动中，对象会把我们的心灵引入某种状态，这个状态可以感觉到，像某种情感，但比情感抽象；也像某种概念，但比概念朦胧，我们可以用一些术语，比如典雅、雄浑等词指称它，但却无法明晰说出它究竟是指什么。无论"雄浑朴实"还是"典雅沉郁"，这些名词似乎没有确定的内涵，也没有明晰的边界，但我们大概能领会它们的"所指"，如果我们有相当的文化积累与欣赏经验的话！

这些词所指称的那种一般性，究竟是一种主观的内心状态？还是对

---

* 本文发表于《学术月刊》2022年第7期，系国家社会科学基金重点项目"'审美'的观念演进与当下形态研究"（18AZW003）、国家社会科学基金艺术学重大项目"中国近代以来艺术中的审美理论话语研究"（20ZD28）阶段性成果。

象之存在的一种存在状态？对这些问题的回答关系到这样一个美学问题：当我们在审美的时候，我们究竟在欣赏什么？这些词所指称的那种一般性，究竟是审美的对象，还是审美的结果？比如说：欣赏一盆兰花，觉其有幽芳之致，那么我们是在欣赏兰花本身，还是在欣赏它的幽芳之致？判断出这是一盆兰花，这是认识，这不是审美，感受到兰花的幽芳之致，这是审美，但这不是认识，这个现象是不是能够说明，兰花的"幽芳之致"才是真正的审美对象，而不是兰花本身？审美对象究竟是一个对象的感性实存，还是这个实存的某种难以言传却可以感受到的东西？美学史上有一个术语是能够回答这个问题的——"审美理念"（Aesthetic idea），并且有一个潜在的理论传统，这个传统相信，有一种介于"心"与"物"之间的地带，既是心灵性的，又像是对象的属性，这个领域昭示着审美这种行为的独特之处，也昭示着审美对象的独特之处，只有入乎其内，才能领略"审美"这种人类活动最根本的特性和审美对象的特性，这领域需要被命名，且称之为——审美灵境。

一 审美理念："审美灵境"的开启

这个审美灵境之被发现，是因为一个美学概念——审美理念（Aesthetic idea）。这个词指称这样一个普遍的审美经验：我们看八大山人的画作，会感受到一种桀骜孤冷之气；看郑板桥的竹，会有一种挺峻劲健之气……这种"气"难以言传，却可以感受到；在审美中，被我们看到和听到的，不是一些感性具体因素，比如色彩、结构、节奏、线条等，而是这些感性因素所传达出的"气"与"韵"，"神"与"采"，是一些超感性的东西，这些东西可以被直观，但又不是单纯感性的，是"感性的一般性"。这在中国古典美学与艺术理论中有生动的体现，中国古典美学的大多数范畴，比如风骨、刚健、神韵……都是这种"感性的一般性"的表达。这并不是某一个民族的审美特性，而是审美这种人类行为的普遍特征，在西方，这种"感性的一般性"在18世纪得到了理论化的表达，这就是康德的"审美理念"概念的提出。

康德发现，审美的对象，往往是对象中他称之为"精神"的东西，"精神，在审美的意义上，就是指内心的鼓舞生动的原则"。精神可以对心灵起到鼓动作用，这在中国的美学术语中，可以称之为"感"，美的事物或艺术作品中有一种精神性的、心灵性的东西鼓动我们的心灵，康德意识到，审美实际上是在感知和领会这种"精神"。在这里他遵循了欧洲18世纪的批评传统："一首诗可能是相当可人和漂亮的，但它是没有精神的。一个故事是详细的和有条理的，但没有精神。一篇祝辞是周密的同时又是精巧的，但是没有精神。"① 这种说法在中外的艺术批评与审美实践中，比比皆是，这说明，审美的直观对象，确实有一部分是超感性的，但又是可以感性呈现的，就像是中国古典美学中用"神采""气韵"或"风骨"所指称的那种"精神"。

同时，在审美中还有一种情感现象，有一些情感，比如伤感、乡愁、忧郁、爱怜等，这些情感总是个体的感受，但这种个体感受却具有普遍性，可以用上面这些词来指称，从而有了公共性，并且与某些对象之间有了近乎符号般的联系，比如思乡和月亮，不舍之情与杨柳，这些情感可以被感性地呈现，可以被感性地体验到，却又具有概念一般的普遍性。

这类情感和上文所说的"精神"，都具有一种二重性：既是感性的，又是超感性的！康德认为，这些东西都是由想象力创造出来的表象，这种表象"引起很多的思考，却没有任何一个确定的观念、也就是概念能够适合于它，因而没有任何言说能够完全达到它并使它完全得到理解"②。康德把这种表象纳入他所说的"理念"之中，理念是

---

① [德]康德：《判断力批判》，邓晓芒译，杨祖陶校，人民出版社2002年版，第157页。

② [德]康德：《判断力批判》，邓晓芒译，杨祖陶校，第158页。

由想象力创造的表象，但这表象却"在努力追求某种超出经验界限之外而存在的东西，因而试图接近于对理性概念（智性的理念）的某种体现，这就给它们带来了某种客观实在性的外表"①。当这种理念源于对象中的"精神"或者普遍性的"情感"时，康德把它们称之为"审美理念"。

"审美理念"本质上是一种理念化了的表象，它是想象力所创造的表象，但起着理念的作用，因而也是一种特殊的理念。它有以下层次的内涵。

第一，它是想象力所创造出来的一类表象；第二，这类表象具有对于经验的统摄性，又具有对于经验的超越性，接近于理性理念；第三，它可以引起很多思考，但不可被完全理解，意义具有不确定性；第四，它的内涵可以在，甚至只能以感性化的方式呈现出来，比如天国或者善良、幸福这样的理念，内涵不明确的，但在具体的经验中，或者说感性对象中，我们却可以体悟到。最后，审美理念不具有直接的经验形态，它不是形象，也不能称之为意象，它在自然界中找不到实例。②

康德认为是想象力以其才能创造出了审美理念，它不是作为理念之符号或例证的"形象或者意象"，康德认为它超出经验的限制而在自然界中没有实例。但细究康德对审美理念的解说，可以发现有三个层次的审美理念：

> 有三个要素是理解康德审美理念的必要要素。首先是"理性理念"，这是最直接的艺术作品的内容或主题：有如崇高的理念或造物主的威严；在其他地方，康德提到了诸如"不可见的存在

---

① ［德］康德：《判断力批判》，邓晓芒译，杨祖陶校，第158页。
② 刘旭光：《论"审美理念"在康德美学中的作用：重构康德美学的一种可能》，《学术月刊》2017年第8期。

物的理性理念，如天福之国，地狱之国，永生，创世等等感性化"之类的东西，或者"死亡、嫉妒"之类的想法。其次，有一些特定的想象或直觉被呈现出来——如朱庇特的鹰爪或孔雀——和明显有无穷之意的想象或直觉被暗示给大脑。第三，介于这两种要素之间的是所谓的审美理念，这是想象力的理念，即一方面是理性理念而另一方面是不确定的意象的陈列。①

这是当代美学家保罗·盖耶的解读，但第二个层次更像是"象征"，因此"审美理念"在康德处实际上是多个层次的。一个层次是指：自由、救赎、天国、永生、解放，荣誉，这些词是"审美理念"，它们具有道德性与形而上学性，甚至神学性质，其内涵与外延都是不明确的，但总有经验事物可以激活它们，因此我们可以把它们像概念一样应用——我们可以追求"解放"，渴望"永生"，献身"自由"。它们通常成为诗与艺术的主题。"审美理念"的另一层意思是：当我们说这张画有"灵气"，那根线条"气韵生动"，这件雕塑有"精神"，那首诗很"优雅"，那本小说很"大气"，这件衣服很"洋气"，这些词，也是"审美理念"，更偏重康德举例时所说的"精神"。这两层意思康德并没有细分开，但显然有差异。

还有一种对审美理念的理解："那些从未被直接向感官显现的特定的道德或神学概念，如天福之国，地狱之国，永生等等，以及有道德意义的观念，这些观念在实际中表现出来，但并没有被感性经验所穷尽，比如死亡、嫉妒……以及爱、荣誉等等"②，这有点像中国人所说的言有尽而意无穷，当一个观念被感性显现，但又有无穷之意时，就是审美理念。这个富于灵性的东西确实难以说清，康德认为审

---

① Paul Guyer, *Kant and the Claims of Taste*, Cambridge: Cambridge University Press, 1997, p. 358.
② Paul Guyer, *Kant and the Claims of Taste*, p. 363.

美理念"没有任何言说能够完全达到它并使它完全得到理解",他不得已举了个例子:"'太阳涌动而出,如同宁谧从美德中涌现'。美德的意识,即便我们只是在观念中转向于某个有德行的人的位置,也会在内心充斥一系列崇高肃穆的情感和一种对于鼓舞人心的未来的无边展望,它们是没有任何与一个确定概念相适合的表达完全达到了的。"① 这个例子说明,审美理念是这句诗中那种鼓舞人心的东西。

这就是我们对康德的"审美理念"所作的大致的理解②,康德的叙述不够明晰,他在解释百合花这种自然物之美时,指出百合花的诸种色彩"使内心情调趋于1)崇高、2)勇敢、3)坦诚、4)友爱、5)谦逊、6)坚强和7)温柔这样一些理念"③,这个例子表明,谦逊这种美德或者人的气质和温柔这种情态或者性格,都可以被纳入"理念",但这些理念中哪些是"审美理论",康德没有明确区分。或许下面这个例子可以完成这样的区分:当我们在欣赏一幅兰花为题材的画作时,看出兰花喻君子之德,这不算"审美",这是对象征的认识,但如果我们看到兰花"生动雅致",那这是"审美"!审美不是对对象的内容性的理念进行把握,而是对"生动雅致"这个特殊的审美理念的领会与"感悟"④。

或许,对"审美理念"的"感悟",正是康德的鉴赏判断理论中最能体现审美非概念性、非功利性的部分。它把"审美"与"内容性的认识"区分开来,和单纯的情感体验区分开来。更重要的是,审

---

① 康德:《判断力批判》,邓晓芒译,杨祖陶校,第160—161页。
② 对"审美理念"这一概念的起源、内涵、在康德美学中所承担的使命,见刘旭光《论"审美理念"在康德美学中的作用:重构康德美学的一种可能》,《学术月刊》2017年第8期。
③ 康德:《判断力批判》,邓晓芒译,杨祖陶校,第144页。
④ Aesthetic 这个词通常译为"审美",但在康德的语境中,也有学者探究出其本真的意味是"感悟",参见卢春红《从康德对 Ästhetik 的定位论"ästhetisch"的内涵与翻译》,《哲学动态》2016年第7期。

美如果是对审美理念的领会，而审美理念具有非概念性的和感性的，但又是一般性的，那它就可以克服审美判断的二律背反（正题是鉴赏判断是建立在概念之上的，反题是鉴赏判断不是建立在概念之上的，正反题都具有合理性①），因为在它身上，背反的东西本身是统一在一起的，因而，康德在第三批判的《审美判断力的辩证论》部分中，把鉴赏判断的二律背反的解决，完全寄予了审美理念。

审美理念有点神秘，它是想象力和知性之间的协和一致的单纯主观原则，且只与直观相关，它不能概念化，只能直观，因此它不是任何知识，而且是想象力不能阐明的！② 由于它的这种性质，审美与艺术创造活动就具有一种非理性的神秘性，它是天才的一种特殊能力。同时审美理念这个词，似乎确证着想象、直观能力和知性能力（理解力）之间有一种自由游戏，当我们在审美对象那里感受到或者领会到某个审美理念时所产生的愉悦，由于获得愉悦的方式是自由的，且见证着想象力和知性的自由，因而是一种自由愉悦——这太令人神往了：非理性、非概念、非逻辑、非规则、非客观，却又是普遍的，在内心中鼓动着我们的精神。审美在这个意义上，才是一种自由活动，而不是合目的性的认知活动与可被利用的功利活动。

"审美理念"的提出，既确立了审美活动的特殊性，也确立了真正的审美对象是他所说的那种"精神"，因此意义重大。审美在欣赏什么？——审美理念！"审美理念"就是"美"，因此康德说："我们可以一般地把美（不管它是自然美还是艺术美）称之为对审美理念的表达。"③ 因而审美就是直观对象所呈现出的"精神"，或中国人所说的"气"，"神"或者"味"、"韵"、"风骨"等词想要表达的东西，

---

① 详细的说明见康德《判断力批判》，邓晓芒译，杨祖陶校，第 184—185 页。
② 在《判断力批判》的第二章的"注释"中，康德再次描述了审美理念的非概念性、主观性和直观性。参见康德《判断力批判》，邓晓芒译，杨祖陶校，第 187 页。
③ 康德：《判断力批判》，邓晓芒译，杨祖陶校，第 165 页。

不是道德理念，不是知识，不是真理。同时它也不是单纯个人化的情绪，而是心灵的一种普遍性的情态或者对象的可被感知的精神风貌。审美与艺术的非概念性与非功利性，以及无目的性，都可以通过审美理念而得到论证。

但这个精神之域的存在论性质是令人费解的，它是属于对象的属性吗？是对象呈现出的某种统一性吗？不是，它具有理念的性质，不是事物的属性；它是创作者或欣赏者的内心状态吗？不是，它可以激起内心某种状态，但它不是内心状态本身，因为它具有理念的一般性。这就是说，它既不是客观的，也不是主观的。按康德的分析，它是想象力创造出来的一种特殊的表象，但这表象具有"理念"的统摄性，是表象但又是抽象的，它处于"理性理念"与"表象"之间，由于它具有理性一样的统摄性，也就是具有把对象视为整体的能力，它像理性理念一样发挥作用，却又不是反思的对象，而是直观的对象。想象力和理性是它的先验基础，它的经验基础是"表象"，它似乎是纯粹理性借助想象力在表象之上的经验应用。但这个解释无法说明，当我们使用了"优雅"这个审美理念来指称表象所呈现出的一种一般性的情态或者说"精神"时，这个"精神"哪里来？它存在，这是我们的经验告诉我们的，但它不可思议，无法用现有的认识论框架认知它，只能这样说：它的存在，是一个人类学问题，它是人的心灵的一个部分，这个部分也是对象的某种性质，是心灵与对象的一个交集，但它专属于"审美"这种行为。这个部分，就是本文所说的"审美灵境"。

二 审美灵境的多维展开："活的"、"诗意"与"时代精神"

康德对"审美理念"这个词的内涵的说明，和这个词所指称的此类理念的经验应用，都太少了，这是他的审美理论中的一个迷局①。但是由于审美理念的设定，使得鉴赏判断的二律背反得以解决，也使得天才的独特能力得以落实，尽管它是主观的、非认识的、非概念的、只能在经验中例证，但因为审美和艺术创造中，确实存在着一种难以言传的灵妙处，只有这个观念能阐释，更重要的是，审美理念所开启的审美灵境，给了我们关于审美对象理论的一种新认识。

康德对审美理念的创见，并没有被历史马上接受与确认，但是，美学家们都意识到了，审美对象有一种非认知的、非概念的状态。这一点其实17世纪的诗学家们就已经意识到了，他们提出了"我说不出的什么"（je-ne-sais-quoi，或译为不可名状的）这个命题②，而新古典主义的创始人之一的勒内·拉潘（Rene Rapin）用"魅力"一词表达的与审美理念相通的观念：

> 同其他艺术一样，诗歌中也有某些东西是不可言传的，它们（仿佛）是宗教的玄秘。诗的那些潜藏的韵致，那些觉察不到魅力，以及一切神秘的力量，都注入心中。这些东西是没有什么教导方法可以使人学会的……它纯粹是造化的神功。③

之后英国新古典主义的代表作家如蒲柏（Pope）、约翰逊

---

① 对这个迷局的深入解说，见 Paul Guyer, *Kant and the Claims of Taste*, pp. 356-360.
② 对这一命题之产生的深入描述，见张颖《连续与断裂：在法国古典主义与启蒙美学之间》，《文艺争鸣》2019年第2期。
③ 转引自［美］M·H·艾布拉姆斯：《镜与灯 浪漫主义文论及批评传统》，郦稚牛、张照进、童庆生译，王宁校，北京大学出版社1989年版，第236页。"我说不出的什么"在该页也有阐释。

(S. Johnson)、詹姆斯·哈里斯（James Harris）等都附和宣扬这种观点。这说明对审美灵境的感悟，是审美家们的共识，或许康德就是在他们的诗学中获得了关于审美理念一词的启示的。在康德之后的美学家的相关理论中，如席勒与谢林，我们可以看到他们对"审美灵境"的感悟与揭示。

席勒把审美定位在"思维"和"感觉"的中间状态，即从感觉向思维过渡的状态，是"感性的人"和"精神的人"交叠的部分。在这个中间状态中，人有一种心境，席勒称之为"审美心境"，"在这种心境中，心绪既不受物质的也不受道德的强制，但却以这两种方式进行活动，因而这种心境有理由被特别地称之为自由心境。……必须称之为审美状态"①。这个心境什么也不给予，只是让心绪处在自由之中。这里所说的"心绪"像是康德所说的"精神"，问题在于，康德从这个"精神"推论出了"审美理念"的存在，但是席勒并没有深入下去，但席勒显然意识到了有那么一块灵境，是心灵可进入的，怎么进入？按席勒的逻辑，"美"可以让我们进入这个灵境！这种状态是"美"的作用，那什么是"美"？

席勒说在审美之前，"有必要提前预设一个美的概念"，因此他给出了一个关于美的纯理性概念——"美必须表现出它是人的一个必要的条件"②。在第 11 封信中他分析了人的两个必要条件，一个是人的永恒不变的"人格"（在第 4 封信中席勒所说的"每个个人按其天禀和规定在自己心中都有一个纯粹的、理想的人"）；一个是人的状态，是现实性的。而"美作为人性的完满实现"③，是二者的统一，达到这种统一状态，就构成了席勒所说的最广义的"美"——"活的形

---

① ［德］席勒：《审美教育书简》，冯至、范大灿译，北京大学出版社 1985 年版，第 104 页。
② ［德］席勒：《审美教育书简》，冯至、范大灿译，第 54 页。
③ ［德］席勒：《审美教育书简》，冯至、范大灿译，第 78 页。

象，这个概念用以表示现象的一切审美特性"①。

在席勒的这个判断中，有"审美理念"的影子，但席勒似乎把"审美理念"理解为"形象"（也可以译为"意象"），审美理念既是感性直观对象，又是理性的对象，相比较于"活的形象"，它既是感性的，也是思维的，二者具有相似性。但"活的形象"要比"审美理念"容易理解得多：形象是感性具体的，而审美理念是不能有经验的例证的。可以说，席勒对于康德的审美理念论，进行了一次简化与理性化！之后的美学史说明，席勒的做法被更广泛地接受了。但是，席勒的理论再次开启了审美理念的隐秘魅力，仔细分析"美是活的形象"这一命题就能发现，形象并不是美的事物的特征，"活的"才是——这里所说的"活的"，与康德用"审美理念"这个词想强调的"精神"或者"鼓动内心的状态"是相同的意思，因而，美的原因不在于形象，而在于"活的"。

席勒的理论中暗含着这样的主张：去感受对象中包含着的"生命活力"，这或许才是审美，而不是对形象的认识；真正的艺术创造活动始于让形象活起来，而不是塑造形象。审美灵境只有在感受这种活力的时候，才真正开启，审美是在审这种"活力"！与这个命题相近的两个说法是——美是现象中的自由；美是人为中的自然。② 这两个命题都把对象和艺术所带给我们的"自由感"，或者"自然而然"的感受，作为审美的真正对象，比如一只在陆地上蹒跚而行的鸭子，和同一只在水中自由浮水的鸭子，后者就是美的，因为后者有一种行动的"自由感"。这意味着，审美的对象不是鸭子，而是鸭子在水中游动时的"自由感"，这种自由感，是审美灵境最核心的状态。

哲学家谢林在建构自己的先验唯心论体系时，也体现出了对于

---

① ［德］席勒：《审美教育书简》，冯至、范大灿译，第77页。
② ［德］席勒：《席勒经典美学文论：注释本》，范大灿等译，生活·读书·新知三联书店2015年版，第56页。

审美灵境的感悟。他认为"艺术家无论怀有多大的意图，在自己的创造所包含的真正客观事物方面看来也毕竟受着一种力量的影响，这种力量把他同其他一切人分开，逼着他谈吐或表现他自己没有完全看清、而有无穷含意的事情"①。这种力量是什么？这听着像康德所说的"精神"，这种力量如谢林所说，不可理解，但无法否认，这种东西在作品中呈现出来，谢林称之为"诗意"。谢林把艺术分析为可教可学的部分和另一种东西，"这种东西在艺术里是不能学的，也不能用实习的方法和其他方法得到，而只是由那种天赋本质的自由恩赐先天地造成的，这就是我们在艺术中可以用诗意一词来称谓的那种东西"②。这个东西，也正是康德用"审美理念"一词想表达的审美灵境。谢林认为艺术作品的根本特点就是"无意识的无限性"③，而"被表现出来的无限事物就是美"④。被他用"美"所指称的东西是不能学的，是"用诗意一词来称谓的那种东西"⑤。对"无限性"和"诗意"的强调也说明他意识到审美中的精神性的与内在生气相关的部分。这种"活的"和"诗意"，也正是审美灵境之灵性。

对审美灵境的感悟造成德国古典美学的一个内在矛盾：德国古典美学家们大多认为在审美中，有价值与理想在发挥着作用，同时又意识到审美是对审美灵境的感悟，这就带来了对下面这个美学问题的两种回答：审美究竟是在欣赏对象的什么？——按前者，是在反思理念，以及理念与其形式的关系；按后者，是在感悟作品所呈现的"精神"或者"韵味"、"风骨"等审美理念。似乎在美的事物中，"理念"是反思的

---

① ［德］谢林：《先验唯心论体系》，梁志学、石泉译，商务印书馆1997年版，第267页。
② ［德］谢林：《先验唯心论体系》，梁志学、石泉译，第267页。
③ ［德］谢林：《先验唯心论体系》，梁志学、石泉译，第269页。
④ ［德］谢林：《先验唯心论体系》，梁志学、石泉译，第270页。
⑤ ［德］谢林：《先验唯心论体系》，梁志学、石泉译，第267页。

对象,而"审美理念"则是感悟的对象,但麻烦的是,二者可以同时在一个感性对象中被体认。这或许就是为什么德国的唯心论美学家们使用"理念"一词时,对其内涵的解说上又像是在言说"审美理念"。

对"理念"的反思和对审美灵境的感悟,哪一个才是"审美"?康德显然认识到了在一幅兰花主题的作品之中反思出"君子之德"和在作品中感受到某种"清俊雅逸",前者是象征性的"认知",而后者才是"审美",但黑格尔会处在这个矛盾状态中,他一方面说,"美是理念的感性显现",而理念是概念及其所代表的实在。这听起来像是康德所说的"一般理念"感性显现出来就是"美",这显然是建立在"象征"之上的"内容美学",后世确实是这样接受黑格尔美学的,但是当黑格尔去欣赏一件艺术作品的时候,他并不是在反思概念性的理念,他去品味对象中的"意蕴"!

> 遇到一件艺术作品,我们首先见到的是它直接呈现给我们的东西,然后再追究它的意蕴或内容。前一个因素——即外在的因素——对于我们之所以有价值,并非由于它所直接呈现的;我们假定它里面还有一种内在的东西,即一种意蕴,一种灌注生气于外在形状的意蕴。那外在形状的用处就在指引到这意蕴。①

这个意蕴是指作品的内容性的东西,还是谢林所说的那种"诗意"?这个意蕴确实有内容的意思,但黑格尔显然不是在强调这一点,他举了个例子:"人的眼睛、面孔、皮肉乃至于整个形状都显现出灵魂和心胸,这里意蕴总是比直接显现的形象更为深远的一种东西。"② ——是心胸和灵魂,是对象呈现出的某种精神性的状态,这些东西可以被直

---

① [德]黑格尔:《美学》第一卷,朱光潜译,商务印书馆1979年版,第24页。
② [德]黑格尔:《美学》第一卷,朱光潜译,第24页。

观到，是可见的生命状态，但这不应当算"内容"。黑格尔美学虽然被后世的人称为"内容美学"，但黑格尔恰恰反对把我们所理解的内容性的东西，比如规律、职责、权利和规箴等生活的决定因素和重要准则，视为艺术作品的"内容"，他指出："艺术兴趣和艺术创作通常所更需要的却是一种生气，在这种生气之中，普遍的东西不是作为规则与规箴而存在，而是与心境和情感契合为一体而发生效用，正如在想象中，普遍的和理性的东西也须和一种具体的感性现象融合一体才行。"① ——这里所说的"生气"，显然不是内容。

按这一思路他马上指出："艺术作品应该具有意蕴，也是如此，它不只是用了某种线条，曲线，面，齿纹，石头浮雕，颜色，音调，文字乃至于其他媒介，就算尽它的能事，而是要显现出一种内在的生气，情感，灵魂，风骨和精神，这就是我们所说的艺术作品的意蕴。"② ——这个判断说明，黑格尔用"意蕴"指的就是康德想用"审美理念"这个词来指称的"内在的生气"或"精神"。

那么能不能下这样一个判断：对艺术作品的欣赏，不是在看它的内容，也不是在看它的形式，而是在欣赏它的"意蕴"？——不对，黑格尔显然意识到后者本质上是形式主义的，因此，在解释具体的艺术作品时，黑格尔总是把"意蕴"与具体的社会历史内容结合起来。黑格尔的"精神"概念是一个王国，这个王国里有绝对精神、民族精神、世界精神、时代精神等。其中与审美理念相关的是"时代精神"（The Zeitgeist）这个词，这个词把"个体的心灵状态"，与同时代的"所有个体的心灵状态"的共通处结合在一起，而所有个体的心灵状态又是由时代的一般世界情况决定的，通过把个体精神上升为时代精神，就使得艺术作品之中的精神，不单单是指作品本身所引起的内心

---

① ［德］黑格尔：《美学》第一卷，朱光潜译，第14页。
② ［德］黑格尔：《美学》第一卷，朱光潜译，第25页。

状态，而且是由具体的社会历史内容所决定的"时代精神"。黑格尔的做法给美学史的作家们提供了这样一种启示：在艺术作品的具体构成之上，有一种超越性的"精神"统摄着整件作品和同时代的其他作品，比如我们把李白的诗歌、张旭的草书、颜真卿的楷书等艺术作品统摄在一起，称其有"盛唐气象"，这个气象不是内容性的，也不是由形式因素造成的，它是风格上的一般性，而这种一般性可以被直观地感受到，这种中国人用"气象"所称谓的，就是黑格尔所说的"时代精神"。黑格尔在《哲学史讲演录》的结语中强调了这个概念："我希望这部哲学史对于你们意味着一个号召，号召你们去把握那自然地存在于我们之中的时代精神，并且把时代精神从它的自然状态，亦即从它的闭塞境况和缺乏生命力中带到光天化日之下，并且每个人从自己的地位出发，把它提到意识的光天化日之下。"① 这意味着有一种内在于每一个人的时代性的个体心灵状态的普遍性，而艺术或许是把这种普遍状态带到光天化日之下的一种手段。

这就要求审美既是对具体作品之中所包含着的特征化的"审美理念"的感悟，也是对"时代精神"，即时代性的"审美理念"的感悟。这个时代精神是艺术作品的内容吗？不是，但作品的内容可以体现出它；这个时代精神是艺术作品的形式吗？不是，但艺术作品的诸多形式因素与构成原则，可以看到时代精神的影响。审美在这个意义上，既不是形式直观，也不是内容反思，而是对内在于艺术作品的所有构成因素之中，并且统摄着整个作品的"精神"的感悟。

可以做这样一个推论，康德想用"精神—审美理念"所表达的，就是黑格尔想用"意蕴—时代精神"所表达的，只不过在康德那里是个体化的东西，在黑格尔这里具有了社会历史内涵，而相同处在于，

---

① ［德］黑格尔：《哲学史讲演录》第四卷，贺麟、王太庆译，商务印书馆1978年版，第379页。

审美理念与时代精神，实际上都是感悟对象，而不是认识的对象，它们都属于那一块审美灵境，但在黑格尔这里，心灵性的审美灵境被赋予了社会历史的内涵。

三 意志与心灵：审美灵境与客观唯心论的幽灵

黑格尔的观念在后世的接受中遭到了某种"误读"，人们把"理念"当作概念，当作价值与理想，把"美是理念的感性显现"这个命题理解为用感性形式对观念的传达（象征主义），理解为对具有一般性的社会历史内容的传达（历史唯物主义），而不是看作对"审美理念"的传达。黑格尔本人或许应当为这一误读负责，他对理念的表述更像指"一般理念"，在对康德哲学的概括中，他也强调了理念的作用，但他本人没提"审美理念"。叔本华似乎也认为这个术语不是指一种与理性理念相并行的独特的理念，而是把它理解为理念的感性呈现的结果。因而，他们都先讨论"理念"，再讨论理念如何感性化。这就把"审美"视为对于理念的认识。但是当他们具体地描述这个"理念"时，又明确地指出，这个"理念"是不同于柏拉图式的理念的。不同之处在哪里？柏拉图的理念更像是"概念"，但是德国人在强调理念的直观性，而且在强调理念与精神，与意志的关联。叔本华认为理念是意志客观化的结果，生命意志"在这理念中有着它最完美的客体性，而理念又把它的各个不同方面表现于人类的那些特性，那些情欲、错误和特长，表现于自私、仇恨、爱、恐惧、勇敢、轻率、狡猾、伶俐、天才等等等等；而这一切一切又汇合并凝聚成千百种形态个体而不停地演出大大小小的世界史……"①，在这段话中"理念"

---

① ［德］叔本华：《作为意志和表象的世界》，石冲白译，杨一之校，商务印书馆1982年版，第256页。

作为生命意志的表现，看起来像是人的生命情态，再抽象一点，像是康德所说的"精神"。这个理念和康德在解说百合花的美时所用的那些"理念"是一致的，因此当叔本华说艺术是理念的显现，按上面这段话的意思，就可以转换为——艺术是生命情态的显现。这和中国人所说的气韵、神采、风骨没有本质区别，它们都是直观体验的对象，而不是概念认识的对象。这样一来，叔本华的美学就有两个维度，一个维度认为艺术和审美是对柏拉图意义上的"理念"或者说"概念"的呈现——这是一种认知主义和象征主义；一种是对"审美理念"的表现——这是现代人所说的表现主义或者直觉主义[①]。叔本华显然知道康德所说的"审美理念"是什么意思，他虽然没有直接使用"审美理念"这个词，而是用"生命情态"取代了这个词，这意味着，那个被我们称为审美灵境的状态，可以是生命化意志或心灵的显现。

叔本华的以理念为核心的艺术观，实际上是把艺术创作活动视为"意志"，具体地说是"精神"或者"生命状态"的表现，那么审美就是对于意志的直观与感悟。而意志则是可直观、可感悟的，不可概念化的生命状态，它会客观化，"意志的客观化"可以看作审美灵境的另一种表述：审美灵境总是某种非概念化的、非认知的，但却可感悟到精神状态的显现。麻烦的是，这种"精神状态"似乎既是主观的——是心灵的状态，也是客观的——是对象呈现出的某种活力或者状态。承认这个"精神状态"的存在，实际上是承认了"客观唯心论"，尽管客观唯心论在20世纪饱受批判，但是在对审美的理解中，只有这个角度才能理解康德所说的那个"审美理念"及其历史衍生物。

由哲学家们借"审美理念"而开启的"审美灵境"，在批评家那

---

① 叔本华在解释艺术作品时，就是按这两种意味展开的，参见［德］叔本华《作为意志与表象的世界》，石冲白译，第330页。

里，往往转化为一种难以言传的感受与对象难以言传的状态或性质。1902年，克罗齐在撰写《作为表现的科学和一般语言学的美学的历史》一书时，专门引述了其中的主要论述：

"意大利人总是把身体任何事情都看成是神秘的，并在任何场合中总是说，我说不出的什么（Je ne sais quoi），在诗人的作品中看不出比这更一般的东西了"；"这个好的鉴赏是我们时代产生的一个名词，它似乎飘忽不定，没有固定和确实的位置，只能回到我说不出的什么，回到命运和巧智的验证上"；"不仅在大自然的许多创造品中，人们发现除根据理性理解的完美之外，还有很多其他的神秘的完美的种类，它们增进鉴赏，同时又折磨着理性，情感使人了解得很清楚，但从理性上又解释不清楚……因此人们常说，我说不出的什么使人高兴，使人爱，使人着迷，也就是说找不到对这个自然的神秘更为清楚的揭示。"①

这个"我说不出的什么""意指某种无法解释的东西。在美当中有种说不清的东西，它比美本身还要摄人"②，类似的还有19世纪初期柯勒律治在他的批评文章中提出的 Gusto（兴趣）一词，同时代的批评家哈兹里特总结了 Gusto 这个词，把它分为活力、表情和暗示性，认为 Gusto 是"内在的原则"，是生活的激情，是一种超越一切形式障碍、综合作用于观看者的感官和想象力的普遍的力量。③ 这个由批

---

① ［意］克罗齐：《作为表现的科学和一般语言学的美学的历史》，王天清译，中国社会科学出版社1984年版，第43—44页。

② Richard Scholar, *The Je-Ne-Sais-Quoi in Early Modern Europe*: *Encounters with a Certain Something*, Oxford & New York: Oxford University Press, p. 47.

③ Irving Babbitt, *The New Laokoon*, Boston and New York: Houghton Mifflin Company, 1919, p. 127.

评家们感受到的东西,在哲学家这里融会在审美理念、诗意、精神、意志等概念之中,成为人们在审美中可以把握到的,但无法言说的"对象",这个属于审美灵境的对象,才是真正的审美对象。持这种审美对象观的美学家还可以列一串名字:叔本华把美视为一种可感的精神(The Sensible Spirit),这种可感的精神在诸种理论中会产生各种变形;佩特把"气质"作为审美要真正把握的对象;波德莱尔对美的认识:"我的美的定义。那是某种热烈的、忧郁的东西,其中有些茫然、可供猜测的东西。……神秘、悔恨也是美的特点。"① 这一系列的观念都说明,审美灵境实际上是那些富有审美经验的美学家的共识,这使得"审美"去直观和感悟的对象并不是实体性的对象,而是蕴含在对象中的那种不可言说却又是客观实存的东西。

要承认审美灵境是不可言说的客观存在,就要面对两个理论难题:一、它是客观的,却又是精神性的,这是客观唯心论;二、如果它存在,谁能感悟到它?这两个问题对于19世纪的文化精英来说,不是问题,由于能直观到,所以不会怀疑它的存在与它的可知与否,但20世纪会怎么回答这两个问题呢?

四 审美灵境的理论张显

20世纪的美学家们对审美灵境的存在持两种态度,理性主义的美学家们否定了它,但各式各样的经验论者在理论上肯定了它的存在。美国美学家乔治·桑塔亚那一方面强调"理性既是艺术的原则,也是愉悦的原则"②,另一方面,似乎对于德国的唯心论美学多有不满,

---

① [法]波德莱尔:《波德莱尔美学论文选》,郭宏安译,人民文学出版社1987年版,第14页。

② [美]桑塔亚纳:《艺术中的理性》,张旭春译,北京大学出版社2014年版,第201页。

他认为"大多数德国哲学家对艺术和美的论述都不具有多么重要的意义：这些论述仅仅是以一种刻板的方式去处理一些人为臆造的问题……"①。在他看来，"审美理念"就是个臆造的问题。但总体来说，"审美灵境"的开启在20世纪的美学中得到了肯定，并且在诸种美学理论中以各种形式呈现出来。

但那些对人类的审美经验有深刻洞悉的哲学家，会认可这个审美灵境的存在，并且将之视为真正的审美对象，但这个灵境究竟在哪里开启，却是一个仁者见仁的问题。

审美灵境的第一个维度，在一些美学家看来是审美对象所呈现出的某种的无限丰富性，这一点首先被卡西尔所发现：

> 艺术家并不描绘或复写某一经验对象，——一片有着小丘和高山、小溪和河流的景色。他所给予我们的是这景色的独特的转瞬即逝的面貌。他想要表达事物的气氛，光和影的波动。一种景色在曙光中，在中午，在雨天或在晴天，都不是"相同的"。②

这些不相同的东西是不能用某种统一性来概括的，我们的审美对象并不是某种普遍的与确定的东西，而是难以言传的某种差异性与丰富性，如果说，"展示事物各个方面的这种不可穷尽性，就是艺术的最大特权之一和最强的魅力之一"③，那么，审美同样是去感受与领会某种不可穷尽性。——在这种审美观中，对象的某种特殊性和差异性，成为审美的真正对象，这与审美灵境的那种不可言说性是相通的。本雅明在《波德莱尔的三个母题》的一个长长的脚注中，提出了关于"美"的如下认识：

---

① ［美］桑塔亚纳：《艺术中的理性》，张旭春译，第201页。
② ［德］卡西尔：《人论》，甘阳译，上海译文出版社2004年版，第184页。
③ ［德］卡西尔：《人论》，甘阳译，第184页。

美是一种与在一个更早的时代欣赏它的东西结合起来的感染力……根据这个定义,美的外观意味着人们在作品里找不到欣赏的同一个对象。……美与自然的关系可以说"只有在它蒙上一层面纱时它才保持着本质上的真实"。……这个定义可能同瓦雷里的阐述一致:"美或许要求严格摹仿对象中不可定义的东西。"①

一种感染力,蒙着面纱,不可定义,这一段文字中的几个关键词呈现着那个审美灵境在理论上的肯定,这用中国古代美学的话语来说,是"言有尽而意无穷",那个无穷之意才是真正的审美对象。

审美灵境的第二个维度是某种不可见的终极存在的显现。艺术中的形式主义者克莱夫·贝尔则强调,"在讨论审美问题时,人们只需承认,按照某种不为人知的神秘规律撕裂和组合的形式,会以某种特殊的方式感动我们"②,在贝尔看来,艺术家的特殊在于,他总能捕捉到事物隐藏在形式背后的现实感,而且能够以纯形式为手段来表达现实感,这种现实感是形式的意味的根源,而这种现实感的根源,"隐藏在事物表象后面的并赋予不同事物以不同意味的某种东西,这种东西就是终极实在本身"③。这个不可见的终极实在,由于直接作用于情感与心灵,或许就是康德所说的审美理念。这个终极实在由于其说不清道不明,却能直接作用于心灵,就变成了当代艺术家们苦苦追寻的东西,无论是康定斯基,还是保罗·克利,或者蒙德里安,野兽派、立体主义、表现主义,以及象征派诗人,他们都在探索形式背后的那个灵境,它可以感知,可以领会,可以通过形式语言来开启,但不可言说,无法分析。

---

① [德]本雅明:《启迪:本雅明文选》,汉娜·阿伦特编,张旭东、王斑译,生活·读书·新知三联书店2008年版,第199—200页。
② [英]克莱夫·贝尔:《艺术》,周金环、马钟元译,中国文艺联合出版公司1984年版,第6页。
③ [英]克莱夫·贝尔:《艺术》,周金环、马钟元译,第47页。

这一点对于海德格尔深有启发,他对保罗·克利的作品极感兴趣,克利的一句话曾经引起诸多哲学家的注意:"艺术并不呈现可见的东西,而是把不可见的东西创造出来",对于这句话海德格尔追问道:"什么是看不见的?看不见的——从何而来?是怎么决定的?"① 海德格尔自己关于美的思考或许能够回答这个问题:"美是作为无蔽的真理的一种现身方式。"② 在另一个地方他说:"它是既令人迷惑又令人出神的东西。……美乃是感性领域中最能闪耀者,最能闪光者,以至于它作为这种光亮同时也使存在闪闪发光。"③ 而这个发光的闪现会形成一个天地神人四方关系的生成之域——"美乃是整个无限关系连同中心的无蔽状态的纯粹闪现。但这个中心却作为起中介作用的嵌合者和指定者而存在。它是把其显现储备起来的四方关系的嵌合。"④ 这个嵌合了天地神人的澄明之境,作为无蔽的真理,当它显然之时,就是美,显然这是对审美灵境的一种诗化的表述。

海德格尔的这个思想在伽达默尔那里产生了共鸣:"耀现(照亮)并非只是美的东西的特性之一,而是构成它的根本本质";"美并非只是对称均匀,而是以之为基础的显露本身。美是一种照射。但照射就意味着,照着某些东西,并使光亮所至的东西显露出来。美具有光的存在方式"。⑤ 这种"美"论是"光"的形而上学的一种折射,

---

① Martin Heidegger, "Notes on Klee", compiled and trans. by Maria del Rosario Acosta Lopes, Tobias Keiling, Lan Alexander Moore, and Yuliya Aleksandrovna Tsutserova, *Philosophy Today*, vol. 61, winter 2017. 这句话是之中的第 35 条。
② [德]海德格尔:《海德格尔选集》,孙周兴等编译,上海三联书店 1996 年版,第 276 页。
③ [德]海德格尔:《尼采》,孙周兴选编,商务印书馆 2002 年版,第 191 页。
④ [德]海德格尔:《荷尔德林诗的阐释》,孙周兴译,商务印书馆 2000 年版,第 223 页。
⑤ [德]汉斯-格奥尔格·加达默尔:《真理与方法 哲学诠释学的基本特征》下卷,洪汉鼎译,上海译文出版社 1999 年版,第 615 页。

这种美论把美不是作为一个理性反思的意义与价值，也不是感性直观的形式，而是需要去感悟的存在状态或者存在之域，伽达默尔说我们认识"美"，是通过einleuchten（明白）、erleuchtung（顿悟）和illuminatio（照亮）①——这些神秘而又包含着虔敬的认知，只有通过这种神秘，才能捕捉到神秘如光的"美"。

美是某种终极存在的照亮与闪耀，那么真正的审美对象就是这一"闪耀"，而不是某个确定的客体。

审美灵境的第三个维度，是某种难以言传的审美对象的构成性因素，比如英伽登和阿多诺。英伽登创造出了两个美学概念，一个是"审美质素"（aesthetically significant qualities），一个是"形而上质"。关于审美质素，他说"大量审美上有价值的质素是在已构成的审美对象中显现出来的。……这些质素是直接呈现出来的现象，而不是某种可以其他材料推论出的间接的东西。"② 质素（qualities，也可译为"品质"）这个词颇为微妙，它是审美对象的构成性因素，那么它就是客观的，但它又像是由对象引起的美感，那么它就是主观的。举例来说，"漂亮""纤美""平和""平庸""乏味"等词所指称的内涵，以及一些情感质素，如悲伤、崇高、忧郁等等，它们都可以是一个美的事物的"审美质素"，它们是被直接感知到的审美对象的构成因素，但又不是对象的物理构成。与审美质素平行的还有一个词——艺术质素，如"繁复""明澈""清晰"等。这两种"质素"很难区分，但英伽登认为它们都是艺术作品或美的事物的客观构成性因素，它们保证着审美对象和艺术作品的审美价值，但它们又类同于美感，这看似

---

① ［德］汉斯-格奥尔格·加达默尔：《真理与方法 哲学诠释学的基本特征》下卷，洪汉鼎译，第618页。

② ［波兰］罗曼·英伽登：《艺术价值和审美价值》，朱立元译，载［法］杜夫海纳主编《美学文艺学方法论》，朱立元、程介未编译，中国文联出版公司1992年版，第230页。

矛盾甚至不可理解，但如果把它们和康德所说的"审美理念"作个比较，就会发现它们的存在论状态和审美理论是完全一致的，它显然属于我们所说的"审美灵境"。

英伽登还有一个更接近"审美理念"的概念，叫"形而上质"（metaphysical qualities）。"形而上质"指读者可以从文学作品中感受到的一种氛围、情调、特质。例如崇高、悲剧性、可怖、神圣、怪诞、美、和平等性质。"这些性质并不是通常意义上的事物的'属性'，也不是一般所说的某种心理状态的'特点'，而往往是在复杂而又迥异的情境或事件中显示为一种氛围的东西。这种氛围凌驾于这些情境所包含的人和事物之上，用它的光辉穿透并照亮一切。"①——这种"氛围"似乎就是康德所说的那种"精神"似的东西，是审美灵境！它包含着生存的意义和价值，它是直接体验的对象，和我们的感受不可分割，它"是我们本身的精神—心理本质的顶点"②。

关于那种可被称为"审美灵境"的美的事物和艺术作品中所包含的那种精神性的、生命性的、理念性的、情感性的东西，在阿多诺的《美学理论》中，也有显露。他像康德一样提到了艺术作品中的精神问题："精神不只是灌注艺术作品以生气的呼吸，能够唤醒作为显现现象的艺术作品，而且也是艺术作品借此取得客观化的内在力量。在客观化及其对立的现象性中，精神享有同样重要的地位。艺术作品的精神是感性瞬间与客观结构的内在中介，此处所说的中介，应当从每个契机的严格意义上去理解，而这里的契机都分别要求把自个的对立面纳入艺术作品之中。"③ 关于这个"精神"，阿多诺进一步解释说：

---

① Roman Ingarden, *The Literary Work of Art*, trans., George G. Grabowicz. Evanston, Illinois: Northwestern University Press, 1973, p.291.

② Roman Ingarden, *The Literary Work of Art*, trans., George G. Grabowicz. Evanston, p.292.

③ ［德］阿多诺：《美学理论》，王柯平译，四川人民出版社1998年版，第156页。

"我以为艺术作品的精神向来是主观的。决定艺术作品良莠与否的正是其内容。精神蕴藏于特定的客体之中,透过表象闪烁而出。……精神在艺术中的地位如同显现品性的构形过程。精神与形式相互依存。精神是照亮现象的光源,没有这种光照,现象也就失之为现象。……如果不显现出精神,或者说没有精神,艺术作品也就不复存在。"①在这一段话中,第一句是要害,艺术作品中确实有一种主观的东西,这种东西蕴藏在客观事物之中,有待于在审美中被我们所感知,所以他说:"……艺术的精神并不把自个表现为精神本身,而是突如其来地出现在其对立面——物质性之中。"② 这就是说,精神是隐藏在客观事物中的主观的东西,按照他的思维方式,可以作这样一个推论:精神在艺术作品处于主观的精神性与客观物质性的张力状态中,处在一种中间状态中(保罗·克利称之为中间世界)。

同时,他提到:"艺术作品的气息与意蕴,在一种实在与非实在意义上,气息(breath)完全有别于一向属于艺术佐料的情调(mood)。形象化过程往往为了气息而牺牲情调。"③ 在处理艺术作品中的"气息"现象时,他再次暧昧地说"在实在与非实在意义上"!这只能说明,一个介于主观与客观,实在与非实在,感性与理性,思维与情感之间的中间状态,这个中间状态显然是在审美领域中存在着的,阿多诺的深湛的艺术修养和高雅的趣味使得他能直观到这个领域,他已经窥到了"审美灵境"的存在。

尾论　自由的审美对象

"审美灵境"一词是由本文提出的,但它的内涵是笔者进行历史

---

① [德]阿多诺:《美学理论》,王柯平译,第156—157页。
② [德]阿多诺:《美学理论》,王柯平译,第209页。
③ [德]阿多诺:《美学理论》,王柯平译,第226页。

演绎的结果，这些内涵是上文所提到的那些美学家在阐释审美行为的独特性与审美对象的独特性时，思想共鸣的结果，这个词的提出，既是对这种思想共鸣的总结，也是对审美对象之特性的独立思考，是一次站在巨人肩头的发现。审美灵境的发现，是对审美经验的真正还原，当有感受而不能理解时，我们就应当欣赏！在感知和认识这个世界的时候，我们要么用官能来感知这个世界，要么用我们的理性来整理、反思和建构这个世界，但两种行为之间没有明晰的界限，而且，这两种能力之间存在着不可抗拒的引力：感知是被动而模糊的，却希望自己能够达到理性认识的明晰与主动；理性认识是明晰而抽象的，却希望自己能够达到感知的具体与生动。在具体认识实践中，这两种能力是有交集的，正是在它们交混的地方，产生了诸种丰富而奇妙的文化现象，审美就是其中之一。人们总是梦想能够以感性的方式，达到理性认识的效果，以具体生动之"象"而呈现精微妙悟之"理"，这可以称之为"审美之梦"。审美也不仅仅是一个认知问题，在这个经验世界里，总有一种东西存在着，但它们介于精神性与物质性之间，它们会直接作用于我们的感性，也能够作用于我们的情感与精神，但它们却不是实体，直观和感悟它们，是审美这种行为的独特性之一。

审美灵境向理性主义提出：审美之中有一种理性所不能理解的东西；它向感觉主义者提出，审美中有一种精神性的东西，可以被感悟到；它向形式主义者提出，形式本身只有在激起审美理念时才是美的；它向情感主义者提出，美的事物中包含着一种超越于个人感受的普遍性的精神……它以一种近乎神秘的情调，反对着我们对于美的诸种理性认识。它之所以神秘，是因为当代人的思维过于理性化，而审美与艺术创造中所需要的那种感悟，那种对于"灵妙"的东西的体验能力正在衰退，这或许是今天我们的理论更需要审美理念的原因——有那么一个灵境，它不是理性与智能所达到的地方，尽管它不是审美的全部对象,但它是审美的真谛所在。

作为审美对象的审美灵境,不再受客体的客观属性的制约,它让审美不是对对象的被动的反应;它也让审美不再是主体的主观情感与内心状态的表现或移情,从而让审美走出"自我"的边界,成为对外部世界的感知;审美灵境是像"精神"的"感觉",也是像"感觉"的"精神",是心灵与对象的接合部,它既不是主观的,也不是客观的,它非概念,非感觉,不受概念的合目的性羁绊,不受感觉的主观性限制,这种审美对象才真正保证着审美的自由,因而可以反过来说,它是真正自由的审美对象。

这个审美灵境,对于中国人的审美来说,并不陌生,艾布拉姆斯在其《镜与灯》中,为了概括艺术作品中的难以描述的审美秘境,阐发了一个概念——"韵致"(la grazia)[1],它想要表达的,神似于中国古代的"神韵""气韵""风韵""风骨"等概念,实际上中国古人在审美上,一直是把这种秘境作为真正的审美对象的。哲学家牟宗三在综合中西审美精神之后,得出了这样一个结论:"美是气化中之光彩,其为美固非依什么目的而为美,且亦不需于美的对象说其须依靠于一超绝的理性而为合目的的。"[2] 这个气化中之光彩,这个结论,就是本文所说的"审美灵境",它无目的,无概念,不是实存,但可以直观与感悟。这说明在审美对象的问题上,中西方是相通的。

---

[1] [美]艾布拉姆斯:《镜与灯:浪漫主义文论及批评传统》,郦稚牛、张照进、童庆生译,王宁校,第235页。

[2] 牟宗三:《以合目的性之原则为审美判断力之超越的原则之疑窦与商榷》,载[德]康德《康德判断力之批判》,牟宗三译,西北大学出版社2008年版,第40页。

《周易古筮考》对易学逻辑两种"法式"的研究贡献*

吴克峰（南开大学哲学院）

一

先秦筮法的实际例子以《左传》《国语》中的记载最为确实和有实际价值，后世治易者对此十分重视，纷纷循此窥觅古筮踪迹而著述不绝。尚秉和先生遗稿《周易古筮考》①中不仅有对《左传》《国语》的占例分析，而且搜集整理了下逮明清的占例，这不仅对易学史的研究有重要贡献，从中国逻辑史研究构建自主话语体系的角度来看，也极具重要价值。

《周易古筮考》据尚秉和《周易古筮考自序》，刊于民国十五年

---

* 本文原载于张涛主编《中华易学》第七卷，文物出版社 2021 年 11 月版，第 106—124 页，原题为《略论〈周易古筮考〉对易学逻辑研究的贡献》，此次略有增删，系国家社会科学基金重大项目"八卷本中国逻辑史"（14ZDB013）、贵州省 2017 年度哲学社会科学规划国学单列课题"易学逻辑经典系统研究"（17GZGX22）、贵州省 2020 年度哲学社会科学规划国学单列课题"中国逻辑的思想基础、核心概念与理论体系研究"（20GZGX19）阶段性成果。

① 尚秉和：《尚氏易学存稿校理》第一卷，中国大百科全书出版社 2005 年版。

（1926），是尚秉和先生"发愤搜辑，上自春秋，下迄明清传记所载"①之筮案，逐条分析，得"凡得筮案百六则，一百十卦，揲蓍之法灿然大备"②，其所分析总结出不同时代《周易》筮法的推理总规则，即"春秋太史局于辞象，后之人能兼用五行也"③，具体又与朱熹《启蒙》互为印证发明，细致分列出辞象、纳甲推理规则。张善文指出："《周易古筮考》……大旨在考索古代易筮条例，以证《周易》筮法的基本程式及其文化内涵。"④"筮法的基本程式"以逻辑的意义来看，即推理的语法规则，或语形规则；"文化内涵"是指与筮法基本程式即语形规则相关的解释，就是逻辑上的语义解释。尚秉和在论及卦象变爻规则时提及"法式"，他说："兹按古人成例，及朱子所论定以为法式"⑤。在《周易古筮考》中，"法式"涵盖"辞象""纳甲"筮法推理规则。从易学逻辑的视角看，这些"法式"也构成易学逻辑规则的公式。

《周易古筮考》涉及"辞象"与"纳甲"两种法式，因此我们就从易学逻辑层面的"辞象法式"与"纳甲法式"展开讨论。

尚秉和指出："筮，揲蓍也……揲蓍之占，春秋太史所掌，虽已失传，赖左氏内外传所纪十余事，义法粗具，后之人犹得窥见端绪，传述不绝也。盖易之用，代有阐明，而其别有三：伏羲以来察象，周用辞而兼重象，至西汉乃推本辞象而益以五行。"⑥ 就春秋太史的"辞象法式"而言，《周易古筮考》整理出："静爻""一爻动""二

---

① 尚秉和：《周易古筮考自序》，载《尚氏易学存稿校理》第一卷，第1—2页。
② 尚秉和：《周易古筮考自序》，载《尚氏易学存稿校理》第一卷，第2页。
③ 尚秉和：《周易古筮考自序》，载《尚氏易学存稿校理》第一卷，第1页。
④ 张善文：《周易古筮考校理述例》，载《尚氏易学存稿校理》第一卷，第1页。
⑤ 尚秉和：《周易古筮考·卷三·动爻》，载《尚氏易学存稿校理》第一卷，第31页。
⑥ 尚秉和：《周易古筮考自序》，载《尚氏易学存稿校理》第一卷，第1页。

爻动""三爻动""四爻动""五爻动""六爻动",共凡七种。分析《左传》、《国语》筮例共有十九条,包括"静爻"三条(《左传》二条、《晋语》一条;黄寿祺目录批注另增加《左传》三条)、"一爻动"十三条(《左传》;黄寿祺目录批注另增加《左传》一条)、"三爻动"二条(《晋语》《周语》各一条)、"五爻动"一条(《左传》),加上黄寿祺目录上的批注共涉及《左传》《国语》二十三条占例。这些关于筮法之"辞象法式"的分析,不仅是对《周易》具体筮法的归纳总结,也是对易学逻辑推理规则的探究与探索。

尚秉和又指出:"至西汉乃推本辞象而益以五行。五行明而筮道乃大备矣。是以汉之焦、京,魏晋之管、郭,唐之李淳风,宋之邵尧夫,其筮法之神奇,有非春秋太史所能望见者……五行之义始箕子,易微露其兆,引而弗申。至汉乃大昌。"① 易学逻辑的发展,至汉代由先秦的"辞象法式"加入了五行的元素,从逻辑的视角可以称之为"新算子",由于五行"新算子"的纳入,易学逻辑从而得到极大的丰富和发展,纳甲系统就是优秀的代表,可以称之为"纳甲法式"。尚秉和遗稿,黄寿祺批注、张善文校理的《尚氏易学存稿校理》第一卷中,其弟子黄寿祺教授在《周易古筮考·卷八·纳甲说》后批言:

> 尚氏近著《周易导略论》,有"纳甲考"一文,钞载于此……西汉易得孔子真传者三家,施、孟、梁邱是也。其受授皆甚分明,不幸皆亡。其纳甲与否,不得而知。纳甲之术可考见者,莫详于京氏。今京易亦亡,独传其易传三卷。后人考其易传,因得其八官、世应、纳甲之数,飞伏、游魂、归魂、六亲之说,似纳甲之术为京房所专有。②

---

① 尚秉和:《周易古筮考自序》,载《尚氏易学存稿校理》第一卷,第1页。
② 尚秉和:《周易古筮考·卷八·纳甲说》,载《尚氏易学存稿校理》第一卷,第118页。

就易学逻辑而言,纳甲逻辑系统是因为纳入"干支"(干支分属五行)这一"新算子"从而具有更广泛的论域,其系统本身是基于爻象系统(或如尚秉和称为"辞象")的扩展,有自身的构成规则(纳甲与纳子)、公理(五行生克)、定理(天干五行、地支五行、地支冲刑合、五行生旺墓绝)、判定规则(六亲、六神、世应、飞伏),从而具有更强的解释力,构成易学逻辑的经典系统之一。《周易古筮考》对纳甲系统进行了语义解释,如"纳甲者,将干支排纳于六爻中,而以干支所属之五行,及筮时时日,视其生克,以断吉凶也"①。例如六亲,"各爻既将地支排好,次排六亲。六亲者,父母、兄弟、妻财、子孙、官鬼是也。其法视各卦所值地支之五行,与遇卦本宫之五行相生克而定名"②。其他诸如"世应""五行生克""天干五行""地支五行""五行生旺墓绝""地支刑冲合""六神""飞伏"等,亦各有语义解释。③

二

通过《周易古筮考》中一则筮例,我们对"辞象法式"和"纳甲法式"的逻辑意蕴进行分析,以后者为重点。④ 该书《卷六·三爻动》有一则"晋郭璞为殷祐筮怪兽"的筮例⑤,此事在《晋书》第七

---

① 尚秉和:《周易古筮考·卷八·纳甲说》,载《尚氏易学存稿校理》第一卷,第117页。

② 尚秉和:《周易古筮考·卷八·六亲》,载《尚氏易学存稿校理》第一卷,第119页。

③ 参见尚秉和《周易古筮考·卷八·纳甲考》,载《尚氏易学存稿校理》第一卷,第117—128页。

④ 关于"辞象法式"在拙文《中国逻辑史视域下的〈左传〉〈国语〉筮例分析》中已有论述。参阅张涛主编《周易文化研究》第六辑,社会科学文献出版社2014年版,第47—56页。

⑤ 尚秉和:《周易古筮考·卷六·三爻动》,载《尚氏易学存稿校理》第一卷,第84—86页。

十二卷的《郭璞传》中有记载：

> 璞既过江，宣城太守殷祐引为参军。时有物大如水牛，灰色卑脚，脚类象，胸前尾上皆白，大力而迟钝，来到城下，众咸异焉。祐使人伏而取之，令璞作卦，遇遯之蛊，其卦曰："艮体连乾，其物壮巨。山潜之畜，匪兕匪武（《晋书校勘记》："'武'本作'虎'，盖唐人避讳改。"①）身与鬼并，精见二午。法当为禽，两灵（《周易古筮考》作"翼"②）不许。遂被一创，还其本墅。按卦名之，是为驴鼠。"卜适了，伏者以戟刺之，深尺余，遂去不复见。郡纲纪上祠，请杀之。巫云："庙神不悦，曰：'此是邧亭驴山君鼠，使诣荆山，暂来过我，不须触之。'"其妙精如此。③

对此，尚秉和按语说："此以卦象推，兼用纳甲。"④ 这是一个很好的易学逻辑论证。

殷祐发问：此为何物？请占之！

郭璞论题：遇遯（☰）之蛊（☶）

推理规则："此以卦象推，兼用纳甲。"

（辞象法式与纳甲法式兼用）

（一）辞象法式

尚秉和说：

---

① （唐）房玄龄等撰：《晋书（全十册）》第 6 册，中华书局 1974 年版，第 1914 页。

② 尚秉和：《周易古筮考·卷六·三爻动》，载《尚氏易学存稿校理》第一卷，第 84 页。

③ （唐）房玄龄等撰：《晋书（全十册）》第 6 册，第 1900 页。

④ 尚秉和：《周易古筮考·卷六·三爻动》，载《尚氏易学存稿校理》第一卷，第 84 页。

>按，乾天也，健也，艮体连之，故知壮巨……艮为山，止也，潜也，故曰山潜之畜。
>
>法当为禽者，艮止有禽获象；艮化巽，巽为鸡，鸡禽也。两翼不许者，遯二至四互巽，巽属鸡，是一翼也；蛊下体又巽，是又一翼也。而巽风为动，艮在二卦皆与相连，有顺风而逝之象，故禽之不得也。
>
>还其本塾者，艮为门庭，一变而居上，有跃出之象。
>
>按卦名之，是为驴鼠者，因乾为马，艮为鼠。可云马鼠而云驴鼠者，因乾变艮，马为鼠；马为鼠，马斯小矣，小则驴矣，故曰驴鼠。①

郭璞筮遇遯之蛊，艮处遯卦之下与蛊卦之上，故曰"艮体连之"。此解卦方法在《清华简·第一节·死生》的第三组卦例中曾出现过，此组的第二卦例右下坤、左上乾本相匹配，而被同一艮卦遮蔽。②《清华简》是战国时期楚国竹简，经过数轮碳-14反复测定矫正，时间当在公元前305年加减30年，属战国中晚期文物。可见"连之"的特殊语义解释，其用法由来已久，是有历史根据的。所以"艮体连之"，语义解释为相邻两卦中两艮相连，两艮相连，岂不"壮巨"大乎！但是《晋书》上说"艮体连乾"，《乾·大象》曰："天行健"，《乾·彖》又曰："大哉乾元"，乾本为健、为大，又艮体相连，岂不更"壮巨"大乎！《说卦》曰："艮为山"，又为潜，因此是"山潜之物"。《说卦》曰："艮为止"，艮又有止意，上述《清华简》卦例"艮"之意即为"止"，止即有擒获之象。从遇卦遯与之卦蛊的关系

---

① 尚秉和：《周易古筮考·卷六·三爻动》，载《尚氏易学存稿校理》第一卷，第84—85页。
② 清华大学出土文献研究与保护中心编，李学勤主编：《清华大学藏战国竹简》（肆），中西书局2013年版，第80页。

来看，两卦下体是从艮到巽，这就是"艮化巽"。《说卦传》曰"巽为鸡"，鸡为禽，所以前述止之擒获的是禽，即"法当为禽"。但实际情况却是，"伏者以戟刺之，深尺余，遂去不复见"，对此《郭璞传》上记载是"两灵不许"，尚秉和将"灵"释为"翼"，如此则根据遯内二至四互巽为鸡，则为一翼；蛊下体为巽则又为一翼，如此则成"二翼"。巽为风为动，艮体相连，则顺风而动，所以禽之不得。又此物之所以被戟一击遂去不复见，在于艮有门庭之象，遯之蛊，则遯下体之艮一变跃为蛊上体之艮，此为"一变居上"，有跃出之象，故不得擒也。《说卦传》曰："乾为马""艮为鼠"，本卦遯上体乾马变之卦蛊上体艮鼠，本可以叫作"马鼠"而称为"驴鼠"者，概马大鼠小，乾变艮则大马变小鼠，大马变小则为驴，故为"驴鼠"。

这一抽丝剥茧式的"辞象法式"分析方法，以中国逻辑史的视角来看，就是用的"推类"逻辑方法。如果将"遇遯之蛊"看成一个公式的话，艮就是前件遯与后件蛊之间形式代换符号，从乾、艮之"健""大"的前提形式代换推类出"其物壮巨"之结论。易学每一卦象符号都有多种语义解释，如仅就《说卦传》而言，乾具有："天地定位""乾以君之""战乎乾，乾西北之卦也""乾，健也""乾为马""乾为首""乾，天也，故称乎父""乾为天，为圜，为君，为父，为玉，为金，为寒，为冰，为大赤，为良马，为老马，为瘠马，为驳马，为木果"等众多语义含义，此外还包括众多的语义转义，这些众多的语义含义、转义构成乾的语义类集合，集合的符号就是乾卦（☰），这是一个中国历史文化系统内的最抽象符号，是其所代表类集合最高抽象，中国古代逻辑的推理就是在这样的抽象符号之间进行的推类推理，这是中国古代逻辑的独有特征。辞象法式其他内容逻辑分析类同，故略。

（二）纳甲法式

尚秉和说：

> 以艮当所卜物者，世在艮二爻故也。（遯世在二爻午，应在五爻申）……匪兕匪虎者，因遯世在二爻，二爻值午，午为马，故匪兕虎。①

按京氏纳甲，遯为乾宫二世卦，世爻是艮卦二爻，纳丙午（二五相应，所以二爻应在五爻纳壬申），所卜者是艮二爻，所纳地支午为马，所以匪兕匪虎。此处的午代换为马，属于逻辑上的形式代换，是易学逻辑的特有形式。

公式：丙午克壬申金

语义：乾宫遯世爻丙午克应爻九五壬申金，午为马，故非兕虎。

> 身与鬼并者，世为身，世爻值午，午火克本宫乾金为鬼，故曰身与鬼并。而上四爻仍值午为鬼，故又曰精见二午，而知此物为鬼物为精魅也。②

按纳甲，世卦为身，遯卦为乾宫二世，二爻是世爻纳丙午，乾宫属金。京房曰："火来四上嫌相敌"，是说"壬午火，是乾之官鬼"③。由此，遯卦世爻丙午克本宫乾金为同类相克为鬼，所以是身与鬼并。遯上卦四爻纳壬午，午火克乾金亦同类相克为鬼，此即郭璞占辞"身与鬼并，精见二午""为鬼物为精魅"之语义。另有黄寿祺批注："遯，乾宫二世卦。乾于五行属金。蛊，巽宫归魂卦。巽于五行属木。但之卦之生克仍以遇卦本宫为主不用之卦之本宫。故此卦本宫为金。"

---

① 尚秉和：《周易古筮考·卷六·三爻动》，载《尚氏易学存稿校理》第一卷，第84页。

② 尚秉和：《周易古筮考·卷六·三爻动》，载《尚氏易学存稿校理》第一卷，第84页。

③ 卢央：《京氏易传解读》下册，九州出版社2004年版，第443页。

此批注阐明纳甲生克规则，亦属于纳甲法式的逻辑规则。

公式：丙午火克乾金并壬午火克乾金

语义：世卦为身，遯世二爻丙午火克本宫乾金同类相克为一午，遯四爻壬午克本宫乾金同类相克为鬼为二午，故"身与鬼并，精见二午"。

以下"纳甲法式"之"一创""逃还""驴鼠"，逻辑分析类同，故只留语义略去公式。

> 遂被一创者，因遯艮二爻世午化为亥，亥水克午火，故知被一创……又遯五申变子，四爻午变戌，皆来生艮爻，故决其逃还也。①

按纳甲，因遯下体艮二世爻丙午变蛊卦下体巽二爻辛亥，亥水克午火，因此被一创。又因遇卦遯五爻壬申变之卦蛊五爻丙子水，金生水；遯四爻壬午火变蛊四爻丙戌土，火生土；如此则遯上四、五爻生蛊上艮四、五爻，这就是"故决其逃还也"。

> 又驴鼠者，遯世爻午马化亥猪，四爻午马化戌狗。马而猪、狗，则不马矣。然不失马体，则小于马而驴矣。鼠者，因应爻申化子，子为鼠。世为驴，应为鼠，故驴鼠也。②

世爻为本身，遇卦遯之世爻是六二丙午，化成之卦蛊下体九二辛亥，则午马化亥猪；同理遯四爻壬午化之卦蛊四爻丙戌，是马化戌

---

① 尚秉和：《周易古筮考·卷六·三爻动》，载《尚氏易学存稿校理》第一卷，第85页。

② 尚秉和：《周易古筮考·卷六·三爻动》，载《尚氏易学存稿校理》第一卷，第85页。

狗,马化猪狗虽不成马,亦全非猪狗,即所谓"不失马体",只是比马小一些的驴而已。还有遯之世爻应爻是九五壬申,申金生水,申化子,子又为鼠,如此种种,则为驴鼠也。

可见,相对于"辞象法式","纳甲法式"由于加入"干支算子"(干支分属五行)而成一新的逻辑系统,这一系统的特点是符号更抽象、更简约,因而具有更广的论域,解释力也更强。

(三) 对毛奇龄、李塨批驳的逻辑分析

《周易古筮法》曰:"按,此以卦象推,兼用纳甲。毛西河、李刚主不知纳甲法,多误解也。"①

毛奇龄撰《仲氏易》曰:

> 晋渡江后,宣城太守殷祐以郭璞为参军。会有物如牛,足卑类象,大力而迟。行到城下,祐将伏取之。令璞作卦,遇遯(䷠)之蛊(䷑),其辞曰:艮体连乾(遯下艮上乾),其物壮巨,山潜之畜(蛊上艮为山,互兑为潜),匪兕匪虎(坤为兕虎,以坤间二阳,不成故也),身与鬼并(三阴为鬼,蛊三阳三阴合并成卦;又《乾凿度》以艮为鬼冥门,贞悔两见艮,故曰鬼并亦可),精见二午(离五月卦为建午,三至上为大离,是倍午也。或用《火珠林》法,谓二四俱属午,俱动为见二午,非是),法当为禽(离为雉,巽为鸡),两翼不许(谓无两翼),遂被一创(遯四阳,伤其一为一创),还其本墅(谓遯只伤乾一画,而山仍如故,故蛊上之山还本墅也)。按卦名之,是为驴鼠(乾为马,艮为鼠,遯上乾下艮,而艮体连乾,则合四乾,已变马形为驴,

---

① 尚秉和:《周易古筮考・卷六・三爻动》,载《尚氏易学存稿校理》第一卷,第84页。

是驴鼠也。按，是占《晋书》无解，今以推易之法解之，则与周太史解断无异)。卜竟，伏者以戟刺之，深尺余，遂去不见。郡纲纪上祠，巫云：庙神不悦，曰此郏亭驴山君鼠也，偶诣荆山，暂来过我，何容触之。其验如此。①

西河先生又在《春秋占筮书》中引述《仲氏易》所论，有增删改动如下：在"其物壮巨"下加注"是占在《晋史》无解，今录《仲氏易》解语。遯天山皆巨物，故此物亦巨"；在"身与鬼并"下删"又《乾凿度》以艮为鬼冥门，贞悔两见，艮故曰鬼并亦可"句；在"精见二午"下删"或用《火珠林》法，谓二四俱属午，俱动为见二午，非是"句；在"遂被一创"下由"遯四阳，伤其一为一创"改成"遯四阳，伤其一为蛊"；在"还其本墅"下由"谓遯只伤乾一画，而山仍如故，故蛊上之山还本墅也"，改成"自遯之蛊，只伤乾一画，而两山如故"；在"是为驴鼠"下改成"今遯乾一变而已失马形，是驴鼠矣"，删去"按，是占《晋书》无解，今以推易之法解之，则与周太史解断无异"句，新增"此事近狡狯，然亦见古人筮法有如是者"句。②

西河先生认为，《晋书·郭璞传》中记载的这个占例，按照郭璞的解释则近似狡狯，如同儿戏，在历史上无人可以解释通，可见古人的占法并不完全可靠。那么，综合《仲氏易》和《春秋占筮书》的解释，理由如下：

艮体连乾：遯下艮上乾。

---

① （清）毛奇龄撰：《仲氏易》，载《景印文渊阁四库全书》第41册，台北：台湾商务印书馆股份有限公司1986年版，第323页。
② （清）毛奇龄撰：《春秋占筮书》，载《景印文渊阁四库全书》第41册，第545—546页。

其物壮巨：遯天山皆巨物，故此物亦巨。

山潜之畜：蛊上艮为山，互兑为潜。

匪兕匪虎：坤为兕虎，以坤间二阳，不成故也。

身与鬼并：三阴为鬼，蛊三阳三阴合并成卦。

《乾凿度》以艮为鬼冥门，贞悔两见，艮故曰鬼并亦可

（《仲氏易》，《春秋占筮书》删去后句）

精见二午：离五月卦为建午，蛊三至上为大离，则倍午矣

用《火珠林》法，谓二四俱属午，俱动为见二午，非是

（《仲氏易》，《春秋占筮书》删去后句）

法当为禽，两翼不许：离为雉，巽为鸡，而无两翼。

遂被一创：遯四阳，伤其一为一创——《仲氏易》。

遯四阳伤其一为蛊——《春秋占筮书》

还其本墅：谓遯只伤乾一画，而山仍如故，故蛊上之山还本墅也

——《仲氏易》

自遯之蛊，只伤乾一画，而两山如故——《春秋占筮书》

按卦名之，是为驴鼠：乾为马，艮为鼠，遯上乾下艮而艮体连乾，则合四乾，已变马形为驴，是驴鼠也——《仲氏易》

遯乾一变而已失马形，是驴鼠矣——《春秋占筮书》

结论一：《仲氏易》，是占《晋书》无解，今以推易之法解之，则与周太史解断无异。

结论二：《周易占筮书》，此事近狡狯，然亦见古人筮法有如是者。

尚秉和在《周易古筮考》中对上逐次批驳。

遯下艮上乾，故曰连乾。按照尚秉和在此处思路，"连乾"不会是"下艮上乾"同语反复这样简单，而是按照纳甲法式遯卦为乾宫二

世卦，乾宫是其本宫，故曰"连乾"。

蛊上艮为山，互兑为潜。尚秉和认为是"艮为山，止也，潜也，故曰山潜之畜"。西河先生用的是"互体"法解释，尚氏是根据《说卦传》直解，较为简明。

为兕虎，蛊二阳间之，故曰非。尚秉和称"此解勉强"。

尚秉和认为，以艮当所卜物，遯下体艮世在二爻，按纳甲法式，世爻又是一卦的为主之爻，遯二爻值午，午为马，故曰匪兕匪虎。解释的关键是以何卦作为所卜对象，尚氏认为是遇卦遯下体艮，乃至具体到艮世二爻，西河先生却认为以之卦蛊作为所卜对象，差别是很大的。前述黄寿祺批注："遯，乾宫二世卦……但之卦之生克仍以遇卦本宫为主不用之卦之本宫"，尚氏解卦较为合理。

《乾凿度》以艮为鬼冥门，贞悔两见，故曰与鬼并。

尚秉和称"此解错误，身、并二字皆无着"。所谓"贞悔两见"，是指遇卦遯之下体，与之卦蛊之上体两处见艮。但是，《乾坤凿度·卷上》曰：

> 艮为鬼冥门。上圣曰：一阳二阴，物之生于冥昧，气之起于幽蔽。《地形经》曰：山者，艮也，地土之余，积阳成体，石亦通气，万灵所止，起于冥门。言鬼，其归也，众物归于艮。艮者，止也，止宿诸物，大齐而出，出后至于吕申，艮静如冥暗，不显其路，故曰鬼门。①

《乾凿度·卷上》又曰：

> 四时有阴阳刚柔之分，故生八卦……艮始终于东北方，位在

---

① 林忠军：《〈易纬〉导读》，齐鲁书社2002年版，第120页。

十二月。八卦之气终，则四正四维之分明……艮者，止万物也，故在四时之终。①

可见，《乾凿度》之艮意与西河先生所论不合，如此解"身与鬼并"确实勉强。按照尚秉和纳甲法式思路，艮为所卜物者，遯卦世爻六二为"身"，世爻纳午火克本宫乾金为鬼，此为"并"，可见纳甲法式解释更为简洁清晰。

"精见二午。"离五月卦建午，蛊三至上为大离，是倍午也。

尚秉和认为西河先生此解二午"义尤穿凿"。五月建午为历法，大离之谓是互体，放置一起风马牛不相及，所谓舍近求远，取繁舍简，不合"易简"之理，必然出错。况且，西河先生在《春秋占筮书》中又删去"或用《火珠林》法，谓二四俱属午，俱动为见二午，非是"一句，没有顾及晋代郭璞与西汉京房已有 300 余年的时间差距，纳甲术早为流传的事实。

离为雉，巽为鸡，故为禽。

尚秉和认为，遇遯之蛊，两卦下体由艮变巽，艮化巽，巽即为鸡，为禽；既然是遇卦与之卦的关系，就不能舍遇卦而只顾之卦，因此以之卦蛊"大离"及下体巽为依据释卦不足为信。

遯四阳，伤其一为一创。遯四阳伤其一为蛊。

尚秉和认为此"解被创尤无理"，遯四阳而两阴，何来"只伤乾一画"！如果说遯由姤一世而来，则是再伤乾一画，不能是"只伤"乾一画。若从遯卦算起，遯四阳伤其一为蛊，岂不成伤乾三画！即使遯伤一阳，也是乾宫三世的否卦，不能成为巽宫归魂蛊卦，如此天马行空、肆意解释则失去易学的内在逻辑性。正确解释如尚秉和按纳甲法式，所谓一创者，遯艮二爻世午化巽二爻亥水，水克火，故知被一创。

---

① 林忠军：《〈易纬〉导读》，第 79—80 页。

谓遯只伤乾一画，而山仍如故，故蛊上之山还本墅也；自遯之蛊，只伤乾一画，而两山如故。

因为遯下体艮变蛊上体成"连艮"，则断言"可还遯之本墅"，实属"望象妄议"，连艮之意在"其物壮巨"，而艮为门庭，一变居上成出跃之象则更为贴近。按纳甲法式，尚秉和释遯五爻申变子、四爻午变戌，皆生艮爻，故决其逃还更为贴切。

结论一：《仲氏易》，是占《晋书》无解，今以推易之法解之，则与周太史解断无异。

结论二：《周易占筮书》，此事近狡狯，然亦见古人筮法有如是者。

西河先生在《仲氏易》中的结论充满自信，认为找到了正确解释，又与京氏易密切相关的《火珠林》划清界限，但是稍晚些写成的《春秋占筮书》中却对自己早先结论怀疑起来，只能发出"此事近狡狯，然亦见古人筮法有如是者"之感叹。

尚秉和逐次分析梳理批驳之后，给出结论："按，毛解无一可取者，特录而驳之，俾后学勿为所惑。"①

对于清初李塨的批驳，抄录于下：

> 李刚主曰：按遯下体为山，二至四互体为巽，伏于山上，山潜之畜也。为禽而两翼不许者，遯之巽鸡，蛊之离雉，其身之外当为翼，而具艮止，是无翼也。（不许者，不许物被禽也。有翼无翼何涉？）乾为马，艮为鼠，今变卦艮鼠依然，而乾马初爻变阴小，则似驴矣。今为一体，可名为驴鼠。②

---

① 尚秉和：《周易古筮考·卷六·三爻动》，载《尚氏易学存稿校理》第一卷，第85页。

② 尚秉和：《周易古筮考·卷六·三爻动》，载《尚氏易学存稿校理》第一卷，第85页。

显然，李刚主此解依然是拘泥于易学逻辑的"辞象法式"，在卦象互体、辞象关系上做出推类，其混乱局限之处与"纳甲法式"相比，在缺少形式推理和语义解释过于宽泛。

通过上述分析可以看到，辞象法式与纳甲法式都是易学逻辑的代表性解易系统，各有优点、各具特色，辞象法式比较符合《周易》古经的解易传统，纳甲法式相较辞象法式出现稍晚，因为增加干支算子而具有更大的论域。从这一占例来看，两个法式都可以给出解释，但是纳甲法式相对来说更少歧义性和模糊性，是一个相对干净的逻辑系统。

纵观尚秉和关于此占例的解释分析，从辞象法式入手释占，给出较为满意的解释后，再引入纳甲法式这一相对更大论域的解释系统，从而对郭璞占辞中的重点部分给出自洽的解释，最后逐次逐层批驳归纳，得出"毛解无一可取者，特录而驳之，俾后学勿为所惑"的结论，是一个体现易学逻辑风格的优秀论证。

三

易学逻辑的发展经过先秦以辞象为主的阶段，包括据象推类、据辞推类、象辞结合推类①这一辞象阶段可以概括为"辞象法式"，进入汉代以后，由于加入干支新算子而形成易学逻辑发展的新阶段，并与当时的天文、历算、中医药等因素相结合，构成了具有比先秦更具广泛解释力的易学逻辑系统，"纳甲法式"就是这一时期的重要代表。

《晋书》编撰被认为"好采诡谬碎事，以广异闻，又所评论，竞

---

① 温公颐、崔清田主编：《中国逻辑史教程》（修订本），南开大学出版社2001年版，第21—28页。

为绮艳,不求笃实"①,但"由于唐代以前的诸家《晋书》已经失传,它还是我们今天研究两晋历史的一部主要参考书,包含了不少可供我们利用的资料"②。《晋书·列传·第四十二》"郭璞占怪兽"之神怪之事,不必苛求于历史的真实,从易学逻辑的发展来看却是一种解释学意义上的进步,同时也是易学逻辑自身理论的逻辑性演化进步,这当然是不可忽视的重要内容。因此,从解释学意义层面上探究易学逻辑理论进步的逻辑理路,是理论研究的必然。

尚秉和从易学理论自身出发,看出旧有"辞象法式"解释力的不足。他说:"朱子曰:六爻不动,占本卦象辞。按,古人成例,故以占象辞为常。然象辞往往与我不亲,则视其所宜者而推之。斯察象为贵耳……固不拘一法也。"③ 甚至就连西河先生本人对"辞象法式"的解释也甚不满意,发出了"此事近狡狯,然亦见古人筮法有如是者"的感叹。"辞象法式"这种局限性和歧义性,是新解释系统诞生的动力,一定会呼唤出一个更广的解释论域,更清晰、更干净的解释系统诞生,此占释例即一个很好的理论例子。

中国逻辑史的发展到后期墨家总结出了逻辑推理理论,指出推理是在类与类之间进行的,即"推类",并以"推类"概括出中国逻辑的核心特点。如《墨子·小取》中所说"以类取,以类予"④,"夫辞,以类行者也"⑤,就是对推类的概括与说明。此外,名墨儒等诸家还总结出一些推类要遵守的原则,如推理要"依类相推",即"以

---

① (唐)房玄龄等撰:《晋书(全十册)》第1册,中华书局1974年版,"出版说明",第2页。
② (唐)房玄龄等撰:《晋书(全十册)》第1册,"出版说明",第3页。
③ 尚秉和:《周易古筮考·卷二·静爻》,载《尚氏易学存稿校理》第一卷,第13页。
④ (清)孙诒让撰:《墨子闲诂》,载《诸子集成》第四册,上海书店影印出版1986年版,第250—251页。
⑤ (清)孙诒让撰:《墨子闲诂》,载《诸子集成》第四册,第249页。

类度类"①"类不悖,虽久同理"② 等,同时也注意到了推类中的注意事项,如"异类不比"③ "推类之难,说在之大小"④,强调推类要"以名举实"⑤,指出"狂举不可以知异"⑥,否则不能保证推类的正确性。针对推类的复杂性,《吕氏春秋·似顺论》曾明确指出"类固不必可推知也"⑦,《淮南子·说山训》则进一步指出:"类不可必推"⑧,丰富了推类的逻辑思想。

中国古代逻辑这种以"推类"为主导推理类型的特色,在易学中有大量突出表现,且充满着中国历史文化诠释的特点。因此,易学中的逻辑推理与理论,是中国逻辑史研究的重要课题之一。《周易》中的逻辑理论在《易传》中说得较明确,是对早期《周易》推理的总结,诸如"方以类聚,物以群分"(《系辞》)、"以类族辨物"(《象传》)、"其称名也,杂而不越。于稽其类"(《系辞》)、"引而伸之,触类而长之"(《系辞》)、"与类行"(《象传》) 等都是对推类的理论说明。

《周易古筮考》从一个侧面推进了对易学逻辑理论的认识。如在论及"辞象法式"时,总结出"静爻"规则:"朱子曰:六爻不动,占本卦彖辞。按,古人成例,故以占彖辞为常。然彖辞往往与

---

① (清) 王先谦撰:《荀子集解》,载《诸子集成》第二册,上海书店影印出版1986年版,第52页。
② (清) 王先谦撰:《荀子集解》,载《诸子集成》第二册,第52页。
③ (清) 孙诒让撰:《墨子闲诂》,载《诸子集成》第四册,第196页。
④ (清) 孙诒让撰:《墨子闲诂》,载《诸子集成》第四册,第195页。
⑤ (清) 孙诒让撰:《墨子闲诂》,载《诸子集成》第四册,第250页。
⑥ (清) 孙诒让撰:《墨子闲诂》,载《诸子集成》第四册,第200页。
⑦ (汉) 高诱注:《吕氏春秋》,载《诸子集成》第六册,上海书店影印出版1986年版,第319页。
⑧ (汉) 高诱注:《淮南子注》,载《诸子集成》第七册,上海书店影印出版1986年版,第285页。

我不亲，则视其所宜者而推之。斯察象为贵耳……固不拘一法也。"① 论及"动爻"时指出："卦有一爻动、二爻动、三爻动，甚至四爻、五爻、六爻全动。吾人遇之，如何推断乎？兹按古人成例，及朱子所论定以为法式。然不可泥也。盖易贵占变，象与辞之通变，及事实之拍和，神之所示，千变万化，有不可思议者，故不可执也。需就事以取辞，查象而印我，弃疏而用亲。"② 又说，"朱子曰：一爻变，则以本卦变爻辞占。按，此论其常耳。古人殊不尽取动爻辞，以辞往往与我疏。故弃而不用，用其象之亲于我者以推我事。又陈敬仲遇观之否，取动爻辞矣。又何以兼推互体？可见筮无定法。专查卦象之于我何如，不能执一以推也。"③ 又说，"朱子曰：三爻变则占本卦及之卦象辞。以本卦为贞，之卦为悔。按，晋文公筮得贞屯（䷂）悔豫（䷏），取两卦象辞曰利建侯，与朱子启蒙说合。而又兼取卦体，则不执于一也。此外，皆与朱子说不甚合。盖筮法不能执一，执一则捍格不通。变而通之，神而明之，存乎其人。"④ 论及五爻动，尚秉和又说："朱子曰：以之卦不变爻占。任起运曰：以不变爻占。按，如朱子之说，则舍本卦不用。如任氏之说，则本卦、之卦并重，只取其静者耳。而按之古人筮案，皆不尽然。朱子未详考，只引左传艮之随为例，谓当以随不变爻系小子、失丈夫为占，以成其说。岂

---

① 尚秉和：《周易古筮考·卷二·静爻》，载《尚氏易学存稿校理》第一卷，第13页。
② 尚秉和：《周易古筮考·卷三·动爻》，载《尚氏易学存稿校理》第一卷，第31页。
③ 尚秉和：《周易古筮考·卷三·动爻》，载《尚氏易学存稿校理》第一卷，第31页。
④ 尚秉和：《周易古筮考·卷六·三动爻》，载《尚氏易学存稿校理》第一卷，第79页。

知即穆姜言观之，仍以爻辞为占耳。"① 从上述这些对《左传》《国语》筮例"辞象法式"的考证中，可以看出诸如象、本卦、之卦、象辞、爻辞这些推理规则法式标准的选取与矛盾，如果从西方逻辑的视角看，实质上反映了类似语形、语义与语用三者之间的不协调关系，如果从逻辑论证的视角看，这种"易贵占变""象与辞之通变""与事实之拍和""然象辞往往与我不亲，则视其所宜者而推之""固不拘一法也""古人殊不尽取动爻辞，以辞往往与我疏。故弃而不用，其象之亲于我者以推我事"等，则正是易学逻辑的特色，也是中国古代逻辑的特色。因此，尚秉和关于古筮法的考证，对深刻认识易学逻辑，乃至构建中国古代逻辑的话语体系具有极为重要的贡献和价值。

---

① 尚秉和：《周易古筮考·卷七·五动爻》，载《尚氏易学存稿校理》第一卷，第91—92页。

论孔子对"六经"的创造性转化与创新性发展

——从经史关系的角度*

任蜜林（中国社会科学院大学哲学院、
中国社会科学院哲学研究所）

党的十八大以来，习近平总书记对于如何看待中华优秀传统文化做了一系列讲话，其中一个核心观点就是实现中华优秀传统文化的"创造性转化与创新性发展"。那么，在新时代如何实现中华优秀传统文化的创造性转化与创新性发展？中华优秀传统文化"创造性转化与创新性发展"的核心就是继承与发展的关系问题，其在中国古代文化中的表现也就是常与变的关系问题。在中国古代文化中，常与变的关系有着不同的表现，而经与史的关系问题无疑是其核心表现。在早期经史关系的演变过程中，孔子有着十分重要的地位，其对于"六经"的创造性转化与创新性发展作出了突出的贡献。

---

* 本文发表于《孔学堂》2022年第1期，有改动，系中国社会科学院创新工程重大项目子课题"中华传统文化创造性转化与创新性发展与中华文明发展原理研究"、贵州省2020年度哲学社会科学规划国学单列课题"人性、物性关系视域下的中国人性论研究"（20GZGX18）、国家社会科学基金重大项目"董仲舒传世文献考辨与历代注疏研究"（19ZDA027）阶段性成果。

一 经、史溯源

据现有资料,"经"字始见于西周金文,其初写作"巠"。郭沫若《释巠》说:

> 《大盂鼎》"敬雝德巠",《毛公鼎》"肇巠先王命",均用巠为经。余意巠盖经之初字也。观其字形,前鼎作巠,后鼎作巠,均象织机之纵线形。从糸作之经,字之稍后起者也。《说文》分巠、经为二字。以巠属于川部,云"巠,水脉也,从川在一下,一地也,壬省声。一曰水冥巠也"。说殊迂阔。①

郭氏认为巠乃经之初字,并指出《说文解字》以巠为水脉的说法是不正确的。在他看来,巠应该是织布机之纵线。按照这种解释,《说文解字》对于经的解释就容易理解了。《说文·糸部》说:"经,织从丝也。从糸、巠声。"段玉裁注曰:"织之从丝谓之经,必先有经而后有纬,是故三纲、五常、六艺谓之天地之常经。"《说文》又言:"纬,织衡丝也。从糸、韦声。"经与纬对,分别指织布的纵丝和横丝。段玉裁认为,织布的时候必先有纵丝,然后才有横丝,故而先经后纬。后面的"三纲、五常、六艺谓之天地之常经"显然是从引申意义上讲的。但从经为纵丝的含义上,似乎推不出经之恒常的意义。东汉刘熙《释名·释典艺》说:"经,径也,常典也,如径路无所不通,可常用也。"其《释道》又说:"径,经也,人所经由也。"苏舆注曰:"径,古读如经。本书《释典艺》'经,径也。'互相训。"② 经、

---

① 郭沫若:《金文丛考》,人民出版社1954年版,第182页。
② (东汉)刘熙撰:《释名疏证补》,(清)毕沅疏证,王先谦补,祝敏彻、孙玉文点校中华书局2008年版,第211、43页。

径可以互训，皆指道路。因为道路无所不通，又为人所必需，故可训为常。根据古代文字谱系的研究，凡是从巠派生的字，如经、胫、径、茎等，皆含有直义或其引申义。① 由此可见，纵丝为经之初义，直为其引申义，其余道路、常等则是其更进一步的引申义。

周代之书，以青铜器、竹、木等为介。竹简之间以丝连接，故当时一切书写之文均可名之为经。范文澜说：

> 众札之间，必有物联缀，始便翻诵，或用韦，或用丝，而丝之用尤便于韦，故因丝而得经名。②

章太炎说：

> 经者，编丝缀属之称。异于百名以下用版者，亦犹浮屠书修多罗。修多罗者，直译为线，译义为经，盖彼以为贝叶成书，故用线联贯也。此以竹简成书，亦编丝缀属也。③

中国古代以丝编连竹简，就如同印度佛书以修多罗编连贝叶成书一样。故经在起初并无特定之含义，其只不过为当时书写凭借的编连方式。

以经为纵丝，故凡书写之文均可称经，故《老子》有《道经》《德经》之分，《墨子》有《经上》《经下》之篇，《荀子》有"道经"之引。此从广义上释经。狭义上讲，经仅为"六经"之专称。到

---

① 黄德宽主编：《古文字谱系疏证》，商务印书馆2007年版，第2125页。
② 范文澜：《群经概论》，见《范文澜全集》第一卷，河北教育出版社2002年版，第1页。
③ 章太炎撰，庞俊、郭诚永疏证：《国故论衡疏证》，中华书局2018年版，第299页。

了战国中后期,"六经"已经为儒家之专属。后来《乐》经佚失,仅有"五经"。汉武帝时立"五经"博士,经学于是成为国家之正统思想。其后,经之数目又屡有增加,遂有"七经""九经""十三经"等名称。

与经字相比,史字出现得更早,在甲骨文中已经有着不同的写法。写法虽多,然大多从又从中,表示手有所持之义。到了西周,金文中的史字形状虽有变化,但含义并无改变。①"又"表示右手。在殷商金文中,中多书写为旗帜形状,表示旗帜飘扬之形。在殷周文字中,多在旗杆中间加口、〇、■等形状表示方位居于正中,属于指事字。除了旗帜的含义,中在甲骨文中还有表示方位、军制之名、宫室名等含义。② 可以看出,史的原始含义可能指的是右手把持旗帜的意思。

《说文解字·史部》说:"史,记事者也。从又持中。中,正也。"段玉裁于"记事者也"下注曰:"《玉藻》:'动则左史书之,言则右史书之。'不云记言者,以记事包之也。"于"中,正也"下注曰:"君举必书,良史书法不隐。"这里以"正"释"中"显然是引申义。吴大澂、江永、王国维等人都把"中"与册、书等联系起来。这样看来,"中"应该是当时书写的凭借,包含龟甲、简册等。"从又持中"也就是以手记录的简册。记录简册的人即史官。

据徐复观考证,在甲骨文中,史字较为少见。到了周初,"作册"即史,后面则出现"祝史"的连词。③ 从现有文献来看,至少在西周初年就有了专门负责记录国家重要事情的史官。在《周礼·春官·宗伯》中,对于史官更有着详细的划分,如大史、小史、内史、外史、御

---

① 黄德宽主编:《古文字谱系疏证》,商务印书馆2007年版,第250—251页。
② 黄德宽主编:《古文字谱系疏证》,第1165—1166页。
③ 徐复观:《两汉思想史》第三卷,华东师范大学出版社2001年版,第134—135页。

史等，每种史官都有其具体的职责。除此之外，《周礼》的每种官职下面几乎都有士、府、胥、徒的设置。这些都表明至少在西周时期我们已经有着丰富的史官文化。

从上可知，经、史在开始并没有具体的指称，它们包含的范围都非常广。可以说，当时一切书写的文字都可称作经或史。因为无论经还是史，起初都是从书写凭借的角度来讲的。故在后人看来的经书在当时有的是史官书写的，"动则左史书之，言则右史书之"（《礼记·玉藻》），"动为《春秋》，言为《尚书》"（《申鉴·时事》）。

二 经、史的分化与经的经典化过程

经、史一开始并无太大的区别，它们都是从书写凭借的角度讲的。随着人类历史的不断发展，人类记载的不断扩大，经和史也就逐渐开始分化开来。

未有文字之前，人类仅凭记忆或比较简单的方式（如结绳等）记事。但随着文字的诞生，人类政治社会的形成，就有了专门记载人类政治活动、社会风俗等各种事情的官员，即史官。按照《说文解字》的记载，史是记事的意思。如此看来，古代一切之书皆可归为史。实际上，在早期中国文化学术尚未分化的时期，史官起着传承中华文化的重任。

史料记载，最早的史书当数"《三坟》《五典》《八索》《九丘》"。《左传·昭公十二年》曰：

> 王出，复语。左史倚相趋过。王曰：是良史也，子善视之。是能读《三坟》《五典》《八索》《九丘》。

《三坟》《五典》《八索》《九丘》已佚，其内容不得而知。从

《左传》前后文来看，这些显然都属于"史"。否则，楚王也不会有"良史"之叹。

《三坟》《五典》《八索》《九丘》是否三皇五帝之书，颇难断定。然《诗经》《尚书》《仪礼》《周易》《春秋》等"六经"起初无疑具有史的形态。"六经"之中，以《易》形成最早。《易》包含《易经》和《易传》两部分，其形成是一个长期的过程。按照《汉书·艺文志》的说法，《周易》的形成经历了三个阶段，即伏羲画八卦、周文王演六十四卦和孔子作《易传》。伏羲属于传说人物，其画八卦的说法显然不可信。六十四卦是否为周文王所作也无充分的证据，但《易经》至少在西周初年已经形成。从现有资料来看，《周易》的形成受到了史官文化的影响，或者说其作者本身即史官。①

《诗经》是我国古代的诗歌总集，现存305篇。其由《风》《雅》《颂》三部分构成。古代有采诗之官，《诗经》就是由采诗之官献到当时朝廷的。《诗经》的作者也多不可考，不过其由采诗之官献之朝廷，然后由太师进行甄选、选编而成则是没有疑问的。太师与太保、太傅并为三公，虽非史官，但与史官有着密切关系。

《尚书》是古代政治文献的合集。其时代始于尧，终于秦。其内容包含典、谟、诰、誓等。所谓"尚"就是"上古"的意思。孔颖达《尚书正义》也说："尚者，上也。言此上代以来之书，故曰《尚书》。"因此，"尚书"就是上古文献的意思。《尚书》包含今文《尚书》和古文《尚书》。今文《尚书》指经秦火之后伏生所传之书，有二十九篇。古文《尚书》则指汉武帝末年鲁恭王坏孔子宅所得之书，有五十八篇。现存的古文《尚书》，一般认为是后世伪作。从内容看，《尚书》显然为史官所作。

《礼》包含《仪礼》《礼记》《周礼》，后世合称"三礼"。其中

---

① 朱伯崑：《易学哲学史》第一卷，华夏出版社1995年版，第12页。

《仪礼》为今文经学,《周礼》为古文经学。《礼记》则内容驳杂,有今文,也有古文。《仪礼》在汉代又称《士礼》,现存十七篇。其之所以称作《士礼》,盖因其首篇为《士冠礼》。《周礼》又称《周官》,王莽时刘歆改《周官》为《周礼》,凡六篇,亡《冬官》一篇,后人以《考工记》补之。对于《周礼》之年代,历代众说纷纭,莫衷一是。现在一般认为其为战国时人所作。《礼记》则有《大戴礼记》《小戴礼记》之分。《大戴礼记》为戴德所编,《小戴礼记》为戴圣所编。"三礼"之中,《仪礼》成书最早,其作者尚无定论。从其内容来看,其当属《大戴礼记·保傅》所记"太师"职责之内。因此,也与史官有着密切关系。

"六经"之中,《春秋》本即鲁国史书。春秋时期,各国皆有史书,《墨子》所说"百国《春秋》"是也。因此,不独鲁国有史,其余各国皆有史书。然名称或有不同,如《孟子》所说"晋之《乘》""楚之《梼杌》"。从现有材料来看,鲁国《春秋》在孔子之前就已存在。《春秋公羊传·庄公七年》说:"不修《春秋》曰:'雨星不及地尺而复。'"《论衡·艺增》说:"不修《春秋》者,未修《春秋》时'鲁史记'。"所谓"不修《春秋》",即未经孔子删定过的《春秋》。《左传·昭公二年》也记载了晋侯派韩宣子使鲁,"观书于大史氏,见《易》象与《鲁春秋》"。《春秋》之所得名,亦因此编年史性质。

从上可知,"六经"原出于史。此点前人多有论述。如明王世贞也说:"盈天地间无非史而已。三皇之世,若泯若没;五帝之世,若存若亡。噫!史岂可以已邪!六经,史之言理者也。"(《艺苑卮言》卷一)这一思想后来为清代章学诚发扬光大。章学诚说:"六经皆史也,古人不著书,古人未尝离事而言理,六经皆先王之政典也。"(《文史通义·易教上》)章氏此说影响甚大,几乎成为史学界之共识。

从文献内容上看,一切著述都可当作史。此史乃广义,非狭义上的历史学。但如果仅仅把"六经"当作史,即把"六经"当作当时史实的记载,则会只见事不见理,只见变不见常。这样经的地位和意义就无法凸显出来。经之所以能够称作经,就在于其能突破史的束缚,看到历史变化中的不变之道。但经之形成并非一蹴而就,而是经历了一个长期的经典化过程。

"六经"的具体作者虽然不能确定,但其主体部分形成于西周至春秋时期。其形成以后,也就开始了经典化的过程。这一点可以在《左传》和《国语》等文献中得到验证。

对于春秋时期的征引"六经"的情况,前人已有论及。如顾栋高说:"余观《左氏》所载赋《诗》凡二十五,引《书》据义二十二,言《易》十有七。"[①] 对此,顾氏还制作了《春秋左传引据诗书易三经表》加以说明。对于《左传》中引《诗》《书》《易》的情况,我们不能详列。下面仅举几个例子以展现其经典化的过程。我们先来看引《诗》的情况。《左传·僖公十九年》说:

> 宋人围曹,讨不服也。子鱼言于宋公曰:"文王闻崇德乱而伐之,军三旬而不降,退修教而复伐之,因垒而降。《诗》曰:'刑于寡妻,至于兄弟,以御于家邦。'今君德无乃犹有所阙,而以伐人,若之何? 盍姑内省德乎,无阙而后动。"

引《诗》出自《诗经·大雅·思齐》。意思是说,周文王能够修德,以成为妻子、兄弟的示范,并推到治理国家上。宋国围攻曹国,以讨伐不服。子鱼以周文王征讨崇侯虎的故事来说明以德服人的重要性。其引用《诗》也是为了说明自己的观点。

---

① (清)顾栋高辑:《春秋大事表》,吴树平、李解民点校,中华书局1993年版,第2549页。

对于《尚书》,《左传》也多有引用。如《左传·僖公五年》说:

> 晋侯复假道于虞以伐虢。……(虞)公曰:"吾享祀丰絜,神必据我。"(宫之奇)对曰:"臣闻之,鬼神非人实亲,惟德是依。故《周书》曰:'皇天无亲,惟德是辅。'又曰:'黍稷非馨,明德惟馨。'又曰:'民不易物,惟德繄物。'如是,则非德,民不和,神不享矣。"……冬,十二月,丙子,朔,晋灭虢。虢公丑奔京师。师还,馆于虞,遂袭虞,灭之。

这是对晋国假道于虞而伐虢的记载。虞国宫之奇劝说虞公虞虢两国唇亡齿寒,不要假道于晋。在劝说过程中,宫之奇三引《尚书》以说明自己的观点。所引《尚书》分别出自古文《周书·蔡仲之命》《君陈》《旅獒》。

在《左传》中,我们也能看到其对《周易》的征引。如《左传·襄公九年》说:

> 穆姜薨于东宫。始往而筮之,遇《艮》之八。史曰:"是谓《艮》之《随》。《随》,其出也。君必速出!"姜曰:"亡!是于《周易》曰:'随,元、亨、利、贞,无咎。'元,体之长也;亨,嘉之会也;利,义之和也;贞,事之干也。体仁足以长人,嘉德足以合礼,利物足以和义,贞固足以干事。然,故不可诬也,是以虽随无咎。今我妇人,而与于乱。固在下位,而有不仁,不可谓元。不靖国家,不可谓亨。作而害身,不可谓利。弃位而姣,不可谓贞。有四德者,随而无咎。我皆无之,岂随也哉?我则取恶,能无咎乎?必死于此,弗得出矣。"

穆姜死于东宫。在此之前,她曾占筮,得艮之随。史官认为,随乃出走之意，因此劝说穆姜迅速出走。穆姜则没有听从史官的建议，认为没必要出走。并用《周易》随卦卦辞进行解释。在穆姜看来，随卦所说的"元亨利贞"是对有德性的人讲的，她自己品德恶劣，因此必然死于此地。

除了《诗》《书》《易》，《左传》对于《春秋》"礼""乐"也有征引或论述。《左传》本身就是对《春秋》经的注解，因此，其对于《春秋》本身的引用是很少的。即便如此，其也数次提到了《春秋》，如《成公十四年》说："九月，侨如以夫人妇姜氏至自齐，舍族，尊夫人也，故君子曰：《春秋》之称微而显，志而晦，婉而成章，尽而不污，惩恶而劝善，非圣人谁能修之。"除此之外，《左传》还记载了韩宣子出使鲁国，看到"鲁《春秋》"的情况。

对于《仪礼》，《左传》虽然没有引证，但其却有大量涉及"礼"的内容。如：

> 齐人卒平宋卫于郑，秋，会于温，盟于瓦屋，以释东门之役，礼也。（《隐公八年》）
> 秋，公子翚如齐逆女，修先君之好，故曰公子，齐侯送姜氏，非礼也。（《桓公三年》）

这些都以是否合"礼"作为判断事情是否正当的依据。此外，《左传》对礼的作用还有详细的论述："礼，经国家，定社稷，序民人，利后嗣者也"（《隐公十一年》）、"礼之可以为国也久矣，与天地并"（《昭公二十六年》）。可以看出，礼在国家政治中有着重要的作用，其是国之大经、民之大义，是一切秩序运作的依据。因此，它可以与天地相并。至于"乐"，在《左传》中是包含在广义的"礼"中的，如《桓公九年》说："冬，曹大子来朝，宾之以上卿，礼也，享曹太子，初献乐，奏而叹，施父曰，曹大子其有忧乎，非叹所也。"

由上可知，在春秋时期，以《诗》《书》为代表的"六经"已经成为士大夫官僚阶层普遍引用的经典。士大夫官僚阶层之所以对"六经"如此重视和熟悉，在于他们从小就受到了此类教育。《国语·楚语上》说：

> 庄王使士亹傅太子箴，辞曰："臣不才，无能益焉。"曰："赖子之善善之也。"对曰："夫善在太子，太子欲善，善人将至；若不欲善，善则不用。故尧有丹朱，舜有商均，启有五观，汤有太甲，文王有管、蔡。是五王者，皆有元德也，而有奸子。夫岂不欲其善，不能故也。若民烦，可教训。蛮、夷、戎、狄，其不宾也久矣，中国所不能用也。"王卒使傅之。问于申叔时，叔时曰："教之《春秋》，而为之耸善而抑恶焉，以戒劝其心；教之《世》，而为之昭明德而废幽昏焉，以休惧其动；教之《诗》，而为之导广显德，以耀明其志；教之礼，使知上下之则；教之乐，以疏其秽而镇其浮；教之《令》，使访物官；教之《语》，使明其德，而知先王之务用明德于民也；教之《故志》，使知废兴者而戒惧焉；教之《训典》，使知族类，行比义焉。"

申叔所提到的"春秋""世""诗""礼""乐""令""语""故志""训典"等皆是当时士大夫官僚阶层培养子弟所用到的类似教材的文献。其中多有与"六经"相关者，如"春秋""诗""礼""乐"等。虽然没有提到《尚书》，但应该也包含类似的文献，如"训典"等。处于蛮夷之地的楚国当时的贵族教育已经如此，中原各国的贵族教育可想而知。除了上面晋国韩宣子所说的"《易》象和鲁《春秋》"，《国语·晋语七》还有"羊舌肸习于《春秋》"的记载。

春秋时期，士大夫官僚阶层对于"六经"的征引表明"六经"在当时已经有着较高的权威性，这也是他们之所以引用"六经"作为说明自己观点的原因所在。而这些又与当时士大夫官僚阶层的教育有关。这也是当时"六经"经典化一个重要的动因。当时士大夫官僚阶层对于"六经"的经典化过程虽然起到了极其重要的作用,但这种作用仅限于士大夫官僚阶层和政治活动过程中,其影响范围还是相当有限的。另外,他们对于"六经"的征引和解释还是比较零散的,并没有系统性。因此,如何对"六经"进行系统阐释使其在当时社会焕发新的生命力、如何把"六经"教育普及广大平民百姓当中使其在当时社会有着广泛的影响,就成为春秋后期"六经"经典化过程中面临的两大任务。这两大任务是由孔子完成的。

三 孔子对于"六经"的整理、创新及史观思想

对于孔子与"六经"关系,司马迁《史记·孔子世家》说:

> 孔子之时,周室微而礼乐废,诗书缺。追迹三代之礼,序《书传》,上纪唐虞之际,下至秦缪,编次其事。曰:"夏礼吾能言之,杞不足征也。殷礼吾能言之,宋不足征也。足,则吾能征之矣。"观殷夏所损益,曰:"后虽百世可知也,以一文一质。周监二代,郁郁乎文哉。吾从周。"故《书传》《礼记》自孔氏。孔子语鲁大师:"乐其可知也。始作翕如,纵之纯如,皦如,绎如也,以成。""吾自卫反鲁,然后乐正,雅颂各得其所。"古者诗三千余篇,及至孔子,去其重,取可施于礼义,上采契后稷,中述殷周之盛,至幽厉之缺,始于衽席,故曰"《关雎》之乱以为风始,《鹿鸣》为小雅始,《文王》为大雅始,《清庙》为颂始"。三百五篇孔子皆弦歌之,以求合《韶》《武》《雅》《颂》之音。礼乐自此可得而述,以备王道,成六艺。孔子晚而喜《易》,序《彖》《系》《象》《说卦》《文言》。读《易》,韦编

三绝。曰:"假我数年,若是,我于《易》则彬彬矣。"……鲁哀公十四年春,狩大野。叔孙氏车子鉏商获兽,以为不祥。仲尼视之,曰:"麟也。"取之。曰:"河不出图,雒不出书,吾已矣夫!"颜渊死,孔子曰:"天丧予!"及西狩见麟,曰:"吾道穷矣!"喟然叹曰:"莫知我夫!"子贡曰:"何为莫知子?"子曰:"不怨天,不尤人,下学而上达,知我者其天乎!"

这里对于孔子编定"六经"的过程作了详细的论述。孔子所处的时代,周王朝衰微,天下混乱,礼坏乐崩。在这种情况下,孔子想要恢复三代之治,因此对"六经"要重新编订。对于《书》,以尧、舜为始,讫于秦穆公。对于礼,则在损益夏、商之礼而从周。对于《乐》,则使其音正,而歌唱之《诗》各得其所。对于《诗》,则从三千多篇中选取三百零五篇,以使其符于礼义、合于《雅》《颂》之音。对于《易》,则序《彖》《系》等传以明其义。对于《春秋》,则明其志。如此而"备王道,成六艺"。

对于司马迁所说,今文经学和古文经学有着不同的看法,前者认为"六经"乃孔子所作,后者认为"六经"为孔子所编定。从现有材料来看,"六经"为孔子所作说显然不确,因为"六经"在孔子之前显然已经存在。至于"六经"为孔子编订的说法,虽不必尽然,但有其合理之处。

对于孔子删《诗》,历来有不同说法。有赞同者,王充、班固、欧阳修等人持此观点。如王充说:"孔子删去重复,正而存三百篇。"(《论衡·正说》)有怀疑者,孔颖达、朱彝尊、赵翼、崔述等人是其代表。如孔颖达说:"案书传所引之诗,见在者多,亡逸者少,则夫子所录者,不容十分去九,马迁言古诗三千余篇,未可信也。"(《毛诗正义·诗谱序疏》)应该来说,删《诗》在某种程度上还是可信的。因为在现存文献中,我们可以发现一些未被《诗经》收入的逸

《诗》。别的不说，在《论语》中就有，如《子罕》说："唐棣之华，偏其反而。岂不尔思？室是远而。"这可能是孔子所删《诗》的一部分。

对于孔子删《书》，《尚书纬》说：

> 孔子求书，得黄帝玄孙帝魁之书，迄于秦穆公，凡三千二百四十篇。断远取近，定可以为世法者百二十篇，以百二篇为《尚书》，十八篇为《中候》。

这是说孔子从三千多篇的古书中，选取一百二十篇作为后世之法。其中一百零二篇为《尚书》，十八篇为《中候》。班固说："故《书》之所起远矣，至孔子篡焉。上断于尧，下迄于秦，凡百篇而为之序。"（《汉书·艺文志》）《尚书》遭遇秦朝禁毁，伏生藏之墙壁，后来仅存二十九篇。后来经河间献王献书、鲁恭王坏孔子壁所得，《尚书》文献又有所增加。因此，到了刘向、歆父子整理中秘文献的时候，又有"《周书》七十一篇"（《汉书·艺文志》）的记载。颜师古注曰："刘向云，周时诰誓号令也。盖孔子论百篇之余也。"这说明孔子从三千多篇删《书》的说法虽不可靠，但从百篇删《书》的记载却是合理的。其他《易》《春秋》《礼》等也经过了孔子的编订或解释。

如果孔子仅仅局限于对"六经"编订或解释的工作上，那么孔子对于"六经"的意义就显得没有那么重要了。其实，孔子之所以对于"六经"有着不可磨灭的贡献就在于其在"六经"具体事实的基础上创造性地发展出了"六经"之恒常之道（即"义"）。这一点孟子已经指出：

> 王者之迹熄而《诗》亡，《诗》亡然后《春秋》作。晋之

论孔子对"六经"的创造性转化与创新性发展

《乘》,楚之《梼杌》,鲁之《春秋》,一也。其事则齐桓、晋文,其文则史。孔子曰:其义则丘窃取之矣。(《孟子·离娄下》)

在文字表达和历史记载上,孔子所作《春秋》与其他诸国之史书并无太大区别。孔子之于《春秋》的伟大意义就在于其发明了其中之"义"。《春秋》与一般的史书不同,其不仅仅记录史事,而且表明了孔子的"贬损之义"。

不独《春秋》如此,孔子对《诗》《书》《易》等其他诸经也着重探讨其背后之"义"。如孔子对《周易》作了创造性转化和创新性发展,从而把《易经》从卜筮之书解释成哲理之书。这一点帛书《易传》有着明确记载:

> 子曰:《易》,我后其祝卜矣!我观其德义耳也。幽赞而达乎数,明数而达乎德,又仁守者而义行之耳。赞而不达于数,则其为之巫;数而不达于德,则其为之史。史巫之筮,乡之而未也,好之而非也。后世之士疑丘者,或以《易》乎?吾求其德而已,吾与史巫同涂而殊归者也。君子德行焉求福,故祭祀而寡也。仁义焉而求吉,故卜筮而希也。祝巫、卜筮其后乎!(《要》)

与祝卜不同,孔子对于《周易》注重其"德义"思想。仅能幽赞神明而不通晓筮数则为巫师之道,仅能通晓筮数而不能达至德义则为史官之道。对于巫师、史官之道,孔子虽然喜好但并不认同。孔子之所以能够超越巫师、史官之道就在于他不仅看到《周易》的幽赞神明、占卜筮数的一面,而且能够看到关乎德义的一面。这也是其异于巫师、史官的根本之处。孔子于《周易》非徒注重其占筮,而更多地关注其背后隐藏的具有道德性的价值意义。

正是发掘了"六经"之恒常之道("义"),才能使"六经"从史官档案中脱离出来，从具体史料中脱离出来，具有恒常之道的性质。即"六经"非徒史料之堆集，而有变中之常。正唯如此，孔子在中国经学史上才有不可替代之地位。孔子所开创的这种经学传统，也为乃后之儒家所继承、所发扬。孔子之所以能够对"六经"进行创造性转化和创新性发展，从变化的历史事实中抉发其恒常之道，与其史官思想有着密切关系。表面看来，孔子似乎是守旧的复古主义者，"述而不作，信而好古，窃比于我老彭"（《论语·述而》）。因此，孔子对于以周礼为代表的古代文化表现出了相当的信仰。"周监于二代，郁郁乎文哉，吾从周"（《八佾》）、"如有用我者，吾其为东周乎？"（《阳货》）但实际上，孔子所说的周文化，已非旧有的周文化，而是经过孔子理解的具有理想化的周文化。孔子所说的周礼是在损益夏、殷之礼的基础上形成的，"殷因于夏礼，所损益，可知也；周因于殷礼，所损益，可知也；其或继周者，虽百世，可知也"。（《为政》）这也是孔子推崇周礼的原因所在。在孔子看来，周礼之所以高于夏、殷之礼就在于它采取了二者之长。孔子并非让大家固守周礼，其后世继承周礼也要损益周礼。这说明孔子并非守旧的文化保守主义者，而是与时俱进的文化创新主义者，这也是孔子的伟大之处。

除了对"六经"进行系统阐释使其在当时社会焕发新的生命力，孔子对于"六经"的贡献还在于使"六经"教育普及广大平民百姓当中使其在当时社会产生了广泛影响。这一点前人多有论述，如冯友兰说："故以六艺教人，或不始于孔子；但以六艺教一般人，使六艺民众化，实始于孔子。……故大规模招学生而教育之者，孔子是第一人。以后则各家蜂起，竞聚生徒，然此风气实孔子开之。"[①] 正是因为孔子完成了当时"六经"所面临的两大任务，"六经"的经典化过

---

① 冯友兰：《中国哲学史》（上），华东师范大学出版社 2000 年版，第 45—46 页。

程才真正实现，中国文化也由此焕发出新的生机。

四 当代启示

从上可知，经、史关系经历了一个复杂的演变过程。在起初，经、史都是从书写凭借的角度讲的，并没有太大的区别。后来随着历史的发展，经、史逐渐发生了分化，经演变成了具有经典性的著作，而史则成为记载具体历史事件的载体。二者的地位随着孔子对"六经"的创造性转化和创新性发展也变得越来越悬殊了。孔子之后，"六经"虽然没有在政治上取得独尊的地位，但其对当时的政治、社会、文化产生了深远的影响，并且一直持续到汉代。到了汉代，董仲舒通过对《春秋》公羊学理论的创造性转化和创新性发展回应了当时时代所面临的摆脱秦制、建立汉制的问题，使得儒家经学取得了独尊的地位。从此之后，中国的政治意识形态莫不以经学为尊，尽管其内容在不同时代有着不同的表现。在大一统政治背景下，经学取得了独尊地位，同时也意味着中国文化的各个方面都要受到经学的指导和制约，史学也不例外。因此，大一统政治背景下的史学创新都是以经学为指导的。

经学与史学的关系实质就是常与变的关系。经代表着常道，体现了中国古代文化发展的一以贯之的内容，是普遍的、抽象的。史代表历史发展过程中的具体事件，其随着时代的变化而变化，是个别的、具体的。经学的发展离不开史学，因为普遍的、抽象的常道必须通过具体的历史事件来表现。同样，史学的发展也离不开经学的指导，因为脱离经学而书写的史学必定是散乱的、零散的记载，这样的史学也就失去了存在的价值。

经学之所以对史学有着指导意义，就在于从价值上肯定了中国王朝历史存在的正统性。而正统历史的书写首先就是以正统性为基础的，这在历史上分裂的王朝时代表现得尤为明显。《春秋》公羊学之所以能够获得大一统政治统治者的肯定，就在于其为大一统政治提供了理论上的根据。这也是中华文明虽历经千难万苦、战争纷乱而终能走向统一的内在动力。正是因为大一统理论的存在，中华文明才能在历史的演进中不断保持其统一性而绵延不绝、延续至今。

在新时代，经学和史学都发生了巨大的变化。封建王朝体制解体之后，经学依附的物质载体也就不存在了。因此，经学所体现的在过去看来具有普遍性的常道也变得不具有普遍性了，其本身也被分化解构到哲学、史学、文学等现代学科中了。而史学也摆脱了"尊经卫道"和鼓吹王侯将相、一家一姓的王朝历史的书写方式，变为具有现代学术意义的新史学。在这种情况下，无论是经学，还是史学都面临着创造性转化和创新性发展的问题。那么，如何实现它们的创造性转化和创新性发展呢？具体来说，就是要以马克思主义为指导，要与当代中国现实、当今时代条件相结合，有鉴别地对待，有扬弃地继承，在继承中发展，在发展中继承，使其适应现实的时代和文化发展的要求。

从哲学史到哲学

——中国哲学知识体系的回顾、反思与重构*

陈 霞（中国社会科学院哲学研究所）

清末民初以来，中国学界就开始探索、力图建构中国哲学知识体系。本文将回顾这个建构的历程及学界的反思，指出当代中国哲学知识体系的重构需要从哲学史转向哲学。

一 以西释中的中国哲学知识体系

1840年以后，中国遇到了"数千年未有之变局"。为应对这种剧变，亟须进行教育改革。1902年颁布的《钦定大学堂章程》和1904年颁布的《奏定大学堂章程》，具有了中国现代学制的雏形，延续千年的科举制随之废除。遗憾的是这两份开启教育改革的纲领性文件均未设立"哲学"学科，"哲学置之不议者，实亦防士气之浮嚣，杜人心之偏宕"，因为"哲学主开发未来，或有骛广志荒之弊"①。针对这种误解和恐慌，王国维1903年发表《哲学辨惑》一文，指出：一、哲学非有害之学；二、哲学非无益之学；三、中国现时研究哲学之必要；四、哲学为中国固有

---

* 本文曾发表于《哲学动态》2019年第9期，此处有改动。

① 朱有瓛主编：《中国近代学制史料》第2辑，华东师大《教育科学丛书》编委会编辑，华东师范大学出版社1987年版，上册，第66页。

之学；五、研究西洋哲学之必要。分科大学章程的最大缺点即在于没有设立"哲学"一科。① 辛亥革命以后的 1913 年，中华民国政府颁布《教育部公布大学规程》，把"哲学"单独立科，随即终结了封建社会的国家意识形态——经学。对"哲学"之名的设立不能等闲视之，它是在甲午战败后中华民族陷入深重的民族危机之时进入中国学术界的，和它一同出现的还有对中国教育制度和政治制度进行改革的呼声。②

经学终结后新建的中国哲学是一种知识体系。1919 年，胡适在《中国哲学史大纲》中提到："我做这部哲学史的最大奢望，在于把各家的哲学融会贯通，要使他们各成有头绪条理的学说。"③ 蔡元培在这部著作的序中说："我们要编成系统，古人的著作没有可依傍的，不能不依傍西洋人的哲学史。"胡适这里所说的"有头绪条理的学说"、蔡元培所说的"系统"，就是第一个有关中国哲学的知识体系。在这套体系里，宇宙论、人生论、知识论等被大量应用于分析中国哲学。

这套体系是以西方哲学为参照的。冯友兰在 1931 至 1934 年出版的《中国哲学史》中提到："哲学本一西洋名词。今欲讲中国哲学史，其主要工作之一，即就中国历史上各种学问中，将其可以西洋所谓哲学名之者，选出而叙述之。"④ 1937 年，张岱年在《中国哲学大纲》的自序中明确指出"如此区别哲学与非哲学，实在是以西洋哲学为表准"⑤。

---

① 姚淦铭、王燕编：《王国维文集》第 3 卷，中国文史出版社 1997 年版，第 3、69 页。
② 李存山：《经史传统与中国的哲学和学术分科》，《中国哲学史》2019 年第 2 期。
③ 胡适：《中国哲学史大纲》上卷，载姜义华主编《胡适学术文集·中国哲学史》，中华书局 1998 年版，第 28、1 页。
④ 冯友兰：《中国哲学史》（上），载《三松堂全集》第二卷，中华书局 2016 年版，第 245 页。
⑤ 张岱年：《中国哲学大纲 自序》，载《张岱年全集（增订本）》第二卷，中华书局 2017 年版，第 1—2 页。

第一个中国哲学知识体系是以西方哲学的形式将中国古代文本中的部分内容构建为可普遍理解和检验的知识系统。这是中国传统思想在继承中的发展，是一次飞跃。

二 以马释中的中国哲学史知识体系

虽然"西学东渐"早已开始，但以哲学来推动中国思想革命的是马列主义的传入。辩证唯物主义和历史唯物主义在中国推动的思想革命与政治革命、社会革命结合在一起，极大地改变了中国。随着马克思主义传入而成立的中国共产党一开始就明确了其指导思想是马克思主义。各个学科都要以马克思主义的立场、观点和方法为指导，中国哲学也不例外。

冯友兰1949年10月5日致信毛泽东同志，表示"准备在五年内用马克思主义的立场、观点、方法重新写一部中国哲学史"。① 学界迅速出现了运用马克思主义研究中国哲学史的初步成果，如冯友兰1950年发表的《中国哲学底发展》。该文将中国哲学史的发展视为唯物主义与唯心主义的斗争史，将大量被积极评价的古代哲学家划归唯物主义阵营，强调古人具备的辩证法思想，并指出哲学史发展的方向是辩证唯物主义的胜利，使用奴隶社会、封建社会、阶级、唯物论、唯心论等新术语分析不同时期的思想家或思想流派的阶级特点。20世纪50年代中期，张岱年、任继愈、朱伯崑为北京大学哲学系联合编写了《中国哲学史讲授提纲》。1963年任继愈主编的《中国哲学史》作为全国文科统编教材问世。在1983年出版的《中国哲学发展史（先秦）》的"导言"中，任继愈说："哲学史是整个认识的历史，这是列宁给哲学史下的定义。同时列宁也指出，在两千年的哲学发展

---

① 冯友兰：《三松堂自序》，生活·读书·新知三联书店1984年版，第156页。

过程中，唯心主义和唯物主义的斗争、柏拉图的和德谟克利特的倾向或路线的斗争不会陈腐。苏联日丹诺夫根据列宁的后一种说法否定了苏联亚历山大洛夫的哲学史定义，其实亚历山大洛夫把哲学史看作是认识史也是根据列宁的说法而来的。哲学史是认识史，哲学史是唯物主义和唯心主义的斗争史，这两个说法本来是互相补充、并不排斥的。"① 肖萐父、李锦全主编的《中国哲学史》教材中就已经开始用列宁"哲学史是认识论和辩证法的历史"的理论来编写中国哲学史了。此书是由教育部组织编写的，当时参与的有武汉大学、中山大学、南开大学、南京大学等九所院校的老师，后来长期被作为中国哲学史的教学教材。此书的一个主导思想就是以马克思主义的哲学史观为指导来科学地研究中国哲学史。其所说的马克思哲学史观主要指列宁所说的认识论和辩证法的"圆圈"理论。在研究方法上，强调历史与逻辑的统一。在这种理论和方法指导下，中国哲学史就是"中华民族的哲学智慧在艰苦曲折中发展的合规律的必然历程"②。

冯契的《中国古代哲学的逻辑发展》是20世纪80年代较有代表性的中国哲学史著作。从书名上就可以看出其注重辩证法的特点。在绪论的一开始，冯契就表明了他自己的研究方法，"本书试图用马克思主义的辩证方法来研究中国古代哲学史"③。在他看来，只有用马克思主义立场、观点和方法来研究中国哲学的逻辑发展，才能建立科学的中国哲学史。对于在中国哲学史领域如何具体运用马克思主义的辩证方法，冯契提出了四点要求：把握哲学历史发展的根据、历史的方法与逻辑的方

---

① 任继愈主编：《中国哲学发展史》（先秦），人民出版社1983年10月，导言，第9页。
② 肖萐父、李锦全主编：《中国哲学史》上册，人民出版社1983年10月，导言，第10页。
③ 冯契：《中国古代哲学的逻辑发展》上册，上海人民出版社1983年版，绪论，第1页。

法相结合、运用科学的比较法、站在发展的高级阶段回顾历史。其一个主要看法就是在运用马克思主义研究中国哲学史时,既要看到马克思主义的一般规律,又要注意马克思主义在中国哲学方面的具体表现。与黑格尔、列宁所说的西方哲学史近似一串"圆圈"和螺旋式曲线的过程一样,中国哲学史也是一个否定之否定的过程,也可以比喻为一个由许多小圆圈构成的大圆圈。冯契说:"中国哲学主要是这么两个圆圈,而这两个圆圈又可以分成若干更小的圆圈。……每经历一个圆圈,哲学就向前推进了一步。所以从总过程看,又可比喻为螺旋形的曲线。"① 第一个"圆圈"始于原始的阴阳说,先秦时期争论"天人""名实"关系,荀子加以总结,达到了朴素唯物论和朴素辩证法的统一;第二个"圆圈"始于秦汉以后围绕"有无""理气""形神""心物"等问题进行讨论,由王夫之来总结,在更高阶段达到了朴素唯物论和朴素辩证法的统一。侯外庐先生等著《中国思想通史》,撰写于20世纪40年代后期,完成于20世纪60年代初,凡五卷六册,二百六十万言,贯通先秦至明清。关于《中国思想通史》的理论焦点和问题导向,聚焦于下面五个方面:1. 社会历史阶段的演进与思想史阶段的演进存在着什么关系;2. 思想史、哲学史出现的范畴、概念同它所代表的具体思想,在历史的发展过程中有怎样的先后不同;3. 人类思想的发展与某一时代个别思想学说的形成,其间有什么关系;4. 各学派之间的相互批判与吸收,如何分析究明其条理;5. 世界观与方法论相关联,但是有时也会出现矛盾,如何明确其间的主导与从属的关系。这套知识体系采用唯物主义、唯心主义、辩证法、奴隶社会、封建社会、阶级、不同时期的阶级特点、劳动人民、反动、革命等新术语,对社会历史、个体身份、思想形态进行了描述与评价。②

---

① 冯契:《中国古代哲学的逻辑发展》上册,绪论,第18页。
② 乔清举:《当代中国哲学史学史》,上海古籍出版社2014年版,第80—81页。

由于受到苏联日丹诺夫关于哲学史"就是唯物主义与唯心主义斗争的历史"①的观点影响，中国哲学史研究把这个定义作为以马克思主义立场为指导的典范。但是，将这个范式运用于中国哲学，发现了不少偏颇之处，中国哲学界对死守教条的论点提出了疑问。这个问题之所以从中国哲学领域提出，因为在此领域这个定义的偏颇之处最明显。第一，按照历史唯物主义观点，在马克思主义出现以前，所有的社会政治思想和历史观都是唯心主义的。很多哲学家即使在自然观和认识论方面有唯物主义倾向，但在与阶级利益直接相关的社会政治思想和历史观领域却是唯心主义的。于是出现这样的情形，即唯物主义与唯心主义的斗争不存在于社会政治思想和历史观领域。第二，将阶级分析应用于中国古代哲学则发现，中国封建社会的哲学家绝大多数都和地主阶级有联系，一部中国哲学史要么代表大地主，要么代表中小地主，怎么分析他们之间的斗争呢？这个范式还引申出了经不起检验的"儒法斗争史观"。对这些问题的讨论不仅在教研室里进行，也已经见诸报端，并促成1957年1月在北京大学哲学系举办了"中国哲学史座谈会"，有100多位来自国内高校和研究机构的学者参加。②这场讨论会的意义非常重大，影响及于20多年后的拨乱反正。

恩格斯说：马克思的整个世界观"提供的不是现成的教条，而是进一步研究的出发点和供这种研究使用的方法"③。40年前，我国经历了一次运用马克思主义方法克服教条主义而带来社会变革的思想事件，这就是关于真理标准的全国性大讨论。这场大讨论冲破了"两个

---

① ［苏联］日丹诺夫：《在关于亚历山大洛夫著"西欧哲学史"一书讨论会上的发言》，李立三译，人民出版社1954年版，第5页。
② 梁志学、陈霞：《论对立面的统一和斗争——对"中国哲学史座谈会"的反思》，《博览群书》2007年第7期，载赵修义等编《守道1957——1957年中国哲学史座谈会实录与反思》，上海人民出版社2012年版。
③ 《马克思恩格斯选集》第4卷，人民出版社1995年版，第742—743页。

凡是"的严重束缚，摆脱了教条主义的负面影响。

三 反思中国哲学知识体系的建构

在中国古代经史子集的学术体系分类中，并没有一个独立的系统与西方所谓哲学完全相当。近年来，以西方哲学为标准建构起的中国哲学史知识体系受到了质疑，产生了自我辩护的需要。"中国历史上存在着某种独立于欧洲传统之外的'中国哲学'吗？或者说，'哲学'是我们诠释中国传统思想之一种恰当的方式吗？……我们又是否可以（或者说应当）以'西方哲学'之'规'、'矩'来范围'中国哲学'之'方'、'圆'呢？"① 这里的关键是中国哲学究竟是中国历史上本来就存在的，还是通过西方哲学解读中国历史上的非哲学文本而创造出来的？如果是后者，那么中国哲学就存在"合法性"的问题。

解决中国哲学的"合法性"问题，既要看到其普遍性"哲学"，又要看到其特殊性"中国"。这是以哲学之普遍性和特殊性回应合法性问题。张岱年在《中国哲学大纲》中就已经从此角度说明了中国哲学的正当性。如果哲学仅指西方哲学，与其相异者就是另一种学问，不能称为哲学，那么，中国思想也不能称作哲学。如果把哲学看作一个类称，而非特指西方哲学，那么，以哲学指称中国思想中的部分内容便不成问题。② 针对中国哲学合法性问题，学者们还提出了多种解决方案。有的学者认为应该讲述中国哲学自己，"以中解中"。如张立文指出："中国哲学决不能照猫画虎式地'照着'西方所谓哲学讲，也不能秉承衣钵式地'接着'西方所谓哲学讲，而应该是智能创新式地'自己讲'。'自己讲'讲的主体无疑是'自己'，'自己讲'也很可能是'自己照

---

① 郑家栋：《"中国哲学"的"合法性"问题》，载中国社会科学院哲学研究所编《中国哲学年鉴2001》，哲学研究杂志社2001年版，第1—2页。
② 张岱年：《中国哲学大纲》，载《张岱年全集》第二卷，第2—3页。

着讲'或'自己接着讲'。"① 有一种观点认为，解决此危机应该回到经学和子学。"既然我们所用的'中国哲学'之名，指的是过去经学与子学曾经思考的那个东西，那么，我们不妨就让它'名'副其'实'，在'中国哲学'之'名'下，回归到经学与子学中去。"②

这些年来，学术界关于如何做中国哲学的反思从内容转向形式，从讨论什么转向如何讨论，存在着"照着讲""接着讲""对着讲"，"以中释中""以西释中"等争论。"哲学"虽然有大致的内涵和相对的稳定性，但也在不断被调整。既然哲学是一个历史的、变化的概念，既然哲学是一个"类称"，西方哲学、中国哲学以及世界其他文明中的哲学都是其"特例"，那么中国哲学的成立也就不存在问题。

四 重构当代中国哲学知识体系

——从哲学史到哲学

百年来中国哲学界主要做的是哲学史，对人物、文本、历史有不少研究，③ 但缺乏深入系统地对相关哲学学理问题的探索、对当代社会现实问题的关注和回应，缺乏原创性的哲学体系。我们今天拥有近代以来中西哲学互动的积累，前辈学者在此方面所作出的努力为我们打下了坚实的基础，是一笔宝贵的财富。我们还能够调动世界哲学资源。现在可以更为从容、深入思考和推动当代哲学知识体系的重构。

---

① 张立文：《中国哲学的"自己讲"、"讲自己"——论走出中国哲学的危机和超越合法性问题》，《中国人民大学学报》2003年第2期。
② 郭晓东：《也谈中国哲学的研究方法——对"中国哲学的合法性问题"及"反向格义"说的回应》，载朱刚、刘宁主编《欧阳修与宋代士大夫》，上海人民出版社2007年版，第328页。
③ "如果从胡适的《中国哲学史大纲》算起，中国哲学的现代研究整整走过了90年的历程。"参见赵峰《中国哲学研究的四个范式》，《人文杂志》2009年第6期。

王国维曾经强调:"凡欲通中国哲学,又非通西洋之哲学不易明也。……异日昌大吾国固有之哲学者,必在深通西洋哲学之人,无疑也。"① 然我们要立足于传统,但一定要避免走向封闭的特殊主义。从传统出发拥抱世界,展开与其他文明的对话,让世界了解中国哲学。只有在文明对话的互动之中,中国哲学才能够走向世界,取得进一步的发展。

中华文明在实现哲学突破的时候,思想家对自身与外部世界关系的思考突破了个体和族群的狭隘眼界,使用着具有全球性质的"天下""四海""四方"等术语,儒家的"修身齐家治国平天下",道家的"修之于天下,其德乃普",都具有普遍主义精神和超越情怀,对关乎世界的根本存在方式和人之为人等基本问题进行着哲学的思考。近代以来,中国哲学也曾经影响过西方社会。启蒙运动初期,中国的治理由于没有一个凌驾于世俗政权之上的教权,被认为是理性的、道德的、有效的……而被"动荡的欧洲"当作"理想的模型"②。《老子》是当今外译最多的典籍之一。它具有高度的抽象性,直接切入具有普遍意义的哲学问题,其思想越抽象、越普遍,影响就越广泛、越深入。虽然中国哲学对世界产生了一些影响,但总体说来,中国哲学没有真正走出去。创新基于我们对未来的想象。世界在塑造着未来的中国,中国同样在塑造着未来的世界。哲学影响力的关键在于对世界的塑造能力。中国哲学应该摆脱封闭狭隘,不能再关起门来做哲学,而应主动参与到国际学术共同体中,参与哲学的当代建构,为世界哲学提供中国哲学的思考视角。

中国传统哲学是以"我注六经"和"六经注我"的方式进行的,作者没有真正的独立性。现在应该进行新的研究范式转换,从"注

---

① 王国维:《哲学辨惑》,载《王国维文集》第3卷,中国文史出版社1997年版,第5页。

② 转引自朱谦之《中国哲学对于欧洲的影响》,福建人民出版社1985年版,第188—189页。

经"转到根据现代社会人生的实际状况引出具体的论题,把研究重点从哲学史的梳理转到对哲学问题及其学理进行研究。真正的问题才是哲学的源头活水。围绕某个具体的问题,从各个方面长期地思考、研究、论证,从而建立起解释此问题的理论体系。

中国传统哲学是落实于行动中的哲学,是关于"生命的学问",是心性之学。中国哲学修身和实践主要在于道德方面,但支撑我们人生的这些道德信条的根据是什么?我们对此缺乏知识论的论证。由于西方主流哲学把哲学的关注集中在对实在的认识上,寻求以命题的形式表达思想,主体的道德修养便被看作宗教的事务。① 这样,关注主体修身、体悟、致良知、慎独等中国传统思想便被理所当然地归到了宗教学的研究领域。叶秀山认为"哲学"之成为知识是可以建构的,即由"否定"的环节转化为"思辨"的"建构",使"哲学"成为关于"绝对"的"思辨知识体系"。这个"否定"的"哲学精神"和"逻辑环节"在"中国哲学"传统中,是需要学习的。② 我们曾经不追求理论而强调实效,不注重知识体系建构而强调经验,但今天在强调实效与实践的同时,也要追求理论表述。这就需要一个理性的、知识论的环节,提炼出清晰的概念和范畴,逐渐把这些概念和范畴通过逻辑分析论证成一个系统、严格、周密、明晰、可操作的、供批判性检视的理论。这个过程的每一步都需要严格的界定和推理。它既要求问题是开放的、反思性的,也要求论证过程是透明有序的,对话者可以在任何一个环节参与其中,从而使讨论明确有效。③

---

① 杜维明说中国哲学是"宗教性的哲学"。杜维明:《论儒学的宗教性:对〈中庸〉的现代诠释》,武汉大学出版社1999年版,第106页。
② 叶秀山:《对于中国哲学之过去和将来的思考》,《江苏行政学院学报》2016年第1期。
③ 路强、罗传芳:《面向世界与未来:中国哲学现代转型的现实要求——罗传芳研究员访谈录》,《晋阳学刊》2019年第2期。

五　结束语

从古至今，中国哲学就一直在不断地被选择、被创造，没有一成不变的中国哲学。现代人有现代人的需求，中国哲学要影响和指导现代人的生活，它自身也需要进行与现代社会相协调、相适应的改变。中国哲学的现代转换是同中国社会的现代转型相一致的。哲学的现代转换与人的思维和观念的转化是相互影响的。在这个过程中，"审辩思维"是重要选择之一。《中庸》就提到"博学之，审问之，慎思之，明辨之，笃行之"。"审""辨"的含义已经寓于《中庸》这段文字中了。审辩思维是有目的地不断进行自我调整判断的能力。这种判断表现为解释、分析、评估、推论，以及做出判断所依据的证据、概念、方法、标准和其他必要背景条件的说明。审辩思维表现在认知和人格两个方面，突出特点是凭证据讲话、合乎逻辑地论证自己的观点、善于提出问题、对自身的反省、对不同见解的包容、对一个命题适用范围的认识、果断决策并承担责任。我们曾经倡导"知识就是力量"，但现在和未来，我们也应该认识到"思维即力量"。

我们的传统文化以道德文化见长。传统道德主要以情感作为道德的根基，其优势是能直接决定人的行为意愿，理性中的观念则难以引起人的行为。现代社会人口流动性增大，我们更多地处于陌生人的社会。陌生人之间的道德约束，不来自自然的情感，而是通过理性而建构起来的。由情入理，使我们的社会既合情也合理。

每个人都归属于某个民族，应该站在生育自他的大地上，为自己的祖国服务，但我们也在致力于构建人类命运共同体，这就要求我们有更宽的视野，尤其是在全球化时代，有很多跨民族、跨国家的问题需要全人类去共同面对。这就要求我们既要服务于自己的祖国，也要去研究普遍真理，维护天下正义，增进人的自由，促进人的全面发展。

哲学是智慧游戏，是人类精神的反思，人、精神、世界这些最普泛、最一般的事物是哲学的直接对象。哲学思想的酝酿、哲学体系的构建需要摆脱条条框框的束缚，需要学者的潜心思考、研究，需要自由、宽松、百花齐放和百家争鸣的环境。

传统的中国哲学体系性不强。鉴于此，重构当代的中国哲学知识体系，推动中国哲学的范式转型，使其成为具有现代形式的世界哲学，是我们这一代人的使命。新的中国哲学知识体系针对的是现在和未来，但重构当代中国哲学知识体系不是推倒重来。一个有价值的东西一定是与历史有关的，所以我们应该继承前辈学者的成果，继续使中国哲学思想具有完善的哲学形式，让其思想精华在当今世界得到发扬，让民族的思想转化为全人类共享的精神财富。这也是中华民族伟大复兴的重要内容。未来的中国哲学知识体系要以变革现实为内在旨归，以其在实践中的深远为检验标准。全面而系统的中国哲学知识体系应该既是"中国的"，也是"哲学的"，当然也是"知识体系的"。

南宋易学家方实孙生平著述考略*

胡士颍（中国社会科学院哲学研究所）

南宋易学家方实孙治学广博，然生平踪迹渺然难寻，诗文著述亦多散佚，唯所作《读周易记》存世。关于方氏生平行止，历来未有详考者，且误传误信，多有谬误。不过从刘克庄《后村先生大全集》、地方志、宗谱及其他史志目录等文献资料，方氏履历活动与学问著述虽难尽知，仍可对其家世、生平、论著、学问等有许多新的发现。这些认识，对易学、南宋学术乃至地方志和宗谱等乡邦文献与文化研究多有补益。

一　家族与家庭考述

方实孙，字端卿，一字端仲，号淙山，兴化军莆田（今属福建）人。关于方实孙的家族、家世的记载，刘克庄之文提供了重要资料，综核可知：实孙之父当为方正子（方定子），叔父为方武子，娶妻刘氏。方氏无论出身，还是姻亲，皆为莆田一方旺族、官宦之家。

叔父方武子。刘克庄《跋方景绚诗》① 文中有载："吾乡前辈方君

---

* 本文发表于《周易研究》2024 年第 2 期。
① 该文据《后村先生大全集》编纂和刘克庄年谱，可推定写于 1250 年或 1251 年，刘克庄 1251 年在朝，故当为 1250 年。

景绚武子，奏赋魁天下，有场屋盛名。既擢第，乃不得年，终于梧州郡椽。……老矣，识其犹子实孙、子汝玉，从求遗草。"① 方景绚，名武子，生于绍兴二十九年（1159），卒于嘉定十年（1217）。庆元丙辰（1196）混补，故刘氏载"中乙未第"当为"己未"年（1199）。方景绚及第后任潮阳尉，三年后为循州教授，嘉定七年左右为博白令。②所谓"犹子"即犹如儿子，一般指侄子或侄女。这里的"实孙"即方实孙，该条为查考其生世提供极为宝贵的线索。

方实孙之父为方正子（方定子）。刘克庄曾为方景绚作墓志铭，言："景绚名武子，世居莆之龙井。……君祖秉机字枢甫，父几字公孙，皆有月旦之誉，负霄汉之志，而老死不遇，再世四丧，皆葬西郊……君平生惟一弟定子，虽后族父，然与君相依为命。"③由此可知方景绚只有一个弟弟方定子，也就是方实孙之父，方定子曾过继给某位族人；方实孙祖父为方几，曾祖为方秉机，负才高志，在地方颇有名誉。

然而，刘克庄所记与宗谱有所出入。其一，宗谱载方武子为莆田方氏之方山系支的第十世，有一弟名正子，父为方阜高，祖父为方秉白。④方秉白字直甫，号草堂，隐居教授，孝宗朝淳熙年间以孝廉荐，不起。淳熙十年冬，朱熹南下莆田时，曾与之交往，唱酬讲论。⑤秉白与林光朝、方翥、刘凤等名士为友。绍熙三年预修《莆阳志》，以

---

① （宋）刘克庄：《跋方景绚诗》，载刘克庄撰《后村先生大全集》卷106，王蓉贵、向以鲜校点，刁忠民审订，四川大学出版社2008年版，第2748页。下引《后村先生大全集》略去出版信息。

② 许丽莉：《〈后村先生大全集〉所见仕潮官吏考——兼论南宋潮州文化教育》，硕士学位论文，华东师范大学，2004年，第30页。

③ （宋）刘克庄：《方景绚判官墓志铭》，载刘克庄撰《后村先生大全集》卷160，王蓉贵、向以鲜校点，刁忠民审订，第4095—4096页。

④ 《莆仙方氏宗谱》（一），2006年，第14—15页。

⑤ 陈国代《朱熹在福建的行踪》，作家出版社2007年版，第288页。

子恩赠朝散大夫，著有《草堂文集》，传家惟书数厨。方阜高乃南宋嘉定四年（1211）进士，刘克庄有诗《送方阜高赴衡州法掾》。方阜高兄为方阜鸣，与刘克庄交好。综合而观，宗谱所记恐有误，根据刘克庄大全集的文章来看，他与远迁潮阳、流落他乡的方景绚及其子方汝玉交往不多，作墓志铭时显然与所请之人有过交流，信息应当可靠；刘克庄和方阜高、方阜鸣有交，尤与方阜鸣相熟，并与莆田方氏渊源深厚，至少对方阜高、方阜鸣一家有深入了解；宗谱中"秉机"作"秉玑"，亦无方几或公孙之名，可见非本支修谱，宗脉失联导致信息有误；此外，检视整理出版的《莆仙方氏宗谱》，书中线条错位的可能性也较大，此处当查原谱，惜短时间无法寻获。即便如此，也可知方正子、方武子和方阜高有较近的亲族关系。

其二，刘氏所言"定子"是否为家谱所载"正子"？古书之中，时有因字形、读音或刊刻等将"正"作"定"的情况，但即便如此，也无法作为确证。《重刊兴化府志》提供了较为关键的说法，其载："方正子，渐之玄孙，武子之弟。"① 由此可知"定子""正子"为同一人。综合刘克庄之文与宗谱所录，方正子应过继于方阜周。方阜周早年无子，故过继方正子以续香火。阜周为光宗绍熙元年（1190）进士，正子于嘉定十三年（1220）进士及第，此后方阜周生子名应发（1223—1289），字君节，为淳祐十年（1250）进士，历国子监簿、国子司业权直舍人院，官至礼部尚书。阜周一支累世官宦，其父名方其义，祖父方彦宝，曾祖方渐，皆为当地名士。方渐，宋政和八年（1118）进士，绍兴中为韶州通判，历知梅州、潮州、南恩等州，官至朝散郎，家中藏书甚富，曰"富文阁"，郑樵曾来就读，子孙相传为"富文方氏"。方彦宝讳林，为乡贡进士。方其义字同甫，与刘克

---

① （明）周瑛、黄仲昭：《重刊兴化府志》卷十六，《礼纪二》，蔡金耀点校，福建人民出版社2007年版，第475页。

庄之父同年，官英德府贡阳县尉，后改梧、琼二州户录，秩止从事郎，笃好关、洛之书，诗宗陶、谢，文师苏氏，亦好藏书。刘克庄有《琼州户录方君墓志铭》，对方其义述之甚详。方实孙于宗谱无载，亦可能因古代家谱不甚记录过继关系之故。不过，寻此脉络，其家世亲族已隐然可见。

方实孙娶刘光叔次女。刘克庄所作墓志铭《武义刘丞》载："（刘丞）女三人，长适连山尉林大鼎，次适国子进士方实孙，次为比丘尼。"① 刘光叔字景实，两得国子监奏荐，黜于省试，绍定二年特奏名登进士第，注兴宁县主簿，改大庾县主簿，再转为武义县丞，后宦情已阑，不俟书印而归。辛更儒认为刘氏所言"方实孙"即本文所考之人。②

综上可知，方实孙之父为方正子，娶妻刘氏，居于莆田，出身于官宦之家、书香门第。从家谱记载来看，实孙当为方氏入莆之十一世或十二世，而非有学者所言之十四世，亦非方仁载一支。

方实孙习场屋之学，在文学、经学、史学等领域皆有著述，盖与其家世学风有密切关系。除其本支与方渐一支，方氏一族人才辈出，在福建历史上甚为著名，"宋代莆田方氏之'方山方氏''六桂方氏''白杜方氏'皆有文名，尤以'六桂方氏'声名显赫。此家族在两宋之时，科举盛况空前，且儒学藏书兼善，以世家巨族著称于东南，为宋代兴化府乃至整个福建地区首屈一指的文学世家。其家族成员自方慎言以降，一门三十八人，跨越南北两宋，绵延数百年，以文学闻名于世，有作品或文集传世者达二十五人"③。据学者统计，方氏文学

---

① （宋）刘克庄：《武义刘丞》，载《后村先生大全集》卷153，第3926—3927页。
② （宋）刘克庄：《刘克庄集笺校》，辛更儒笺校，中华书局2011年版，第6033页。
③ 林毓莎：《宋代莆田六桂方氏家族及文学考论》，《临沂大学学报》2015年第2期。

之家的数量高达115家，涵盖文学家人数428人①，此外，在理学上也有较大影响，仅《闽中理学渊源考》就著录"莆阳方氏家世学派"二十余人。② 由此可见，方实孙为学、著书及其风格，也多有来自家族、家人的深刻影响。

二 生平事迹与疑案

方实孙生平事迹留存可查者甚微，有三件事较为突出，也充满疑问。刘克庄文中记载了方氏一生中的两个重要经历，一是其进献《易说》，二是以布衣身份进入史局，但均言之不详。此外，关于方氏科举功名之说，历史所载颇为不实，讹传甚久。以上关涉其主要活动行止，并与其学问著述相关，故当详究。

方实孙进献《易说》及时间。刘氏《方实孙经史说》跋载："别数年，闻君以其所著《易说》献于朝，始知君之邃于《易》也。"③而后得闻方氏"布衣入史局，预闻纂修之事"，又知方氏又擅长史部之学，说"又知君之长于史也"④。但刘氏的记述都比较概括，对时间及来龙去脉都不曾说明，为后世增加无数疑问。除了刘氏对此事的记载，其他历史资料均鲜有提及，连方氏自己在《读周易记》的两篇序文中也没有透露。不过，从刘氏的叙述来看，他起初对方实孙的印象只停留在科举应试与诗、词、文等方面，后据风闻和见到具体的文章、著作才知道方氏其他学问著述，说明刘克庄对方实孙学问的认识

---

① 林毓莎：《宋代福建文学家族与家族文学》，《福建论坛》（人文社会科学版）2012年第12期。
② 林毓莎：《宋代莆田六桂方氏家族及文学考论》，《临沂大学学报》2015年第2期。
③ （宋）刘克庄：《方实孙经史说》，载《后村先生大全集》卷107，第2776页。
④ （宋）刘克庄：《方实孙经史说》，载《后村先生大全集》卷107，第2776页。

经历了较长时间,而方氏治学也有次第展开的过程。不管怎样,方实孙对《周易》的研究在当时有一定知名度。刘克庄《后村先生大全集》诗文一般按照编年、分类整理,从前后文编纂的时间来看,《方实孙经史说》一文作于1254年至1258年,与刘氏所言"别数年"相对应,因而方氏进献《易说》、入史局时间在1252年刘氏为方氏参加科举写《送方实孙》和《方实孙经史说》跋文之间。刘氏在跋文中交代方氏多种著作,但没有专门提到方氏易著,另据方氏《读周易记序》所作时间"宝祐戊午(宝祐六年,1258年)三月朔日",可知方氏在拜访刘克庄并呈递作品时没有该书,换句话说刘氏仅风闻方实孙著《易说》,但没见到,因为方氏后来可能进行了修订,当时还没有完成。

"以布衣入史局"是方氏人生中的重要事件。这段经历大致发生在进献《易说》之后,且时间不是很久。刘克庄通过此事,知晓方氏亦通于史。就当时社会情况而论,方氏以布衣参与官方历史修纂活动,是很了不起的事情,能够侧面反映方实孙不俗的学问修养。方氏在史局的主要工作应该是辅助修书,"书成进御,自监修大臣至诸史官皆被醲赏"。因为表现不错,"时相以君累上春官,欲令免省奉大对",即免去考试,请皇帝拔擢恩赐功名,只是这件事仅有传言而无实操,竟不了了之,"遽以风闻报罢"。这本来或许能够成为改变命运的一个契机,因为方实孙曾屡次应考,仍未获取功名。然而,方实孙最终"浩然西归"。① 通过这件事,可知方氏科举之路较为曲折。

有关方实孙的介绍或相关资料多处载其为庆元五年(1199)进士②,实则未然。以清代陆心源《仪顾堂题跋》为例,其载:"实孙,

---

① (宋)刘克庄:《方实孙经史说》,载《后村先生大全集》卷107,第2776页。
② 吴国武:《两宋经学学术编年》下,凤凰出版社2015年版,第1138页。

字端仲,福建莆田人,庆元五年进士,尝以所著《易说》上于朝,入史局。"① 陆氏所述大体来自刘克庄,但未注来源,更不知"庆元五年进士"之来历。余嘉锡曾指出:"(陆氏)往往櫽括其词,而总叙其出处于篇末,令人不知某事出于某书,殊不足以征信。"② 不过,余嘉锡亦未具体求证,仍需留意考察。经查,庆元五年科举见载于多种史料。据《文献通考》卷三十二:"五年,进士四百一十二人,省元苏大璋,状元曾从龙;四川进士四人。"③ 共计416人。《宋会要辑稿·选举》之一八《亲试》载:"特奏明谢藻已下七百八十九人,赐同进士出身、同学究出身、登仕郎、将仕郎、上下州文学、诸州助教。"④ 宋代每科进士数量较大,庆元五年所录亦众,但具体人名难以详考,尚不知方实孙是否名列其中。

上文提到,刘克庄曾在墓志铭《武义刘丞》一文中称方实孙为"国子进士"。所谓"国子进士",应是古代对国子监太学生的美誉之词。《四库全书总目·国秀集三卷》言:"唐芮挺章编。挺章里贯未详。诸书称为国子进士,盖太学生也。"⑤ 那么,此时方实孙多大年纪? 根据《武义刘丞》提供的时间线索和刘克庄年谱所载,该文应作于淳祐十年庚戌(1250),刘克庄时年六十四岁,而去世的刘景实冥寿六十八岁;景实娶妻林氏,为吏部刘公枅的孙女,但先景实二十年而卒;刘景实与林氏育五子、三女;那么,保守估计,方实孙于淳祐十年已逾二十岁,此前学于国子监。本年刘克庄守制里居,遭遇刘景实之丧并作墓志铭,亦当

---

① (清)陆心源:《仪顾堂题跋》卷一,载上海古籍出版社编《续修四库全书》(第930册)影印清刻潜园总集本,上海古籍出版社2002年版,第12页。

② 余嘉锡:《四库提要辨证》,湖南教育出版社2009年版,第17页。

③ (宋)马端临:《文献通考》卷三十二,上海师范大学古籍研究所、华东师范大学古籍研究所点校,中华书局2011年版,第948页。

④ (清)徐松辑:《宋会要辑稿》卷八之一八,中华书局1957年北平图书馆影印本,第4383页。

⑤ (清)永瑢等撰:《四库全书总目》,中华书局1965年版,第1688页。

见到方实孙,并为其作《跋方实孙长短句》①。

关于方实孙功名,刘克庄后续还有所示。淳祐十二年壬子(1252),六十六岁的刘克庄里居于家,曾作《送方实孙》一首②,曰:"丹诏求贤切,西行不可徐。便乘天厩马,莫跨霸桥驴。太白清平调,相如谏猎书。定将新述作,一一寄田庐。"③ 本年刘克庄生日,方实孙亦曾到贺,刘氏作启文一篇名《方监元实孙》④。就是说方实孙此时仍事科举,也说明"国子进士"确系国子监学生,且成绩尚优,"监元"即国子监课业考试第一名。刘氏作《跋方实孙经史说》时,显示方实孙仍未中举。

这里已然说明,方实孙不可能是庆元五年(1199)进士。至于他有没有中过进士,可能答案也是否定的。在中国古代社会,进士及第或获得相关功名,是对个人、家族乃至当地来说,都较为荣耀的事,一般不会失载,另外,县志也会经过多次编修、增订,着意记录地方杰出人物及其突出事迹,但无论是家谱,还是莆田县志⑤或其他资料,都对方实孙功名失载,或缺乏准确记录。

方实孙与刘克庄的最后一次会面,也可能是方氏最后一次出现在历史文献中,是刘氏作《方景绚判官墓志铭》时,后村年谱系于景定四年(1263)七十七岁时。按此时间,方景绚卒于嘉定丁丑年(1217),时其子方汝玉"未晬",即未满周岁,是则向刘克庄求墓志铭时已47岁。方汝玉和方实孙是较亲近的堂兄弟关系,所以方汝玉年龄也可以作为方实孙年龄的参照。由于方景绚安葬在潮州,方汝玉

---

① 程章灿:《刘克庄年谱》,贵州人民出版社 1993 年版,第 247 页。
② 程章灿:《刘克庄年谱》,第 265 页。
③ (宋)刘克庄:《后村先生大全集》,第 523 页。
④ (宋)刘克庄:《后村先生大全集》,第 3162 页。
⑤ 莆田县地方志编纂委员会编《中华人民共和国地方志莆田县志》,中华书局 1994 年版,第 1094 页。

亦为潮人，糊口四方，卖文为生，他来到莆田请刘克庄为方景绚诗集作跋，由方实孙陪同，若求跋与墓志铭同时，也可以作为方氏活动时间之一例，而其著易年龄也大抵可知。

三 诗文论著及与朱子易学关系

方实孙能诗文，专经史，学问深广，著述甚多，涉及经学、理学、史学、诗文等多个领域。其中尤以《读周易记》为著，后世多有学者视之为朱子后学、易学流裔，不过其实情恐较为复杂，故当加以分辨。

诗文方面，方氏有古律诗、长短句、咏史诗、乐府诗。刘克庄言："曩余见场屋之作及古律诗、长短句，知君之豪于文也。"① 所谓场屋之作，大抵为科举应制之文。关于方氏乐府诗，刘氏《跋方实孙乐府》② 指出："方君端仲，年事富，笔力健，取古人难题轶事，斲成数十百首，激昂蹈厉，流出胸臆，亦可谓快士矣。"③ 认为乐府诗的妙处即在于半山所言"看似寻常最奇崛，成如容易却艰辛"一语，然而但见世人寻常而容易者，其奇崛而艰辛者未见，于是以昔之名家张籍、王建、李贺等对方实孙提出寄望，云："君他日益老苍，益刻苦，语出惊人，如半山云，则此编以别集可也。"④ 此外方氏还有咏诗史一编，刘克庄《跋方实孙咏史诗》有中肯之评，其云："方君实孙示余咏史诗一编，连日春阴，小窗尤暗。余目昏，苦君字小，不能

---

① （宋）刘克庄：《方实孙经史说》，载《后村先生大全集》卷107，第2776页。
② 按：刘克庄《跋方实孙乐府》《跋方实孙咏史诗》两篇，所作时间按照《后村先生大全集》编纂和年谱记载，可以推定为1242至1244年，早于其他写给方实孙的诗文题跋。
③ （宋）刘克庄：《方实孙乐府》，载《后村先生大全集》卷100，第2590页。
④ （宋）刘克庄：《方实孙乐府》，载《后村先生大全集》卷100，第2590—2591页。

遍阅，信手开一页，见其咏卓氏之什而又感焉。……余谓君尚论古人，不必求奇，但以此篇意义为准的，则不中不远矣。然前辈咏史，皆简切可讽，昧今累百言，押十韵，失之繁，斳而小之乃善。"① 刘氏曾作《跋方实孙长短句》②，诗云："金针玉指巧安排，直把天孙锦剪裁。樊素口中都道得，春莺啭处细听来。欲歌郢客声难和，才误周郎首已回。可惜禁中无应制，等闲老却谪仙才。"③ 刘克庄是南宋后期文坛领袖，文学成就甚高，学力深到，受天下推重，以上跋文表现出他对同乡、后辈之方实孙多有肯定、劝勉和冀望。

方实孙有多种经史、理学论著。刘克庄有关方氏之跋文，大致呈现其见方氏诗文论著的时间线，即先睹其场屋之作、古律诗、长短句等诗文作品，别数年闻其研于易、通于史，而后见到方实孙展示的经学、理学论著，如有关《论语》《孟子》《诗经》《尚书》《中庸》《大学》的著作"各一轶"，《西铭解》《太极说》"各一轶"，另外还有《史论》一轶。④ 由此足见其勤学博赡、治学广泛，刘克庄赞曰："凡世儒白首灯窗、殚精覃思所不能通解者，往往立谈造诣，一览融会。"又云，"君生季世之后，而欲集先贤之长，志大而才高，岂非吾党之畏友乎！"⑤ 方氏经史之著，惜均散佚，唯有《易说》似存，即收入四库全书的《淙山读周易记》。

---

① （宋）刘克庄：《方实孙咏史诗》，载《后村先生大全集》卷100，第2591页。
② 《刘克庄年谱》系该文于淳祐十年庚戌（1250）刘氏六十四岁时。参见程章灿《刘克庄年谱》，第247页。
③ 按：有学者认为刘氏跋长短句所作在方氏献书之前，"方实孙有《淙山读周易》二十卷，今存。其自序题署'宝祐戊午三月朔日'，应即在其以《易说》献于朝之前，则右诗自作于淳祐间无疑。实孙事迹，仅见于此"。（宋）刘克庄：《刘克庄集笺校》，辛更儒笺校，第1008页。
④ （宋）刘克庄：《方实孙经史说》，载《后村先生大全集》卷107，第2776页。
⑤ （宋）刘克庄：《方实孙经史说》，载《后村先生大全集》卷107，第2776—2777页。

关于《淙山读周易记》之书名，有学者认为："所谓淙山，应即方信孺所居西淙，则方实孙应即信孺之长官方氏族人。惟其与方信孺关系若何，则不可考。"① 还有人指出当名《浮山读易记》，并著录"《浮山读易记》二十一卷、图一卷"②。不过，是书原名应作《读易记》或《读周易》，《宋史·艺文志》载方实孙《读易记》八卷，明朱睦㮮《万卷堂书目》载《读周易》十六卷，《授经图》载为《读易记》八卷，明焦竑《国史经籍志》载《读易记》十六卷，《兴化府莆田县志》载《读易记》八卷③，而较晚的清丁仁《八千卷楼书目》载"《淙山读周易记》二十一卷，方实孙撰，抄十一卷本"。四库馆臣言："此书旧本但题曰《读周易》，案朱彝尊《经义考》作《淙山读周易记》，盖此本传写脱讹，《经义考》引曹溶之言曰，'《宋志》八卷，《澹生堂目》作十卷，《聚乐堂目》作十六卷'。今世所行凡二本，一本不分卷，不知孰合之。此本凡上经八卷，下经八卷，《系辞》二卷，《序卦》《说卦》《杂卦》各一卷，又不知谁分也。"④ 四库馆臣关于朱彝尊之本传写之讹的推测是对的，有一证据，即《文选楼藏书记》卷四载："《读周易》十卷，宋方实孙著。淙山人抄本。朱彝尊曝书亭收藏。"⑤ 该书流传次第基本见载于上述少量史料书目，亦可见未能广布。

方实孙解《易》凡二十余万言，以义理阐释为主。他对经传的解释主要受到《周易正义》《程氏易传》的影响，还吸收了胡瑗、张载、杨万里、王宗传、杨时、张栻、李觏以及福建易学家的观点，一方面体

---

① （宋）刘克庄：《刘克庄集笺校》，辛更儒笺校，第4213页。
② 蒋维锬、陈长城《莆版知见录（初稿）》，载中国人民政治协商会议、福建省莆田市委员会文史资料研究委员会编《莆田市文史资料》1993年第8辑，第151页。
③ （清）汪大经、王恒修，（清）廖必琦、林黉纂：《兴化府莆田县志》卷33，美国加利福尼亚大学伯克利分校藏清乾隆二十三年（1758）本。
④ （清）永瑢等撰：《四库全书总目》，中华书局1965年版，第19页。
⑤ （清）阮元：《文选楼藏书记》，清越缦堂抄本。

现宋代儒学义理学的学术特点,使其易学或思想讨论能够切近人事,讨论文本及其内涵大都落实到国家管理、君臣关系、人伦之道、社会治理等种种现实问题上;另一方面,方实孙之书引用了很多时人之论,保留了一些易学家著作中的内容,如引用《南轩易说》数十处之多,不仅为该书保存了很多佚文,也表明张栻注《易》除了今本所见的《系辞》《说卦》《序卦》《杂卦》,对六十四卦都有解说,对整理张栻易学内容、探究张氏易学规模与特点具有重要意义①。方实孙亦参与图书之讨论,有文《河图数》《洛书图》《先天卦象乾南坤北图》《后天卦象离南坎北图》《易卦正覆图》《易卦变合图》六篇,乃是在朱熹《周易本义》《易学启蒙》之后的重要讨论。其图书学讨论,表明他一定程度上摆脱了二程关于河洛图书说的影响,接受了邵雍、朱熹等人推动的图书象数视野,借此丰富、延伸了经传中的象数问题。

其成书过程与完成时间。前文所述,方实孙易著应经历两个阶段,所进献之《易说》可视为第一稿,内容不详,此后应有修订,完成于宋理宗宝祐六年(1258)三月。内容上,方氏关于经传的解释与其图书易学讨论应完成于不同阶段,所据之一,其两篇序文基本没有涉及图书易学部分;所据之二,方氏解释经传,多以《程氏易传》为主,且占有相当比重,杂以历史及时人之见,很少引用朱熹之论易内容,且称"晦庵曰",而论易图凡六种,多引朱熹之说,并称"朱文公",故而前后所作可能非一时之功。这也似乎表明,他对朱熹易学及其思想的接受发生了微妙变化。

方实孙易著与朱熹易学的关系,也有待讨论。《宋元学案补遗》卷四十九《晦翁学案补遗》将方实孙列入其中②,也有学者把方实孙

---

① 杨世文:《谈谈张南轩著作的整理研究》,载杜泽逊编《儒家文明论坛》第1期,山东人民出版社2015年版,第336页。

② 参见(清)王梓材、冯云濠编撰《宋元学案补遗》,梁运华、沈芝盈点校,中华书局2012年版,第2867—2868页。

视为朱子后学。通过文献比较、查证可知，方实孙征引朱熹观点较少，以及著书前后差异，显示方实孙对朱熹易学的学习、资料采选和讨论等方面都有所保留，或言其接受有一渐进过程。具体到易学观点上，方实孙也不认同朱熹把《周易》作为"卜筮之书"。在方氏看来，《周易》是一本记录圣人思想、天地自然之道的经典，而非用于"占筮"之书。他说："春秋时，南蒯筮坤之六五，以为大吉。"子服惠伯曰："《易》不可以占险。"自此论不明，上下凌替，尊卑贵贱不安其序，往往以《易》为卜筮之书。险怪幽僻，流弊至于假鱼书以为神占，风角以为盗，不可不辨也。"① 此即引用历史案例，反对以《易》为占卜之用。他还根据《系辞》重点阐释了《易》之道、德、礼、神等概念和思想，提出《易》以道为核心，以德为发用，以礼为秩序，而神为易道之最高表现；天、地、人三才是以易道为基础的整体系统，同体同用、体用一如，而《易》之所作就是圣人与天地、自然之间相互发现、相互成就的结晶。此外，根据传世本，方氏释读经传沿用合编的方式，不同于经传分立，由此亦可见其与朱熹易学的一些差异，故将方氏作为朱熹拥趸之说需要更多证据支持。

---

① （宋）方实孙：《淙山读周易记》卷十七，载《文渊阁四库全书》第19册，台北：台湾商务印书馆1986年影印版，第790页。

心理合一与格物致知

——论朱子学的工夫论及其误解*

王绪琴（浙江工商大学马克思主义学院）

对朱熹的格物致知思想历来误解太多，多把朱熹的格物论作为向外穷理来解读，而有心理二元之说。其中尤以陆九渊与王阳明的指摘为甚。后来，还有把朱熹的格物论看作知识论或科学认识论。[①] 对于朱熹心性论是否为心理合一说以及格物致知理论的争议是众多学者关注的一个焦点，此处聚讼最多，不可不辨。

一 心理合一与本来贯通

其实，与陆王心学一样，朱熹亦首先认定理先天地内在于我们心中，理不在心外，心理本来就是合一的。

问："心是知觉，性是理。心与理如何得贯通为一？"曰："不须去着实通，本来贯通。"（《朱子语类》卷五《性理二》）

"心与理一，不是理在前面为一物。理便在心之中，心包蓄不住，

---

* 本文摘选自王绪琴《天理与人生的贯通——朱子心性论的内在结构与双向开展》，中华书局2023年版。

① 如熊十力认为："朱子在其即物穷理上，亦若与西洋哲学遥契。"参见熊十力《十力语要》，上海书店2007年版，第185页。

随事而发。"因笑云："说到此，自好笑。恰似那藏相似，除了经函，里面点灯，四方八面皆如此光明粲烂，但今人亦少能看得如此。"（《朱子语类》卷五《性理二》）

虚灵自是心之本体，非我所能虚也。耳目之视听，所以视听者即其心也，岂有形象。然有耳目以视听之，则犹有形象也。若心之虚灵，何尝有物！（《朱子语类》卷五《性理二》）

朱子曰："仁者理即是心，心即是理，有一事来便有一理以应之，所以无忧。"（《朱子语类》卷三十七《论语十九》）

在朱熹看来，之所以"仁者无忧"，是因为他们已经达到了心理合一的境界，故能从心所欲而不逾矩。心与理本为一，但不表明一切人心与理直接为一。虽然众理无差别地本具于一切人心中，而具体到某个主体时，则需要一番修养的工夫以落实，此正是人之后天道德实践的意义。"仁者心与理一，不是理在前面为一物，理便在心之中。"（《朱子语类》卷五《性理二》）欲达到心与理合一的境界，需要后天的格物和为学来达到——这是朱陆之分别处，程朱一系强调的一个传统，程颐《颜子所好何学论》与朱熹《大学补传》彰显为学之意，皆是要重建儒家为学明理之道。

唐君毅先生说："于朱陆之异，不宜只如世之由其一主尊德性、一主道问学，一主心与理为一、一主心与理为二去说，而当自其所以言尊德性之工夫上说。朱子之工夫，要在如何化除人之气禀物欲之偏蔽，足使心与理不一者，以使心与理一。象山则重正面的直接教人自悟其心与理之未尝不一者，而即以此心此理之日充日明为工夫。"①当朱熹在先天意义讲心与理一，与陆王本无两样，只是朱熹加入了后天的维度，在后天意义上，心不一定与理为一，需要工夫的修养而能

---

① 唐君毅：《中国哲学原论·原教篇》，中国社会科学出版社2006年版，第131页。

为一。陆王认为后天的工夫其实还是在心中做，宇宙内事只是吾心中之事，格物不过是致吾良知于事事物物。在这个意义上，或许可以说陆王认为心性从来就没有落入后天之中，因此也就是没有后天工夫的问题了，一切工夫也只是形上的工夫。蒙培元先生说："朱熹不仅不反对其'心即理'说，而且给予了肯定。问题在于，陆九渊只说一个心与理一而不分上下体用，故虽说合一，却不能合一。"① 或者可以说，陆九渊只是在本体意义上完成了心理合一，而没能在工夫层面或现实层面完成心理合一。"如果用一个简单的图式来表示，那么程朱是'理—心—心理合一'，陆王则是'心—理—心理合一'。出发点不同，但结论一样。"② 因此，朱熹论"心理合一"，不忘对治佛家和陆九渊的心学，其曰："儒释之异，正为吾以心与理为一，而彼以心于理为二耳，然近世一种学问虽说心与理一，而不察乎气禀物欲之私，故其发亦不合理，却与释氏同病，不可不察。"（《朱文公文集》卷五十六《答郑子上》）朱熹认为佛家心空而无理，故是心与理为二，不是为一。而朱熹所言"近世一种学问"乃是指陆氏的心学，其学虽也讲心理合一，却没有觉察到气禀物欲之私会导致心之所发未必合理，因此，在朱熹看来，陆氏"盲目"地倡其"心理合一"之说，与佛家的病理没有什么区别。

二 体用一源与格物致知

（一）理一分殊与体用一源

承上所述，心理合一，不是说心的能动性和理的规范性在现实中直接合一了，朱熹曰："虽说心与理一，不察乎气禀物欲之私，是见

---

① 蒙培元：《理学范畴系统》，人民出版社1989年版，第457页。
② 蒙培元：《理学范畴系统》，人民出版社1989年版，第459页。

得不真，故有此病。《大学》所以贵格物也。"(《朱子语类》卷一百二十六《释氏》) 在本体意义上，心与理虽然已经为一，但于形下世界中，由于气禀而有物欲之私，因此必须格尽物欲之私而能心理合一。可是，进一步的问题在于，物中之理何以可能转化为心中之理呢？或者说心中之理何以可能与物中之理相一致呢？朱熹曰：

夫道之极致，物我固为一矣，然岂独物我之间验之？盖天地鬼神、幽明隐显、本末精粗，无不通贯而为一也。(《朱文公文集》卷六十四《答江彦谋》)

可见，我心中之理是天理之灌注，物中之理亦是天理之灌注，物我皆是一个天理的呈现。因此，天理鬼神万物，不论幽明隐显，本末精粗，都不过是一个天理通贯而成的呈现，心中之理与物中之理自然是相一致的。因此，天理本具，由学而可明此理，虽是由于学而得，但是理本固有，无有加损。又曰：

须是内外本末，隐显精粗，一一周遍。(《朱子语类》卷十八《大学五》)

盖言理则无可捉摸，物有时而离。离物则理自在，自是离不得。(《朱子语类》卷十五《大学二》)

"隐显精粗，一一周遍""幽明隐显，本末精粗，无不通贯而为一也"，朱熹此处的解释，颇得程颐"体用一源，显微无间"之精要。物我本为一，内外、本末、精粗皆一体之用，显明无间，无有幽隐，此"道之极致"也。而人多因气禀之私不能接目而洞然，则需格物而见天理。其实，这正是朱熹格物的最基本的认识论前提：去格物，乃是理本在我心中，于物中印合天理而已。因此，格物乃是形下之"不得已"之法，如《大乘起信论》所言："若知一切法，虽说无有能说可说，虽念亦无能念可念，是名随顺。若离于念，名为得入。复次，此真如者，依言说分别，有二种义。云何为二？一者，如实空，以能究竟显实故；二者，如实不空，以有自体具足无漏性功德故。"(《大乘起信论》）真如本为一体，本不可说不可念，一切法，皆是为人明理而说不可说，"言说之极，因言遣言"，离于真如一体之念，方有名言可说，故分别为二义，于实中求空，以分别物中之显明实相；于实中知不空，乃是万相自体皆具足真如之性，无有遗漏。然而，须知二种义本是一义，为言说而为二分也。"一心开二门"，为方便故，又当知二门终归于一心，"以是二门不相离故"。

因此，朱熹认为，心之理虽是理一，但是物之理却是分殊，要明理一，必须先明分殊。

圣人未尝言理一，多只言分殊。盖能于分殊中事事物物，头头项项，理会得其当然，然后方知理本一贯。不知万殊各有一理，而徒言理一，不知理一在何处。（《朱子语类》卷二十七《论语八》）

心与理一，天理方能落实于人心；理一分殊，与人一切的关涉物都是天理的落实者。如此，人认识外物并与外物为一才成为可能。不于分殊处领会，自不会知理一之理，故格物之为必需也。性理与物理是体用一源，显微无间的关系，天理的无所不在，内外俱足，是格物致知理论的内在前提，因此，通过格物的工夫就可以打通天理与人生，使心与理贯通为一。钱穆先生说："今朱子既说心具众理，却又教人以心观物则物之理得，似乎又主张理在物不在心，此似朱子学说本身一大罅缝。但朱子意，须心与物交始见理，外了物，人心之理更于何见。所谓物之理得，乃是人处物之理，则物理主要乃事理。朱子意实未有罅缝，未可轻议也。"① 因此，格物之学，必须求之于外；求之于外，亦即求之于内；内外相接，则万物之理得矣。朱熹曰：

夫天生烝民，有物有则。物者形也，则者理也，形者所谓形而下者也，理者所谓形而上者也。（《朱文公文集》卷四十四《答江德功

---

① 钱穆：《朱子学术评述》，载《中国学术思想史论丛》（五），生活·读书·新知三联书店 2009 年版，第 180—181 页。

第二》）

在朱熹看来，格物是在形而下之物中穷形而上之理。形上与形下本就是体用一源的关系，并无割裂之意。如杨儒宾先生所说："朱子的知识论与工夫论是连续性的，甚至不妨说：它们是一体的两面。朱子的知识论从来不是独立的，它是工夫论的一条重要支柱，简单地说，完整的工夫论乃是包涵'主敬'与'格物致知'在内。这套工夫行到极处，会有'豁然贯通'的境界呈现。'豁然贯通'境界，也就是'极夫心之所具之理'之境界。这样的心是圆满的终点之心，但圆满终点时的心也是原初之心。"① 然而，令人遗憾的是，对朱熹工夫论的误解从来不乏其人，而其中最著名的莫过于王阳明。王阳明不理解朱熹格物之义，才有"格"竹子乃至于病倒之事，正应了朱熹所言之"今日学者所谓格物，却无个端绪，只是寻物去格"（《朱子语类》卷十八《大学五》）的弊病。岂不知天理自在于竹子之中，竹子之为竹子者，是由其存在之理所决定的，现象即本质是也。此理在竹子的形质之中，又在形质之外，即所谓形上与形下一体两面而已。而阳明却执着于形下的层面，以为单纯用刀斧劈破竹子即为格物之事。故阳明所执迷者：一者，只执着于竹子之形质，而不见竹子之天理；二者，以为仅由格一物而穷尽天理，忘记了朱熹乃是要人于格众物而得尽理，积累之多而豁然贯通。因此，格物亦有一个"量"的要求。格物是"手上"的工夫，而"豁然贯通"却是"心中"的工夫。

朱熹注重理一分殊之说，强调于物上格致天理，此精神有近于荀子处；然其强调"心具众理"，又与孟子"万物皆备于我"有同工之妙；朱熹却亦不止于此，其今日格一物明日格一物，终将"豁然贯通"之工夫又似有旁取禅宗渐修和顿悟之嫌，其融合各家浑然于一炉之长于此

---

① 杨儒宾：《"性命"怎么和"天道"相贯通的——理学家对孟子核心概念的改造》，《杭州师范大学学报》（社会科学版）2010年第1期。

可见一斑。

(二) 格物致知与穷理尽心

因此,关于心外无理与心理合一的理论认定,其实朱陆有很大的相似性。但是,在落实心理合一的工夫上却迥然不同,陆九渊强调在心上做工夫,一旦落入形而下的现实世界,便"支离"了;而朱熹则认为理一分殊,理不可能孤悬于万物之上,它必然"月印万川"一般存在于万物之中,因此,要使心与理一,必须于万物中格致而来。

朱熹解《大学》"格物致知"曰:

物格者,物理之极处无不到也。知至者,吾心之所知无不尽也。知既尽,则意可得而实矣;意既实,则心可得而正矣。修身以上,明明德之事也。齐家以下,新民之事也。物格知至,则知所止矣。意诚以下,则皆得所止之序也。(《四书章句集注·大学章句》)

朱熹训"物格"而"物理之极处无不到","致知"而"知至",物理之至极处,"吾心之所知无不尽"。可见,格物为外,致知为内,内外皆至,方是《大学》工夫之第一步。知尽而意实,意实则心正,心正则修身以上之事皆可为也,故朱熹曰"意诚以下,则皆得所止之序"。朱熹在六十二岁还叮咛门人曰:"此一书之间,要紧只在'格物'两字。认得这里看,则许多说自是闲了。初看须用这本子,认得要害处,本子自无可用。"(《朱子语类》卷十四《大学一》)朱熹之所以反复叮咛,最怕众人不悟格物之真义。

我们知道,朱熹格物的思想主要继承了程颐的思想,曰:"盖释格物、致知之义,而今亡矣。闲尝窃取程子之意以补之曰:'所谓致知在格物者,言欲致吾之知,在即物而穷其理也。盖人心之灵莫不有知,而天下之物莫不有理,惟于理有未穷,故其知有不尽也。是以《大学》始教,必使学者即凡天下之物,莫不因其已知之理而益穷之,以求至乎其极。至于用力之久,而一旦豁然贯通焉,则众物之表里精粗无不到,而吾心之全体大用无不明矣。此谓物格,此谓知之至也。'"(《四书章句集注·补大学格物传》)格物穷理的认识过程,又可以分为两个阶段。第一阶段是"今日格一物焉,明日又格一物焉"的渐进阶段。在这个阶段,既包括直接接触事物的"格物","以事之详略言,理会一件又一件",从而获得感性认识;又包括运用逻辑推理的"穷理","以理之深浅言,理会一重又一重","因其已知而及其所未知,因其所已达而及其所未达"。第二阶段是豁然贯通的顿悟阶段。"至于用力之久,而一旦豁然贯通焉,则众物之表里精粗无不到,而吾心之全体大用无不明矣。"到了这个阶段,就格物说,则已格尽事物之理;不是只认识部分的理,而是认识理的全体。但是,需要注意的是,朱熹在讲格物致知之前,有个很重要的前提,就是"人心之灵,莫不有知",即首先就已经承诺了天理之知就在心中,而格物致知则是在现实世界中去印证内心天理的工夫而已,并非一向被误解的那样,朱熹是先去外在世界中穷尽物理,再归纳抽象出一个天理的总体来。朱熹引孟子"万物皆备于我"之理以表明,人不是一个机械的组合体,人之能够通过有限物的研究而能"豁然贯通"知无限之理者,在于人心有灵,如前文所述,人心有此灵者,神明之用也。

朱熹曰:"若是穷得三两分,未便是格物;须是穷理得到十分,方是格物。"(《朱子语类》卷十五《大学二》)就致知说,是已达到豁然贯通、无所不知的状态。若只是部分的知、片面的知,都不是知至。故格物而穷理至十分才是知至的境地。他说:"若知一而不知二,知大而不知细,知高远而不知幽深,皆非知之至也。要须四至八到,无所不知,乃谓至耳。"(《朱子语类》卷十五《大学二》)这就是格物与致知的统一,穷理与尽心的统一。后世学者只关注到朱熹格物以穷理之说,却有意无意地忽略了他的致知以尽心之说。朱熹故曰:"他所以下格字、致字者,皆是为自家元有是物,但为他物所蔽耳。而今便要从那知处推开去,是因其所已知而推之,以至于无所不知也。"(《朱子语类》卷十五《大学二》)所谓"自家元有是物",即是说理不在心外,之所以格物者,不过是使"为他物所蔽"之心重新显明起来而已。

王阳明也很重视对"格物致知"的阐发,但是他不同意朱熹解"格物"为"即物穷理",他认为先去穷外在事物之理,茫茫荡荡,无着落处,为舍本逐末之事。而是应当把物纳入到主体的意识范畴之内,"身之主宰便是心,心之所发便是意,意之本体便是知,意之所在便是物"(《传习录》上),因此,"格物"之事就成"诚意"或"正心"之事。对于"致知",阳明同样不同意朱熹的理解,他认为朱熹从外在格物进而到内在获得知识的过程是弄错了工夫的方向和路径。阳明训"致知"为"致吾心之良知","致"就是向外扩充,致吾良知于事事物物,这是一个由内向外的工夫过程,外在事物只在获得主体的"定义"和赋予德性之后才获得自身的意义,否则外物就不是"属我"的无意义的存在,阳明认为这才是孟子"不诚无物"的真正要旨。当然,尽管二人在对"物"和"知"的理解以及如何"格"和"致"的解读上如此不同,但是内在二人的格物致知还是有一致之处,"那就是将格物穷理纳入伦理道德的人生践履之中,而不是十分强调追寻外在自然的知识与规律"[1],虽然朱熹较阳明更为注重外在事物的理则,其重点亦仍然是心性道德的落实。

综上所述,朱熹首先认定理先天地内在于我们心中,理不在心外,心外无理。天理是自家元有之物,而格物不过是去蔽而已。这些表述与陆王心学并无太大差异。从心理合一到格物致知是朱熹心性论双向开展的完成,心理合一是向上(天理)的开展,格物致知是向下(现实)的开展。

---

[1] 张品端:《朱熹、王阳明对大学诠释之比较》,载张品端主编《会通朱王:朱熹与王阳明比较研究》,厦门大学出版社2018年版,第48页。

三　析心与理为二：陆王等的指责及其问题

此处需要提醒的是，朱熹所致之"知"非纯粹今日所谓客观知识之义，而在客观知识之上，最重要的还是形上的天理之知，至善的德性之知。以古希腊名言"道德即知识"佐之，此知首要的是道德之知，这点是象山对朱子最大的一个误解。在陆九渊看来，心与理本来合一，也就无所谓通过格物使心理合一了。他说："宇宙不曾限隔人，人自限隔宇宙"，学者修养之法就是去掉这些本不该有的"限隔"，找回"本心"即可，此事与外物何干？即心理合一只是心内的事。因此陆九渊认为朱熹格物致知是析心与理为二的做法。"先生云：'……格物是下手处。'伯敏云：'如何样格物？'先生云：'研究物理。'伯敏云：'天下万物不胜其繁，如何尽研究得？'先生云：'万物皆备于我，只要明理。'"（《象山集》卷三十五《语录下》）在陆九渊看来，天下万物如此繁多，格物不只是"支离"，还会使心沉沦于物中而不见天理。其云"吾心即是宇宙，宇宙即是吾心"者，正自谓得孟子"万物皆备于我"之精妙，明理只是心中事，奈何却去物中求？朱熹弃内求外，于外物中找寻天理，显然是自我"限隔"。故叹朱熹曰："朱元晦泰山乔岳，可惜学不见道，枉费精神，遂自耽搁……晦翁之学，自谓一贯。但其见道不明，终不足以一贯耳。"（《象山集》卷三十四《语录上》）陆九渊进一步认为，朱熹之心与理二分，亦必然使天理与人欲的二分："天理人欲之言，亦自不是至论。若天是理，人是欲，则是天人不同矣。此其原盖出于老氏。《乐记》曰：'人生而静，天之性也；感于物而动，性之欲也。物至知知，而后好恶形焉……不能反躬，天理灭矣。'天理人欲之言盖出于此。《乐记》之言亦根于老氏，且如专言静是天性，则动独不是天性耶？《书》云：'人心惟危，道心惟微。'解者多指人心为人欲，道心为天理，此说非是。心一也，人安有二心？自人而言，则曰惟危；自道而言，则曰惟微。罔念作狂，克念作圣，非危乎？无声无臭，无形无体，非微乎？"（《象山集》卷三十四《语录上》）陆九渊甚至引用《乐记》所载之言论证天理人欲乃是为一，人安有二心，故道心人心只是一心，故天理与人欲亦不该二分。

正如陈荣捷先生所说，"一分一合之间，而未免已启学者心理为二之弊"①。不唯陆王误解朱熹心理合一之说，此亦成了后世学人争议的一大焦点。朱陆之门人就此问题争论不已，聚讼之言堪为古今一大学术公案。至近现代以降，此争论之余绪亦不绝如缕。钱穆先生说："朱子思想，以论格物穷理为最受后人之重视，亦最为后人所争论。"② 确实，朱熹的格物论思想受到了普遍的误解，认为朱熹是对外求理，甚至认为已经接近西方科学实验的思想与方法。如熊十力、冯友兰、牟宗三、徐复观、胡适等。对于朱熹格物之义，显然朱熹《大学格物补传》是一个关键的文献，然而冯友兰先生对之作如下解释："《补传》前半段讲为学之方"，向外研究物理；后半段讲"为道"、道德修养。结论是：朱熹"把'为学'和'为道'混为一谈，这就讲不通了"③。在冯先生眼中，朱熹的格物之说也是把道与物打成了两截。牟宗三先生指责朱熹格物有"外驰之病"，仍是"心理为二"。牟先生曾说："其（朱子）在形上学上，理气不离不杂之清晰明截，由气之造作营为说名自然界之形成，此虽尚未至科学之阶段，然气之造作营为是物理的，基本原则处是科学的，而可以向科学走，则无疑。顺中国传统思想言科学，必由此路开而不能由考据之路开。此是面对'自然'之独立思想，而不是空泛之只是读书者。此是朱子

---

① ［美］陈荣捷：《王阳明传习录详注集评》，台北：台湾学生书局1983年版，第167页。
② 钱穆：《朱子新学案》（上），巴蜀书社1986年版，第707页。
③ 冯友兰：《中国哲学史新编》下卷，人民出版社1999年版，第200页。

道问学、格物穷理中所隐藏之纯知识面之真精神。"① 表面看来，牟先生似乎是在称赞朱熹的格物穷理思想，但是，我们都知道，儒家向来对知识论，尤其是自然科学的知识最为贬抑，甚至认为这是儒家治学之歧途，因此，显然这恰恰是牟宗三先生对朱熹的一种否定，因为这内在地表明了朱子学是心与理为二的。牟宗三先生在他处直接点出了这一点，他说："其（朱熹）'贯通为一'之'一'只是关联地为一，贯通地为一，其背景是心与理为二，而不是分析地为一，创发地心即理之为一……在朱熹学中，心具是综和地具，并不是分析地创发地具，故其心具并不是心发。此仍是认知并列之形态，（故其言心以知觉为本质），而不是本体地立体直贯之形态。"② 牟先生指责朱熹其实是"心理为二"，"存有论的最高实有之理，不是零碎的经验知识所识取的事象以及事象之曲折之相，然亦必须通过这些事象以及曲折之相始能进而认取那太极之理，此即所谓'即物而穷其理'，即就着'实然'而穷究其'超越的所以然'。是则决定我们的行为者是那外在之理；心与理为认知的对立者，此即所谓心理为二"③。牟先生否定朱熹格物之说，则肯定阳明之说，"阳明与蕺山之说虽不必合于《大学》之原意，然皆是自体上开发行动之源则一也"④。即便阳明与蕺山不合于《大学》原意，牟先生亦坚定地认为此是儒学之正宗，而朱熹心理合一之说最尊《大学》，却为"歧出"，此中偏爱，且不细说。

显然，我们从陆王近后世学者对朱熹格物的误解可以看出，他们都把朱熹内外兼修与印证误解为于外物穷理，认为朱熹是析心与理为二、支离。其实朱熹的格物首先亦是一种道德实践，而不是一种对物

---

① 牟宗三：《心体与性体》下册，上海古籍出版社1999年版，第319页。
② 牟宗三：《从陆象山到刘蕺山》，上海古籍出版社2001年版，第83—84页。
③ 牟宗三：《从陆象山到刘蕺山》，第6页。
④ 牟宗三：《心体与性体》下册，第366页。

的单纯拆分（甚至近乎近代的科学实验）。这一点是由儒家本身的理论特质决定的，儒家一切知识的建构都是围绕道德的知识展开的，儒家于纯粹客观的知识没有太多的兴趣。朱熹所谓格物，亦是此理。

故与冯友兰、牟宗三等学者之论相对应的是，也有一批学者指出他们对于朱熹之误解。唐君毅先生并不同意冯友兰与牟宗三等人对程朱所做的心理二分的判定，他说："实则求心之合乎理，以使心与理一，亦程朱陆王共许之义。心不与理一，则心为非理之心，而不免于人欲之私。必心与理一，然后可以入于圣贤之途，儒者于此固无异辞也。"① 在唐先生看来，心与理一，乃是程朱陆王等理学家共同承诺的理论前提，这是入于圣贤之途的必然要求，在这一点不应该有什么异议。朱熹所论格物工夫，仍属一种"心"的工夫，乃从人心已知之理推广到未知境域之中去。专务于内，从心求理，则物不尽。专务于外，从物穷理，则心不尽。物不尽，心不尽，皆是理不尽，必心物内外而后可。张汝伦先生的观点也应当受到重视，他认为关于朱熹的格物致知思想，一直受到一种普遍的误解。张先生认为朱熹秉承的是程子的思路，坚持即物穷理是"因其已知之理而益穷之"，也就是将心中已有之知推广扩充于事事物物，而非于事事物物上求得未知之知。既然如此，格物致知的真正的出发点是心，而不是物。"心包万理，万理具于一心。不能存得心，不能穷得理"（《朱子语类》卷九《学三》），而存心其实就是正心。② 张先生的这种辩解有以正视听的意味，不可以单纯把朱熹的格物论理解为向外穷理的过程，从朱熹的心性论角度来看，格物致知正是心性本体向现实世界的开展与落实，是

---

① 唐君毅：《中国哲学原论·原性篇》，中国社会科学出版社2005年版，第349页。
② 张汝伦：《关于格物致知的若干问题——以朱熹的阐释为中心》，载吴震主编《宋代新儒学的精神世界——以朱子学为中心》，华东师范大学出版社2009年版，第55页。

一个内在天理和外在物理相互印证和相互实现的过程,这应该是比较符合朱熹的内在逻辑的。台湾大学吴展良先生也认为:"其(朱熹)认识方式既不需要科学、理性等客观分析的头脑,也不需要内视返听,或诉诸超越情感经验的'实践理性',而是心物、主客体、人文与自然合一,情感与意志交融的认识方式。"① 吴先生指出不能把朱熹的认识方式与西方科学的认识方式相提并论,他也反对冯友兰和牟宗三先生对于朱熹格物思想的判定。朱光磊先生亦认为牟先生所言朱熹之"不活动"义,实乃对朱子理气二分说的误读。不唯牟先生误读,亦为历代心学家所误读。或者可以说,是牟宗三受了历代心学家误读传统的影响而至于此。"此传统之始作俑者,即为陆象山。由象山之后,凡是反朱子者,皆是以心外求理而反对之,层层相因,积重难返,而对朱子性贯于心之说视若无睹。"② 此论与前文所述与推定颇为相契,牟宗三先生作为现代新儒家的代表人物之一,其论及宋明理学及朱子学之说,对于之后的学者影响颇为巨大,其中的问题亦不可不察。

其实,在鹅湖之会之后,象山"心学"阵营就有开始倒向朱熹立场的倾向。象山之兄陆九龄一改对朱熹尖锐批评的态度,前往拜会朱熹,主动"示好",渐有接受朱熹学说之势。另一证为象山高足曹建"倒戈"转师朱熹一事,曹建言其习朱熹格物论的心得曰:"学必贵于知道,而道非一闻可悟,一超可入也。循下学之则,加穷理之工,由浅入深,由近而远,则庶乎可矣。今必先期于一悟,而遂至于弃百事以趋之,则吾恐未悟之间狼狈已甚,又况忽下趋高未有幸而得之者耶!"(《朱文公文集》卷九十《曹立之墓表》) 可见,"陆九渊与朱

---

① 吴展良:《朱子的认识方式及其现代诠释》,载刘笑敢主编《中国哲学与文化》第一辑:反向格义与全球哲学,广西师范大学出版社 2007 年版,第 181 页。
② 朱光磊:《论朱子之理的"活动"问题——兼论朱子的格物说》,载张品端编《会通朱王:朱熹与王阳明比较研究》,厦门大学出版社 2019 年版,第 320 页。

熹的分歧，不是结论本身，而是方法的运用"①。即认为二者在本体论承诺上区别不大，主要是工夫论上的区别。但是，工夫不同，呈现的本体也就不同。就实践理性而言，陆象山、王阳明偏重动机、意图伦理，偏重"顿悟本心"，朱熹则既讲动机又讲效果，既讲意图伦理又讲责任伦理，偏重"渐修"，是比较全面、踏实的。陆象山批评朱熹为学"支离"。与陆象山的"简易直截"相比，朱熹的确是"支离"，但对于道德修养，这种"支离"却是必要的。陆王格物论讲究只心顿悟，固然是上乘工夫，觉悟敏锐的"高明"之人可以目击而道存，但是，这种人毕竟凤毛麟角，世上多为平俗之人，故此，陆王有忽略人是有局限的存在的问题，并不是所有人都可以轻易超越这种局限性的。朱熹格物论注意工夫的次第，讲究日积月累，变化气质，较易推行。

就本体工夫之落实路线来看，朱熹：心具众理——格物穷理——心理合一；陆王：理在心中——正心得理。如果重新去面对阳明格竹子这段公案，我们认为阳明还是有误读朱熹格物论之嫌。阳明格竹子而不得其理，是还未能完全领会朱熹格物论的全部精义，或是有意无意地"阉割"了朱熹格物论的前提：心理合一。其实，朱熹已经预设了理在心中。由心理合一再去格物致知，才是由内而外，由外而内，内外印证的"合内外"的完整过程。竹子之中不会真实"客观"地存在一个理，朱熹所谓竹子之理，乃是竹子生长、存在之理。在朱熹那里，即便是格竹子，就是要求我们弄清楚竹子的生生之理。另外，依朱熹观点，阳明格竹子也过于急切了，并且又过于拘泥于一物之中，就物论物，不知道适当地处理天理与物理之间的张力。不过，当时的阳明年方十五岁，一方面对朱熹的思想的理解还远未深入，另一方面他自己的心学思想也仅是刚刚萌芽而已。因此束景南先生指出：

---

① 蒙培元：《理学的范畴系统》，人民出版社1989年版，第352页。

"阳明格竹的失败只反映了他对朱学的误解,而不是表现了他对心学的觉悟。"①后来,王阳明于所作《朱子晚年定论》序中言道:"予既自幸其说之不谬于朱子,又喜朱子之先得我心之同,然且慨夫世之学者徒守朱子中年未定之说,而不复知求其晚岁既悟之论,竞相呶呶,以乱正学,不自知其已入于异端,辄采录而裒集之,私以示夫同志,庶几无疑于吾说,而圣学之明可冀矣。"(《传习录下·附朱子晚年定论》)按照阳明所说,早年格竹子之所以误解朱熹者,乃是徒守朱熹中年未定之说所致,及龙场悟道之后,"复取朱子之书而检求之",方知朱熹有晚年之说乃是其"心"学之最终定论,则与象山及自己之学并无抵牾之处。后来清代学者李绂据阳明《朱子晚年定论》又作《朱子晚年全论》,更为详尽地收录了朱熹晚年与其门人、友人论学的资料,进一步巩固阳明之说,试图表明"朱子与陆子之学,早年异同参半,中年异者少同者多,至晚年则符节之相合也"②。因此,《定论》与《全论》恰恰反证了阳明早年对朱熹确实是误解,并且也表明了程朱与陆王之间并非"冰炭不相入"。我们习惯于非此即彼的判定,但是,理论的真实面貌可能不是如此,区别是相对的,并非那么地泾渭分明,决然对立。

---

① 束景南:《阳明大传——"心"的救赎之路:上、中、下卷》,复旦大学出版社2020年版,第59页。

② (清)李绂著,段景莲点校:《朱子晚年全论》序,中华书局2000年版,第1页。

《周易明意》意本论与哲学话语体系建设[*]

温海明（中国人民大学哲学院）

阳明龙场读《易》，悟通"心即理"之道，而后造心学。形成了心学的话语体系，这是继朱熹理学话语体系之后的新哲学话语系统。朱子之理学话语体系的中心不离其对周敦颐《太极图说》、《四书集注》和《周易本义》等经典的理学话语系统的研究，阳明也不离其心学话语系统。今天我们对《周易》进行新的诠释，希望能够构筑并推进新的话语系统。

新的话语系统一定来自新的易学观，比如朱熹的易学观对其理学话语系统有重要的影响，阳明的易学观对其心学话语系统也有重大影响。比如，阳明龙场悟道之后，感叹易道淆乱，自古已然。《传习录·上·徐爱录》提到孔子不得已删述《六经》，并举孔子赞《易》为例：

> 删述《六经》，孔子不得已也。自伏羲画卦，至于文王、周公，其间言《易》如《连山》、《归藏》之属，纷纷籍籍，不知其几，易道大乱。孔子以天下之好文之风日盛，知其说之将无纪

---

[*] 本文内容和主旨思想可参见温海明《周易明意：周易哲学新探》，北京大学出版社2019年版，第一编·导论。此处有改动。

极，于是取文王、周公之说而赞之，以为惟此为得其宗。于是纷纷之说尽废，而天下之言《易》者始一。

阳明当时就致力于建构新的话语系统，但他的首要任务是梳理易学混乱的体系。在他看来，孔子颂赞文王周公之说以成《易传》，而后天下读《易经》者才知宗旨和入道门径。自孔子《易传》出世，后世学习《易经》当从《易传》入门。可见，以传解经，是传统易学的正路，今天建构新话语系统，也要从以传解经出发。

在阳明时代，易道恐怕尚未有如今之乱象，当时读书人至少要先读《易传》再解《易经》，此不易之论无须强调，可如今情形完全不同。百年以来，《周易》早已从五经之首、大道之源的神坛上被拉下来，而"孔家店"也被打倒多次，若谓孔子其人其学以"丧家狗"的姿态在现代化潮流中被边缘化亦不为过。其影响所及，连不明阴阳和八卦本义者都敢对《易传》乃至卦爻辞评头论足，一种浮泛空疏的学易之风，泛滥久矣。所以过去的时代，基本上没有形成系统性的哲学话语，而新的哲学话语系统，需要从《周易》新哲学出发。

本来研究《周易》经传，需要从感通无字天书开始，追本溯源，领悟"易与天地准"的实然境界。近现代以来，虽然文字学、训诂学、音韵学、文献学、史学、以经解经等多种研究方法在解读经文中似乎越来越重要，但是，这些方法如果要取得有意义的研究成果，还是不可偏离"以传解经"的传统原则。正是在这个原则之上，象数与义理不可偏废，观象系辞、辨象证义才有意义，如此方能破除"经文不过是随机占筮的记录""卦爻辞是意义不明的文字""卦爻辞和卦爻象之间没有逻辑关系""经文是巫术的历史印迹（巫史传统）"等谬误。现在有学者认为可以把卦爻辞完全用历史事件来还原，对很多文字望文生义，妄加猜测，无根之论比比皆是，这样研究易学的学风，偏离了古来易学的大道，可以说是对易无感的无道之论。

新的哲学体系要从认真理解卦爻辞的哲学含义开始。卦爻辞是人文理性的系统创作，而不纯是占卜的记录，不能简单归入巫史传统而忽视其哲学义理。同时，此义理足以说明文王无愧于中国第一个系统哲学家之名。正如班固《汉书·艺文志》所言，孔子儒家之道和老子道家之道皆本自王官，其精神根基即文王之道。中国自有系统哲学思想的历史当肇启于文王，即当以卦爻辞蕴含之道为中国哲学的开端。新的易学哲学观将从文王易开始，打破过去中国哲学史从孔子或者老子开始的成说。

当代的《周易》研究要为哲学话语体系建设作出贡献，首先在经文方面要能够做到"明解《周易》"，要做到经传互证、辨象证义，以精准解释卦爻辞和合理阐发义理为基准，这样才能为《周易》话语推进哲学话语建设打下基础。《周易》哲学在今天的推进，要对易学哲学思想进行当代创造和转化，才能为哲学话语系统建设作出贡献。

（一）弃"象数与义理分开的谬误"

《周易》本来就有象数话语和义理话语，二者不可分割，犹如阴阳不分，如果分开，就不符合《周易》系统。历代易学家为了明解《周易》，有所谓"两派六宗"之说。"两派"是指象数派和义理派，象数派认为，数为象本，象因数生，象为卦爻的根本，而数为象根之本源，所以要把卦爻辞解释清楚，必须首先把象数的根据说明清楚，认为一切离开象数的义理，都是没有根据的随意发挥；义理派认为，义为理本，理因义生，卦爻是为了说明义理的工具，理解了义理可以摆脱卦爻的束缚，所以主要的目标是把义理讲透，至于象数的基础，最多作为辅助。通常来说，汉代的易学家如京房、虞翻等被认为是象数派的代表，他们很重视每卦每爻的象数根据；从扫荡象数的王弼开始，到写作《周易正义》的孔颖达，到宋代程颐的《程氏易传》，都被视为义理派易学的代表，其著作皆以阐发《周易》卦爻辞的道理为主，至于卦爻辞的象数依据，可作为理解义理的参考，而不作为主要的考虑因素。近现代运用出土文物、文献学研究方法的成果，严格说既不是象数派，又不是义理派，只是因为文献学研究多倾向于借用传统义理派文献，所以基本归属于义理派，其实跟传统义理易学还有很大距离。其中最大的差异是，传统义理易学没有"经传分开的谬误"，而现代文献学易学研究，基本上都是建立在经传分观基础上的，这种研究谬种流传，打着科学和客观的旗号招摇过市，但很多说法都是空中楼阁。

其实，新哲学话语要基于象数和义理，因两派都有道理，不应该相互排斥。离开象数，尤其是离开八卦和六十四卦的基本架构，卦爻辞来源的根本就被否定了；离开合理的义理阐发，象数派的推演就成为空中楼阁，玄之又玄，不知所云。《周易》虽然有基于卜筮的象数根据，但六十四卦和三百八十四爻体系的建立，根本上还是在卜筮的基础上向后人昭示如何以人意合于天道的哲学体系。

（二）抛弃"经传分开的谬误"

要建立新的哲学话语体系，就要明解《周易》，而第一步是抛弃"经传分开的谬误"，重新把《易传》作为解易的核心文献，不否认《易传》解易传统的合理性。以古史辨派为代表的，致力于推翻传统易学、打击古代中国学问作为世界中心的学术倾向，今天被越来越多研究认为并不可取，很多研究甚至怀着破坏民族自信、毁灭民族文化等历史虚无主义倾向，甚至与摧毁民族自信等不可告人的计划与目的相配合。中国今天的崛起，需要在文化上做一些改变，不能再像过去那样匍匐在西方人的脚下，把自己祖宗的文化扫荡得干干净净。

建构哲学话语体系，就要明解《周易》卦爻辞，就必须坚持《系辞》的哲学大旨不可违背，不应该把《系辞》作非哲学的解释，否则，《系辞》作为最具备传统哲学意味的文献，如果都被否定，其实是一种中国哲学虚无主义的倾向。否认传统中国哲学思想的深度和力度在中国哲学史研究中长期存在。如果因为对《周易》和其象数体系不熟悉就连带否定《系辞》的哲学意义，不认可《系辞》是代表早期中国哲学的文献，否定系辞当中对于天地之道，对于人生哲学的深刻探讨，更不要说对《系辞》当中，解析卦爻辞的部分体现出对上古人文历史和哲学思想发展的深刻理解，是非常不可取的。当代如果不能从《周易》当中解读出哲学来，如何建构新的哲学话语体系？可以说是不可能的。

（三）抛弃"离象释义的谬误"

解读出新哲学，不能离开《说卦》，因为这是解读《周易》卦爻辞的密码本，《说卦》的取象原则在解易的过程当中应该严格遵守。不讲象却试图解释《周易》卦爻辞的方法偏离了《周易》传统。《说卦》对卦爻辞的解释力度，甚至超过《系辞》，因为它渗透到卦爻辞字字句句当中。

《周易》是象思维的核心，所以建构新哲学话语体系，不能离开象思维。如何解读六十四卦和卦爻辞，是古往今来研究《周易》的核心课题。"辨象证义"是解读卦爻辞的根本方法，即辨别卦爻象，理解爻的推移带来的爻象变化，进而体会和理解卦爻辞的来源和根据，在此基础上推演运作心意的分寸，和实化意念进而行动的哲学系统。

马恒君《周易正宗》[①]的前身是《周易辨证》[②]，所谓"辨证"就是要辨象证义，力避只知其然不知其所以然而随意解经的弊端，该书在辨象证义方面较前人象数证经有所推进，在前人基础上总结出的取象方法归纳如下：（1）六爻全象。（2）大卦取象。（3）组合象。

---

① 马恒君编著：《周易正宗》，华夏出版社2014年版。
② 马恒君：《周易辨证》，河北人民出版社1995年版。

(4) 对象。(5) 应爻取象。(6) 纵横象。(7) 逸象。(8) 分象。(9) 互体、连互取象。互体又称互卦，指六爻卦中间四爻因为三与四爻的互用另外再组成两卦。

《周易》哲学的话语体系基于六十四卦卦爻辞，所以要梳理卦爻辞体系，首先要说明卦爻辞的来源，要确立十二消息卦推演变成六十四卦的基本结构。虽然这个卦变体系历代有所争议，但用来说明六十四卦卦爻辞的来源应该是最为可靠和理想的。而目前为止，只有马恒君《周易正宗》贯彻了用十二消息卦通过卦变的方式变出六十四卦三百八十四爻的体系，并系统地做出解释。

马恒君的卦变体系，解决了从虞翻开始，近两千年的卦变系统难题，这是我们今天建构易学哲学话语体系的基础。

（四）抛弃"否定卦变的谬误"

卦变虽然很难，但对于易学哲学话语的建构意义重大。在易学史上，关于卦变的争议很大，总的来说可以分成两派，一派认为卦变存在，一派否定卦变存在。承认和否定卦变最大的区别在于对待《象传》的态度，即《象传》是否具有解释卦爻辞的权威性。如果认为解释卦爻辞不能离开《象传》的提示，那么，不承认卦变就完全站不住脚。因为《象传》里面有很多关于卦变的提示，除了用爻的上下推移来解释，很难做其他更好的理解。几乎每一卦的《象传》都交代刚柔爻位的推移，这就是卦变的方式。如果不承认卦变，就无法把《象传》中与爻变有关的内容解释清楚。纵观历代《易》注，不承认卦变者对这些文字几乎都注得模棱两可，甚至作者自己都不知所云。并且，不承认卦变的存在，就不符合《周易》卦爻辞成书的实际过程，因为只有通过卦变引发的象的变化，才能把卦爻辞每个字的来源讲明确。

《说卦》《系辞》《象传》多处讲到卦的变化，所以卦变当为客观存在，也是解《易》的必经之路。至于《周易》古经原来的情况，可能跟《象传》《说卦》《系辞》的解说有所不同，但并非全无联系。《易传》有关卦变的说法必有所本，但不确定春秋战国时的卦变有没有像后来卦变图那种比较严密的图式。

卦变最重要的根据是《象传》，比如"刚柔始交而难生"（《屯·象》）；"刚来而得中"（《讼·象》）；"天道下济而光明，地道卑而上行"（《谦·象》）；"刚来而下柔"（《随·象》）；"刚上而柔下"（《蛊·象》）；"柔来而文刚""分刚上而文柔"（《贲·象》）；"刚自外来而为主于内"（《无妄·象》）；"柔上而刚下"（《咸·象》）；"刚上而柔下"（《恒·象》）；"损下益上，其道上行"（《损·象》）；"损上益下，民说无疆，自上下下，其道大光"（《益·象》）；"柔以时升"（《升·象》）；"刚来而不穷，柔得位乎外而上同"（《涣·象》）。这些《象》辞明显提到阴阳爻的推移和变化，但如何落实在具体阴阳爻的推移当中，历代易学家都绞尽脑汁。

卦变之说很难轻易否定，但要考证出一套卦变系统，难度又比较大。历代关于卦变的体系并不多，能够贯通六十四卦的解释系统就更少，因为卦变体系的建立是一个系统工程，需要对《周易》体系豁然贯通，而且每个爻都要能够精准对应才可以，其难度非同一般的解《易》方法和途径。可以说，卦变是《周易》解释体系当中最为深层的结构，也是理解《周易》卦爻体系难度最大的内容。

古来关于卦变的各种说法相当混乱，可谓合于阳明"纷纷籍籍，不知其几，易道大乱"之说，今唯"卦变易学"得其宗。关于卦变的方式，自古有多种说法，不明"文王卦变方圆图"者，只能莫知所宗；对卦变的刚柔往来存在争议，其实是因不愿承认《象传》的权威性和合理性，进而质疑卦变体系的一致性；对《象传》和《象传》中一些文辞是否有必要被理解为对卦变的描述，缘于历代解释不同，而对卦变的解释力存疑。本书通用卦变，不理解"文王卦变方圆图"

者，容易质疑运用卦变解易，是否会导致对理解某卦的内涵有所损害，其实，这恰是理解卦变是否到位的问题；至于卦变是否为文王所创，这可从卦爻辞的形成与文王有关的传统看法推导出来，只要承认文王可能创作卦爻辞，就当肯定文王借助"卦变图"来确定卦爻辞是有合理性的。本书在"文王卦变方圆图"的基础上，提出"卦变易学"，认为卦变是《周易》经文的内在体例，有助于理解卦爻象的推移和变化，从而试图恢复王弼易学之前易学的本相，凸显易学本身的复杂性和深刻性。[①]

从古到今，易学都是儒学的重要组成部分。孔子删定《周易》经传，致力于梳理周代关于易学的各种纷乱讲法，力图把《周易》哲理讲清楚。汉代经学整合先秦易学，促使儒家经学成为传统文化的重要内容。宋代理学通过诠释《周易》来整合佛教义理，更使儒家哲学开创了第二个高峰。今天，我们需要运用《周易》哲学，来推动中西文明对话，以期从哲理上真正实现儒家哲学的第三期开展。

要推动儒学和中国哲学登上国际哲学与思想的大舞台，就要用好根深叶茂的易学哲理，既向内统合中国思想和文化，又向外统合世界各文明的哲学、宗教和文化。本书所建构之"意本论"，立足卦变解易而寄言出"意"，回应中西哲学沟通之意义世界，希图回归当代哲学思想的"太极"原发之前的无极之境"意"，从而开出哲学的当代发展之新"意"。

《周易明意》对先后天八卦作了哲学阐释，先天八卦代表天地未分之前的先天状态，也就是元气的本然状态，是一个全体，只是不得不通过阴阳分判，加一倍法分裂成为八卦来理解宇宙元气的全体而已。所以先天八卦次序应该理解为元气本然的次序。后天八卦是按照

---

① 温海明：《周易明意：周易哲学新探》，《第一编·导论》，北京大学出版社2019年版。

八卦的方位和五行属性重新排列之后而成的，其与东南西北方位的对应，以及相应的五行方位和特点的对应关系，是把八卦带入后天现实的状态当中，也就是天地之道运行和变化的实际情境当中，或者是先天意念的后天实化与运用当中。

在《周易明意》意本论当中，先后天八卦代表古代圣人以人意接续天意的八种基本模式："生—能—向—缘—识—行—量—境"，也可以称为人天之意的八种原型，对应于"意"作为心物一元的宇宙本体发动而展开成为"缘—识—向—境—能—生—行—量"八种不同推演的模式。这八种模式发动合乎阴阳五行运动的内在规律，再通过六十四卦的推演，八种实意模式可以演化为三百八十四种意念实化的样态。

意本论的哲学话语是更新《周易》哲学话语系统的尝试，也是希望新哲学话语的建构不离开《周易》这个中国哲学的大本大源的学术创新努力。

论道教身体观的二重性*

尹志华（中央民族大学哲学与宗教学学院）

早在《道德经》中，"身体"即处于双重视角之下。老子一方面主张"贵身""爱身"（《道德经》第十三章），要人们分辨"名与身孰亲""身与货孰多"（《道德经》第四十四章）；另一方面又认为有身即有患，感叹"及吾无身，吾有何患"（《道德经》第十三章）。在后世道教经典中，我们也能发现"身体"的二重性：身体既是罪恶的渊薮，又是"受道之器"①，正所谓"无身不成道，有身不归真"②。本文试从即身成仙与弃身成仙、凡躯与圣体、罪府与道器、幻身与真身、先天与后天等对立性描述来探讨道教身体观的二重性。

一 即身成仙与弃身成仙

《道德经》中既讲"长生久视之道"（《道德经》第五十九章），又说"死而不亡者寿"（道德经》第三十三章）。后世"即身成仙"

---

* 本文发表于《世界宗教研究》2023年第7期。
① （唐）成玄英：《道德经义疏》，载蒙文通辑校《道书辑校十种》，巴蜀书社2001年版，第521页。
② 题纯阳真人：《道德经释义》第七章注，载萧天石主编《道藏精华》（第十三集之二），台北：自由出版社1977年版，第29页。

与"弃身成仙"两种思想都可将其理论依据追溯到《道德经》。《庄子·逍遥游》篇中的藐姑射山神人,"肌肤若冰雪,绰约若处子",显然是形体保全完好的形象;而其身体也可以抵御任何外来的伤害:"之人也,物莫之伤,大浸稽天而不溺,大旱金石流土山焦而不热。"《庄子·天地》篇所说的"千岁厌世,去而上仙,乘彼白云,至于帝乡;三患莫至,身常无殃",可以看作"即身成仙"的表述。《庄子·在宥》篇中广成子所说"我守其一以处其和,故我修身千二百岁矣,吾形未尝衰",则提供了身体可以长存的例证。但《庄子·天地》篇中又认为最高等级的神人是无形的:"上神乘光,与形灭亡,是谓照旷。"此"神人"显然与"肌肤若冰雪"的藐姑射山神人不同。

《庄子》中只提到了乘云升天成仙,没有说明沉重的肉身如何能够乘云。大概在战国末期,产生了仙人身生羽翼的观念。《楚辞·远游》篇说:"仍羽人于丹丘兮,留不死之旧乡。"汉代画像石、画像砖中常常可以见到身生羽翼的仙人,时人的思路正如王充所指出的:"能升之物,皆有羽翼。"(《论衡·道虚》)但这种变形为异类的成仙途径受到晋代葛洪的质疑。他说:"古之得仙者,或身生羽翼,变化飞行,失人之本,更受异形,有似雀之为蛤,雉之为蜃,非人道也。"① 葛洪认为,理想的成仙途径是"虽久视不死,而旧身不改"②。而即身成仙的方法是"以药物养身,以术数延命,使内疾不生,外患不入"③。

---

① (晋)葛洪:《抱朴子内篇·对俗》,载王明撰《抱朴子内篇校释(增订本)》,中华书局1985年版,第52页。
② (晋)葛洪:《抱朴子内篇·论仙》,载王明撰《抱朴子内篇校释(增订本)》,第14页。
③ (晋)葛洪:《抱朴子内篇·论仙》,载王明撰《抱朴子内篇校释(增订本)》,第14页。

葛洪提出，成仙的境界有三种："上士举形升虚，谓之天仙。中士游于名山，谓之地仙。下士先死后蜕，谓之尸解仙。"① 无论是天仙、地仙还是尸解仙，都是以身体的存在为前提。即使是尸解仙，也必须是肉体死而复活。② 至于上士举形升虚，葛洪认为是"竦身入云，无翅而飞"。③ 葛洪的这种观点，已见于《淮南子》对仙人若士的描述："若士举臂而竦身，遂入云中。"（《淮南子·道应训》）

佛教传入中国后，信奉佛教的人比较佛道二教的修炼方法，认为"佛法练神，道教练形。形器必终，碍于一垣之里；神识无穷，再抚六合之外"④。在此"练神高于练形"观念的影响下，道教中部分经书，如《西升经》，也宣传"伪道养形，真道养神"。⑤《西升经》以老子的口吻说："观古视今，谁存形完？吾尚白首，衰老孰年？"⑥ 连老子都白了头，有谁能保持身体不衰老呢？经中认为，修道的最高境界是"形隐神留"。⑦ 冲玄子注说："同世之形，托死隐变，精神之身，留世化物，天下慕德，皆来从归也。"⑧ 可见，"形隐"就是形体死亡。与《西升经》观点相似，《太上洞玄灵宝三元品戒功德轻重

---

① （晋）葛洪：《抱朴子内篇·论仙》，载王明撰《抱朴子内篇校释（增订本）》，第20页。

② 《史记·封禅书》所说的方仙道"形解销化"之术，有的注家认为即"尸解"。《太平经》卷七十二说："人居天地之间，人人得一生，不得重生也。重生者独得道人，死而复生，尸解者耳。"

③ （晋）葛洪：《神仙传》，卷一《彭祖》，载张继禹主编《中华道藏》第45册，华夏出版社2004年版，第19页。

④ （南北朝）刘勰：《灭惑论》，《弘明集》卷八，上海古籍出版社1991年版，第50页。

⑤ 《西升经·邪正章第七》，载《道藏》第11册，文物出版社、上海书店、天津古籍出版社1988年版，第495页。

⑥ 《西升经·邪正章第七》，载《道藏》第11册，第495页。

⑦ 《西升经·在道章第三十二》，载《道藏》第11册，第509页。

⑧ （北宋）陈景元：《西升经集注》，载《道藏》第14册，第598页。

经》也认为,"得道者,无复有形也"①。

《西升经》关于"形隐神留"的主张,与传统上认为生命的存在必须"形神相依"是有冲突的。西汉司马谈《论六家要旨》说:"凡人所生者,神也;所托者,形也。神大用则竭,形大劳则敝,形神离则死。"② 生命是形神的合一,形神分离,生命也就终结了。其实,《西升经》对"形隐神留"的观点也并非贯彻始终的。经中也说:"神生形,形成神,形不得神不能自生,神不得形不能自成,形神合同,更相生,更相成。"③ 这是强调形神的合同。经中还说:"我不视不听不知,神不出身,与道同久。"④ 这又强调终极目标是永远保持形神合一。

纵观道教历史,其主流是主张形神合一而成仙的。如葛洪《抱朴子内篇·至理》说:"夫有因无而生焉,形须神而立焉。有者,无之宫也。形者,神之宅也。故譬之于堤,堤坏则水不留矣,方之于烛,烛糜则火不居矣。形劳则神散,气竭则命终。"⑤《太清中黄真经·释题》说:"形神相托,神形相成。……神离形以散坏,形离神以去生。"⑥ 唐梁丘子(白履忠)《黄庭内景经注》说:"人之死也,常在形神相离。今形既恒充,则神栖而逸;神既常宁,则形全无毁。两者相守,死何由萌?虽曰欲逝,其可得乎?"⑦《云笈七签》卷九十说:"神之无形,难以自固;形之无神,难以自驻。若是形神相亲,则表里俱济。"⑧

---

① 《道藏》第 6 册,文物出版社、上海书店、天津古籍出版社 1988 年版,第 884 页。
② 《史记》卷一百三十《太史公自序》,中华书局 1959 年版,第 3292 页。
③ 《西升经·神生章第二十二》,载《道藏》第 11 册,第 506 页。
④ 《西升经·我命章第二十六》,载《道藏》第 11 册,第 507 页。
⑤ 王明:《抱朴子内篇校释》,第 110 页。
⑥ 《道藏》第 18 册,第 383 页。
⑦ 李永晟点校:《云笈七签》卷十一,中华书局 2003 年版,第 192 页。
⑧ 李永晟点校:《云笈七签》卷九十,第 1986 页。

南朝道士陶弘景则主张形神可合可离。他在《答朝士访仙佛两法体相书》中说:"凡质像所结,不过形神。形神合时,是人是物;形神若离,则是灵是鬼。其非离非合,佛法所摄;亦离亦合,仙道所依。今问以何能而致此,仙是铸炼之事极,感变之理通也。当埏埴以为器之时,是土而异于土。虽燥未烧,遇湿犹坏;烧而未熟,不久尚毁;火力既足,表里坚固,河山可尽,此形无灭。假令为仙者,以药石炼其形,以精灵莹其神,以和气濯其质,以善德解其缠,众法共通,无碍无滞,欲合则乘云驾龙,欲离则尸解化质。"① 陶弘景以泥土经烧炼变得坚固为喻,来说明生命可至永恒。而永恒的生命既能以形神合一的形式存在,也可以脱离肉体,以别的形式存在。但陶弘景没有解释"尸解化质"后的生命,是以什么为载体。

南北朝以来,道教的主流观念是以"形神俱妙"作为成仙的终极目标。形神能够俱妙的理由是形体可以用道来守护。《太上老君内观经》说:"道无生死,而形有生死。……形所以生者,由得其道也。形所以死者,由失其道也。人能存生守道,则长存不亡也。"② 《坐忘论》说:"山有玉,草木以之不凋;人怀道,形骸以之永固。资薰日久,变质同神,炼形入微,与道冥一。"③ 唐代有人质疑:"道本无象,仙贵有形,以有契无,理难长久。"吴筠回答说:"夫道至虚极也,而含神运气,自无而生有。故空洞杳冥者,大道无形之形也。天地日月者,大道有形之形也。以无系有,以有合无,故乾坤永存,而仙圣不灭。"④ 这就是说,无形、有形均是道的表现形式,而且有无

---

① 《华阳陶隐居集》卷上,载《道藏》第23册,文物出版社、上海书店、天津古籍出版社1988年版,第646页。
② 《道藏》第11册,第397页。
③ 《道藏》第22册,第897页。
④ (唐)吴筠:《宗玄先生玄纲论·以有契无章第三十三》,载《道藏》第23册,第681页。

之间是可以转换的。因此，能否永存，不在于有形还是无形，而在于合道还是离道。

但是到了宋元时期，"有形不能永恒"的观念已深入人心，道教也基本上放弃了形体永生的思想。《重阳立教十五论》说："离凡世者，非身离也，言心地也。""今之人欲永不死而离凡世者，大愚不达道理也。"① 刘处玄说："身属万物之数，怎生凭假身要长生不死？有形则有坏，无形则无坏。"② 牛道淳《文始真经注》卷七说："凡所有形，皆有数尽之时，海有时而枯，山有时而摧，日月有时而昏暗，天地有时而崩陷。"③ 李道纯《道德会元》卷上说："一切有形皆有败坏。"④

清初开坛传戒的全真道士王常月在《龙门心法》中再次强调："但凡有形的，都有个成住坏空四个字"，"有生即有死，有始即有终"。肉体是有形的，当然不可能永恒存在；"这身既生，自然要死"。"人之色身，修也要死，不修也要死的。纵活千年，终归于死，却为何来？"⑤

王常月要求修道之人，"把身子放在一边"，"休妄拘拘的摇精荡气"。⑥ 在王常月看来，若只是在肉体上用功，而不是修"法身"（"真性"），是根本走错了路。"拘拘的守着这肉袋子，认作千年古柏，万岁青松，活活的困杀这主人公。"⑦

像王常月这样完全摒弃形体修炼的观点，在道教历史上并不占主

---

① 《道藏》第32册，第154页。
② 《真仙直指语录》卷上，载《道藏》第32册，第435页。
③ 《道藏》第14册，第666页。
④ 《道藏》第12册，第644页。
⑤ 《龙门心法》卷上《密行修真》，载尹志华《王常月学案》，齐鲁书社2011年版，第172—173页。
⑥ 《龙门心法》卷上《密行修真》，载尹志华《王常月学案》，第172页。
⑦ 《龙门心法》卷上《参悟玄微》，载尹志华《王常月学案》，第160页。

流。道教主流观点是：形不可弃，又不可执。如牧常晁撰《玄宗直指万法同归》卷三载："问曰：'如此则形可以弃而不取，道可以外身而有也？'答云：'身为本根，心为宗主。非本根则生无所立，无宗主则道无所归。必有身心，方成此道。不明变通动静，不识主家存亡，固执有生之形，虽弃之惜之，俱无所益。夫此道者，不在身外，不在身内，离之又非，执之又昧，须悟到神形俱妙处，可以外身而身存也。'"① 牧常晁认为，"必有身心，方成此道"，离了身体，则无生命，因此不能抛弃身体。但身体并不是生命的主宰，所以又不可执着于身体。

　　道教的成仙始终是以生命永恒为核心的，而生命必然有物质载体，这是道教始终不能完全抛弃形体修炼的根本原因。吴筠即批评只炼神、不炼形的做法，认为"若独以得性为妙，不知炼形为要者，所谓清灵善爽之鬼，何可与高仙为比哉"。② 《修真历验钞图·序》也说："性超而身沉，此得脱腔尸解之下法也"，"不得炼形之要，名谓清灵善爽之鬼"。③ 但是，既然生命的终极境界是"与道合真"，而道是无形的，那么有质碍的形体怎么能"与道合真"呢？这是道教始终需要解决的理论难题。道教破解此一难题的思路是提升气的地位，认为元气与道是合一的，具有终极实在性。从《老子想尔注》提出"道气"概念，到南北朝道经中直接说"道者气也"，"元气永恒"成为道教的通行观念。因此，道教修炼的实质就是转变生命存在的形式，亦即生命的载体由血肉之躯转换为气，做到神气合一，即可长存。《坐忘论》说："道有深力，徐易形神，形随道通，与神合一，谓之神人。神性虚融，体无变灭，形与道同，故无生死。隐则形同于

---

① 《道藏》第23册，第928页。
② （唐）吴筠：《宗玄先生玄纲论·以有契无章第三十三》，载《道藏》第23册，第682页。
③ 《道藏》第3册，第110页。

神，显则神同于气，所以蹈水火而无害，对日月而无影，存亡在己，出入无间。身为滓质，犹至虚妙，况其灵智益深益远乎？"① 所谓"形随道通，与神合一"，实际上就是实现形体的虚无化，但虚无化的结果不是彻底的虚无，而是保留了气的实质性存在，"显则神同于气"。吴筠也说："道能自无而生于有，岂不能使有同于无乎？有同于无，则有不灭矣。"② 人通过修炼，可以实现"气灵则形超，形超则性彻，性彻则返覆流通，与道为一，可使有为无，可使虚为实"。③ 人的形体是"有"，通过"炼形为气""炼气为神"，就能"与无同体""与道同一"，从而长生不死。所谓"炼气为神"，并不是气转化成了纯粹的"神"，而是指人的生命经过持续的修炼，变成了一种以气为载体的灵性生命。

这种转化形体的思想在《汉武帝内传》中就出现了，称为"益易之道"。《汉武帝内传》载西王母说："益者益精，易者易形。能益能易，名上仙籍。不益不易，不离死厄。行益易者，谓常思灵宝也。灵者神也，宝者精也。子但爱精握固，闭炁吞液，炁化血，血化精，精化液，液化骨，行之不倦，神精充溢。为之一年易炁，二年易血，三年易脉，四年易肉，五年易髓，六年易筋，七年易骨，八年易发，九年易形变化。易形变化则道成，道成则位为仙人。"④ 《汉武帝内传》所说的"易形"还只是形体的"增强型"，而后世所说的"炼形为气"则是生命载体的根本转换。当然，这种转换能否实现是另一个问题。

---

① 《道藏》第 22 册，第 896 页。
② （唐）吴筠：《宗玄先生玄纲论·同有无章第七》，载《道藏》第 23 册，第 675—676 页。
③ （唐）吴筠：《宗玄先生玄纲论·同有无章第七》，载《道藏》第 23 册，第 675—676 页。
④ 《道藏》第 5 册，第 50 页。

"炼精化气""炼气化神""炼神还虚"是宋代以降道教内丹修炼的基本模式。从最终结果"还虚"的表述来看,可以说是"弃身而仙";但这个"虚"只是相对于有形的物体而言,并不是绝对的虚无,而是可虚可实,"显则成形,散则为气",是一种摆脱了载体束缚的生命自由状态。由其不能脱离气而言,可以说是获得了另外一个身体。

道教不仅认为活人可以修炼成仙,已死之人也可通过拯救而成仙。《度人经》说:"死魂受炼,仙化成人。生身受度,劫劫长存。"① 死魂受度的前提是"生身",即重新恢复完整的身体。故道教中有五炼生尸、九炼生尸等拯救方法。可见,道教中的永恒生命必然有"身体",而不能只是灵魂。只不过这时的"身体"不再是世俗意义上的肉身,而是气化之身。

二 凡躯与圣体

南北朝以来,随着道教经教体系的建立,"救赎"观念日益盛行。天尊拯救成为众生脱离灾难和获得永生的终极途径。因而,道教徒的修行也就主要是信仰的实践,即"修斋行道"。

为什么人不能自我超越,而必须依赖天尊的拯救?这是因为人的生命寄寓在"肉质凡躯"中。道教经典中常常将人称为"肉人"。"肉人"的形质构造必然引向嗜欲、污浊和堕落。《洞玄灵宝天尊说十戒经》说:"肉人无识,既受纳有形,形染六情。六情一染,动之弊秽。"② 唐代王损之《玄珠心镜注》说:"禀胎受形之后,积气聚血,成此有碍肉身。身既生于世,日与天道疏远,步步行归死乡。"③

---

① 《度人经四注》,载《道藏》第 2 册,第 212 页。
② 张继禹主编:《中华道藏》第 42 册,华夏出版社 2004 年版,第 650 页。
③ 《道藏》第 10 册,第 692 页。

《太上慈悲道场消灾九幽忏》卷二说:"一切众生,自从诞育身形,染诸尘浊。"①

在道教看来,人身中有三种促使人走向死亡的因素:一是胞胎结节。《上清九丹上化胎精中记经》说:"凡人生在胞胎之中,皆禀九天之气,凝精以自成人也。既生而胞中有十二结节,盘固五内,五内滞阂,结不可解,节不可灭。故人之病,由于节滞也。人之命绝,由于结固也。"② 二是三尸九虫。《太上三尸中经》说:"人之生也,皆寄形于父母胞胎,饱味于五谷精气,是以人之腹中各有三尸九虫,为人大害。常以庚申之日上告天帝,以记人之造罪,分毫录奏。欲绝人生籍,减人禄命,令人速死。死后魂升于天,魄入于地,唯三尸游走,名之曰鬼。"③ 三是阴长阳消。吴筠《宗玄先生玄纲论》说:"阳与阴并而人乃生。魂为阳神,魄为阴灵,结胎运气,育体构形。然势不俱全,全则各返其本。故阴胜则阳竭而死,阳胜则阴销而仙。"④ 众人多欲有为,实际上是"以阴炼阳",故"自壮而得老,自老而得衰,自衰而得耄,自耄而得疾,自疾而得死"。⑤

由于人受到肉体的桎梏,不能自我超越,因此道教徒在祈求天尊拯救时,先要自我贬抑。如《太清金液神丹经》卷上说:"某以胎生肉人,枯骨子孙,久沦愚俗,积聚罪考,祸咎深重,愆过山岳。唯乞太上解脱三尸,令百厄除解。"⑥ 《道门科范大全集》卷七十五说:"臣等育质三光,造形九炁,凡胎尸秽,漏质庸虚,宿庆弥纶,兹逢

---

① 《道藏》第10册,第29页。
② 《道藏》第34册,第82页。
③ 李永晟点校:《云笈七签》卷八十一,中华书局2003年版,第1854页。
④ (唐)吴筠:《宗玄先生玄纲论·阳胜则仙章第十二》,载《道藏》第23册,第677页。
⑤ (唐)吴筠:《宗玄先生玄纲论·以阳炼阴章第十四》,载《道藏》第23册,第677页。
⑥ 《道藏》第18册,第752页。

道运。"① 《灵宝无量度人上经大法》卷十二："盖缘臣凡躯秽质，胎尸肉人，岂得洞彻于天界？况亦难见于鬼神。"②

凡胎而希冀成仙，只能皈依大道，遵从经教。东海青元真人《元始无量度人上品妙经注》卷上说："大道施张结洞玄，济人利物极无边。凡胎欲作飞升客，为我清心读妙篇。"③

《陈先生内丹诀》将修炼成仙描述为凡胎转变为圣胎、凡骨转变为仙骨的过程。"人之凡胎浊骨，阴阳不洁，不能上升。""六转之后，换其凡骨而生仙骨，去其凡肌而生仙肌，换尽无瑕"，才能"形神俱妙，与道合一"。④

但是，从天人合一的角度来看，人身乃一小天地。《太平经》说："人取象于天，天取象于人。"⑤《太上灵宝五符序》说："人头圆象天，足方法地，发为星辰，目为日月，眉为北斗，耳为社稷，鼻为丘山，口为江河，齿为玉石，四肢为四时，五脏法五行。"⑥

基于人身与天地相应的思想，《阴符经》更提出："宇宙在乎手，万化生乎身。"⑦ 北宋蹇昌辰《黄帝阴符经解》说："万化者，物之总名，而云生乎身者，盖身者生之质，惟人万物之灵，身钟天地之炁，空中四大无不蕴焉。首圆象天，足方象地，中和乃身，身亦一天地也。《列子》谓天地，空中一细物，岂不以万化生乎身耶？观其身则万化之生可知矣。"⑧ 南宋夏元鼎《黄帝阴符经讲义》说："人之一身，一天地也。有阴阳升降，有乌兔出没，有潮候往来，有风雨明晦，有雷电轰

---

① 《道藏》第31册，第937页。
② 《道藏》第3册，第685页。
③ 《道藏》第2册，第251页。
④ 《道藏》第24册，第231页。
⑤ 王明：《太平经合校》，中华书局1960年版，第673页。
⑥ 《道藏》第6册，第723页。
⑦ 《道藏》第1册，第821页。
⑧ 《道藏》第2册，第760页。

闪，有云气吐吞，有山河流峙，有草木荣枯，动静语默，阖辟变化，无一不与天相似，信乎万化所由生也。"①

在古人看来，天地是神圣的。而"人之禀形，模范天地"②，"人之一身，法天象地"③，这样人身也应该具有神圣性。事实上，道教也将人身视作神圣的场域。

道教明确肯定人身在万物中处于卓越的地位。《云笈七签》卷二十九《禀生受命·禀受章》引《混元述禀篇》说："夫人生于天地之间，禀二气之和"，故能"冠万物之首，居最灵之位"。④《灵宝领教济度金书》卷一零七说："人受天地之中以生，所以为万物最灵也。"⑤

道教认为人身有着神圣的来源：九天之精气。《无上秘要》卷五说："九天之精，化为人身。""人皆禀九天之炁，降阴阳之精，名曰九丹，合成人身。""凡人生皆禀九天之炁，炁凝为精，精化为丹，丹变成人，结胎含秀，法则自然。"⑥

每个人的出生都是惊天动地的大事。《洞玄灵宝自然九天生神章经》说："人之受生于胞胎之中，三元育养，九气结形。故九月神布，气满能声，声尚神具，九天称庆。太一执符，帝君品命，主录勒籍，司命定算，五帝监生，圣母卫房，天地神祇，三界备守，九天司马在庭，东向读《生神宝章》九过，男则万神唱恭，女则万神唱奉；男则司命敬诺，女则司命敬顺，于是而生。九天司马不下命章，万神不唱恭诺，终不生也。""人得还生人道，濯形太阳，惊天骇地，贵亦难

---

① 《道藏》第 2 册，第 723 页。
② （唐）吴筠：《宗玄先生文集》卷下《神仙可学论》，载《道藏》第 23 册，第 661 页。
③ （宋）董思靖：《洞玄灵宝自然九天生神章经解义》卷一，载《道藏》第 6 册，第 401 页。
④ 张君房编，李永晟点校：《云笈七签》，中华书局 2003 年版，第 653 页。
⑤ 《道藏》第 7 册，第 509 页。
⑥ 《道藏》第 25 册，第 12 页。

胜。天真地神，三界齐临，亦不轻也。当生之时，亦不为陋也。"①

人体也是神体："身为万神主。"② 道教认为人体各器官乃至微小的组成部分皆有神灵，这就是身神。在《黄庭内景经》中，既有以泥丸神为核心的头面部诸神系统，又有以心脏为核心的五脏六腑诸神系统。

基于天人同构理念，道教认为天地之神与人体身神也是相对应的，其出则为天地之神，入则为人体身神，而二者在本质上是合一的。《太上洞玄灵宝业报因缘经》卷八说："天神一万八千，身神一万八千，内外相合，三万六千神。"③《太上升玄三一融神变化妙经》说："上呼三万六千神识，中呼三千六百神识，下呼三百六十神识，会一年三百六十日，总备在身中所应也。若能修真学道，则得三万六千神识来备，自然身轻，白日飞腾，与道合同。"④

既然人身有神圣的来源，人身中遍藏诸神，那么人为何还会堕落？道教认为，这是由于人的形体构造致使气滞胎结。《上清九丹上化胎精中记经》说："凡人受生，结九丹上化于胞胎之中，法九天之气，气满神具，便于胞囊之内，而自识其宿命，知有本根，转轮因缘，九天之劫，化成其身。既睹阳道，开旷三光，而自忘其所生所由之因。尔者皆由胞根结滞，盘固三关，五府不理，死气塞门，致灵关不发，而忘其因缘也。"⑤

从来源以及身神的存在来说，人体是神圣的，但人禀气成形后，就受到形质的影响，"形染六情"，"动之弊秽"，从而不能自我超越，需要天尊的拯救。

---

① 《道藏》第5册，第843页。
② 《太清服气口诀》，载《道藏》第6册，第117页。
③ 《道藏》第2册，第723页。
④ 《道藏》第1册，第854页。
⑤ 《道藏》第34册，第82页。

三 罪府与道器

由于形体必然产生情欲，人禀气成形后，"作恶"也就是必然趋势。《太上太玄女青三元品诫拔罪妙经》卷下说："一切众生有诸患者，为有身矣。有身则有百恶，生死随形。"①《太上洞玄灵宝智慧定志通微经》说："万兆造化之始，胎禀是同，各因氤氲之气，凝而成神。神本澄清，湛然无杂，既授（通'受'）纳有形，形染六情。六情一染，动之弊秽，惑于所见，昧于所着，世务因缘，以次而发，招引罪垢，历世弥积。轮回于三界，飘浪而忘反；流转于五道，长沦而弗悟。"②《太上洞玄灵宝业报因缘经》卷三也说，众生"神本清净，无诸滓秽，但受形之后，六贼六尘、六欲六识分别妄作，弊秽生身，外翳内滋，失其真性，流浪生死，动入罪由，报对相缘，便入地狱，受诸苦恼，万劫沉沦"③。《灵宝领教济度金书》更明确提出："身为罪府。"④

对于这样一种过于贬抑身体的倾向，道教中也有不同看法。成玄英《道德经义疏》说："夫身虽虚幻，而是受道之器，不用耽爱，亦不可厌憎。故耽爱则滞于有为，厌憎则溺于空见。不耽不厌，处中而忘中，乃真学者也。"⑤成玄英将身体视为"虚幻"，是受佛教缘起说的影响，认为身体是虚幻不实的。但身体虽然虚幻不实，却是"受道之器"，如无身体，何以悟道、修道？故李霖《道德真经取善集》说："身为成道之本。"⑥

---

① 《道藏》第1册，第845页。
② 《道藏》第5册，第888页。
③ 《道藏》第6册，第97页。
④ 《灵宝领教济度金书》卷一零七，载《道藏》第7册，第509页。
⑤ 蒙文通辑校：《道书辑校十种》，巴蜀书社2001年版，第521页。
⑥ （金）李霖：《道德真经取善集》卷七，载《道藏》第13册，第898页。

道教中另有从道气和道性角度来论说身体与道的同一性或关联性的。陶弘景认为，人体从禀赋上来说，与道气是相同的。他说："人体自然，与道炁合。所以天命谓性，率性谓道，修道谓教。今以道教，使性成真，则同于道矣。"① 这就把"道炁"与"道性"联系起来，由人与道在"道炁"上的合一，推出人性同于道性。南朝梁陈间的宋文明所著《道德义渊》中，则区分道性与物性。他说："论道性以清虚自然为体，一切含识各有其分。……今论道性，则但就本识清虚以为言。若谈物性，则兼取受命形质以为语也。"② 人既有清虚之道性，又有形质之物性，人是道性与物性的统一体。成玄英在《道德经义疏》中说："所谓无极大道，是众生之正性也。"③ "道者，虚通之妙理，众生之正性也。"④ 所谓"正性"，就是人的本来真性。成玄英认为人的本来真性是道所赋予的，与道是完全相合的。

有的道经则将道落实为心。如《太上老君内观经》说："道者，有而无形，无而有情，变化不测，通神群生，在人之身，则为神明，所谓心也。所以教人修道，则修心也；教人修心，则修道也。"⑤《海琼白真人语录》卷三说："至道在心，即心是道。"⑥

人禀气成形之后，道即寓于人之心。"原其心体，以道为本。但为心神被染，蒙蔽渐深，流浪日久，遂与道隔。"⑦ 人心从本源上来说，与道是同一的，此即人之"本心"。然而人在成长过程中，"本心"逐渐被蒙蔽，现实之心远离其清静本性，遂不再与道相合了。

---

① 《道藏》第20册，第516页。
② 张继禹主编：《中华道藏》第5册，华夏出版社2004年版，第521页。
③ 蒙文通：《道书辑校十种》，第375页。
④ 蒙文通：《道书辑校十种》，第502页。
⑤ 《道藏》第11册，第397页。
⑥ 《道藏》第33册，第130页。
⑦ 《坐忘论》，载《道藏》第22册，第893页。

"始生之时，神元清静，湛然无杂。既受纳有形，形染六情，眼则贪色，耳则滞声，口则耽味，鼻则受馨，意怀健羡，身欲轻肥，从此流浪，莫能自悟。"①

无论是道性还是心体，都以身体为承载者。所以北宋张继先天师说："道不远，在身中。"② 牧常晁撰《玄宗直指万法同归》卷三也载"诸经皆曰'道不离身'"。③ 但是，人要获得超越，又必须摆脱形体的束缚，即"心莫为形役"。白玉蟾《玄关显秘论》说："人若不为形所累，眼前便是大罗天。"④

四　幻身与真身

部分道书提出人的身体是幻身，或曰假身。有的着眼于身体存在的暂时性，即身体来自虚无、归于虚无；有的则是吸纳了佛教的因缘和合说，把身体看作四大（地水火风）假合而成。

约出于唐代的《太上虚皇天尊四十九章经》已提出："种种形相，俱为幻假，眷此幻身，与我为累。"⑤ 到金元全真道，则强调身体的虚幻性，以破斥肉体长生说。王重阳说："长把假身搜获，永将内真正顾。"⑥ 刘处玄说："无为真性，有相假身。"⑦《玄风庆会录》载丘处机说："幻身假物，若逆旅蜕居耳，何足恋也。"⑧

---

① 《太上老君内观经》，载《道藏》第 11 册，第 396 页。
② 《三十代天师虚靖真君语录》卷三《大道歌》，载《道藏》第 32 册，第 372 页。
③ 《道藏》第 23 册，第 928 页。
④ 《海琼问道集》，载《道藏》第 33 册，第 141 页。
⑤ 《道藏》第 1 册，第 769 页。
⑥ 《重阳全真集》卷九，载《道藏》第 25 册，第 740 页。
⑦ （宋）刘处玄：《黄庭内景玉经注》，载《道藏》第 6 册，第 507 页。
⑧ 《道藏》第 3 册，第 390 页。

全真道在破斥"假身"的同时，又提出"真身"说。马钰说："识破四假身，修炼个真身。"①《玄风庆会录》载丘处机说："真身飞升，可化千百，无施不可。上天千岁或万岁，遇有事，奉天命降世，投胎就舍而已。"②

全真道所说的"真身"，其实并非身体，而是指本来真性。王重阳说："本来真性唤金丹。"③ 马钰提出的修炼目标就是"四假凡躯弃下，真性超升"。④

元代戴起宗在《紫阳真人悟真篇注疏》中也提出蜕幻躯炼真身之说："蜕其幻躯，人见其死，此不生也。纯阳真身，飞腾变化，与天地同其长久，故不生之生则长生矣。"⑤ 所谓"纯阳真身"，即由纯阳之气凝聚而成的生命体。

元明之际的赵宜真则将真身称为"自性法身"。《原阳子法语》卷上说："所谓内者，自性法身本来具足，不假于外，自然之真。所谓外者，幻假色身未免败坏，必资外药，点化成真。"⑥

约出于明代、题纯阳真人著《道德经释义》，将"外其身而身先"注释为"先外我之假身，而存我之真身"。⑦

清代全真道士王常月又直接借用佛教术语，将"假身"称为"色身，"真身"称为"法身"。他说，修道之人要认识到色身空假，法身真实，"不要去着意修色身，且去那正经生死上修法身"。色身好比是房子，法身才是住房子的主人。房子坏了，可以

---

① 《洞玄金玉集》卷五，载《道藏》第25册，第589页。
② 《道藏》第3册，第390页。
③ 《重阳全真集》卷二，载《道藏》第25册，第701页。
④ 《丹阳神光灿》，载《道藏》第25册，第623页。
⑤ 《道藏》第2册，第950页。
⑥ 《道藏》第24册，第80页。
⑦ 萧天石主编：《道藏精华》（第十三集之二），台北：自由出版社1977年版，第29页。

换一个地方；主人若出了事，空有房子何用？"色身是租的房子，不是买的，主人去后，还归泥土，分还地水火风四大也。若能密密修成个不着相的真法身，岂愁这色身，不会安顿一个好去处么？"①

既然真身（法身）才是人的生命主体，那么幻身（色身）是否可以不去管它呢？

北宋王希巢在《九天生神章序》中说："人之有形，如人有屋，虽云假合，岂可任其损坏，使日就颓剥耶？"②

出于宋元之际的《玉清金笥青华秘文金宝内炼丹诀》说："幻体虽假合之物，修丹之士须藉以养丹基。"③

明代周玄贞编《皇经集注·前四序》说："无幻身，则性无所附，而妙不彰。"④

王常月也认为，色身还是要珍惜，因为它为主人提供了"借假修真"的条件。王常月说："色身虽假，何不借假修真，以求出苦？若无这色身，则一点灵光，投入异类，就费大力了。"⑤ 因此，修行之人，应该珍惜生为人类的福报，"尽此色身，多行善事，广行方便"⑥，从而使法身得度，免除生死轮回之苦。

王常月认为，人不能掌握色身寿命，却可以主宰法身慧命。"色身有寿命，法身有慧命。寿命由天不由己，故色身有轮回生死，劫运循环；慧命由我不由天，故法身威权自在，解脱无碍。""色身之寿命

---

① 《龙门心法》卷上《密行修真》，载尹志华《王常月学案》，齐鲁书社2011年版，第173页。
② 《道藏》第6册，第425页。
③ 《道藏》第4册，第376页。
④ 《道藏》第34册，第630页。
⑤ 《龙门心法》卷上《密行修真》，载尹志华《王常月学案》，第172页。
⑥ 《龙门心法》卷下《报恩消灾》，载尹志华《王常月学案》，第179页。

有限，定业难逃，天教死，不得不死。法身之慧命无穷，神通广大，证无生，方得长生。"①

清代乾嘉年间的道士刘一明说："真不离假，假不离真；真赖假以全，假赖真而存。"② "真藏于假之中，假不在真之外。无假不能成真，无真不能化假。"③ "真者借假而施功，假者借真而生形。无假不现真，无真不现假。假即在真之中，真即在假之中。大道后天中返先天，亦是此意也。"④ 刘一明的意思是不要刻意区分真身与假身，真身即在假身之中，需借假身而修真身。

五 先天与后天

在道教中，先天是指来源于道的、存在于人生身之前的事物，具有本源性；后天则指产生于人出生之后的事物。身体的诞生，自然是一个由先天到后天的过程。《大丹直指》说："未生之前，在母腹中，双手掩其面，九窍未通，受母气滋养，混混沌沌，纯一不杂，是为先天之气。才至气满神具精足，脐内不纳母之气血，与母命蒂相离，神气向上，头转向下降生。一出母腹，双手自开，其气散于九窍，呼吸从口鼻出入，是为后天也。"⑤

那么身体形成后，先天的因素是否还存在呢？道教认为仍然存在，称之为"一点元阳"或"阳精"。《钟吕传道集》说："以己身受气之初，乃父母真气两停而即精血为胎胞，寄质在母纯阴之宫，阴中

---

① 《龙门心法》卷下《阐教弘道》，载尹志华《王常月学案》，第196页。
② （清）刘一明：《周易阐真》，载《道书十二种》，中国中医药出版社1990年版，第9页。
③ （清）刘一明：《百字碑注》，载《道书十二种》，第438页。
④ （清）刘一明：《修真辩难》卷上，载《道书十二种》，第474页。
⑤ 《道藏》第4册，第392页。

生阴,因形造形,胎完气足,而堂堂六尺之躯皆属阴也,所有一点元阳而已。"① 《碧虚子亲传直指》说:"凡男子四大一身皆属阴,惟先天一气是阳。此气非呼吸吹嘘之气,亦无形影可见。古云'见之不可用,用之不可见'。此气未受形之先,在胎中先受此气,后生两肾两目,由此生心肝脾肺,九窍四肢,次第而成,人象具足。此气正在空虚之间,名玄牝之门。"② 《玉清金笥青华秘文金宝内炼丹诀》卷下说:"人一身皆属阴,惟有一点阳耳。"③ 《太上洞玄灵宝飞仙度人经法》说:"人受元炁而生,生成人体。一身上下皆属阴,只有这物是阳精。"④ 此"一点元阳"寄寓于玄关窍中。《杂著指玄篇》说:"阳精在乎一窍,常人不可得而猜度也。只此一窍则是玄牝之门,正所谓神水华池也。"⑤ 王道渊《太上老君说常清静妙经纂图解注》说:"人之生也,四大一身皆属阴,唯有此一点元阳祖气在人身天地之正中,乃曰命蒂。"⑥

《玄宗直指万法同归》则将"本来真性"称为"一点元阳"。该书卷三载:"或问:'诸经皆曰道不离身,又曰涕唾精液气血津,四大一身尽属阴,则不免老死,然则道在何处?'答云:'父母未生前本无此身,因有形后,所以眼耳鼻舌心、精神魂魄意、老病死苦、喜怒哀乐,集而名一身,分而名四大,假借和合,名之曰人,故谓之阴也。惟有本来真性,一点元阳,名曰谷神,又曰玄牝,在吾身中,是以为道,长生不死者此也。'"⑦

---

① 《修真十书》卷十六,载《道藏》第4册,第674页。
② 《道藏》第4册,第379页。
③ 《道藏》第4册,第376页。
④ 《道藏》第10册,第551页。
⑤ 《修真十书》卷七,载《道藏》第4册,第630页。
⑥ 《道藏》第17册,第196页。
⑦ 《道藏》第23册,第928页。

清代刘一明在《象言破疑》中认为，人在母腹之中，纯属先天。出生之时，先天之气与后天之气、先天元神与轮回识神相结合。婴儿时代，以先天统后天。此后后天神气渐长，但男孩到十六岁以前均以先天神气为主，十六岁以后，则以后天神气为主。此后随着年龄的增长，先天因素逐渐消退，后天因素完全占据身体，等到阳气消尽，一身纯阴，生命就终结了。①

虽然随着年龄的增长，先天后天此消彼长，但是只要人还活着，就是先天后天因素相混合的生命。刘一明说："有生以来，先天混于后天之中，后天混于先天之内，驳杂不纯。"② 而道教的修炼，就是由后天返先天。刘一明说："至人者，化其后天，复其先天；安身于虚空之中，藏神于寂寥之境；不犯五行之气，不为万物所移；无烟无火，如枯木寒灰；无色无象，如太虚空谷；天地不得而拘，造化不得而规；此谓窃阴阳，扭气机，命由自主，不由天主。"③

虽然先天之气是生命赖以存在的根本，但如果先天不化为后天，则不会有个体生命的形成；而后天血肉之躯，正是向先天复归的依凭。王道渊《还真集》说："非先天不能生后天，非后天不能成先天。"④ 刘一明说："大修行人，借后天而返先天，修先天而化后天，先天后天，混而为一，性命凝结，是谓丹成。"⑤

在生命形成阶段，先天必须化为后天；而生命形成后，要使生命永恒，就又必须由后天复归先天。这种复归，是个体生命向生命本源的回归，即"与道合真"。到了"与道合真"的境界，则无所谓先天后天，也就是刘一明所说的"先天后天，混而为一"。

---

① 《道书十二种》，第 176—178 页。
② （清）刘一明：《悟道录》卷下，载《道书十二种》，第 615 页。
③ （清）刘一明：《悟道录》卷上，载《道书十二种》，第 602—603 页。
④ 《道藏》第 24 册，第 99 页。
⑤ （清）刘一明：《修真辩难》卷上，载《道书十二种》，第 472 页。

综上可见，道教经典中从不同视角出发，对身体作出了截然相反的评价。这些不同观点提醒我们：道教本身就是一个"集合体"。我们如果不对道教做一番整体考察，不把各种不同说法展示出来，很可能就会陷入"盲人摸象"的困境。道教对身体的态度从总体上看采取了双重视角，对立的观点正反映出"身体"与"修道"之间的复杂关联性。

张岱年论张载神化思想与相关争鸣评析

翟奎凤（南京大学哲学系教授）

《易传》对宋明理学的影响不亚于"四书"，《易传》之太极阴阳、道器、神化等范畴是理学建构的重要话语。张岱年指出"宋代哲学家，其思想多根据《易传》，所以也都讲神，认为宇宙大化之性质，可以以神说之"①，"《易传》所提出的'神'的观念，到宋代而得到进一步的发展。周敦颐、邵雍、张载、程颢都以'神'作为他们的理论体系的一个重要范畴"②。

张岱年认为"宋代哲学家都讲神，而讲得最详细的是张载"③，"张横渠以善言'神化'著称，但他的神化学说最难了解。自宋代以来，能解者寥寥无几"④。张岱年于宋儒最推崇张载，对张载的神化

---

* 本文发表于《南昌大学学报》（人文社会科学版）2023年第2期，系国家社会科学基金重大项目"到二〇三五年全面建成社会主义文化强国的总体逻辑与战略路径研究"（21ZDA072）阶段性成果。

① 张岱年：《中国哲学大纲》，载《张岱年全集》第二卷，河北人民出版社1996年版，第163页。

② 张岱年：《中国古典哲学概念范畴要论》，载《张岱年全集》第四卷，河北人民出版社1996年版，第552页。

③ 张岱年：《中国古代哲学中若干基本概念的起源与演变》，载《张岱年全集》第五卷，河北人民出版社1996年版，第95页。

④ 张岱年：《张横渠的哲学》，载《张岱年全集》第五卷，第29页。

思想，从早年到晚年，张岱年有反复论及，相关论述集中见于以下文献：《中国哲学大纲》（1937年）、《张横渠的哲学》（1955年）、《张载：十一世纪中国唯物主义哲学家》（1956年）、《宋元明清哲学史提纲》（1957年）、《中国唯物主义思想简史》（1957年）、《中国古代哲学中若干基本概念的起源与演变》（1957年）、《关于张载的思想和著作》（1977年）、《张载评传》（1981年）、《开展中国哲学固有概念范畴的研究》（1982年）、《释张载哲学中所谓神：再论张载的唯物论》（1985年）、《中国古代哲学源流》（1985年）、《中国古典哲学概念范畴要论》（1989年），等等。20世纪50年代、80年代，就张载思想唯物唯心及其神化问题，张岱年先后与邓冰夷、吕世骧、陈玉森、周清泉等学者展开了较为激烈的论辩。

张岱年认为"张载所谓'神'，最易误解。这所谓神不是指宗教的人格神，也不是指人类的精神作用，而是指自然界中的微妙的变化作用"①，"关于神化的晦涩难解的语句中，是包含着深刻的思想的，其中闪耀着辩证观念的光芒"②。这是张岱年对张载神化思想的基本理解。显然，在张岱年看来，张载的神化论是唯物论的，也洋溢着辩证法的精神。当然，张岱年也指出，张载的神化论有时也有唯心倾向，其唯物论立场并不彻底。与张岱年坚持张载思想特别是其神化论的主调是唯物主义不同，邓冰夷、吕世骧、陈玉森、周清泉等人则认为张载思想的基调体现的是唯心主义。

一 唯物论视野下的张载神化思想

张载的神化思想，与"天""太虚""理""气""性""两"

---

① 张岱年：《关于张载的思想和著作》，载《张岱年全集》第五卷，第143页。
② 张岱年：《张横渠的哲学》，载《张岱年全集》第五卷，第29页。

"一"等范畴密切关联。张岱年基于其唯物论立场，认为张载的这些相关范畴，都可以统一于"气"，物质性的气是基础和根源性存在，神、理、性等都是从属于气的、派生性存在。

关于天与神，《正蒙·天道篇》说"天之不测谓神，神而有常谓天"。张岱年认为这句话是说"物质世界的变化不测的本性叫做神，但虽然变化不测，却仍有必然的规律"①，而"这规律叫作理"②。张岱年认为，张载也多次以天为理，如说"'日月得天'，得自然之理也，非苍苍之形也"（《正蒙·参两篇》）、"语富贵则曰'在天'，以言其理也"（《正蒙·诚明篇》）。张岱年指出，这样的话，"直接以天为理，就与气一元论的体系不相协调了"③。这是因为，张载还说"由太虚，有天之名"（《正蒙·太和篇》），这样"天就是太虚，也就是广大无限的物质世界"④。张载又说"太虚无形，气之本体，其聚其散，变化之客形尔""知虚空即气，则有无、隐显、神化、性命，通一无二""知太虚即气，则无无"（《正蒙·太和》），张岱年认为，这里所谓"本体""不是表示太虚乃气之上的更高的实体""两次用'即'字表示太虚与气的同一关系"⑤。这样，天是太虚，是气，就不宜直接说是抽象的规律性的理。

关于太虚与神的关系，张岱年一方面据《正蒙·神化篇》"神，天德"之说，认为"'天德'即是太虚之德，亦即太虚的本性"，"神是太虚的本性，还不能断言太虚就是神"⑥，另一方面据张载所说

---

① 张岱年：《张载：十一世纪中国唯物主义哲学家》，载《张岱年全集》第三卷，河北人民出版社1996年版，第249页。
② 张岱年：《张横渠的哲学》，载《张岱年全集》第五卷，第29页。
③ 张岱年：《张载评传》，载《张岱年全集》第五卷，第558页。
④ 张岱年：《张横渠的哲学》，载《张岱年全集》第五卷，第26页。
⑤ 张岱年：《中国古典哲学概念范畴要论》，《张岱年全集》第四卷，第520页。
⑥ 张岱年：《释张载哲学中所谓神：再论张载的唯物论》，载《张岱年全集》第五卷，第649页。

"神者太虚妙应之目"(《正蒙·太和篇》),认为"神是表示太虚所有的微妙的感应关系"①,"太虚即天,太虚中微妙的感应叫做神"②,这样,神又是太虚的功能属性。那么,神到底是太虚的本性呢,还是太虚的属性呢?这两种说法其实是有差别的,张岱年对此似未作进一步深入分析,后来就有学者提出不同意见。《正蒙·神化篇》说"圣者,至诚得天之谓;神者,太虚妙应之目",王夫之对此的解读是"至诚体太虚至和之实理,与絪缊未分之道通一不二,是得天之所以为天也。其所存之神,不行而至,与太虚妙应以生人物之良能一矣"③。张载"圣、神"并论,当是依《孟子·尽心下》"大而化之之谓圣,圣而不可知之之谓神"而论,就此而言,船山的解读是深刻的,"神者太虚妙应之目"所说之神为"所存之神",有一定主体性和境界论特征,这与"神,天德"之本体之神还是有差别的。当然,从根本上来说两者又是贯通的,是一个存在。张载还曾说"无我然后得正己之尽,存神然后妙应物之感","无我而后大,大成性而后圣,圣位天德不可致知谓神。故神也者,圣而不可知"(《正蒙·神化》)。这与"神者太虚妙应之目"及船山的解读是一致的。

关于神与气的关系,《正蒙·神化篇》说"神,天德;化,天道。德其体,道其用,一于气而已"。张岱年认为"天德即是世界的本性、宇宙的本性的意思"④,而"'神天德',就是说,神是宇宙的本性"⑤。

---

① 张岱年:《释张载哲学中所谓神:再论张载的唯物论》,载《张岱年全集》第五卷,第649页。
② 张岱年:《中国古典哲学概念范畴要论》,载《张岱年全集》第四卷,第553页。
③ 王夫之:《张子正蒙注》,中华书局1975年版,第18、19页。
④ 张岱年:《张载:十一世纪中国唯物主义哲学家》,载《张岱年全集》第三卷,第249页。
⑤ 张岱年:《张载:十一世纪中国唯物主义哲学家》,载《张岱年全集》第三卷,第249页。

关于这里的体和用，张岱年认为"体就是本原的意思，用就是从生的意思。神是变化的本原，变化是从神出来的。但不论是神或是化，不论变化的本性或者变化的过程，都是统一于气的，即都是物质世界所固有的"①，"神就是体，是变化的内在的根源；而变化是用，是神的外在的显发。总之，张载所谓体即是永恒的基础之义。他以为体就是性"②。程颢曾说："盖'上天之载，无声无臭'，其体则谓之易，其理则谓之道，其用则谓之神。"（《遗书》卷一）张岱年认为程颢这里的"体"就是"混然无所不包的变化过程""这个见解与张载所说不同"③。而"程颐以为体就是理"④，也与张载所说不同。对于"一于气"，张岱年认为"这就是表示，所谓神所谓性，绝不是超自然超物质的，而是物质本身所具有的。所谓神不是别的，只是物质自己运动自己变化的本性而已"⑤。张岱年把天理解为气、宇宙，这样"神天德"即表示"神是气的本性""神就是气所固有的变化不测的本性"⑥。

张岱年论"神"是"气之本性"，也是发挥了《正蒙·乾称篇》所说"气之性本虚而神，则神与性乃气所固有"。张岱年据此认为"神与性是二而一的，是气所固有，内在于气之中的。这神、性即能变的动力"⑦。

---

① 张岱年：《张载：十一世纪中国唯物主义哲学家》，载《张岱年全集》第三卷，第249页。
② 张岱年：《中国古代哲学中若干基本概念的起源与演变》，载《张岱年全集》第五卷，第98页。
③ 张岱年：《中国古代哲学中若干基本概念的起源与演变》，载《张岱年全集》第五卷，第98页。
④ 张岱年：《中国古代哲学中若干基本概念的起源与演变》，载《张岱年全集》第五卷，第99页。
⑤ 张岱年：《张载：十一世纪中国唯物主义哲学家》，载《张岱年全集》第三卷，第249页。
⑥ 张岱年：《张载：十一世纪中国唯物主义哲学家》，载《张岱年全集》第三卷，第249页。
⑦ 张岱年：《宋元明清哲学史提纲》，载《张岱年全集》第三卷，第299页。

实际上，原文"神与性乃气所固有"，承上文"气之性本虚而神"逻辑来看，应该作"神与虚乃气所固有"，这一点中华书局章锡琛点校本《张载集》也有指出①。因此，这里"气之性"之"性"当是"固有"属性的意思。这与《正蒙·太和篇》所说"至静无感，性之渊源""聚亦吾体，散亦吾体，知死之不亡者，可与言性矣"之本体之"性"当不在一个层面上。而张岱年又据《正蒙·太和篇》所说"太和所谓道，中涵浮沉、升降、动静、相感之性"，认为"性是运动变化的根源"②。这大概也不甚确切，《太和篇》所说"相感之性"与"至静无感，性之渊源"之本体之性也不在一个层面上。

张岱年认为，神作为气的本性，又是气变化的动力因，张岱年说"这气的变化之内在的动力也就是气的能动的本性，叫做神，也叫做能。这所谓神，不是指有人格有意志的神灵，也不是指能认识的精神作用，而是指气的变化之内在的动力，这神的观念是由《易传》来的"③，"所谓神其实是运动变化的潜能"④，"神乃太虚之气所固有之性德，是一切变化之动力"⑤。其实，就"神，天德；化，天道"而言，这里并没有表达出神有动力因的意思。张载以神为变化的动力因的说法，主要见于《正蒙·神化篇》所说"天下之动，神鼓之也""惟神为能变化，以其一天下之动也"，张岱年认为这表明"一切之变与动，皆由于神。神便是能变的动力"⑥。《正蒙·乾称篇》也说："感者性之神，性者感之体。**惟屈伸、动静、终始之能一也**，故所以

---

① 张载：《张载集》，中华书局1978年版，第63页。
② 张岱年：《张横渠的哲学》，载《张岱年全集》第五卷，第27页。
③ 张岱年：《宋元明清哲学史提纲》，载《张岱年全集》第三卷，第298页。
④ 张岱年：《中国古典哲学概念范畴要论》，载《张岱年全集》第四卷，第553页。
⑤ 张岱年：《中国哲学大纲》，载《张岱年全集》第二卷，第164页。
⑥ 张岱年：《中国哲学大纲》，载《张岱年全集》第二卷，第165页。

妙万物而谓之神,通万物而谓之道,体万物而谓之性。"这段话加黑体一句,张岱年常作如是句读:"惟屈伸、动静、终始之能,一也",认为这表明"神即是屈伸、动静、终始之能,即运动变化的功能"①、"神乃是运动变化之潜在能力"②。其实,"能"与"一"还是应该连读,"能一"是"能够把这些对立面贯通为一"的意思,这里"能"理解为"功能""潜在能力"可能不符合原意。张岱年认为这里"一也"表明"神""道""性"只是"从不同的角度来讲,采用不同的名词,其实只是一个",这个说法是精当的。

"神是一",是变化的动力因,这是张载非常明确的观点。与"神"作为天德本体,是"一",相对的,"化"作为天道功用,是"两"。张载说"一物两体,气也。一故神,两故化"(《正蒙·参两篇》),又说"气有阴阳,推行有渐为化,合一不测为神"(《正蒙·神化篇》)。张岱年解读说:"气一而含两,两而合一,故神。宇宙何以有不测之妙用?即由于气有对待而又合一。所谓神,实即是由对待合一而起之妙用。"③"神"与"化"、"一"与"两"是辩证统一的。《正蒙·太和篇》又说"两不立则一不可见,一不可见则两之用息。两体者,虚实也,动静也,聚散也,清浊也,其究一而已。"张岱年认为这是说"气之中含有对立,这对立又是统一的,统一而又对立乃是运动变化的内在根源"④。这样来看,神作为运动变化的动力因,实际上也离不开"两"的矛盾性,内含着矛盾性的神一推动着生生大

---

① 张岱年:《开展中国哲学固有概念范畴的研究》,载《张岱年全集》第四卷,第221页。
② 张岱年:《中国古代哲学中若干基本概念的起源与演变》,载《张岱年全集》第五卷,第95页。
③ 张岱年:《中国哲学大纲》,载《张岱年全集》第二卷,第165页。
④ 张岱年:《中国古代哲学源流》,载《张岱年全集》第六卷,河北人民出版社1996年版,第24页。

化奔腾不息。

关于"神"与"性"的关系。《正蒙·诚明篇》说"性其总,合两也"。张岱年解读说"性是万物之总性,就是对立的统一""性是合两的,即内中包含对立"①。这样来看,性与神很相似,都有"一"的特征,而且是内含着对立性的"一"。不过,相对来说,"性"之"一"有"至静无感"特征,有静态性,而"神"之"一",有感应性,动态性。

就中国哲学整体发展而言,神与气的关系比较复杂,有的强调神的根本性、首要性,主张气从属于神,有的则强调气的基础性、重要性,认为神从属于气。当然,无论是重视神,还是重视气,实际上,神与气是一体的。张载既重视气,又重视神,就《正蒙》一书而言,神(约120次)出现的频次远高于气(约80次)。近代以来,学界主流多认为张载是气本论,是宋明理学中气学派的奠基性人物。张岱年正是主张此种观点,在他看来,"张载哲学是比较明确的唯物主义思想,在中国哲学史上,张载第一次从哲学基本问题的高度对于佛教唯心主义进行了比较深刻的批判"②。

二 张载神化思想中的唯心论残余

尽管张岱年一再辩说张载神化思想从主体和根本上来讲是唯物的,但他也指出其中也有"唯心论残余"③。从宇宙观来看,张岱年认为张载思想的"唯心论残余"主要体现在以下三个方面:"一、他

---

① 张岱年:《张载:十一世纪中国唯物主义哲学家》,载《张岱年全集》第三卷,第256页。
② 张岱年:《中国古代哲学源流》,载《张岱年全集》第六卷,第24页。
③ 张岱年:《张载:十一世纪中国唯物主义哲学家》,载《张岱年全集》第三卷,第251页。

认为万物万象是'神化'的'糟粕'。二、他有时用'虚明照鉴'的词句来形容'神'。三、他给鬼神以新解释，认为鬼神是自然现象，但保留鬼神的名称。"①

张载为了抬高"神"，对形而下、有形有象的物质世界常予以贬斥，甚至斥之为"糟粕"。如《正蒙·太和篇》说"凡天地法象，皆神化之糟粕尔"，又说"万物形色，神之糟粕"。张岱年说"他的意思是认为物象都是神化的结果，却用了糟粕二字，糟粕二字是含有劣义的"②，"用'糟粕'二字来讲万象，含有鄙视有形物体的倾向""将'神'与实物对立起来"③。这样的话，"不但万物是神之糟粕，天象也是神之糟粕。这就与唯心主义贵神贱形的思想划不清界线了"④。《正蒙·太和篇》又说："太虚为清，清则无碍，无碍故神。反清为浊，浊则碍，碍则形。"张载的这一表述在北宋时就曾遭到二程的批判。与二程的观点相似，张岱年也认为，张载"以为神清而形浊，以其为浊，所以叫它做糟粕。但把神与形对立起来，认为有清浊之分，也是不适当的。照他的学说，应该说一切物都含有神性，形之中就包含神，不应该说形是糟粕。张载也说过'物性之神'（《正蒙·天道》篇），承认一切物都有神性，但他却还不能贯彻到底"⑤，"这些都是张载气一元论唯物主义体系不彻底之处"⑥。

《易传》论神、神化皆为本体性的变化之神，既无宗教人格性的

---

① 张岱年：《张载：十一世纪中国唯物主义哲学家》，载《张岱年全集》第三卷，第251页。
② 张岱年：《张载：十一世纪中国唯物主义哲学家》，载《张岱年全集》第三卷，第252页。
③ 张岱年：《宋元明清哲学史提纲》，载《张岱年全集》第三卷，第300页。
④ 张岱年：《张载评传》，载《张岱年全集》第五卷，第558页。
⑤ 张岱年：《张载：十一世纪中国唯物主义哲学家》，载《张岱年全集》第五卷，第252页。
⑥ 张岱年：《张载评传》，载《张岱年全集》第五卷，第558页。

神灵意味，也没有主体心神、心灵之义。张载神化思想承《易传》而来，基本上也没有宗教神灵与主体心神义①。但是张载的有些表述在张岱年看来容易引起唯心论的误解。如《正蒙·神化篇》说："虚明照鉴，神之明也。"张岱年说：

> 虚明照鉴四字是形容神的"清"的，其意义是光亮透明。但是这四个字不免有唯心论的意味，因为照一般的用法，虚明照鉴四字是形容精神作用的。②
> 这所谓"明"、"照鉴"，是指太虚的光亮透明，但更易引起误会。有人根据这些话，认为张载讲的太虚是精神性的，所谓神是神灵或精神。事实，这是误解或故意曲解。但张载有些文句的意义不够明确，也是他的一个缺欠。③

张岱年认为，张载这句话的表述"晦涩难解，易滋误会"④，即容易把这里所说的"神"与有宗教人格性的天神或主体性的心神、精神混淆起来，容易让人觉得这是唯心论，这是张载在表述上不够严谨的地方。张岱年强调，这里所说"虚明照鉴"是说太虚本体的"光亮透明"，绝非宗教神灵或主体之心神。这是张岱年出于其唯物论立场为张载作如此辩解。当张岱年把"虚明照鉴"看作太虚的"光亮透明"时，实际上这也表明太虚与神是一体的，或者说虚神一体。《正蒙·神化篇》"虚明照鉴，神之明也"一句下面还紧接着说"无

---

① 周敦颐《通书》也主要是承续《易传》思想，同样也没有论及心神。
② 张岱年：《张载：十一世纪中国唯物主义哲学家》，载《张岱年全集》第五卷，第252页。
③ 张岱年：《宋元明清哲学史提纲》，载《张岱年全集》第三卷，第300页。
④ 张岱年：《释张载哲学中所谓神——再论张载的唯物论》，载《张岱年全集》第五卷，第649页。

远近幽深,利用出入,神之充塞无间也",结合来看,"虚明照鉴"在张载语境中,确如张岱年所强调这是讲太虚本体的清明光亮。当然,从学理上来说,主体心神与本体变化之神是贯通一体的,虚明照鉴是讲太虚之神,主体心神也可以说有"虚明照鉴"之性。

宋儒对传统的鬼神观也作了高度理性的重新诠释与转化,这一点突出体现在张载的相关论述中。《正蒙》中说"鬼神者二气之良能也"(《太和篇》),又说"鬼神,往来屈伸之义"(《神化篇》),"物之初生,气日至而滋息;物生既盈,气日反而游散。至之谓神,以其伸也;反之谓鬼,以其归也"(《正蒙·动物篇》)。张岱年认为,张载"以为鬼神不是灵魂等等,而只是阴阳二气的固有的能力。气的屈是鬼,气的伸是神"①,"鬼神是阴阳的自然的潜能,气的屈是鬼,气的伸是神"②。既然如此,在张岱年看来,张载就不应该再沿用传统鬼神这个名词来表达其思想,因为这容易无法与传统的鬼神观彻底划清界限、撇清关系,他批评说"张载反对传统的鬼神观念,这是正确的。但他仍然保留与使用鬼、神这两个概念,这说明他不能摆脱传统思想的束缚"③,"讲来讲去,还是讲不明白。为什么不取消鬼神的名称呢?在这一点上,他不免受了儒家经典的束缚"④。其实,这就有些过于苛责古人了。以阴阳、屈伸之义来解鬼神,以鬼为归、以神为申渊源甚早,如东汉王充《论衡·论死》中就说"鬼者、归也""神者、伸也","鬼神,阴阳之名也。阴气逆物而归,故谓之鬼;阳气导物而生,故谓之神","人用神气生,其死复归神气"。显然,张载对鬼神的理解与此有相似处。张载的理性鬼神观表达的是一种

---

① 张岱年:《张载:十一世纪中国唯物主义哲学家》,载《张岱年全集》第三卷,第252页。
② 张岱年:《张横渠的哲学》,载《张岱年全集》第五卷,第31页。
③ 张岱年:《张载评传》,载《张岱年全集》第五卷,第561页。
④ 张岱年:《张横渠的哲学》,载《张岱年全集》第五卷,第31页。

宇宙论、一种生死观，这是对以《易传》"精气为物，游魂为变，是故知鬼神之情状"及王充为代表的传统理性鬼神观的进一步发展，因此，其沿用鬼神概念是合情合理的。

张岱年认为，在认识论方面，"张载的学说含有唯物主义的部分，也含有唯心主义的部分"①。张载肯定一般人对世界的认知是建立在耳目感官基础上的，《正蒙》说："人谓己有知，由耳目有受也；人之有受，由内外之合也。"（《大心篇》）张岱年认为，就此而论，张载"完全是唯物主义的"②。但是张载认为还有一种高级的认知是不通过耳目感官，而且只有排除掉耳目感官，才能获得这种高级认知。如《正蒙》说："知合内外于耳目之外，则其知也过人远矣。"（《大心篇》）"合内外于耳目之外"就是要超越耳目感官、超越经验认知，这样才能超越常人，进入一种"圣知"，即德性之知。张载又说"大其心则能体天下之物，物有未体，则心为有外。世人之心，止于闻见之狭。圣人尽性，不以见闻梏其心，其视天下无一物非我，孟子谓尽心则知性知天以此。天大无外，故有外之心不足以合天心。见闻之知，乃物交而知，非德性所知；德性所知，不萌于见闻"（《正蒙·大心篇》），"诚明所知，乃天德良知，非闻见小知而已"（《正蒙·诚明篇》）。这两段话的意思是，常人囿于闻见之狭，认识有很大的片面性，无法认识到存在的整体性、大全（天），圣人大其心，超越感官见闻，就能获得一种天德良知、"德性所知"。张岱年认为，这种"德性所知"即是"关于'神化'的知识，即所谓'穷神知化'"③。《正蒙·神化篇》说"神化者，天之良能，非人能；故大而位天德，然后能穷神知化""大可为也，大而化不可为也，在熟而已。《易》谓'穷神知化'，乃德盛仁熟之致，非智力能强也"，又说"穷神知

---

① 张岱年：《中国唯物主义思想简史》，载《张岱年全集》第四卷，第69页。
② 张岱年：《中国唯物主义思想简史》，载《张岱年全集》第四卷，第70页。
③ 张岱年：《宋元明清哲学史提纲》，载《张岱年全集》第三卷，第303页。

化，与天为一，岂有我所能勉哉？乃德盛而自致尔""'穷神知化'，乃养盛自致，非思勉之能强，故崇德而外，君子未或致知也"。张岱年认为"德性所知的对象是天地神化；德性所知的方法是'崇德'，即进行道德修养。张载以为人人物物都具备神化，因而德性所知也即是对于自己的神化本性的自我认识"①，又说"穷神知化，在于无我而与天为一，即在于广大的直觉。此种直觉，基于道德的修养。张子最注重道德修养与致知的关系，以为知道之道在于崇德，德盛则自然能穷神知化了"②。应当说，张岱年对张载德性之知的阐释是深刻的。但张岱年从唯物主义认识论出发，认为张载所谓的这种"德性之知"陷入了唯心主义、神秘主义泥潭。他认为，"张载看到有比见闻更高一级的认识，这是正确的，但把这高一级的认识神秘化了，又完全否认了它与见闻的联系，于是陷入了唯心主义"③，张载"强调了理性认识（穷理、穷神知化）的重要，却割断了理性认识与感性认识的联系，因而最后陷入了唯心论神秘主义。这是张载认识论方面的局限性"④。

《正蒙·神化篇》又说"神不可致思，存焉可也"，张岱年认为，这意味着在张载"达到穷神知化的道路是从事于道德修养，凭思考是不能认识所谓神化的。这样，德性所知不但是超感觉的，而且是超思辨的"，"存是存心，也就是今天所谓直觉。所谓德性所知是一种直觉的认识"⑤。就一般的认识论而言，张岱年以上对张载的批评是有道

---

① 张岱年：《中国哲学关于理性的学说》，载《张岱年全集》第六卷，第100页。
② 张岱年：《中国哲学大纲》，载《张岱年全集》第二卷，第573页。
③ 张岱年：《宋元明清哲学史提纲》，载《张岱年全集》第三卷，第303页。
④ 张岱年：《关于张载的思想和著作》，载《张岱年全集》第五卷，第146页。
⑤ 张岱年：《张载：十一世纪中国唯物主义哲学家》，载《张岱年全集》第三卷，第261页。

理的。但是实际上这些说法在中国哲学史上并非仅张载提到过，类似的思想在佛教中是较为普遍的，如东晋僧肇就曾作《般若无知论》，这种般若之知与张载所说德性之知有相似性。这种超验的直觉主义认识论尽管看起来不那么"唯物"，但若以机械的唯物主义或经验主义对其完全否定，恐怕也失之简单。

三　与邓冰夷、吕世骧、陈玉森、周清泉之论辩

1955年1月，张岱年在《哲学研究》第1期刊发《张横渠的哲学》一文，认为张载是"北宋时代最重要的唯物论者，他在与佛教唯心论的斗争中，建立了自己的唯物论哲学体系"①。同年4月，邓冰夷、吕世骧在《哲学研究》第3期分别刊文质疑张岱年的观点。邓冰夷在《〈张横渠的哲学〉一文读后感》中，列举了张载关于太虚、神化的一些代表性观点，如"凡有形之物即易坏，惟太虚处无动摇""太虚为清，清则无碍，无碍故神""虚明照鉴，神之明也"，在他看来，这里"无动摇""无碍""虚明"等词都有佛学的背景。邓冰夷认为"太虚一神在他的理论中占如此重要的地位"，"张载以法象为糟粕，而一本之于神化，可见其为唯心论"，"尽管张载的理论中有一些辩证法的因素，但他的哲学体系是唯心的，反动的"②。与邓冰夷看法相似，吕世骧也认为张载"抬高他假定的那个'客观存在'，而贬低实际物质世界的价值"，这实际上是一种"客观唯心论"；认为张载"无碍故神""法象糟粕"之说，抬高太虚，轻视万物，"这当然是错误的，却是他的学说不可避免的逻辑结果"③。吕世骧还批评张岱年："认不清唯物

---

① 张岱年：《张横渠的哲学》，载《张岱年全集》第五卷，第19页。
② 邓冰夷：《"张横渠的哲学"一文读后感》，《哲学研究》1955年第3期。
③ 吕世骧：《张横渠的哲学究竟是唯物论还是唯心论》，《哲学研究》1955年第3期。

论,又误把'气'的一元论当作唯物的一元论,遂自相矛盾起来。试问,形中有神,物质是独立的呢,还是由神来支配呢?"① 这个反问应该说还是比较犀利的,在张载思想中,神有主动性、能动性,这一点也是张岱年所强调的。邓、吕二人都以张载为客观唯心论,认为张载思想与柏拉图、黑格尔类似,甚至认为宋代的理学家多是反动的。对于邓、吕二人的质难,张岱年1955年《哲学研究》第3期也发文《关于张横渠的唯物论与伦理政治学说——答邓冰夷同志与吕世骧同志》,载《哲学研究》,予以回应。吕世骧认为,张横渠把人的形成归功于天之神,把人的认识能力的来源说成造物主的赐予,这仍然是唯心论的认识论②。对此,张岱年反驳说:"假如张横渠所谓神是造物主,那他当然是彻头彻尾的唯心论者。但是,研究古代哲学,还是应该作具体的分析,不要简单地望文生义!张横渠所谓神是微妙的变化的意思,不是指有意志的上帝。"③

1956年4月,陈玉森在《哲学研究》第4期发文《张横渠是一个唯心论者——张岱年先生"张横渠的哲学"一文读后感》。与邓、吕相比,陈文较多讨论到神与神化问题。陈玉森认为,横渠哲学中的"性"是指"精神""宇宙精神",有"良知"的羼入,而与性合一的"气"是为"宇宙精神"所体现的物质世界,这正是客观唯心论④。他认为,"神"即"天德良知",有形的物质世界,甚至无形的气体,都是由具有良知的"神"来推动的,这正是恩格斯所指出"只是上

---

① 吕世骧:《张横渠的哲学究竟是唯物论还是唯心论》,《哲学研究》1955年第3期。
② 吕世骧:《张横渠的哲学究竟是唯物论还是唯心论》,《哲学研究》1955年第3期。
③ 张岱年:《张岱年全集》第五卷,第51页。
④ 陈玉森:《张横渠是一个唯心论者——张岱年先生"张横渠的哲学"一文读后感》,《哲学研究》1956年第4期。

帝的别名";"神"是"性"的一个特殊阶段,是性从无感至有感,从绝对静止到运动变化的一个契机①。张岱年在《哲学研究》同期刊文《关于张横渠的唯物论思想：对〈张横渠是一个唯心主义者〉一文的答复》,认为陈玉森的论证是没有根据的,是不能成立的。张岱年强调,"'神'固然是'天德',而所谓天德即是天的本质。至于'天德良知'一句,却不能解释为'天德是有良知的'。天的本质乃是一种性质,并不是一种实体"②;"张横渠说'天之良能',却没有说过'天之良知'。良知与良能是有区别的。良能只是自然的作用,并没有唯心的意义""我们没有理由来断定张横渠所谓性、所谓神是有良知的,也就没有理由断定张横渠所谓性、所谓神是普通所谓精神"③。张岱年论张载"天德良知",所论甚是,但陈玉森所说精神其实也未必是狭隘的有意识活动的心之精神,可以理解为类似《庄子·天下篇》所说"天地精神",是一种本体化的天地神明,其对"神"与"性"的区分也有一定启发性。

1958年5月,高羽在《北京师范大学学报》(社会科学)第2期发表《张载的学说——兼评张岱年的"张横渠的哲学"一文》,他认为,在张载思想中"唯物主义方面是次要的,唯心主义方面是主要的"④;张载的世界观,"前一部分,认为天地万物的本质是气,这是唯物主义的观点；后一部分,认为'形'是被主宰者,'神'是主宰者,这是唯心主义的观点"⑤。这一点,高羽与吕世骧的看法有些类似,认

---

① 陈玉森：《张横渠是一个唯心论者——张岱年先生"张横渠的哲学"一文读后感》,《哲学研究》1956年第4期。
② 张岱年：《张岱年全集》第五卷,第57页。
③ 张岱年：《张岱年全集》第五卷,第57页。
④ 高羽：《张载的学说——兼评张岱年的"张横渠的哲学"一文》,《北京师范大学学报》(社会科学)1958年第2期。
⑤ 高羽：《张载的学说——兼评张岱年的"张横渠的哲学"一文》,《北京师范大学学报》(社会科学)1958年第2期。

为张载强调"神"对"形"有主宰性。

1983年7月,周清泉在《成都大学学报》(社会科学版)发表《张载的哲学思想是唯物的吗?》,对张岱年、任继愈等以张载思想为唯物论的主张又提出了质疑,同时把问题争论的焦点聚集在太虚与神的理解上。周清泉认为,张载所谓太虚是清通不可象的神,是宇宙的心、精神,是"一种非实存为有的,未尝无之为神的精神质体的气"①,"太虚、天、易、太极、太和、性、道等仅是指事异名,其实是一物,都是神。因此张载虽然谈气,但却不是唯物的元气本体论者,而是唯心的,神天——太虚的神气本体论者。这个神天——太虚是客观存在于人心之外的,故张载不是主观的,而是客观唯心论者"②。周清泉的这一看法与陈玉森有些类似。周清泉又认为,太虚是神体,所以本身是"至静无感"的,阴阳的化用功能正是神体太虚的性能表现。他又说:"有形的物质易坏,无形的太虚(精神)才是不朽的。不朽的才是至实的,而一切是实的物质则是暂时存在的东西。故太虚之虚就不再是空间之虚,而是神体未尝无之的虚兼实的虚,是万物'与天同原谓之虚'。""神体虽无心无为是至静,但一神两在,参性两体,虚而善应,能够妙应万物,通体万物,生成万物,故是至静兼至动。"③周清泉批评任继愈、张岱年"为了要论证张载是唯物的,就去强调'张载所强调的正是太虚就是气',力图抹掉太虚的神性,好与物质的气等同起来,以'肯定张载的自然观是气一元论'"④。应该说,周

---

① 周清泉:《张载的哲学思想是唯物的吗?》,《成都大学学报》(社会科学版)1983年第2期。
② 周清泉:《张载的哲学思想是唯物的吗?》,《成都大学学报》(社会科学版)1983年第2期。
③ 周清泉:《张载的哲学思想是唯物的吗?》,《成都大学学报》(社会科学版)1983年第2期。
④ 周清泉:《张载的哲学思想是唯物的吗?》,《成都大学学报》(社会科学版)1983年第2期。

清泉这里关于太虚神体的论说有其深刻性，一定意义上，这一观点与牟宗三《心体与性体》中张载部分的论述有相似性。但周清泉又认为"这个神其实就是封建社会中一切唯心论者所说的神天"，无疑，这个观点又是很不恰当的。

1985年3月，张岱年在《人文杂志》上发表《释张载哲学中所谓神——再论张载的唯物论》，对周清泉的文章作出反驳，同时进一步明确把问题聚焦在"神"。张岱年认为，张载所说的神，并不是"一般所谓精神"，而是"表示太虚所有的微妙的感应关系。神是太虚的本性，还不能断言太虚就是神。如说张载的太虚就是精神，就更是错误的了"①，"把神字一概理解为精神，这只是望文生义而已"②。张岱年又强调"所谓神就是'屈伸动静终始之能'，即运动变化的潜能。这神难道可以解释为精神吗？"③"如果一见到一个神字，就认为是精神或天神，那末，哲学史的研究就将成为儿戏了"④。张岱年又批评说，"张载一则说'太虚即气'，再则说'虚空即气'，周文却说张载讲的'太虚不是气'。讲述一个哲学家的思想，却直接否认哲学家自己所说的话，这是什么方法呢？张载明确说'太虚即气'，这是难以否认的，于是周文解释张载的太虚不是'实存的客观物质的气'，而是'客观精神的气'，也就是'一种非实存为有的，未尝无之为神的精神质体的气'。这样一来，历代以'气'说明世界的哲学学说都成为恍惚不定的了，唯物主义与唯心主义的界线也就永远划不清了"⑤。张先生的观点很明确，坚持认为太虚就是气，神为太虚之气清通之属性。

---

① 张岱年：《张岱年全集》第五卷，第649页。
② 张岱年：《张岱年全集》第五卷，第651页。
③ 张岱年：《张岱年全集》第五卷，第649页。
④ 张岱年：《张岱年全集》第五卷，第654页。
⑤ 张岱年：《释张载哲学中所谓神——再论张载的唯物论》，《人文杂志》1985年第1期，第61页。

1987年，周清泉又在《成都大学学报》（社会科学版）发表《也释张载哲学中所谓神——兼向张岱年同志请教》，对张岱年的批判之文，又针锋相对地提出商榷意见。张岱年释"神"为"微妙的变化"，周清泉认为这是错误的。张载说"变言其著，化言其渐"①"'变则化'，由粗入精也；'化而裁之谓之变'，以著显微也"②，周清泉据此认为，"张载对变与化是作了区分的，著、粗的变化是变；渐、精、微的变化是化"③，他由此认为张岱年释张载的"神"为"微妙的变化"是错误的，"微妙的变化"在张载哲学中是用"化"来表述的。周清泉认为，"张载所说的神化之神，天德之神，是'天之不测谓神'，具有神这一质性的神天之神"④，"天质之性是神，神性之质是天，故说'天之不测谓神，神而有常谓天'。'神，天德'，'德其体'，'神则天也'，对具有神德的神天来说，神就是天，天就是神，神与天是一而二，二而一的"⑤。应该说，周清泉这里对"神"与"化"、"神"与"天"关系的论说有其深刻性与合理性的一面。

从20世纪50年代到80年代，这场围绕张载唯物、唯心的辩论前后长达三十年，客观来讲，这些辩论深化了我们对张载哲学的认识，而且相关争论的焦点越来越集中到对张载神化思想的理解，这在一定意义上也说明神化论是理解张载思想宗旨的关键，正确理解"神"与气形、"神"与虚气、"神"与性道的关系问题是打开张载思想体系奥妙的一把钥匙。一些以张载为唯心主义的学者，虽然主观上试图以

---

① （宋）张载：《横渠易说》，《张载集》，第198页。
② （宋）张载：《横渠易说》，《张载集》，第208页。
③ 周清泉：《也释张载哲学中所谓神——兼向张岱年同志请教》，《成都大学学报》（社会科学版）1987年第2期。
④ 周清泉：《也释张载哲学中所谓神——兼向张岱年同志请教》，《成都大学学报》（社会科学版）1987年第2期。
⑤ 周清泉：《也释张载哲学中所谓神——兼向张岱年同志请教》，《成都大学学报》（社会科学版）1987年第2期。

此否定张载学说的时代价值，但是他们对张载思想的阐述也并非一无是处，他们尤其凸显了"神"的能动性及其在张载思想体系中的基础性意义。特别是周清泉对张载神化思想的诠释颇有精深独到之处，在今天来说，仍有重要启发意义。

四 结语

早在 1937 年所作《中国哲学大纲》中，张岱年就指出"张子的本根论，确实可以说是一种唯物论"①。20 世纪 50 年代，张岱年在新的时代环境下，更加自觉地把辩证唯物主义思想贯彻到中国哲学研究中来，认为张载作为宋明理学中气学派的奠基人，他的思想尽管仍有一些"唯心主义的残余"，但其思想的基调是唯物的，而且有辩证法的精神。显然，张岱年在那个年代反复强调张载思想的主调是唯物主义的，也是最大限度地为张载思想提供一种"合法性"辩护，为传统思想谋求更多的价值肯定，而不是轻率地斥之以唯心主义，予以一概否定。当然，简单以唯物、唯心来臧否传统思想的时代已经过去，这种观念先行、"戴帽子"、"打棍子"的学术研究方式也早已被摒弃。客观来讲，诚如一些学者所指出，张载思想中确实有不少并不那么"唯物"的因素。吕世骧、邓冰夷、陈玉森、周清泉等人斥张载为唯心主义，一个很大目的就是试图抹杀张载思想的合理价值。然而，我们看到这些批评者的具体论述也不乏深刻、精彩之处。张载的神化思想，承《易传》而来，并作了进一步发展，诚如张岱年所强调，此"神"非宗教或民俗意义上的天神、鬼神义，也非主体心神，但张先生以之为"微妙的变化"，恐怕也不甚确切，此神有形而上性，是一种变化的妙道和动力因；神内在、遍在于形气中，同时又超越形气。

---

① 张岱年：《中国哲学大纲》，载《张岱年全集》第二卷，第 83 页。

神为"一",但又内含着"二"、矛盾性,神作为变化的动力因,是"一"与"二"共同作用的结果,这一点张岱年所论甚为精到。然而,张岱年1949年以后在《中国哲学大纲》再版的按语中又说:"神的观念可以表示事物变化的复杂性与深奥性,但以神的观念说明变化,事实上等于无所解释。所以神化论不是科学性的理论。"① 以"科学性"来衡量神化论,这个结论也有些让人遗憾。实际上,张载的神化论,是哲学宇宙论,也是人生境界论。张岱年论张载,及其反对者的观点,各有合理性,综合这些讨论我们对张载的神化思想可以有更全面深入的理解与体悟。张载的神化论,源自《易传》,在一些层面上也可以与西方哲学进行融通对话②,这在建构中国特色哲学社会科学话语的今天仍有重要时代意义。

---

① 张岱年:《中国哲学大纲》,载《张岱年全集》第二卷,第167页。
② 如亚里士多德就强调"神"是第一动力因,此神也非人格神,而是一种理性神。这种理性神观念在西方也可谓源远流长,色诺芬尼、斯宾诺莎等都有类似主张。

从王弼易学解释学看汉魏学术更迭[*]

刘　震（中国政法大学人文学院）

东汉桓灵之世，宦官、外戚专政，他们表面上以名教治国而实际上却违背名教主旨，为非作歹，任人唯亲，致使政治混乱，国家衰败。为了改变这种状况，一些具有正义感的知识分子聚集在一起，试图凭借"清议"或舆论的力量，抨击权宦以维护名教。但执政者却以破坏名教为罪名对这一批知识分子进行打压，加之东汉后期政治环境的日益腐朽，使得这批知识分子或屈死狱中，或免官禁锢。这场延续数十年的党锢之祸为社会治理提出了一个尖锐的问题：究竟什么才是合理有效的名教治理体系？它到底是统治者用来镇压异己的工具，还是规范和调整社会人际关系的一种合理的手段？在曹魏正始年间，哲人们根据自身对现实困境的真切感受，从思想上对汉代传统学术进行了一次深刻的反思与重构，从而开启了魏晋以降的玄学之风。王弼作为魏晋玄学的代表性人物，其思想体系既是玄学的起点，更是玄学中的重要流派之一。下面，我们就从王弼注解《周易》的主要特点入手，剖析一下汉魏之际学术思想的更迭与发展，以及王弼《周易注》所呈现的思想特质。

---

[*] 本文发表于《哲学研究》2022年第1期，此处有改动；系国家社会科学基金一般项目"《易传》与秦汉学术流变研究"（18BZX060）阶段性成果。

一　王弼《周易注》中的"扫象"

王弼生于公元226年（魏黄初七年），卒于公元249年（正始十年），他生活的年代正是魏晋玄学的创始年代，当时的知识分子讨论最激烈的问题就是如何处理自然与名教的关系，王弼的学术思想也围绕着这个时代命题展开，并在此基础上建立起自己的哲学体系，开一代学术新风，成为正始玄风主要创始者之一。

王弼的生命虽然短暂，却文名盖世，著有《老子注》《老子指略》《周易注》《周易略例》《论语释疑》等主要作品，其中他的《周易注》一改传统的治易方法，以老子思想解《易》，建立了体系完备、抽象思辨的玄学哲学，可以说《周易注》集中凸显了王弼的易学创见和学术造诣，也正于此，《周易注》自唐修订五经正义就被定为《周易》的官方注释，流传于世而独冠古今。本文即以王弼注解《周易》的思想为主线，同时结合他所注疏的《老子》《论语》等典籍的部分内容，力图更为立体全面地展现王弼的思想体系。

谈到王弼的易学思想，最为著名的论断大概就是他对于象数的否定，即所谓的"扫象不谈"之说。但值得注意的是，王弼对于象数并非完全排斥，于省吾先生在《周易尚氏学》的序言中曾提及："自王辅嗣扫象不谈，专以承乘比应为解。"[①] 从这里可以看出，王弼对于"乘""承""比""应"等《周易》自身的卦变原则也是熟稔于心。因此，正确理解王弼对于象数易学的态度，首先需要对象数易学本身有一个较为客观的定义，特别是需要厘清象数易学与汉代易学究竟是怎样一种关系。

---

① 于省吾：《周易尚氏学序言》，转引自尚秉和《周易尚氏学》，中华书局1980年版，第2页。

孔子之后，两汉的经学家对于《周易》发展作出了很大的贡献。由于他们在注解《周易》的时候着力于象数领域，因此一般会把汉代易学大而化之地归类于象数易学。这样的一种学术判别虽然基本符合事实，但有几个细节值得我们深究。

其一，根据近些年来的出土文献与相应的学术成果，我们基本可以判断今本《易传》是在西汉中期最终定型完成的[①]。就内容而言，《易传》之思想体系对《周易》经文的解读是多样的，其中既有象数的内容，亦包含了大量的伦理学、政治学的论述，从这一点出发我们不难看出《易传》的整理者显然并非如我们所想象一般完全偏向于象数。如此一来，所谓象数并非西汉易学的唯一特色。

其二，我们今天所见的汉代易学作品，大部分是基于《周易集解》中对汉代易学家注解《周易》经文的转述。这种转述的真实性虽然不会存在太大问题，但我们也必须看到转述者中对于汉代易学论点的转载是有其主观局限性的。首先是《周易集解》中选取的人物多集中在东汉以降，对于西汉人物的思想涉及得并不多，其次是《周易集解》的整个思想体系也预设了自身的学术观点和主旨。李鼎祚在《周易集解序》中明言：

> 郑则多参天象，王乃全释人事。且易之为道，岂偏滞于天人者哉。致使后学之徒，纷然淆乱，各修局见，莫辨源流。……集虞翻、荀爽三十余家，刊辅嗣之野文，补康成之逸象，各列名义，共契玄宗。[②]

从这段文字我们不难看出，《周易集解》着眼于郑玄、王弼以

[①] 刘震：《孔子与〈易传〉的文本形成之管见》，《孔子研究》2011年第4期。
[②] （唐）李鼎祚：《周易集解序》，转引自（清）李道平撰，潘雨廷点校《周易集解纂疏》，中华书局1994年版，第5—8页。

外的易学作品，同时其目的在于刊补郑玄、王弼二家在易学著述上的不足，因此在这种情况下，我们有理由相信李鼎祚在《周易集解》的辑录过程中有意识地在内容选择上偏向了象数易学，如果仅仅依据《周易集解》而断定汉代易学整体的特色就会失之偏颇。

其实，从《周易集解》所载虞翻等人对《周易》经文的解读来看，汉代经学经历了数百年的发展后，在东汉末年已显现出流弊横生之态。学者们在解读《周易》的过程中，因过于执着于象数，且夹杂了许多其他学术流派的思想与内容，已经逐渐背离了以《易传》为代表的解经框架。以《周易集解》辑录最多的虞翻为例，他试图完全用象数来宏观整体解读《周易》的所有文字，这种解经的理路实施起来难度极大，很多情况下，虞翻为了找出文字背后的象数依据，不得不另立新说，从而不可避免地陷入了牵强附会的境地。王弼正是敏锐地觉察到象数易学发展的弊端，提出了"得意忘象"的解易思路，他在《周易略例·明象》中讲道：

> 义苟在健，何必马乎？类苟在顺，何必牛乎？爻苟合顺，何必坤乃为牛？义苟应健，何必乾乃为马？而或者定马于乾，案文责卦，有马无乾，则伪说滋漫，难可纪矣。互体不足，遂及卦变；变又不足，推致五行。一失其原，巧愈弥甚。纵复或值，而义无所取。盖存象忘意之由也。①

在这里，王弼对于汉代象数易学的批评，明显是聚焦于对"象"的刻板使用。他认为卦的爻象与卦的文辞并非一个固定对应的绝对体系，更多是一种象征。如果刻意将文辞与卦象一一对应而使用诸如互

---

① （魏）王弼著，楼宇烈校释：《王弼集校释》，中华书局1980年版，第609页。

体、卦变之类的方法，其结果必然是在解读中为了迎合对应而穿凿附会，进而迷失解读的本质。

需要说明的是，王弼虽然反对拘泥于象数的解经体系，但他并没有彻底否定象数，如他在注解《复》卦六二爻"休复，吉"时曰："得位处中，最比于初。"① 其所言"得位""处中""比初"等正是于省吾先生所提到的"乘承比应"之属的象数思维的展露。所以，王弼所根本反对的是汉末象数易学体系对于易象的过度诠释，他下一步所要完成的工作就是纠正这种偏差，回归"象"的象征意义。据此，王弼提出了著名的"得意忘象"之论断。

二　王弼《周易注》中的"得意"

为了避免东汉末年汉代象数易学进一步滑向繁复牵强的深渊，王弼在《周易略例·明象》中明确提出了"得象而忘言，得意而忘象"的解释原则。其曰：

> 夫象者，出意者也。言者，明象者也。尽意莫若象，尽象莫若言。言生于象，故可寻言以观象；象生于意，故可寻象以观意。意以象尽，象以言著。故言者所以明象，得象而忘言；象者，所以存意，得意而忘象。②

王弼指出，所谓的"象"指卦爻的象，"言"指卦爻的文辞，"意"指通过《周易》文辞所表达的对世界的认知。三者的关系是："言"用于理解"象"，同时也在一定程度上作为"意"的表征，

---

① （魏）王弼著，楼宇烈校释：《王弼集校释》，第337页。
② （魏）王弼著，楼宇烈校释：《王弼集校释》，第609页。

"象"则作为"意"的另一种表征,其目的在于表达"言外之意"。王弼认为,要真正获得"意",必须摆脱"言"与"象"的层面,因为二者作为表征"意"的手段和形式,其毕竟不等于"意"。作为解释者,不仅要能理解"言"和"象",更重要的在于捕捉到"言"和"象"背后的"意",不能被"言"和"象"所牵绊,这就是王弼的"得象忘言""得意忘象"的解释学新方法的核心观念所在。在这一过程中,"忘言""忘象"成为"得意"的关键所在。

为了更好地说明"言""象""意"三者的关系,王弼进一步用"鱼筌"和"兔网"来做比喻,其曰:

> 犹蹄者所以在兔,得兔而忘蹄;筌者所以在鱼,得鱼而忘筌也。然则,言者,象之蹄也;象者,意之筌也。是故,存言者,非得象者也;存象者,非得意者也。象生于意而存象焉,则所存者乃非其象也;言生于象而存言焉,则所存者乃非其言也。①

王弼认为,"言""象"之间犹如"蹄"(捉兔的网)与"兔"的关系,"得象而忘言"就如同"得兔而忘蹄";"言"是表达"象"的工具,而非"象"之本身,故"存言"并非"得象"。同理,"象""意"之间犹如"筌"(捕鱼的笱)与"鱼"的关系,"得意而忘象"就如同"得兔而忘蹄";"象"是表达"意"的手段,而非"意"之全部,故"存象"并非"得意"。沿此思路,"言"和"象"均作为认识和表达"意"的工具和手段,"得意"需要"忘言""忘象"。

王弼的这种用"鱼""筌"和"兔""蹄"作喻的论述,直接来源于道家的观念,在《庄子·杂篇·外物》中讲道:

---

① (魏)王弼著,楼宇烈校释:《王弼集校释》,第609页。

> 筌者所以在鱼，得鱼而忘筌；蹄者所以在兔，得兔而忘蹄；言者所以在意，得意而忘言。吾安得夫忘言之人而与之言哉！①

《庄子》中的这段文字与王弼在《周易略例》中所言几乎完全一致，所不同的仅在于王弼所述增加了"象"这个层面，毕竟符号（六十四卦的卦象或卦画）是《周易》中极为特殊又十分重要的存在。王弼强调"存象"不等于"存意"，"存言"不等于"存象"，正是通过强化解释目的与解释手段之间的差异，来实现对繁复牵强的汉末象数易学的批判。在王弼看来，"象"是解释手段，而"意"是解释目的，我们虽然需要借助解释手段来实现解释目的，但不能以解释手段之价值来替代解释目的之价值，更不能直接用解释手段取代解释目的，因为解释手段一旦脱离了过程性，其必然会失去其参与解释环节的核心价值。

由此出发，王弼强调解释的意义在于结合解释者的认识，重构原始文献内在价值的表达。先秦时代《孟子》一书中就强调了解释对于文本存在价值的升华作用："故说诗者，不以文害辞，不以辞害志。以意逆志，是为得之。"② 即，解说《诗》的人，不应限于文字而误解词句，也不应拘于词句而误解了作品的原意，而是用自己切身的体会去推测作者的本意。孟子在这里所要表达的就是，在"文"（文字）、"辞"（词句）、"意"（意义）三者之中，意义是第一位的，为了把握原文的意义，唯一正确的途径就是"以意逆志"。"意"是通过切身体会而总结的自己的意思或意图，是主观的，"志"是原文本身的意义，是客观的。只有以自己的"意"去揣度原文的"志"，才能得到高层次的解释。孟子的"以意逆志"突出由"文""辞"与

---

① 陈鼓应注译：《庄子今注今译》，中华书局1983年版，第725页。
② 杨伯峻译注：《孟子译注》，中华书局2005年第2版，第215页。

"意"组成一个完整的经典解释过程。在这三者关系中,由"文""辞"展现出的语言表达不能脱离其阐释的实际意义而独立存在;意义的存在又与语言的表达息息相关,甚至可以说不经解释者的语言表达,材料不过是一堆毫无生机的语词材料。解释者以解释实践将意义从文字符号中解放出来,赋予其被表达的意义。意义的最终完成必须通过解释者的解释填充。

其实按照孟子的方法来看,汉人主张通过象数去解释《周易》的义理思想并没有错,问题在于以虞翻为代表的象数易学过分执着于"象",其通过"象"的烦琐变化非但没有更为清晰地呈现出《周易》的义理,反而使得人们理解《周易》之理几乎成为不可能。王弼的《周易注》之所以能脱颖而出就在于他扬弃了汉人执着于"象"的研易方法,在遵从先贤们的"以意逆志""得鱼忘筌"的解释原则的基础上进行系统化的创新和改造,在他的《周易略例》中提出了解释《周易》的新方法,从而接续了以《易传》为开端的义理注解《周易》的思想,完成了对于义理易学的一次回归。

> 然则,忘象者,乃得意者也;忘言者,乃得象者也。得意在忘象,得象在忘言。故立象以尽意,而象可忘也;重画以尽情,而画可忘也。①

与汉代的象数易学相比,王弼之"得意忘象"的解释学思想没有烦琐的治象方法和所谓的各种规则,而是从《周易》的卦爻辞原文出发,并且不执着于其言辞和卦象,以"得象而忘言""得意而忘象"的方法与手段理解《周易》本身的义理思想的同时,也通过这样的解释方法使得《周易》的意义得到更深一层次的表达。从这一层面而

---

① (魏)王弼著,楼宇烈校释:《王弼集校释》,第609页。

言，王弼"得意忘象"的解释方法是义理派易学与象数派易学明显的分野的标志。

王弼所提倡的"忘"在意境上并不等同于放弃。从整体表达上，王弼的"忘"是一种功夫境界，需要经历一个从言及象，由象及意的循序渐进的过程，并且在这一过程中，解释者需要时刻注重以"意"为根本，以明意为导向，因为只有这样才可避免拘泥执着于"象"而迷途不返。

如前所述，王弼本身的解释学理念中并没彻底否定《周易》符号体系的存在价值，他一方面认可"象"对于"意"的工具价值，另一方面在否定支离琐碎且附会庞杂的"逸象"的基础上，选择了更具逻辑与条理的爻象体系。

据《左传》《国语》等记载，我们可以发现卦象与占筮有着较为密切的关系①，其在《易传》中的记录也带有类似属性。又据《清华简·筮法》中的记录，我们可以发现爻象在先秦时代同样也用于占筮，并且与今本《易传》中所提及的卦象十分一致。②这就说明，爻象与卦象在《周易》最初的占筮意义上，具有同等重要的作用。而在《易传》中，包括《彖传》《象传》与《系辞传》等不止一个篇章将爻象和卦象应用于解释《周易》卦爻辞的过程中，这也说明以象解易作为一种传统研易路径一直为人们所重视。从《易传》之中，我们可以十分清晰地发现"天人之学"乃是《周易》哲学理念的核心范畴，汉代经学其整体亦是建立在此基础之上，西汉易学中的孟喜、京房，其思想体系的核心乃是为建构"天人之学"找到合理的象数图景，但事实是随着东汉易学支离繁复的象数体系，其难以呈现真意。"汉魏之际，面对战乱频繁、社会分崩离析的状况，士人更关注如何在乱世之中安顿自己的生

---

① 《左传》《国语》中记载的以《周易》占筮的事例，多以卦象解占。
② 参见《清华简·筮法》第二十九节"爻象"篇，清华大学出土文献研究与保护中心编，李学勤主编《清华大学藏战国竹简》肆，中西书局2013年版，第120页。

命，因此他们在经典当中所寻求的不再是如何探求天意、为帝王统治合法性提供依据等问题，而是将学术重心转移到个体生命当中，注重追求生命的自由。"① 正是在这样的背景之下，王弼继承了汉代以来的"天人之学"，其试图秉承《易传》所形成的逻辑体系，重构《周易》之整体的逻辑与明晰的义理，正是对于汉代易学中杂乱无章的"逸象"的一种纠偏，更是对于《易传》解易的继承与回归。

我们也应当看到，王弼的纠偏不免矫枉过正。他在阐述"得意忘象"的解释理念时，反对使用诸如互体、卦变之类的方法将文辞与卦象一一对应而导致本意的丧失。汉代象数易学家在解读《周易》的过程中固然有过度使用互体、卦变等情况，但互体、卦变等本身的范畴理念却是古已有之。如《左传》中关于"周史有以《周易》见陈侯"的记载，其中周史在对所筮之卦进行分析时就运用了互体的方法②，《彖传》《象传》中使用卦变的地方更是比比皆是。应当说，互体与卦变在一定程度上与"乘""承""比""应"一样，都是对卦爻象之间关系的描述与应用。王弼之所以不取互体、卦变，究其原因，与他构建的解释学体系存在较大关系。在王弼看来，"意"是本，也正因为其"本"的属性，使得"意"呈现出多样性与复杂性的特点，尤其《周易》中的"意"，与时间、空间的变化无不有着密切关联，"意"会随着时空的变化而发生相应的变化，因此执着于"象"就无法理解"意"的变。王弼认为《周易》的本意在于自然之道，故而"意"的本体意义是自然范畴，而"象"是人们对于自然的比附。从这个意义上讲，名教也是一种"象"，即对于自然本体的一种比附，所以如同"意"与"象"所存在的一致性，自然与名教之间也存在着一致性。正如汉代易学执着

---

① 董春：《王弼易学的经学前见与义理新意》，《周易研究》2019年第5期。
② 周史在分析卦象时提到的"风为天于土上，山也"显然是用到了互体的方法。详见李学勤主编《十三经注疏·春秋左传正义》（上）卷第九，《十三经注疏》整理委员会整理，北京大学出版社1999年版，第269—273页。

于象数而未能"得意忘象"一般,汉末至魏晋所出现的名教与自然之争也在于人们执着于名教自身,而忽略了名教作为自然比附的这样一种属性,在建构名教的过程中出现了执着于名教本身而忘记了自然为名教之本,名教为自然之末的机理。如同在以"意"为本,以"象"为末的情况下要"得意忘象",王弼在处理自然与名教之间的关系时,主张以"自然"为本,以"名教"为末,在本末关系上强调"举本统末",这一思想也渗透在他注解《周易》的过程中。

三 王弼《周易注》中的"本末"

王弼在注解《周易》的过程中着重表达了名教与自然的理念,他的"得意忘象"从实质上强调的是如何通过现象本身来关注和把握现象背后的本体意义。在把握本质的目的下,需要的是找到合理认知"象"的方法,即如何具体落实"得意忘象"的原则,据此王弼提出了"卦主"学说。

王弼"卦主"的理念出现在《周易略例·明象》中,其曰:"夫《彖》者,何也?统论一卦之体,明其所由之主者也。"[①] 他认为每一卦都有各自隐藏的本体,而这一本体可以由这一卦的卦主去揭示。卦主实际指向的是一个爻位,这也体现了王弼对于爻象的重视。在《明象》中,王弼提出了三种确定卦主的办法。

第一种是根据卦中阴阳爻的数量来确定卦主,即五阳一阴以阴为卦主,五阴一阳以阳为卦主,这是王弼易学最为引人注目的特质之一。

> "夫少者,多之所贵也;寡者,众之所宗也。一卦五阳而一阴,则一阴为之主矣;五阴而一阳,则一阳为之主矣!夫阴之所

---

① (魏)王弼著,楼宇烈校释:《王弼集校释》,第591页。

求者阳也，阳之所求者阴也。阳苟一焉，五阴何得不同而归之？阴苟只焉，五阳何得不同而从之？故阴爻虽贱，而为一卦之主者，处其至少之地也。"①

如《师》卦☷只有九二爻一个爻位是阳爻，所以王弼注解《师》卦九二爻爻辞时曰："以刚居中，而应于五，在师而得其中者也。承上之宠，为师之主"。② 从这段文字中可以看出王弼在确定卦主的过程中注重爻象之位，在这短短的文字中就用到了"中"与"应"两个规则。同时因为九二爻是唯一的阳爻而为卦主。

王弼对于这个规则的表达是十分明晰的。按照这一规则，六十四卦中五阳一阴的卦有六个，即《剥》《比》《豫》《谦》《师》《复》，对应五阴一阳的卦也有《夬》《大有》《小畜》《履》《同人》《姤》六卦。但王弼在注解这十二个卦相应的爻辞时，却并非全部都用这种确定卦主的方法。如《夬》卦☰只有上六爻一个爻是阴爻，本应以上六爻为《夬》卦的卦主，王弼却以九五爻为卦主，其曰："夬之为义，以刚决柔，以君子除小人者也。而五处尊位，最比小人，躬自决者也。"③ 对于从爻象角度而言的唯一阴爻，王弼注曰："处《夬》之极，小人在上，君子道长，众所共弃，故非号咷所能延也。"④ 按照王弼的解释，《夬》卦上六爻虽然占着"少"的优势，但已经处在《夬》卦最上爻的位置，意味着阴爻所代表的小人之道已经走到了尽头，故不以此爻为卦主。可见以卦中阴阳爻少者为"卦主"的方法并非王弼用之而四海皆准的定法。

除了上述确定卦主的方法，王弼还根据《象传》的表述与爻象内

---

① （魏）王弼著，楼宇烈校释：《王弼集校释》，第591—592页。
② （魏）王弼著，楼宇烈校释：《王弼集校释》，第256页。
③ （魏）王弼著，楼宇烈校释：《王弼集校释》，第436页。
④ （魏）王弼著，楼宇烈校释：《王弼集校释》，第436页。

容相结合的方法来确定卦主。

如前所引,王弼认为《彖传》是统论一卦之内涵的关键所在,如果在《彖传》中的文字明确指出了一个卦的主题,那么与该主题关系最为密切的爻象自然也就成了该卦象的主旨与核心所在。在"意"本"象"末的理论指导下,这种以《彖传》表述确定卦主的方式自然是要优先于以卦象上阴阳爻的数量来判断卦主的准则。王弼讲道:"繁而不忧乱,变而不忧惑,约以存博,简以济众,其唯《彖》乎!乱而不能惑,变而不能渝,非天下之至赜,其孰能与于此乎!故观《彖》以斯,义可见矣。"① 在这里,王弼指出了《彖传》在正确理解《周易》之本意的重要作用,他认为《周易》的内容变化纷繁,唯有由繁入简,方可明确其真意。而《彖传》正是对六十四卦所展现的易道之高度概括与总结,借由《彖传》,我们就可以抓住每一卦的主题含义,从而真正掌握其"意"。例如在确定《剥》卦䷖的卦主时,王弼并没有以上九爻为卦主,而是将六五爻定为卦主,其曰:"处剥之时,居得尊位,为剥之主者也。剥之为害,小人得宠,以消君子者也。若能施宠小人似宫人而已,不害于正,则所宠虽众,终无尤也。"② 王弼认为,《剥》卦六五爻身居尊位而为《剥》卦之主,同时强调为主者要懂得合理安排小人与君子各自的位置,即使小人存在,只要控制其所处的位置,不给予其过多的权限,即使数量众多,小人也不会造成麻烦。而王弼之所以选择六五爻作为《剥》卦的卦主,正与解读《剥》卦的《彖传》的表述有关。《彖传·剥》曰:"剥。剥也;柔变刚也。不利有攸往,小人长也。顺而止之,观象也。"王弼注解此处为:"坤顺而艮止也,所以顺而止之,不敢以刚止者,以观其形象也。"③ 王氏以为《剥》卦的主旨在于"顺而止之",这既说明《剥》卦的卦象

---

① (魏)王弼著,楼宇烈校释:《王弼集校释》,第592页。
② (魏)王弼著,楼宇烈校释:《王弼集校释》,第333页。
③ (魏)王弼著,楼宇烈校释:《王弼集校释》,第332页。

是由坤卦☷与艮卦☶组成，同时也表明《剥》卦的核心是不可止于上九之阳爻，因此王弼所的"顺而止之"，隐藏的含义谓之因阴爻而止，这也就是王弼将六五爻视为《剥》卦之卦主的原因所在。

又如在论定《蒙》卦☳卦主时，王弼也是根据《象传》对《蒙》卦卦辞的解释判断九二爻为《蒙》卦卦主，他在解说《象传·蒙》"初筮告，以刚中也"时曰："谓二也。二为众阴之主也。无刚失中，何由得初筮之告乎。"① 在王弼看来，九二爻符合《象传》"刚中"的表述，因此是"众阴之主"；与之相呼应，王弼在注解《蒙》卦九二爻时提到"以刚居中，童蒙所归"②，从而表明九二爻为《蒙》卦的卦主。

依据《象传》的内容而确定一卦之主，这种方法正是王弼以传解经学术特点的最好诠释。除此之外，王弼确定卦主的第三种方法则是以五爻当作卦主，如其注解《节》卦☱九五爻时讲道："当位居中，为节之主，不失其中，不伤财，不害民之谓也。"③ 又如其解释《无妄》卦☰九五爻："居得尊位，为无妄之主者也。"④ 再如注解《未济》卦☲六五爻曰"以柔居尊，处文明之盛，为《未济》之主"⑤，等等，皆以卦中的五爻为卦主。但是，王弼在注解个别卦的爻辞时，对卦主的选择上亦有言之不详的情况。如其在注解《讼》卦☰九五爻时明确讲道："处得尊位，为讼之主。"⑥ 但在注解《象传·讼》时，王弼却又说："必有善听之主焉，其在二乎？以刚而来，正夫群小，断不失中，应斯任也。"⑦ 此处的"善听之主"显然指向的是九二爻

---

① （魏）王弼著，楼宇烈校释：《王弼集校释》，第240页。
② （魏）王弼著，楼宇烈校释：《王弼集校释》，第241页。
③ （魏）王弼著，楼宇烈校释：《王弼集校释》，第513页。
④ （魏）王弼著，楼宇烈校释：《王弼集校释》，第344页。
⑤ （魏）王弼著，楼宇烈校释：《王弼集校释》，第533页。
⑥ （魏）王弼著，楼宇烈校释：《王弼集校释》，第251页。
⑦ （魏）王弼著，楼宇烈校释：《王弼集校释》，第249页。

而并非九五爻,那么"善听之主"与《讼》卦之主究竟有何差别,王弼并没有给出进一步的说明。

如前所述,后世在讲述王弼注解《周易》的特色时习惯称之为"扫象不谈",但是从卦主的角度分析,王弼并没有真正背离象数体系。相反,其卦主确立的方法有相当部分是依据于爻象与卦象之间的相互关系而确定的。这就说明王氏对于象数是了然于心的。当然王弼也没有完全依据象数来论述与确定所谓的"卦主",这也是其不同于汉代象数易学的地方。王弼提倡"得意忘象",虽然摒弃了汉代象数易学家为了解释经典而发明的某些穿凿附会之象,但他却没有背离"观象系辞",坚持以传解经。

同时,王弼的卦主说从根本上也突出体现了"举本统末"的思想。在他看来,《周易》的本体是隐遁于"意"中,必须通过"象"的表达才能为人所明晰。离开了"象"的解说,本体静默不显;离开了"意"的存在,现象则失去了表达的内涵价值。我们在理解"得意忘象"的过程中既要把握"静为躁君,安为动主"①的"意""象"关系,也要洞悉只有透过现象,才能认识本体。

王弼的"卦主说"强调通过诸多现象去把握统摄这些现象的"君"和"主",他力图构建的是结合名教与自然的社会治理体系,以及支持这一体系的哲学建构。其《明卦适变通爻》中说:

> 远近终始,各存其会;辟险尚远,趣时贵近。《比》《复》好先,《乾》《壮》恶首;《明夷》务暗,《丰》尚光大。吉凶有时,不可犯也;动静有适,不可过也。犯时之忌,罪不在大;失其所适,过不在深。动天下,灭君主,而不可危也;侮妻子,用颜色,而不可易也。故当其列贵贱之时,其位不可犯也;遇其忧

---

① (魏)王弼著,楼宇烈校释:《王弼集校释》,第380页。

悔吝之时，其介不可慢也。观爻思变，变斯尽矣。①

王弼在这段话中强调"吉凶有时"，"时"与"适"在这里可以理解为"本"的表达路径，在《周易》的体系中，突出了时间对于人们行为的指导意义，强调要根据时机来决定自身的行为。如《文言传》中强调"后天而奉天时"，如果所作所为违犯天道时忌，错过合适的时机，尽管罪过不大，也会导致凶险的结局。"适"则突出行动本身的适度与合理性，同样是在《文言传》中，亦有"知进退存亡，而不失其正"之论来说明适度原则的重要价值。

王弼此处的总结之语"观爻思变，变斯尽矣"，实际上反映了他对于汉代易学中卦变的一种态度：卦变本身确实属于《周易》原始经传体系之中，但是否属于解经体系则未可知。王弼对于卦变的认识更多是停留在吉凶的表述，也就是我们前面所提到的，王氏将六十四卦的卦象视为整体自然变化本体的存在现象，所以六十四卦的卦象实际表现了自然本体在现实社会中的种种变化，所以卦变只是末，而自然之道才是本，从自然本体到现实的卦变，所表达的路径就是"时"与"适"，只有在正确的时机，合理地把握卦变的机要，才可以明确自然之道的变化，进而可以实现天下的安定与有序。在这样的表述下，我们不难看出王弼在自然与名教的关系上已经有了较为明确的态度，即"举本统末"，达到自然与名教在实用方面的结合。

所谓"举本统末"，是王弼在注释《论语》的过程中提出的学术表达，其曰：

予欲无言，盖欲明本。举本统末，而示物于极者也。夫立言垂教，将以通性，而弊至于湮；寄旨传辞，将以正邪，而势至于

---

① （魏）王弼著，楼宇烈校释：《王弼集校释》，第604页。

繁。既求道中，不可胜御，是以修本废言，则天而行化。以淳而观，则天地之心见于不言；寒暑代序，则不言之令行乎四时，天岂谆谆者哉。①

王弼在注释《老子》时亦有类似的解读。不难发现，王弼借注解《论语》更为清晰地阐明了"本"与"末"的辩证关系，其认为无言乃是举本的关键。在"得意忘象"的理论体系中，王弼就认为言是极其有限的具体表达，所以要"得象忘言"，而"忘言""忘象"与"不言"一样，都是强调只有摒弃具象的表达，才能实现对于"本"的认知。可以说，"得意忘象"和"卦主说"是王弼解释《周易》的具体方法，其背后所凸显的哲学思辨在于"举本统末"，即认识到世界是由表面的具象与无形的本体所共同构成，认识自然宇宙，把握与理解这个世界，需要从表面入手，但又不拘泥于言辞、卦象，而是进一步阐发隐藏的本体价值，这两个解释方法统一之处在于：从辞象出发，同时不执着于辞和象，而是去阐发隐藏的本体义理和哲学思想。王弼"举本统末"的哲学思想归根到底是要梳理与重建自然与名教之间的合理关系。在其看来，现实的政治社会环境中，人们应该学会从表面的名教仪礼中认识本体意义上的自然宇宙，只有正确地统一自然与名教的一致属性，才能够真正实现二者的有效共生。由此观之，王弼之本，在于找寻在"天人之学"下的自然规则，在其看来，事物的发展归根到底是由其规律所决定的，"统之有宗，会之有元"②，只有找到相应规律，才能对应解决问题，因此，其注解《周易》的核心宗旨，恰恰是在"本末"之中发现"本"，如其在注解《复》卦时所言：

---

① （魏）王弼著，楼宇烈校释：《王弼集校释》，第633—634页。
② （魏）王弼著，楼宇烈校释：《王弼集校释》，第591页。

> 复者，反本之谓也。天地以本为心者也；凡动息则静，静非对动者也；语息则默，默非对语者也。然则天地虽大，富有万物，雷动风行，渾化万变，寂然至无是其本矣。故动息地中，乃天地之心见也。若其以有为心，则异类未获具存矣！①

在此，王弼将"天地之心"视为"本"，其实际是推动天地变化的总动因，更相较于名教而言有着更高意义上的普遍性，因此，只有将"天地之心"视为"本"，在举本统末与崇本息末的理念之下去合理处理自然与名教的关系，才能真正成就一个运行有序、自然天成、各得其所的和谐社会环境。

王弼之所以在其《周易注》中着力于协调自然与名教的关系，其根本原因在于自然与名教的关系是其所处时代的核心命题。如前所述，王弼所处的是一个学术上发生巨变的时代，就《周易》自身的经学发展体系而言，自西汉以降的今文经学体系不仅难以为正确把握《周易》的微言大义提供实质性的帮助，反而陷入了附会皓首亦难穷经的尴尬境地，王弼从崭新的角度跳脱出象数易学的繁杂，恢复以传解经的学术传统，其学术目的在于帮助人们重新正确地理解《周易》，而其深层目的则力图调和自然与名教的关系。因此，只有明确王弼《周易注》所关切的自然与名教，才能够真正理解王弼解释学的体系特质。

四 王弼《周易注》背后的自然与名教

在魏晋玄学时代，自然与名教的关系问题是时代的主题，而"道家偏于天道而明自然，儒家偏于人道而贵名教"②，故士人们争辩的

---

① （魏）王弼著，楼宇烈校释：《王弼集校释》，第336—337页。
② 余敦康：《魏晋玄学史》，北京大学出版社2004年版，"代序"第3页。

自然与名教的关系问题从根本上可以归结为儒道两家孰是孰非,以及能否会通的问题。自西汉"罢黜百家"以来,儒学在形式上成为国家思想形态与学术的代表,但是这样的形式也固化了儒家自身思想体系的发展,加之汉代君臣在思想上偏于神学,使得整个汉代学术在后期的发展越发支离破碎,而这种学术上的混乱加之社会动荡使得儒家所倡导的名教在魏晋时期不断受到知识分子的质疑和抵触,进而出现了倡导"越名教而任自然"的玄谈风尚。可见,两汉魏晋以来,儒家所贵的"名教"由处于独尊的地位逐渐被道家所明的"自然"超越,为我们展示了中国传统的儒道两家随时代脉动而发生的思想博弈与会通。余敦康先生在《魏晋玄学史》的"代序"中对儒道两家思想的分与合进行了精辟的解说,他指出:

> 道家过分地强调无为而自然的天道,否定了人的社会存在和文化积累。……儒家过分地强调人为的礼法名教,看不到礼法名教的异化会戕害人的自然本性,变成压迫人的工具。但是,……道家所明之自然只有与儒家所贵之名教相结合,才能变成人化的自然,儒家所贵之名教只有与道家所明之自然相结合,才能克服异化的现象,变成合乎自然的名教。这种情况迫使儒道必须各自向对方寻求互补,使之达于会通。①

由余敦康先生的分析,我们不难看出,儒道两家的思想从本质上是既相互区别又相互联系的。也正是儒道两家这种你中有我,异中有同,分中有合的关系,才成为两汉魏晋以来知识分子不断争讼的根本原因。面对正始年间儒道两家的争论,与竹林玄学"越名教而任自然"不同,王弼并没有否定名教与自然之间的关系,依然继承了汉代

---

① 余敦康:《魏晋玄学史》,"代序"第4页。

以降视儒家为学术正统的理念。同时，面对与汉王朝鼎盛时期迥然不同的社会形势与现实问题，王弼又必须提出新的看法或方案来回应自然与名教的关系，这也是王弼力图折中儒家与道家，调和名教与自然的根本动力所在。在王弼看来，自然与名教的调和，首先需要重新定义二者的关系，特别是定义礼制的问题。他认为自然与名教的结合关键在于从天人合一的角度实现儒道会通，人们在认知自然的过程中需要理性把握自然的客观属性，进而在建构名教的过程中自觉遵守客观的自然规律，故而名教是自然约束下的名教，自然是被名教所理解的自然。王弼采取了一条较为稳妥的中间路线，引用了《周易》作为儒道会通的桥梁。按照《易传》中"一阴一阳之谓道"的表述，"道"存在于天地自然之间，所以在表述"道"的时候用阴阳这样与天相关联的词汇，而这个"道"落脚于现实社会之后，则变成人伦道德的法则——仁义。《说卦》所谓"立天之道曰阴与阳""立人之道曰仁与义"即清晰地勾勒出这种天道至人道的落实，同样的表述还有《系辞》中"形而上者谓之道，形而下者谓之器"。显然天道强调的是无形无相，其存在于天地自然之间，但是我们却很难用言语具体地将其规范。在注解《老子》第四章中，王弼讲道："执一家之量者，不能全家；执一国之量者，不能成国；穷力举重，不能为用。"① 这段注解说明，如果执着于有形、有名等有限的事物，那么发挥的作用也是有限的。为了发挥最大的作用，王弼在《老子》第三十八章中指出了他的"举本统末"的思想："守母以存其子，崇本以举其末，则形名俱有而邪不生，大美配天而华不作。故母不可远，本不可失。"② 类似思想也贯穿在王弼的《周易注》中，例如其在注解《彖·观》时提到：

---

① （魏）王弼著，楼宇烈校释：《王弼集校释》，第10页。
② （魏）王弼著，楼宇烈校释：《王弼集校释》，第95页。

> 统说观之为道，不以刑制使物，而以观感化物者也。神则无形者也。不见天之使四时，而四时不忒；不见圣人使百姓，而百姓自服也。①

注解《象·复》时则提到：

> 复者，反本之谓也。天地以本为心者也。凡动息则静，静非对动者也；语息则默，默非对语者也。然则天地虽大，富有万物，雷动风行，运化万变，寂然至无是其本矣。故动息地中，乃天地之心见也。②

在这里，王弼通过对《观》卦象辞的解释，首先摒弃了以具体的刑名来规范社会的观念，在其看来，刑名制物落实于具体，这样的方式只能够解决具体问题，而推动社会整体发展的核心则是"道"，"道"的运行不同于具体的"刑制使物"，而在于其是"神则无形"的自然性。在对《复》卦象辞的注解中，王弼则强调了"寂然至无"乃是本，而天地则以本为心，所以"举本统末"的关键在于找到与明确认识这个世界的"本"之所在。因此在王弼看来，自然乃是统御社会之本，而如果执着于现实社会的具体伦理典章，就会一叶障目，难以发现统领整体国家社会的关键所在，只有在社会治理的过程中注重"举本统末"，以"天地之心"为本，不着痕迹地生发出一系列合于仁义的礼仪规范，才可以实现社会的自觉凝聚与自我管理，反之如果统治者背离了基本的自然之德，即使着力于道德规范与法律制度的建设，也不过是"弃其本而适其末"，仁义德治也终将异化为一种违反

---

① （魏）王弼著，楼宇烈校释：《王弼集校释》，第315页。
② （魏）王弼著，楼宇烈校释：《王弼集校释》，第336—337页。

正常人伦的统治工具。

在王弼之前，何晏也依据《周易》和《老子》作了阐述，并且做了《论语集解》，但从学术上的成就与突破而言，何晏只提出了一些重要的玄学论点，而王弼通过对《老子》和《周易》的注释，建立了一个崭新而又全面的玄学体系。王弼之所以能有这样的成就，恰恰在于其突破了汉代传统经学的藩篱，从本体的角度打开了解释《周易》的新维度，借由对于汉代象数易学的超越而成就了新的《周易》解释体系。余敦康先生在《魏晋玄学史》一书中提到：

> 所谓解释，也就是理解，而理解是存在着层次上的差别的。有人停留于字面上的理解；有人能发掘出隐藏在字里行间的深层含义；有人更能结合时代的需要，引申发挥，推出新解；有人不仅在某些个别的论点上推出新解，而且融会贯通，创建出一种既依据经典而又不同于经典的崭新的哲学体系。何晏对经典的理解可能是摇摆于第二和第三两个层次之间，而王弼则上升到第四个层次了。①

我们可以清楚地看到，王弼的解释与汉代经学最大的不同在于跳出了象数的约束。汉代易学在其早期并没有如此复杂的象数体系，西汉初年所记丁宽言《易》不过三万言，如此体量又怎会皓首穷经。经学的发展之所以在汉代后期出现问题，归根到底是受到名教对其的负面影响，特别是汉武帝所推行的"独尊儒术"，实质上是继续了秦朝政治干预学术的风气，也正是在名教的影响之下，汉代学术不断地出现各种怪相，到汉末，经学也就不可避免地陷入发展的困境。到魏晋时期，随着政治形势的变化，经学也获得了新生的契机，其中有三个

---

① 余敦康：《魏晋玄学史》，第109页。

事件对于汉魏学术转型的影响值得我们关注。

其一是知识分子从"清议"到"清谈"的转变。"清议"和"清谈"均是出现于汉末的学术聚会形式，但按照韦政通先生在《中国思想史》中的表述："二者之间有显著的差别：第一是内容不同，清议的内容主要是政论性的，清谈的主要内容是'品鉴人伦'；第二是态度不同，清议是抗争性的，清谈是非抗争性的。"① 由此可见，知识分子此时对于名教已经出现了认识上的差异，并且这种差异使得学术上的一致性被打破，特别是随着战乱不断弱化汉帝国的权威统治地位，以今文经学为主导的官学受到了冲击，人们开始重新转向于诸子百家的多样思想世界。

其二是学者的治学目标逐渐脱离名利而走向纯粹。由于政治上的乱局，使得学者的治学不再依附和服务于政权，相反，纯粹的学术追求越来越成为学者的主要目标。汉末名士郑玄，正是由于脱离了师法与家法的禁锢，一生不曾为官，因此为学求道而不求名利，自然也就不受当时名教之约束，方可突破传统的学术藩篱，且不再拘泥于一门经学内部的视域，其通学今古、博览群书，全面建构对于经典的系统性理解，他的这种做法不仅重建了儒学内部经典之间的思想脉络，并且在会通今文与古文的过程中，也为儒家与其他学派的交流开辟了一条可能的路径。后汉书评价其为"郑玄括囊大典，网罗众家，删裁繁诬，刊改漏失，自是学者略知所归。"②

其三则是天人关系的探讨出现儒道会通的新趋势。自先秦时代开始，探究天与人之间的相互关系始终是中国学术的核心问题之一。绝大多数情况下我们相信天与人之间存在着某种联系，但对于这种联系的定义却因循学派不同而各执己见。先秦儒家中孟子强调"天人合

---

① 韦政通：《中国思想史》，吉林出版集团有限责任公司2009年版，第419页。
② （宋）范晔撰，（唐）李贤等注：《后汉书》，中华书局1965年版，第1213页。

德",在其看来,人是道德性的主体存在,而天也是道德化的天,其所代表的正是人伦道德的最高境界与目标。所以,人的诉求在于合德与天。与之不同,道家更多地将天视为自然,这种自然对于人而言存在着一种无关乎道德的约束,人只有"与天为徒",才能获得超越性的自由。汉代则兴起了天人感应之说,其与孟子所言相同者在于同样认为天为道德终极,然不同于孟子者,汉儒的感应说将天视为信仰,并且这种信仰又与名教结合在一起。随着名教出现危机,这种信仰也同样面临如何重构的选择。正是在这样的局面下,正始玄学横空出世,其以清谈为形式,打破了儒家独尊的学术固态,力图借助道家的思想,重建天人合一的信仰。王弼作为那个时代学者的佼佼者,敏锐地察觉到《周易》在会通儒道过程中的独特价值,所以秉承荆州学派的易学理念,从汉代象数易学的困境中抽脱出来,以传解经,得意忘象,举本统末,从而成功开拓易学之新见解,完成了易学的玄学化,开启了蔚为大观的魏晋玄学。

五 结语

从历史发展的角度而言,尽管以王弼为首的正始学派对于社会治理体系的判断具有一定前瞻性,但后面篡夺曹魏政权的司马氏集团,却单纯从统治稳定性的角度出发,将名教推向了令人无法忍受的异化层面,儒道会通从此落空,进而诞生了以"越名教而任自然"闻名于世的竹林学派。但不可否认的是,王弼关于《周易》的解释学思想,成功地突破了汉代象数易学的烦琐与理解的困难,从《周易》本身出发,通过对卦爻辞的注释和理解,并运用"得象而忘言""得意而忘象"的解释学方法,在阐述《周易》本身义理的基础上进一步揭示了隐藏在卦爻辞背后的深一层次的意义,成为义理易学的开创者。王弼的《周易注》不仅在当时产生了极大的影响,被人们广为推崇,而且唐代之后，经过孔颖达、程颐之手，成为注解《周易》最为权威的版本之一。

另一方面，王弼解释学思想的成功之处不仅在于开启了义理易学，也在于很好地解决了名教与自然的融合问题。王弼提出的"得意忘象"，要求人们不要执着于辞、象等现象本身，而是要通过理解辞和象去把握现象背后的意也就是现象背后的本体。同时，王弼还指出，只有通过对本体的把握，才能更好地指导和统摄现象，从而有助于构建一个有序安定的社会，这就是他的"举本统末"的哲学思想。

"得意忘象"和"举本统末"的思想是王弼对当时名教与自然争论的回答，同时也是他的哲学思想的最好总结。自然与名教不是截然对立的，而是可以融合并发挥出作用的，王弼的《周易注》中正是他试图融合名教与自然所找到的一个最有效的方法，这也是王弼《周易注》的创新与伟大之处。

清华简《五纪》的"中"观念研究*

曹　峰（中国人民大学哲学院）

新近公布的清华简《五纪》篇幅宏大，结构严整，说的是上古天下由大乱到大治的过程，在人道与天道相配合的总体思路下，描述了"后帝"是如何重建宇宙秩序和人间法则的，其内容，虽然有很多未见于传世文献，但也存在可以和《尚书》《黄帝四经》等文献对应之处，① 信息量极大，值得探讨的问题很多。本文主要关注《五纪》中大量出现的一个字，那就是"中"。这个字原文均写作"中"，整理者有时候将其释读为"中"，有时候释读为"忠"，笔者认为，读为"忠"是没有必要的。"中"代表着最高的理念、最佳的状态，是统一、圆融的标志，而这些都和法则意义上的公平、中正有关，结合《尚书》《论语》《鹖冠子》《逸周书》等传世文献，结合清华简《保训》、《殷高宗问于三寿》、《心是谓中》、马王堆帛书《黄帝四经》、郭店简《忠信之道》等出土文献，笔者尝试对《五纪》所见"中"的观念做一些考察。

---

* 本文发表于《江淮论坛》2022年第3期，系国家社会科学基金重大项目"黄老道家思想史"（16ZDA106）阶段性成果。

① 从整理者的释文看，《五纪》与《尚书·洪范》以及马王堆帛书《黄帝四经》的相关性是比较明显的。

一　代表最高理念的"中"

《五纪》里面出现的"中"字虽多，但如果加以总结，大约可以有三种意涵。一是代表最高理念的"中"，二是作为具体德目的"中"，三是作为一种行为方式的"中"。

首先来看代表最高理念的"中"，《五纪》一上来就描述了历史上曾经陷入的混乱，"唯昔方有洪，奋溢于上，权其有中，戏其有德，以乘乱天纪。"[1] 黄德宽认为这句话的意思是："昔者邦国洪水滔天，社会准则变乱，人伦道德失范，天上之'日、月、星、辰、岁'五纪也因此凌乱失纪。"[2] "洪"，原文作"港"，整理者认为通假为"洪"，但是，《五纪》文中没有提到洪水之事，"港"通假为"洪"也值得怀疑，所以我们觉得这里未必以大洪水为背景。[3] "权"字、"戏"字的考释学界有争议，[4] 但不管怎样，这两个字一定指的是对"有中""有德"的破坏或亵渎。

我们认为，"有中""有德"都可以理解为代表最高准则、最佳状态的词汇，与"天纪"密切相关。[5] 类似的混乱状态我们在《黄帝

---

[1]　这是整理者经过考释之后形成的通行文字，参见黄德宽主编《清华大学藏战国竹简》十一，中西书局2021年版。以下引用整理者释文的地方还有很多，不再逐一出注。

[2]　黄德宽：《清华简〈五纪〉篇建构的天人系统》，《学术界》2022年第2期。

[3]　刘信芳将"港"读为"巷"，并指出清华简第九册《成人》第10简中有："不（循）古（故）（常），咸（扬）亓（其）又（有）港（巷）。"可见"有巷"是一个描述混乱的词。参见刘信芳《清华简（十一）〈五纪〉试解（一）》，"简帛网"2022年4月6日，http://www.bsm.org.cn/? chujian/8672.html。

[4]　张雨丝、林志鹏：《清华大学藏战国竹书〈五纪〉札丛》上，"简帛网"2022年1月7日，http://www.bsm.org.cn/? chujian/8597.html。

[5]　张雨丝、林志鹏也指出此处"中"与"德"、"天纪"性质相类。参见张雨丝、林志鹏《清华大学藏战国竹书〈五纪〉札丛》上，"简帛网"2022年1月7日。http://www.bsm.org.cn/? chujian/8597.html。

四经》中也可以看到。如《黄帝四经·十六经》就描述了黄帝如何结束无序、重建有序的过程。《观》篇说"天地已成而民生，逆顺无纪，德虐无刑，静作无时，先后无名，今吾欲得逆顺之【纪】……以为天下正。"于是黄帝命令力黑"浸行伏匿，周流四国，以观无恒，善之法则。"① 可见世界最初的状态是混乱的、"无纪""无刑""无时""无名""无恒"的，这就类似于《五纪》所述"有中""有德""天纪"遭到破坏的状态。《黄帝四经·十六经》中黄帝要建立的是"天下正"的局面，要重建世界的秩序，就必须"正之以刑与德"。如后文所述，《五纪》中的"中"和"数算"有关，② 是一种宇宙法则的象征。《五纪》说"天下有德，规矩不爽"，可见"德"也和秩序的建立有关。③ 因此，我们可以说《五纪》一上来提到的"有中""有德"，正是作者心目中有序社会的象征或者结果。

"中"在《五纪》中也是中央和统一的象征，在作者看来，一个有序的社会，必然是一个中心明确，最高政治意志得到有效保障和贯彻的社会。《五纪》中后帝出场的时候，是和名为"四干""四辅"的辅臣同时出现的，凸显了以"后帝"为中的形象。《五纪》基本上可以分成两个部分，以 97 号简"正列十乘有五"为界限，以下部分讲的是黄帝的故事。这里的黄帝正是天神"后帝"在人间的化身。④

---

① 《黄帝四经》释文均据裘锡圭主编《长沙马王堆汉墓简帛集成》第肆册，湖南省博物馆、复旦大学出土文献与古文字研究中心编纂，中华书局 2014 年版。以下不再逐一出注。

② "数算"是《五纪》大量使用的特有的词汇，抽象而言就是"自一始，一亦一，二亦二，三亦三，四亦四，五亦五。"具体而言，是各种可以用五加以总结的规则体系。

③ 《五纪》中的"德"观念非常复杂，本文虽有所论及，但还有待另文详细考察。

④ 黄帝为何出现在《五纪》之中，这是一个非常值得探讨的问题。显然在《五纪》这个宏大叙事之中，需要有一个人间的代表，作为历史的发起者，天道的继承者、政治的开创者、外王的体现者。限于篇幅，这个问题将另文考察。

《五纪》说"黄帝之身,溥有天下,始有树邦,始有王公。四荒、四冘、四柱、四维、群祇、万貌焉始相之。"可见黄帝是人间国家形态、政治制度的开创者,围绕在他身边者,除了"群祇"即群神、"万貌"即万民之外,都是以"四"为组合的大神。关于这个问题,程浩《清华简〈五纪〉中的黄帝故事》已有讨论,① 他指出这就是所谓"黄帝四面"的现象,在《太平御览》卷七九所引《尸子》、清华简《治政之道》、马王堆帛书《黄帝四经·十六经·立命》中都可以看到,例如马王堆帛书《立命》说:"昔者黄宗,质始好信,作自为象,方四面,傅一心,四达自中,前参后参,左参右参。"就营造了一个以黄帝为中心,向四方辐射的形象。所以《五纪》的黄帝叙述中虽然没有直接提到"中",但结合前文的"有中",以及《黄帝四经·十六经·立命》的"四达自中",可以推断《五纪》的黄帝形象,"中"是至关重要的因素。《五纪》说"畴列五纪,以文胥天则:中黄,宅中极……",如下文所论证的那样,"中黄"和黄帝有关,因此黄帝居于"中极"也是可以想象的。

在《五纪》中,"中"是后帝所要实现的宇宙秩序的最高体现。例如,后帝在整饬"日月星辰岁"五纪之后说:"五纪既敷,参伍焕章,明明不惰,有昭三光。日出于东,行礼唯明。月出于西,伦义唯常。南至四极,春夏秋冬,信其有阴阳,中正规矩,权称正衡。"当五纪布局完善,错综运行之后,天下变得明朗有序,日月各行其轨,空间的东南西北、时间的春夏秋冬各就其位、一阴一阳,有条不紊。这种美好的秩序,用八个字来形容,就是"中正规矩,权称正衡",即天道的公平、中正、绝对、有序得到了体现和保障。

如下文将要分析的那样,在《五纪》中,"中"和"数算"有密切的关系,数算是人的意志不可转移的严密规律和严格法则,屡试不

---

① 程浩:《清华简〈五纪〉中的黄帝故事》,《文物》2021年第9期。

爽且不可更改。简文有"五纪既敷，五算聿度，大参建常"，如黄德宽所言"五纪"就是"五算"，是"后帝平息灾异、建立社会纲常的前提条件。"①"五纪""五算"确定之后，才能"大参建常"，即只有具备了完整而精确的数算，"建常"才有可能。"常"意为永恒的、绝对的、必然的秩序，"建常"类似《黄帝四经·十六经·观》的"布制建极"。值得注意的是，如"尚数算司中""尚中司算律"所示，只有"尚中""司中"者，即执掌中道的人才能把握"数""算""律"，而"数""算""律"正是天地间公正、无私之规律的体现。因此《五纪》里的"中"无疑就是公平、中正的象征。

《五纪》还用"圆"或"圆裕"来形容"中"的作用，如"直礼，矩义，准爱，称仁（信?)②，圆中，天下之正"。和"直"、"矩"、"准"、"称"一样，"圆"也是一种测量的标准器具。但这种器具显然地位更高。《五纪》说"心相中，中行圆裕。"即人体中最重要的器官"心"与"中"相配，其指导下的行动能够取得"圆裕"即周全、周到的效果。"圆裕"如整理者所云是"方圆光裕"的缩写，"后曰：作有上下，而昊昊皇皇，方圆光裕，正之以四方。"就是说后帝的政治行为不仅有方，有不变的准则，而且有圆，周全周遍、不偏不倚、公正无私，因此才有"光裕"，即光明宽裕、普照万物的结果。

总之，如"后曰：天下圆裕，合众唯中，中唯律"所示，要想达

---

① 黄德宽：《清华简〈五纪〉篇建构的天人系统》，《学术界》2022年第2期。
② 一些学者通过文字学的考察，认为"礼、义、爱、仁、中"五德中的"仁"字应该释读为"信"，这是非常有说服力的见解。参见程浩《清华简〈五纪〉思想观念发微》，《出土文献》2021年第4期；子居《清华简十一〈五纪〉解析（之一）》，中国先秦史网站，https://www.xianqin.tk/2022/01/09/3595/，2022年1月9日；陈民镇《试论清华简〈五纪〉的德目》，《江淮论坛》2022年第3期。因此"仁"字我均以"仁（信?）"表示。

到"天下圆裕"的理想政治状态,并有效地聚合万众,根本大法在于"中",而"中"归根结底由"律"体现,"律"就是"数算",也就是宇宙中最为重要的元素和最为有效的法则。

把"中"看作最高的理念,并非《五纪》独有。同为清华简的《保训》是所谓的周文王临终遗言,在这篇遗训中,周文王以"舜"和"上甲微"为例,四次阐述了"中"的重要性,这是一种必须被王者继承发扬才有可能膺受天命的崇高理念。《保训》的"中"不仅是理念,也将其实物化,"舜"所继承的"中",可以"易位设仪,测阴阳之物,咸顺不逆",即通过观测量度天地间由阴阳二气形成的万物,找到并遵循天地的运行规则而不加违背,因此可能和测度天道的器物有关。而"上甲微"所继承的"中",是可以使"有易服厥罪",即可以用来处理与异族之间的纠纷,使有罪者最终服法的东西,这显然与人间法律制度规范相关。所以《保训》所见四个"中"字,既是一种治国安邦的重要理念,也是实际的法度、规范,对应着天地万物与人间社会,是处理天人关系和族群关系的有效手段。因此,"中"完全是"公平公正"的象征。① 这和《五纪》所见的"中",在精神实质上完全一致。

包括《吕刑》在内的很多《尚书》文献,都将刑律称为"中",和"中"表示公平正义有关。《逸周书·尝麦》也把刑律称为"中",并将主管刑律的官吏称为"大正",《尝麦》还举了黄帝之例,说黄帝打败蚩尤,"以甲兵释怒"之后,"用大正顺天思序",也就是利用"大正"来顺应天意,为社会建立秩序,其结果是"天用大成,至于今不乱",这和《五纪》正好对应,可见这两篇可能有着思想上的紧

---

① 详细论证可参见曹峰《〈保训〉的"中"即"公平公正"之理念说——兼论"三降之德"》,《文史哲》2011年第6期; Cao Feng, "The Concept of Zhong 中 in the *BaoXun* Testament 《保训》: Interpreted in light of two Chapters of the *YiZhouShu*《逸周书》", *Journal of Chinese Philosophy*, Vol. 47, No. 1-2, June 2019, pp. 49-65。

密关联。

综上所述，《五纪》中，"五纪"并不是最重要的概念，通过五纪等天道、五德等人道体现出来的"中"才是最重要的概念，"中"包括了中心、统摄、宽裕、普照、无私、公正、规律、法则等最美好、最重要的意涵，体现出政治的最高原则与治理的最佳状态。

二 作为具体德目的"中"

"五德"是《五纪》中非常引人注目的地方，作者在设计作为天道的"五纪"（日、月、星、辰、岁，又称"五算"）、"五时"（风、雨、寒、暑、大音）、"五度"（直、矩、准、称、规）、"五色"（青、白、黑、赤、黄）等用"五"来归摄的法则时，也设计了"五德"［礼、义、爱、仁（信？）、中］这一与天道对应和配合的人间伦理规范。这种对应和配合，有时候是虚的，有时候是实的。虚指的是，有作为天道的五行，① 就有作为人道的五德，如《鹖冠子·天则》说的那样"与天地合德"，是作者贯彻全文的思路。实指的是，如"礼青，义白，爱黑，仁（信？）赤，中黄，天下之章""直礼，矩义，准爱，称仁（信？），圆中，天下之正"所示，"五度"和"五色"与"五德"等形成直接的匹配。因此"五德"具有天然的神圣性，属于宇宙法则的重要一环。

除了上述"五度"和"五色"与"五德"的匹配外，《五纪》中关于"五德"的论述还有很多，如下所示：

> 后曰：集章文礼，唯德曰礼义爱仁（信？）中，合德以为方。

---

① 《五纪》出现了"五行"这个概念，即"建设五行"，但没有说就是"金、木、水、火、土"。"五行"可能尚未成为独立的概念。

后曰：一曰礼，二曰义，三曰爱，四曰仁（信?），五曰中，唯后之正民之德。

后曰：天下礼以事贱，义以待相如，爱以事宾配，仁（信?）以共友，中以事君父母。

后曰：礼敬，义恪，爱恭，仁（信?）严，中畏。

后曰：礼鬼，义人，爱地，仁（信?）时，中天。

后曰：礼基，义起，爱往，仁（信?）来，中止。

后曰：目相礼，口相义，耳相爱，鼻相仁（信?），心相中。

后曰：天下目相礼，礼行直；口相义，义行方；耳相爱，爱行准；鼻相仁（信?），仁（信?）行称；心相中，中行圆裕。

后曰：天下圆裕，合众唯中，中唯律；称［□□唯仁（信?），仁（信?）唯时；准□□唯爱，爱唯度；方□□唯义，义唯正；直□□唯礼，礼唯章］，元休是章。①

依据上引资料，《五纪》之"中"确实是一种伦理之德。仅从"礼、义、爱、仁（信?）、中"是后帝"正民之德"来看，似乎"德"的主体不是天下的普通百姓，也不是类似孔子这样的士阶层以上的人，而是最高统治者。但从"天下礼以事贱，义以待相如，爱以事宾配，仁（信?）以共友，中以事君父母"来看，"礼、义、爱、仁（信?）、中"确实是用来规范万民的行为准则。② 具体而言，"中"是用来"事君父

---

① 整理者根据上下文义，对缺失的文字做了合理的补充。
② 值得注意的是，《五纪》虽然也提到贵贱等级，但似乎并不是强调的重点。如何直接治理万民才是作者的视野所在。《五纪》有"天下万民"，万民在《五纪》中又作"万貌"，如"天地、神祇、万貌同德，有昭明明，有港乃弥，五纪有常。""黄帝乃命万貌焉始祀高畏，畏溥、四荒"，"黄帝之身，溥有天下，始有树邦，始有王公。四荒、四冘、四柱、四维、群祇、万貌焉始相之。""黄帝乃命四冘戬之，四冘乃属，四荒、四柱、四维、群祇、万貌皆属，群祥乃亡，百神则宁。"

母"的，可见这是一种侍奉地位高于自己的人时需要具备的德。从"中畏""中止"来看，"中"德有敬畏严肃、恪守信用、忠诚不变的特征，因此，确实与儒家提倡的"忠"德有类似之处。例如《论语·八佾》有"臣事君以忠"，《孟子·梁惠王上》有"壮者以暇日修其孝悌忠信，入以事其父兄，出以事其长上。"这正是整理者将"中"假借为"忠"，一些学者将"五德"视为儒家伦理的理由吧。①

然而，"中"德的范围远不止于此。如前所述，"中"在《五纪》中几乎是最为核心的理念，被赋予了相当高的地位和相当重要的价值。"中"虽为"五德"之一，但其位置十分特殊，不同于其他四德，"中"被排在最后一位。《五纪》的五行意识显然是四加一类型的五行，即其中一种元素凌驾于其他四者之上，居于统率和支配的地位。从目对应礼，口对应义，耳对应爱，鼻对应仁（信?），心对应中，就能看出"中"是居于中心和主宰之德。如"心相中"所示，《五纪》明确地说，只有"心"才能帮助实现"中"。② 以"中"喻

---

① 如程浩认为《五纪》"反复称道儒家所重视的礼、义、爱、仁、忠等概念"，参见程浩《清华简〈五纪〉中的黄帝故事》，《文物》2021年第9期。程浩还认为《五纪》之所以不以"仁"为中心，是因为"对于儒家伦理，《五纪》的作者只择用了其中顺从统治的部分，即'仁义爱仁忠'等道德修养，以训导民众循规蹈矩。至于儒家学说中诸如'仁'等呼吁人性觉醒的内容，在作者看来是对于等级秩序的'反动'，便基本剔除殆尽了。"参见程浩《清华简〈五纪〉思想观念发微》，《出土文献》2021年第4期。但如下文论证的那样，"中"的含义极为复杂，不仅只具备伦理意涵，而且《五纪》也不太强调等级意义上的秩序。

② 不过也有例外，如"参律建神正向，仁（信?）为四正：东冘、南冘、西冘、北冘，礼、爱成左。南维、北维，东柱、东柱，义、中成右。南维、北维，西柱、西柱，成矩。"即"仁（信?）"成了"礼、爱、义、中"的"正"。《五纪》还说"北斗其号曰北宗、天规，建常，秉爱，匡天下，正四位，日某。""北斗之德曰：我秉爱，畴民之位，匡天下，正四位。"即"秉爱"的"北斗"也可以"正四位"。可见，以哪个元素为主，《五纪》尚未完全统一，但从数量上看，对于"中"的强调是远远超过其他四德的。在地位上"北斗之德"也无法与"行中"的"建星之德"相比。

"心",在战国时代极为普遍,同为清华简的《心是谓中》就说"心,中,处身之中以君之,目、耳、口、踵四者为相,心是谓中。"这里,《心是谓中》明确说"目、耳、口、踵四者"处于辅佐的位置,而"心"处于君主的位置。与《五纪》不同之处仅在于"鼻"变成了"踵"。在《管子》中也有类似的现象,如"正心在中,万物得度"(《管子·内业》)。虽然没有直接以"心"喻"中",但郭店简和马王堆帛书《五行》《庄子》《孟子》《荀子》《尸子》《鹖冠子》《礼记·缁衣》等文献,也都可以看到类似的表述。①

在颜色上,《五纪》把"中"和黄相配,应该也不是随意的。黄帝之所以被称为黄帝,其中一项重要的理由就是黄帝在五行中居中,在四加一类型的五行观念中,土与黄相配,居于中心的位置。如《礼记·月令》有"中央土。其日戊己。其帝黄帝,其神后土。"(又见《吕氏春秋·季夏》)《史记·五帝本纪》说黄帝"有土德之瑞,故号黄帝。"《史记·封禅书》也说"黄帝得土德,黄龙地螾见。"《淮南子·天文》说"中央,土也,其帝黄帝,其佐后土,执绳而制四方。"《吕氏春秋·应同》从五行相克的角度对此有过说明,"凡帝王者之将兴也,天必先见祥乎下民。黄帝之时,天先见大螾大蝼,黄帝曰'土气胜',土气胜,故其色尚黄,其事则土。"《五纪》中恰恰出现黄帝,应该就是以此五行知识为背景的,但《五纪》是否属于相克类型还难说。

《五纪》还说"礼曰则,仁(信?)曰食,义曰式,爱曰服,四礼以恭,全中曰福","礼鬼,义人,爱地,仁(信?)时,中天","言礼毋沽,言义毋逆,言爱毋专,言仁(信?)毋惧。四征既和,中以稽度。"②

---

① 详细可参曹峰《清华简〈心是谓中〉的心论与命论》,《中国哲学史》2019年第3期。
② "礼义所止,爱中辅仁(信?)"这一句,似乎"中"不再居于中枢位置,但从后面紧跟的"建在父母"来看,还是最后落实于"中",因为《五纪》有"中以事君父母"的界定。

这都体现出"中"高于其他四德,因此,从五德的角度看,能够"事君父母"的德显然是最高的、最完美的、与天相称的德,具备其他四德显然还不够,只有具备这一条,才能提升高度,才能掌握天道,君临天下。这种现象有点类似郭店简和马王堆帛书《五行》描述的那样,仅有"仁义礼智"四德不够,只有掌握了"圣"德,才有可能达至天道。因此,《五纪》的"中"德,类似于郭店简和马王堆帛书《五行》的"圣"德,有着特殊的意义。

《五纪》指出宇宙中存在"数算""时""度""正""章"五套神祇体系,每一套都配有六个神祇,例如掌"数算"的神祇为"天、地、大和、大乘、少和、少乘"。从《五纪》所说"天下之数算,唯后之律"来看,"数算"的神祇体系在五套体系中是最为重要的。这五套体系又和人间五德相配,其中"掌数算司中",可见"中"由"掌数算"者控制和体现。在人体中,"数算"从各种手足的尺寸单位中体现出来。黄德宽指出,第12号简到第13号简将"目""口""耳""鼻""心"与"五德""五正"相配,第86号简到第88号简的内容正好与之形成对照,这段话最后的总结是"耳唯爱,目唯礼,鼻唯仁(信?),口唯义",但是显然缺少了"中","寻绎简文,'忠'实际上隐含在第88—91号简记述的内容之中。这几支简主要描述'标躬唯度',说明以人体为'计衺'及其与数算的关系。""简文所述'标躬唯度'的立意,不仅在于表明人体与度量的缘起有关,而且暗含了'数算'与'忠'的特殊联系。"① 这段话所见关于人体中的数算,贾连翔已经有详细的研究,可以参考。② 《五纪》将人体中的数算现象与"中"相关联,这是非常有趣的现象。很可能与人体尺寸是天之所生有关,而人间的

---

① 黄德宽:《清华简〈五纪〉篇建构的天人系统》,《学术界》2022年第2期。需要指出的是,此文将"中"假借为"忠",笔者则直接读为"中"。

② 贾连翔:《清华简〈五纪〉中的"行象"之则与"天人"关系》,《文物》2021年第9期。

很多计量标准又取自人身，"中"与"律"有关，"律"乃天之数，人体尺寸作为天数之体现，与"中"匹配，很可能与"中"具有法规、法则意涵有关，这一点上一节已经有详细论述。

第63号简到第69号简还提到了与"礼"相配的"日之德"、与"义"相配的"月之德"、与"仁（信?）"相配的"南门之德"、与"爱"相配的"北斗之德"。最后出现的是与"中"相配的"建星之德"，"建星之德曰：我行中，历日月成岁，弥天下，数之终。建星之德数稽，夫是故后长数稽。"为什么建星能够超越日、月、南门、北斗，在最后出现，并代表中德，应该有其独特之处。《史记·律书》说"建星者，建诸生也。十二月也，律中大吕。"《五纪》说"建星之德……数之终"，可见建星位置特殊，代表岁终和万物的萌生。从"历日月成岁，弥天下"来看，建星被选作天道运行的象征，作为"数稽"，代表了数算的法则与模式，因此"建星"能够与"中"相配，并且使后"载位于建星"，也在情理之中了。

《五纪》将"中"与"建星之德"相配，建星之德代表"数稽"，还能"历日月成岁，弥天下"，这对我们准确理解《论语·尧曰》"尧曰：'咨！尔舜！天之历数在尔躬。允执其中。'"也有极大帮助，结合《保训》所见舜与"中"的关系，可见舜正是类似具备"建星之德"的人，这个"天之历数"并不是大多数注家理解的道德意义上的天命，指的就是中正、无私的天道，因此舜才有资格统领天下。

综上所述，"五德"看上去是人间的伦理，但实际上是天道之德，不仅仅"中"，其他四德也都与天道密切相关。或者说，《五纪》的逻辑是，首先有天道之德，其次才有需要模仿的、与之对应的人间之德。① 这种对于天道之德的关注，我们在儒家文献中较少看到，反而在阴阳家以及

---

① 《五纪》有一段话："后曰：礼、义、爱、仁、中，六德合五建，四维算行星。"后面就是二十八宿星辰的名称，这里的"五建"如整理者所言就是五德，但何谓"六德"，并不清楚，不管怎样，这里五德和天道运行是作为一个整体来论述的。

将阴阳思想纳入自己思想体系的黄老道家那里极为多见。阴阳家、黄老道家相信，世间万物均有其德，这个"德"指的是其性质、特征、作用、能力。例如《鹖冠子·王鈇》有如下内容：

> 天者诚其日德也，日诚出诚入，南北有极，故莫弗以为法则。天者信其月刑也，月信死信生，终则有始，故莫弗以为政。天者明星其稽也，列星不乱，各以序行，故小大莫弗以章。天者因时其则也，四时当名代而不干，故莫弗以为必然。天者一法其同也，前后左右，古今自如，故莫弗以为常。天诚信明因一，不为众父。易一故莫能与争先。

这里就指出了"诚、信、明、因、一"是"天"的五种德，具体而言，"诚"是日之德的体现，"信"是月之刑的体现，"明"是星辰之稽的体现，"因"是四季之则的体现，四者是不同特征和作用之体现。而居于四者之上，还有一种德，那即是"一"，有了"一"才能"前后左右，古今自如，故莫弗以为常""莫能与争先"。这个"一"相当于《五纪》的"中"，这对于我们理解《五纪》"中"德的地位和意义有很大帮助。

《管子·四时》是一篇具有五行意识的文章，东南西北、春夏秋冬分别对应木、火、金、水，而土隐含在四季之中："中央曰土，土德实辅四时入出，以风雨节土益力，土生皮肌肤，其德和平用均，中正无私。实辅四时，春嬴育，夏养长，秋聚收，冬闭藏。大寒乃极，国家乃昌，四方乃服，此谓岁德。"① 这里面有三个要点，第一，土居中央；第二，土德的特点在于"和平用均，中正无私"；第三，土

---

① 不过，《四时》篇的土德出现于南方之时——夏的描述中，可能与夏居于一年之中有关。

德辅四时、服四方,因而成为"岁德",属于主宰之德。这些特点和《五纪》之"中"具有统领之义,具有公正品格,以及能够"历日月成岁,弥天下,数之终",具有高度的一致性。

《鹖冠子·道端》在论述"举贤用能"问题时也说:"仁人居左,忠臣居前,义臣居右,圣人居后。左法仁,则春生殖,前法忠,则夏功立,右法义,则秋成熟,后法圣,则冬闭藏。……此万物之本标,天地之门户,道德之益也,此四大夫者,君之所取于外也。"对于"君"而言,"仁人""忠臣""义臣""圣人"四大夫最为重要,而他们身上拥有的"仁""忠""义""圣"四德直接来自春夏秋冬四德。这里没有提到君之德,但后文有"君者,天也。……夫仁者,君之操也,义者,君之行也,忠者,君之政也,信者,君之教也。圣人者,君之师傅也。"[1] 这说明,君应该是兼有四德而居中者。这也有助于我们理解《五纪》的"中"为何与"君父母"有关,即在一家之中,父母居中,一国之中,君主居中。[2] 他们是有如天一般神圣的存在,因此他们不仅兼有其他四德,更具有其他四德所不具备更高品格,那就是"中"。这种品格与数算高度对应,并体现出公正无私,人间社会里则只有父母和君主才能建立起严格的秩序、达成和谐的状态。如果这样去理解,"中以事君父母"的"事"甚至可以忽略不计,不然很难和《五纪》"中"德的复杂性照应起来。

三 作为一种行为方式的"中"

综上所述,《五纪》的"中"可以搭配的元素非常多,其意义包

---

[1] 这里还是四德,但"圣"被"信"替代。不过"圣"未被忽视,而用"圣人者,君之师傅也"来表达,但不能断言"圣"就是君之德,不然和前文矛盾。

[2] 或许这个"父母"指的就是"君",君主"为民父母",在古典文献中是常见的用法。

含但又超出了人伦意义上忠信之义，其主要不是用于人间社会伦理关系的节度与调整，而是为了配合规矩法度的形成。把"五德"中的"中"通假为"忠"，并将其看作儒家的观念是没有必要的。在儒家那里，"忠"仅仅是一个普通的德目，并未凌驾于"礼、义、爱、仁（信？）"之上，而且儒家德目中也未曾见过"礼""义""爱""仁（信？）""忠"的排列方式。因此，这样理解显然是把"中"的理念狭隘化了，与《五纪》所见"中"的地位、作用不符。从地位上看，《五纪》的"中"居于统摄的、主宰的位置。从内涵上看，"中"这种德与中正、公平、无私、宽裕相应，具有绝对的、神圣的特点。从行为上看，"中"就是所要实现的目标，一种最佳的行动方式，这方面，《五纪》有非常明确的、反复的交代。

《五纪》中有一个多次出现的词，那就是"行中"，即把"中"作为一种目标、方向来实践，或者说以"中"的方式来行动。例如："心相中，中行圆裕。"正因为心处于身体之中，所以能够统领百官，不偏不倚、公平周正。例如"建星之德曰：我行中，历日月成岁，弥天下，数之终。"可见建星因为"行中"，高于、遍在于其他天体的运行，所以能够"历日月成岁，弥天下"，"后"载位于"建星"之上，因此"后"必然也是行中之人。《五纪》还说：

> 行之律：礼、义、爱、仁（信？）、中；信（仁？）[1]、善、永、贞、良；明、巧、美、有力、果，文、惠、武三德以敷天下。后曰：信（仁？），信（仁？）者行礼，行礼者必明。后曰：善，善行者行义，行义者必巧。后曰：永，永者行爱，行爱者必美。后曰：贞，贞者行仁（信？），行仁（信？）者必有力。后

---

[1] 这个从"身"从"心"字或从"言"从"千"的字，被整理者读为"信"，陈民镇认为当读为"仁"，可备一说。参见陈民镇《试论清华简〈五纪〉的德目》，《江淮论坛》2022年第3期。

曰：良，良者行中，行中者必果。

如整理者所言，"礼—信（仁？）—明"、"义—善—巧"、"爱—永—美""仁（信？）—贞—力"、"中—良—果"分别对应"文—惠—武"三德，三德里面都有最高境界，那就是"中—良—果"，"中"是行动方式，"惠"是对"行中"者的赞美，而"果"表示结果，只有"行中"者能获得最后的成功。

《五纪》还有一个非常有趣的说法，即"后曰：中曰言，礼曰筮，义曰卜，仁（信？）曰族，爱曰器。中曰行，礼曰相，义曰方，仁（信？）曰相，爱曰藏。"这里面"筮、卜、族、器""相、方、相、藏"①的具体含义还需要进一步深究，但把"中"视为"言行"特别引人注目，"言行"应该是特定的政治行为，把"中"和行动关联起来，显示出"中"不仅仅是理念，而且有必要在现实中贯彻实施。

如前所述，《五纪》中有一大段讲人体尺寸，和数算有关，其中虽然没有出现"中"，但显然和"中"对应。我们认为这种对应，很可能和人体尺寸作为天数之体现，和"中"一样都具有法规、法则意涵有关。但还有一种可能，即这段描述表明，"中"的原则，不必特意向外寻求，身体自身已经具备，只要由中及外，向外扩散即可。

我们发现，《黄帝四经》《鹖冠子》等黄老道家文献中都有"稽从身始"的观念。如《黄帝四经·十大经·五正》有所谓"中有正度"的说法，《五正》中黄帝问："布施五正，焉止焉始？"阉冉回答说："始在于身，中有正度，后及外人。"②说明最高的治理之道就隐

---

① 整理者认为"礼曰相"和"仁曰相"中哪一个可能有误。
② 《五正》并没有交代是哪五种规范。如据《鹖冠子·度万》则为"有神化，有官治，有教治，有因治，有事治。"

含在身体之中，只要加以提炼、发挥、扩充即可。《鹖冠子·度万》也有类似的说法，"故布五正以司五明，十变九道，稽从身始。五音六律，稽从身出"。意思是说在"布五正"的时候，天下一切的"变"与"不变"，皆以己身为始；象征着人间秩序的律历之数，也是通过取法于己身来建立。① 对此，李学勤解释说，"自君主本身之正推至外人之正，万事之正。"②《五纪》说："天下之成人，参伍在身，规矩五度，执瑞由信，刑罚以启僭行。"这个"身"指的就是自带规矩法则的身体，所以在具体的政治行为中，具备中道的身，就可以成为直接的参照（"参伍"）③，成为公信的象征（"瑞"）④，这样，行动就变得轻而易举、简单易操。

因此，《五纪》归根结底就是一篇论"中"、执"中"，最终行"中"的文章，《五纪》以关注"有中"开篇，最后以"爰中在上，民和不疑，光裕行中，唯后之临"作为总结，也印证了这一点。

四 余论

综上所述，《五纪》的"中"，无论是理念还是行动，都符合神

---

① "十变九道"，黄怀信注曰"道，常也、不变也，与'变'相反……十、九，皆数之大者。十变九道，盖指所有之变与不变。""五音六律"，与《史记·夏本纪》禹"声为律，身为度"的说法相近，即以己身作为度量标准的意思。黄怀信撰：《鹖冠子校注》，中华书局2014年版，第148页。

② 李学勤：《〈鹖冠子〉与两种帛书》，载陈鼓应主编《道家文化研究》第一辑，香港道教学院主办，上海古籍出版社1992年版，第342—343页。

③ "参伍"指将两种或多种不同的、相对的事物、现象加以参证比照。如《周易·系辞上》有"参伍以变，错综其数"，《韩非子·备内》有："省同异之言，以知朋党之分，偶参伍之验，以责陈言之实。"《五纪》这里，应该指的是将身之内与身之外加以参证比照。

④ 如整理者所言，"瑞"指的就是符信。

圣、中正、公平、无私、周全、宽裕的特征，掌握了与天道相配的"中"，就能使万民"有常"、"规受天道"，就能形成"天道之不改，永久以长。天下有德，规矩不爽"的和谐社会。《五纪》关于"中"的论述可以给我们很多的启示，例如从"中"观念的演化中，可以找出一组相关词汇的概念簇来。限于篇幅，这里只略作阐述，也期待引起学界注意。

第一，从以上论证可以看出，《五纪》的"中"含有"忠信"之意，① 但如前所述，这个"忠信"基本上不是后世儒家大力提倡的以下事上的"忠信"，而是作为一个统治者必须具备的中正、公平意义上的"忠信"，是上对下的"忠信"，② 过去已经有学者注意到这一点。③ 理解了这一点，有助于我们重新审视一些文献中的"忠信"。例如郭店简有《忠信之道》一篇，学界多将其视为孔门弟子的作品，然而《忠信之道》把"忠"看作"仁之实"，把"信"看作"义之基"，显然"忠信"要高于"仁义"。又说"忠信积而民弗亲信者，

---

① 《五纪》多次出现"信"字，"南至四极，春夏秋冬，信其有阴阳"，"天下之成人，参伍在身，规矩五度，执瑞由信，刑罚以启僭行。"都是公正无私的意思。与"中"字有接近之处。如前所述，一些学者认为"礼、义、爱、仁、中"里的"仁"字应该改读为"信"。这样的话，"信"字就更多了。"信"虽不等于"中"，但从《五纪》对"信"的界定，如"信严""信时"来看，性质更接近于"中"，和"礼义爱"有距离。

② 《老子》中两度出现"信不足，焉有不信"，前者就是上对下之"信"。参见第17、第23章。

③ 如佐藤将之指出"就先秦时代的用例而言，其对象很广：从主上、国家社稷、身边的人及人民皆为其对象，而从战国时代早期直至西汉的用例中'臣德'义的'忠'在其概念涵义展开的任何阶段中，从未完全取代过'君德'义的'忠'。"参见佐藤将之《战国时期'忠'与'忠信'概念之展开：以"拟似血缘"、"对鬼神的'孝'"以及'潜在君德'为思想特点》，《东亚观念史集刊》2016年第11期。关于作为君德之"忠"的存在及其"忠"观念的演变，可参王子今《"忠"观念研究——一种政治道德的文化源流与历史演变》，吉林教育出版社1999年版；佐藤将之《中国古代的"忠"论研究》，台北：台湾大学出版中心2010年版。

未之有也。"说明这个"忠信"为统治者所特有。此外,"至忠如土,化物而不伐;至信如时,必至而不结。""大忠不说,大信不期。不说而足养者,地也。不期而可遇者,天也。似天地也者,忠信之谓此。"① 这类话证明"忠信"的理念来自天道。因此金观涛甚至认为《忠信之道》的思想驳杂,融合了儒家、道家、法家。② 看了《五纪》,我们就容易理解,《忠信之道》很可能看到过类似《五纪》的文章,并深受其影响。

再如《黄帝四经·十六经·立命》一开始就说"昔者黄宗,质始好信","质始好信"显然是黄帝身上最重要的品德。但这个"信"字并没有好的解释,陈鼓应说"质"和"好"都是使动用法,那么此句意为以"始"为"质",以"信"为"好","以守道为根本""以请求诚信为美德"。③ 魏启鹏认为"质始"就是"质性","此句意为黄帝生就的天性以讲求诚信为美德"。④ 但为什么唯独突出黄帝"诚信"这一美德,我们很难理解。此篇下文有"唯余一人,[德]乃配天。"如果视"信"为德,那么"信"就是足以配天的德。较之"忠",《黄帝四经》似乎更喜欢用"信",如《经法·论》云"日信出信入,南北有极,度之稽也。月信生信死,进退有长,数之稽也。列星有数,而不失其行,信之稽也。"(《鹖冠子·泰鸿》也有一样的表达)"信者,天之期也。""天行正信"(《黄帝四经·十六经·正乱》)。结合《五纪》,我们可以发现,这些"信"显然带有"中"

---

① 《忠信之道》释文依据的是武汉大学简帛研究中心、荆门市博物馆编:《楚地出土战国简册合集》(一),文物出版社2011年版,第70—72页。

② 金春峰:《〈忠信之道〉融合儒、道、法为一》,载金春峰《〈周易〉经传梳理与郭店楚简思想新释》,中国言实出版社2004年版。

③ 陈鼓应注译:《黄帝四经今注今译——马王堆汉墓出土帛书》,商务印书馆2007年版,第197页。

④ 魏启鹏:《马王堆汉墓帛书〈黄帝书〉笺证》,中华书局2004年版,第96页。

的特点，意为公正无私、真实不欺，可以成为法则法度。如果黄帝具有这样的德，那就有资格配天了。

清华简《殷高宗问于三寿》中，殷高宗武丁向彭祖请教了"祥""义""德""音""仁""圣""智""利""信"等九大理念，这里面确实也出现了不少类似儒家倡导的理念，但值得注意的是，其中"仁"并不占据主位，而"信"则居于最后一位，显然最为重要。"信"指的是聪明柔巧睿智神武，既能牧民又能护王，被天下称颂，可以领袖四方。检索文献，将"信"置于如此高的地位，只有在《春秋繁露·五刑相生》以及《白虎通义·卷八》中可以看到"信"在五行中与中央"土"合。"信"为何会有这么高的地位，仅仅依据现有文献是难以理解的，但结合《五纪》加以推测，说"信"的身上带有"中"的影子，是"中"所具有的"忠信"特征的延伸或者演化，就具有合理性了。

第二，与"中""忠信"相关的还有"诚"字，《五纪》没有出现"诚"，《黄帝四经·经法·名理》有"故唯执道者能虚静公正，乃见正道，乃得名理之诚。"这个"诚"当指真实可信。《黄帝四经·十六经·顺道》说"大庭之有天下也，……体正信以仁，慈惠以爱人，端正勇，弗敢以先人。"这里的"正信"当读为"诚信"。① 如前所述，《鹖冠子·王鈇》有"天者诚其日德也，日诚出诚入，南北有极，故莫弗以为法则。"可见"诚"本为日之德。"日诚出诚入"和《黄帝四经·经法》及《鹖冠子·泰鸿》所云"日信出信入"几乎没有两样，可见"诚"也是"信"的意思，即真实不妄、公平无私。《中庸》说："诚者，天之道也，"又说，"唯天下至诚，为能尽其性；能尽其性，则能尽人之性；能尽人之性，则能尽物之性；能尽

---

① 裘锡圭主编：《长沙马王堆汉墓简帛集成》第肆册，湖南省博物馆、复旦大学出土文献与古文字研究中心编纂，中华书局2014年版，第171页。

物之性,则可以赞天地之化育;可以赞天地之化育,则可以与天地参矣。"如果将"诚者,天之道也"换言为"诚者,天之德也"也是成立的。这里的"至诚"到"尽性"的逻辑顺序,类似《五纪》所说:"天下之成人,参伍在身,规矩五度,执瑞由信,刑罚以启僭行。"由人体数算出发领会和建立宇宙的至高法则;也类似《黄帝四经·十大经·五正》所说的"始在于身,中有正度,后及外人"和《鹖冠子·度万》的"稽从身始"、"稽从身出",其特点都在于由天而人、由内而外。《中庸》还把"诚"和"中"关联在一起,"诚者不勉而中,不思而得,从容中道,圣人也。"可见"中道"无法利用普通的知识和人的作为加以习得,只有极少数会通天道的人才能掌握,一旦掌握之后,就能发挥不可思议的作用,"唯天下至诚,为能经纶天下之大经,立天下之大本,知天地之化育"。这样的高度、这样的地位,和《五纪》把"中"看作大本大根是完全相同的。《中庸》里面,与"中"相关者还有"和"的概念,"中也者,天下之大本也;和也者,天下之达道也。致中和,天地位焉,万物育焉。""中"是"天下大本","和"是"天下达道",达到了"中和",就可以使"天地位""万物育"。《中庸》的"中""诚""和"身上这些神秘色彩,因为后世儒家赋予了太多伦理色彩,越说越复杂,结果很难还原其思想的真实来源,现在对照《五纪》的"中",或许可以做出更为简单的解释,即其思想背景与《五纪》这一类强调天道之德,强调天道与人道对应的文献有很大关系。

第三,我们认为,一些黄老道家文献中"一"的概念,很可能也与"中"相关。如《黄帝四经·经法·论》说"天执一以明三,日信出信入,南北有极,度之稽也。月信生信死,进退有长,数之稽也。列星有数,而不失其行,信之稽也。"类似的话又见于《鹖冠子·泰鸿》,作"日信出信入,南北有极,度之稽也,月信死信生,进退有常,数之稽也,列星不乱其行,代而不干,位之稽也,天明三以定一，则万物莫不至矣。"可见"一"超越于、遍在于"日""月""列星"之上，而掌握了"一"就能使"万物莫不至"。类似的话也见于《鹖冠子·王鈇》，即前面已经引用的"天者诚其日德也，日诚出诚入，南北有极，故莫弗以为法则。"那一大段话，笔者指出"诚、信、明、因、一"是"天"的五种德，而"一"是居于四者之上的德，有了这个"一"，就能"莫弗以为常""莫能与争先"。显然，《鹖冠子·王鈇》采用的是四加一的五行结构。《鹖冠子·泰鸿》也说："东方者……南方者……西方者……北方者……，中央者，太一之位，百神仰制焉"。可见，在天道理论中，"中"和"一"有时候是可以互换的。道家理论大量使用的"一"很可能化用自类似《五纪》的"中"，这对于我们理解道家思想的来源也极有帮助。

总之，虽然《五纪》中很多关于天道、数算的论述还难以读通，但不可否认其中蕴含着极为丰富的、令人震撼的思想史价值。以"中"为例，《五纪》为我们提供了一部关于中国古代"中"思想的典型文献，通过《五纪》的"中"，我们可以看到古人如何将人间的政治、法律、道德、伦理和天地准则匹配起来。通过《五纪》的"中"，我们可以把《尚书》《逸周书》《论语》《管子》《中庸》《鹖冠子》等传世文献，清华简《保训》、《殷高宗问于三寿》、《心是谓中》、马王堆帛书《黄帝四经》、郭店简《忠信之道》等出土文献串联起来；通过《五纪》的"中"，我们可以将"忠""信""诚""和""一"等概念关联起来，形成一个概念簇，并找出其天道论的源头。《五纪》是一个富矿，我们目前还只是揭示了一些表层，我相信，今后还大有文章可做。